파이썬으로 만드는 OpenCV 프로젝트

파이썬으로 만드는 OpenCV 프로젝트: 간단한 영상 입출력부터 머신러닝까지

초판 1쇄 발행 2019년 3월 28일 **3쇄 발행** 2021년 12월 30일 **지은이** 이세우 **펴낸이** 한기성 **펴낸곳** (주)도서출판인사이트 **편집** 백주옥 **본문 디자인** 박진희 **제작·관리** 이유현, 박미경 **용지** 월드페이퍼 **출력·인쇄** 에스제이피앤비 **후가공** 에이스코팅 **제본** 서정바인텍 **등록번호** 제2002-000049호 **등록일자** 2002년 2월 19일 **주소** 서울시 마포구 연남로5길 19-5 **전화** 02-322-5143 **팩스** 02-3143-5579 **블로그** http://blog.insightbook.co.kr **이메일** insight@insightbook.co.kr **ISBN** 978-89-6626-241-0 책값은 뒤표지에 있습니다. 잘못 만들어진 책은 바꾸어 드립니다. 이 책의 정오표는 http://blog.insightbook.co.kr에서 확인하실 수 있습니다.

프로그래밍 인사이트

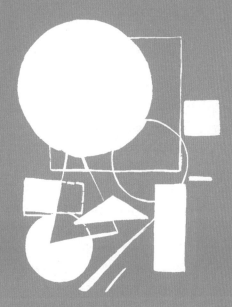

파이썬으로 만드는 OpenCV 프로젝트

간단한 영상 입출력부터 머신러닝까지

이세우 지음

인사이트

차례

6장　영상 필터 ————————————————————————————————————— 209

지은이의 글

요즘 초등학생인 제 딸이 가장 재미 있어 하는 것은 '스노우'라는 스마트폰 카메라 앱으로 사진을 찍는 것입니다. 화면에 비친 자기 얼굴에 예쁘게 화장을 하기도 하고 우스꽝스런 효과를 주기도 하면서 스마트폰을 내려 놓을 줄을 모릅니다.

영상 처리와 컴퓨터 비전이라는 분야는 프로그래밍 분야 전공 여부와는 상관없이 대부분의 사람들이 어려워하는 분야입니다. 복잡한 수학식으로 쓰여진 알고리즘과 C/C++ 언어를 자유롭게 다룰 수 있어야 하기 때문입니다. 그래서 프로그래밍 분야에서도 웹이나 앱 분야와는 달리 그다지 관심을 두는 사람도 별로 없는 것 같습니다. 이 분야가 어렵지만 않다면 재미로라도 친구나 가족에게 '스노우' 같은 프로그램 하나쯤은 만들어 줄만도 할 텐데 말입니다. 물론 돈도 벌 수 있으면 더할 나위 없겠죠.

저는 웹과 앱을 개발하던 평범한 프로그래머입니다. 학교에서 오로지 학점을 따기 위해 접했던 영상 처리는 저에게도 무척 어려웠고 흥미도 없었습니다. 그런데 요즘 저는 저만의 로봇을 만드는 데 많은 시간을 보내고 있습니다. 로봇을 만들려면 필요한 기술이 무척 많지만 그중 빼놓을 수 없는 기술이 바로 컴퓨터 비전이며, OpenCV는 아주 중요한 라이브러리입니다. 그래서 저는 국내외에 출간된 여러 책과 강좌로 오랜 시간 틈틈이 공부를 했는데 여전히 힘들고 어려웠습니다. 책과 강좌 들은 대부분 복잡한 수학식으로 풀어낸 알고리즘 위주이거나 OpenCV의 API를 건조하게 다루는 함수 사용 설명서인 경우가 많았습니다. 결국 제가 필요한 코드를 작성할 수 있게 되는 데까지는 무척 오랜 시간과 노력이 필요했습니다. 저는 이 과정에서 얻은 지식과 노하우를 이해하기 쉽게 정리해서 책으로 엮기로 했습니다.

이 책을 파이썬 언어로 쓴 이유는 독자가 주 언어로 어떤 것을 쓰든 파이썬 언어로 작성된 코드를 이해하고 응용하는 것은 어렵지 않을 것이라고 생각했기 때문입니다. 또 파이썬 언어로 작성한 실습 예제는 메모리 관리 같은 부수적인 코드 없이 구현하려는 로직만 표현하므로 코드가 간결하고 OpenCV를 어떻게 사용하는지에만 집중할 수 있습니다. 흔히 많은 강좌나 책에서 독자에게 요구하는 고등학교 수준의 수학 지식을 이 책은 요구하지 않고 오히려 중학교 수학 수준에서 크게 벗어나지 않는 선에서 설명하려고 노력했습니다. 사실 저는 고등학교 수준의 수학도 무척 어렵다고 생각하기 때문입니다.

공학과 기술을 다루는 책의 문장은 "~이다" 또는 "~하다" 같은 문체로 글을 쓰는 것이 정석인데, 몇몇 관계자의 만류에도 불구하고 이 책은 "~입니다" 또는 "~합니다"같은 문체로 썼습니다. 학생이든 직장인이든 지치고 피곤한 가운데 시간을 쪼개어 이 책을 보는 독자들도 많을 텐데, 딱딱하게 사실만 늘어 놓는 말투보다는 누군가 친절하게 설명해 주는 듯한 말투가 독자의 에너지를 아끼는 데 조금이라도 도움이 될 거라고 생각했기 때문입니다.

이 책은 모두 9개의 장과 1개의 부록으로 구성되어 있습니다. 1~3장까지는 본론으로 들어가기 위한 준비 작업으로 OpenCV의 설치와 기본적인 영상 입출력 그리고 NumPy 사용법을 다룹니다. 필요한 부분만 골라서 읽어도 되는 부분입니다. 4장부터 본격적인 영상 처리와 컴퓨터 비전을 다루는데, 각 장의 끝부분에 그 장에서 다룬 내용을 기반으로 몇 가지 쓸모 있는 주제를 모아서 독자가 스스로 만들어 볼 수 있는 워크숍 코너를 준비했습니다. 책으로 혼자 공부하다 보면 함수 하나하나의 사용법과 원리는 알겠는데 막상 프로그램을 작성하려면 전체적인 그림이 그려지지 않아서 난감한 경우가 많습니다. 워크숍 코너는 바로 그런 답답함을 해결하는 데 도움이 될 겁니다.

4장의 워크숍은 사람 얼굴과 해골 사진을 합성해서 얼굴의 반은 사람이고 반은 해골인 영상을 만드는 '반해골 괴물 얼굴 합성'과 움직임을 감지하는 '모션 감지 CCTV'를 준비했습니다. 영상 합성과 차 영상의 응용 사례를 직접 구현하면서 영상을 더하고 빼는 기초적인 이미지 연산을 습득할 수 있습니다. 5장의 워크숍은 마우스로 선택한 영역을 모자이크 효과를 내는 '모자이크 처리 1', 얼굴이나 물체를 액체 괴물처럼 편집하는 '포토샵 리퀴파이 도구', 홀쭉이와 뚱뚱이로 만들어 주는 '왜곡 거울 카메라' 등으로 재미있고 흥미로운 기하학적 변환의 세계로 초대합니다. 6장에서는 컨볼루션 연산을 이용한 블러링 필터를 사용하는 '모자이크 처리 2', 경계 검출을 활용해서 '스케치 효과 카메라'를 만들어 보면서 컨볼루션 연산 필터와 엣지 검출이라는 매우 중요한 내용을 정리합니다. 7장의 '동전 개수 세기' 워크숍에서는 컨투어와 다양한 영상 분할 방법들이 어떻게 종합적으로 어우러지는지 이해하는 데 큰 도움이 될 겁니다. 8장의 '파노라마 사진 생성기'와 '책 표지 검색기' 워크숍에서는 특징점과 매칭 기술이 객체 인식에 어떻게 활용되는지 정리할 수 있습니다. 9장에는 얼굴을 찾아서 자동으로 모자이크 해주는 '얼굴 모자이크', 얼굴에 한니발 마스크를 씌워주는 '한니발 마스크 필터 만들기', 얼굴의 눈, 코, 입을 모아주고 눈만 크게 만드는 등의 '얼굴 왜곡 필터 만들기' 워크숍이 준비되어 있습니다. 부록에서는 DLIB로 얼굴 랜드 마크를 구해서 두 사람의 얼굴을 뒤바꾸는 '얼굴 스와핑'이 흥미로울 겁니다. 각 장을 마칠 때마다 게임의 퀘스트를 깨는 듯한 재미도 있을 테니 풀이를 보지 말고 꼭 스스로 작성해 보길 권합니다.

최근 머신러닝과 딥러닝의 열기가 뜨겁습니다. 현재를 포함해서 미래에는 프로그래밍의 패러다임을 머신러닝이 주도할 것이라는 것은 분명합니다. 특히 컴퓨터 비전 분야는 딥러닝의 활용 사례로 가장 자주 등장하는 분야입니다. 딥러닝으로 문제를 해결하기 위해서는 데이터의 특성을 잘 이해해야 하는데, 이 책으로 영상 데이터의 특성을 이해하고 컴퓨터 비전 문제를 딥러닝 기법으로 해결하는 데 필요한 실마리를 얻을 수 있을 겁니다.

스마트폰이 보급된 이래로 사진과 동영상만큼 흔한 것이 없습니다. 그것은 프로그래밍 분야에서 영상을 재료로 다뤄야 하는 경우가 점점 더 많아질 것이라는 뜻이기도 합니다. 부디 이 책이 우리나라 영상 관련 프로그래머들의 야근과 삽질을 줄이는 데 조금이나마 보탬이 되길 바랍니다.

끝으로, 이 책이 세상에 나오는 데 노력해 주신 모든 관계자분들과 제가 참고했던 모든 글과 소스 코드의 저작자에게 감사의 마음을 전합니다.

2019년 봄
이세우 씀

[예제 코드 다운로드]

이 책에 수록된 모든 예제의 소스 코드는 다음 주소에서 다운로드할 수 있습니다.

- *https://github.com/dltpdn/insightbook.opencv_project_python*

베타리더의 글

책을 전부 읽어보았는데 내용과 구성이 참 좋습니다. 다만 리뷰를 하면서 들었던 생각은 각 OpenCV 함수들 및 파라미터에서 값에 변화를 주면 결과가 어떻게 바뀌는지를 보여주었더라면 독자들이 더 깊이 있게 책을 읽을 수 있었을 것이라는 생각이 듭니다. 하지만 그랬다면 책이 지금보다 몇 배는 더 두꺼워졌을 것이라는 생각은 합니다.

현재의 책은 OpenCV의 가장 기초적인 내용부터 머신러닝까지 폭넓게 다루고 있어서 OpenCV를 처음 하시는 분들도 쉽게 고수가 될 수 있습니다. 게다가 영상 처리와 컴퓨터 비전에서 다루는 어려운 개념들을 직관적으로 쉽게 설명하고 있어서 비전 공자도 금방 이해할 수 있을 것입니다. 특히, OpenCV를 파이썬으로 다루고 있어 일거양득의 학습 효과를 누릴 수 있습니다. 향후 이 책이 컴퓨터 비전 분야에서 바이블이 되길 바랍니다.

신동혁(EVAR의 CSO)

평소 절친한 형이자 옛 동료인 저자에게서 OpenCV에 관한 본 책의 베타리딩을 부탁 받았을 때 수락하는 것이 망설여졌습니다. 학부생 시절에 보았던 컴퓨터 비전의 복잡한 수학 공식들과 C/C++로 구현한 행렬 계산의 추억들이 떠오른 이유도 있고, 공들여 집필한 내용을 짧은 기간 동안 빠르게 이해하여 베타리더의 역할을 다할 수 있을까 하는 의문이 들었기 때문이기도 합니다. 하지만 책을 읽어나가면서 그런 의문과 어려움은 많이 해소되어 갔습니다.

오랜 강의 경력이 있는 저자가 마치 책을 통해 강의를 하듯 쉽게 설명하고 있으며, 실용적인 예제를 통해 흥미를 유발할 뿐만 아니라 파이썬을 통해 쉽고 빠르게 구현할 수 있도록 안내하고 있기 때문입니다.

컴퓨터 비전과 OpenCV에 대한 입문자뿐만 아니라 비전 분야에 대한 막연한 두려움을 갖고 계신 독자들에게 이 책은 쉽고 빠르게 접근할 수 있는 훌륭한 가이드가 될 것으로 생각합니다.

윤태희(LG전자)

영상 처리에 대해서 조만간 공부해야겠다고 생각하고 있었기 때문에 리뷰 부탁은 반갑기도 했지만 부담이 크기도 했습니다. 전혀 문외한인 내가 과연 시간 내에 리뷰를 할 수 있을지 걱정이었기 때문입니다. 하지만, 걱정은 이내 사라졌습니다. 초보인 입장에서 4장을 넘어가기가 쉽지 않지만, 4장을 학습하고 나면 이후부터는 술술 넘어갑니다. 8장까지 영상 처리 자체에 대해 충분히 보여주고, 마지막 9장에 영상 머신러닝을 한 장만 할애한 것은 매우 적절했다고 생각합니다. 기초가 확실해야 다음 단계로 갈 수 있는 법이니까요.

항상 남을 가르치는 것을 좋아했던 저자의 책답게, 독자를 체계적으로 안내하며, 간결하고 군더더기가 없습니다. 꼭 필요한 내용만 담아서 부족하지도 넘치지도 않으며, 이 분야를 시작하는 초보에게 매우 적절한 교재라고 생각합니다.

이제 첫 번째 책을 펴낸 저자에게 응원을 보냅니다. 빨리 다음 책을 내길 바랍니다. 그래야 제가 학습하는 데 시간이 덜 들 테니까요.

조현선(마인드웨어웍스의 CTO)

1장

개요와 설치

이 장에서는 영상 처리와 컴퓨터 비전 그리고 OpenCV가 무엇인지 알아보고 파이썬으로 OpenCV 라이브러리를 사용하여 개발하려면 어떻게 해야 하는지 알아봅니다.

1.1 영상 처리와 컴퓨터 비전

이 절에서는 영상 처리, 이미지 프로세싱 그리고 컴퓨터 비전과 같은 용어를 정리해 봅니다.

1.1.1 영상 처리

영상 처리는 말 그대로 영상을 처리한다는 말입니다. 여기서 처리는 연산을 뜻합니다. 카메라로 찍은 사진 또는 영상에 여러 가지 연산을 가해서 원하는 결과를 새롭게 얻어내는 과정을 영상 처리 또는 이미지 프로세싱(image processing)이라고 합니다. 대부분 영상 처리의 목적은 더 좋은 품질의 영상을 얻으려는 것입니다. 몇 가지 예를 들면 다음과 같습니다.

- 영상(화질) 개선: 사진이나 동영상이 너무 어둡거나 밝아서 화질을 개선하는 과정
- 영상 복원: 오래되어 빛바랜 옛날 사진이나 영상을 현대적인 품질로 복원하는 과정
- 영상 분할: 사진이나 영상에서 원하는 부분만 오려내는 과정

이와 같은 예에 가장 적합한 도구를 생각하면 바로 떠오르는 것이 어도비(Adobe)사의 포토샵(Photoshop)일 것입니다. OpenCV는 포토샵에 있는 여러 기능을 프로그래밍 언어로 구현할 수 있게 해주는 라이브러리라고 생각해도 크게 틀리지 않습니다.

1.1.2 컴퓨터 비전

컴퓨터 비전은 영상 처리 개념을 포함하는 좀 더 큰 포괄적인 의미입니다. 영상 처리가 원본 영상을 사용자가 원하는 새로운 영상으로 바꿔 주는 기술이라면 컴퓨터 비전은 영상에서 의미 있는 정보를 추출해 주는 기술을 말합니다. 예를 들면 다음과 같습니다.

- 객체 검출(object detection): 영상 속에 원하는 대상이 어디에 있는지 검출
- 객체 추적(object tracking): 영상 속 관심 있는 피사체가 어디로 움직이는지 추적
- 객체 인식(object recognition): 영상 속 피사체가 무엇인지 인식

컴퓨터 비전 작업을 하기 전에 영상 처리 작업을 하는 경우가 많습니다. 만약 영상에서 객체를 인식하려고 하는데, 화질이 나쁘면 당연히 인식이 잘 되지 않을 것입니다. 그래서 먼저 화질 개선 작업을 해야 할 수도 있습니다. 하지만, 컴퓨터 비전의 전처리 작업에 화질 개선 작업만 있는 것은 아닙니다. 오히려 고화질 영상은 물체를 인식하는 데 불필요하게 연산이 많이 필요하므로 영상을 단순화하는 작업이 필요할 수도 있습니다.

[그림 1-1] 객체 인식을 예로 든 컴퓨터 비전 프로세스

일반적으로 컴퓨터 비전 작업은 입력받은 원본 영상을 영상 처리하여 원하는 품질의 결과 영상을 얻어낸 다음, 컴퓨터 비전으로 원하는 정보를 얻어내는 과정이 반복적으로 일어납니다.

또한, 컴퓨터 비전의 대표적인 분야인 객체 인식이나 객체 검출 작업은 잘 정제되고 축적된 학습 자료를 토대로 이루어지는데, 이 과정에서 머신 러닝 분야에서 사용하는 다양한 알고리즘을 사용해야 합니다. 이런 이유로 최근 OpenCV는 머신 러닝 분야와 관련성이 높아지고 있으며, 관련 기능이 빠르게 추가되고 있습니다.

1.2 OpenCV

1.2.1 OpenCV 개요

OpenCV(오픈씨브이)는 오픈 소스 컴퓨터 비전 라이브러리(Open Source Computer Vision Library)를 줄여 쓴 말입니다. OpenCV는 영상 처리와 컴퓨터 비전 프로그래밍 분야의 가장 대표적인 라이브러리입니다.

예전에는 프로그래밍 영역 중에서도 영상 처리나 컴퓨터 비전 분야는 대학원에서나 본격적으로 접하게 될 만큼 비교적 전문적인 분야였습니다. 매우 복잡한 수학적 알고리즘을 C/C++ 언어로 구현해야 했으므로 체계적인 수학 지식과 뛰어난 프로그래밍 실력을 갖추고 있지 않으면 이해하기 어려웠기 때문입니다.

하지만 이제는 OpenCV와 같은 훌륭한 라이브러리가 있어 기초적인 수학 지식만으로도 이미 구현된 알고리즘을 손쉽게 사용할 수 있게 된 데다가, 메모리 주소 하나하나를 직접 다뤄야 했던 어렵고 복잡한 C 언어가 아닌 비교적 배우기 쉽고 빠르게 구현할 수 있는 파이썬 언어로 OpenCV를 사용할 수 있게 되면서 영상 처리와 컴퓨터 비전 분야의 문턱이 무척 낮아졌습니다.

OpenCV의 공식 웹사이트는 다음과 같습니다.

- *http://www.opencv.org*

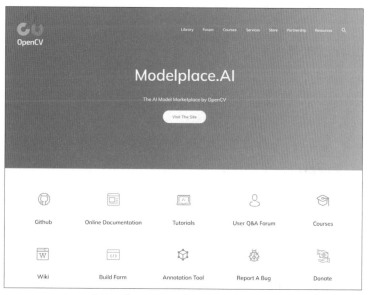

[그림 1-2] OpenCV 공식 웹사이트의 메인 페이지

OpenCV는 맨 처음에는 C 언어로 작성되었지만, 지금은 C++ 언어를 공식적으로 채택하고 있고, 파이썬, 자바 언어를 바인딩 언어로 공식 지원하고 있습니다. 플랫폼으로는 윈도우, 맥OS, 리눅스는 물론 안드로이드와 iOS까지 지원합니다.

OpenCV는 소스 코드를 2개의 저장소에 나누어 관리하며, 각각의 저장소 주소는 다음과 같습니다.

- 메인 저장소: *https://github.com/opencv/opencv*
- 엑스트라 저장소: *https://github.com/opencv/opencv_contrib*

메인 저장소와 엑스트라(extra) 저장소에서 관리하는 각각의 소스 코드는 의미가 조금 다릅니다. 메인 저장소에서는 OpenCV 공식 배포에 사용하는 코드를 관리합니다. 엑스트라 저장소는 컨트리브(contrib) 저장소라고도 하는데, 아직 알고리즘이나 구현의 성숙도가 떨어지거나 대중화되지 않은 내용을 포함하고 있으며, 향후 완성도가 높아지면 메인 저장소로 옮겨집니다. 또한 엑스트라 저장소에는 특허권을 가지고 있어서 사용에 제약이 있는 알고리즘을 구현한 코드도 포함되어 있는데, 앞으로 다룰 SIFT, SURF 등이 여기에 해당합니다.

OpenCV 메인 저장소에서 배포하는 공식 배포판은 BSD 라이선스로 연구와 상업 용도와 무관하게 무료로 사용할 수 있으며, OpenCV를 활용해서 만든 소스 코드를 오픈할 의무가 없습니다. 다만, 엑스트라 저장소의 코드를 포함하는 경우에는 상업 용도의 사용이 제한되니 주의해야 합니다.

1.2.2 OpenCV의 역사

OpenCV는 본래 인텔의 러시아 팀에서 CPU 집약적인 응용프로그램의 성능을 향상시키기 위한 연구의 일부로 시작되었습니다.

OpenCV는 1999년 1월 IPL(Image Process Library)을 기반으로 C 언어로 처음 작성되었으며, 2000년에 첫 알파 버전을 대중에게 선보였습니다. 2001년부터 2005년까지 다섯 번의 베타 버전을 내놓은 후에 2006년 10월에 첫 번째 정식 버전 1.0을 내놓았는데, 1.0 버전에는 미리 컴파일된 파이썬 모듈이 포함되었고 볼랜드 C++를 위한 CMake 파일도 추가되었습니다.

2009년 9월에 2.0 버전을 배포하면서 STL 기반의 새로운 C++ API와 새로운 파이썬 인터페이스를 포함시켰고, 2010년 12월에 배포한 2.2 버전에서는 패키지를 새롭게 정립하면서 지금의 형태인 core, imgproc, features2d, ml, contrib 등의 패키지 구조를 갖추게 되었습니다. 아울러 파이썬 언어 바인딩에서도 큰 변화가 있었는데, 이전까지는 영상 정보를 저장하는 데 사용하는 자료구조로 자체적인 API를 사용했는데, 이때부터 데이터 과학 분야에 널리 사용하는 NumPy(넘파이) 모듈로 바뀌었습니다.

2011년 7월에 2.3 버전을 배포하면서 안드로이드를 지원하기 시작했으며, 파이썬 바인딩의 모듈의 이름이 cv였는데 OpenCV 2.x에 대응해서 cv2로 변경하였습니다. OpenCV는 2.4 버전 이후 패키지의 구조 변경과 폐기된 API 제거 등의 이유로 2015년 6월부터 버전 번호를 3.0으로 바꾸어 출시하였습니다. 2018년 11월에 C++11 지원, DNN 모듈 강화 등의 내용으로 된 4.0 버전을 출시하였으며, 이 책을 쓰는 2021년 12월을 기준으로 마지막 배포 버전은 4.5.4입니다. 이 책은 4.5.4 버전을 기준으로 설명합니다.

1.2.3 필수 개발 환경

OpenCV의 파이썬 언어 바인딩은 파이썬 버전에 따른 지원에 차이가 전혀 없어서 사용할 파이썬 버전은 어떤 버전을 선택해도 좋습니다. 다만 OpenCV 파이썬 바인딩이 사용하는 NumPy 모듈이 파이썬 3.0부터 3.3까지의 버전을 지원하지 않아 파이썬 3.4 버전 이상이 필요합니다.

이 책에 수록된 예제를 실행하기 위해 반드시 필요한 필수 라이브러리는 다음과 같습니다.

- Python 인터프리터
- opencv-contrib-python 모듈
- numpy 모듈
- matplotlib 모듈

이제 OpenCV를 윈도우, 맥OS, 우분투 운영체제에서 설치하는 방법과 라즈베리파이에 설치하는 방법을 차례대로 설명합니다. 독자가 사용하려는 환경에 맞게 해당 부분을 골라서 읽기 바랍니다. 아래 표는 개발 환경을 설치하기 전에 준비되어 있어야 하는 플랫폼별 요구 사항입니다.

플랫폼	버전	필요 하드웨어
윈도우	윈도우 7 이상	웹캠
맥OS	OS X 시에라 이상	웹캠
우분투	16.04 LTS 이상	웹캠
라즈베리파이	라즈베리파이 3 또는 4 불스아이(bullseye)	SD 카드 16GB 이상 파이 카메라 또는 USB 웹캠(UVC 지원)

[표 1-1] OpenCV 개발 환경 설치 전 필수 요구 사항

1.3 NumPy 설치

OpenCV-Python 모듈은 2 버전부터 NumPy 라이브러리가 없으면 동작하지 않습니다. 따라서 OpenCV를 설치하기 전에 종속 라이브러리인 NumPy가 설치되어 있어야 하지만, 특별한 경우가 아닌 이상, pip 명령으로 OpenCV를 설치하는 동안 종속 라이브러리인 NumPy는 자동으로 설치되므로 NumPy 설치 과정은 생략해도 괜찮습니다.

다음은 PyPI에서 NumPy를 배포하는 웹사이트의 URL입니다.

- *https://pypi.python.org/pypi/numpy*

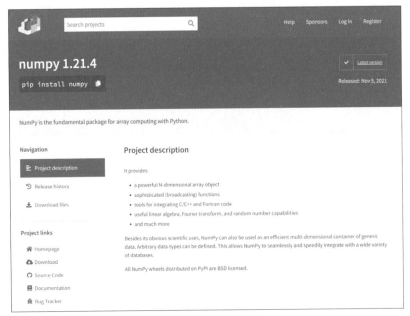

[그림 1-3] NumPy 설치 페이지

파이썬이 설치된 환경에 따라 pip 또는 pip3 명령으로 NumPy를 설치하면 됩니다. 설치 명령어는 다음과 같습니다. 명령어는 pip로 통일해서 설명하겠습니다.

```
$ pip install -U numpy
```

설치가 완료되면 파이썬 대화형 콘솔을 열어 NumPy의 버전을 출력해 보면 정상적으로 설치되었는지 확인할 수 있습니다.

```
>>> import numpy
>>> numpy.__version__
'1.21.4'
```

1.4 OpenCV-Python 설치

OpenCV-Python을 설치하는 방법은 [표 1-2]와 같이 크게 세 가지입니다.

가장 손쉽게 설치할 수 있는 방법은 pip 명령을 이용하는 것이므로 가급적 pip 명령으로 설치하는 것을 권장합니다.

설치 방법	지원 플랫폼	OpenCV 버전	OpenCV 패키지	난이도
공식 배포 바이너리	윈도우	모든 버전	메인 모듈만	쉬움
pip	윈도우, 맥OS, 리눅스	3, 4	메인, 엑스트라	쉬움
소스 빌드	윈도우, 맥OS, 리눅스	모든 버전	메인, 엑스트라	어려움

[표 1-2] PC에서 OpenCV-Python을 설치하는 방법

OpenCV에서 공식적으로 소스 코드와 함께 윈도우에 맞게 미리 빌드된 바이너리 파일을 묶어 배포합니다.

pip 명령을 이용하면 윈도우, 맥OS, 리눅스에 관계 없이 명령어 입력만으로 손쉽게 사용하는 환경에 맞는 OpenCV-Python을 설치할 수 있습니다.

소스 코드를 직접 빌드하는 것은 모든 운영체제와 플랫폼에서 가능하지만, 매우 복잡하고 귀찮은 작업입니다. 이 책에서는 소스 코드 빌드에 대한 설명을 하지 않습니다. 직접 빌드하는 방법은 아래의 URL을 참고하세요.

• *https://docs.opencv.org/4.5.4/da/df6/tutorial_py_table_of_contents_setup.html*

이제 독자가 사용하는 환경에 맞게 골라서 설치를 진행해 봅니다.

1.4.1 공식 배포 바이너리로 설치(윈도우)

OpenCV 공식 배포 바이너리로 설치하면 OpenCV 최신 버전에서부터 오래된 버전까지 손쉽게 OpenCV 버전을 바꾸어 가며 작업할 수 있습니다. 하지만 이 바이너리 배포는 윈도우에서만 실행이 가능하고 엑스트라 모듈이 포함되지 않은 메인 모듈만을 제공하므로 다양한 최신 알고리즘을 실습해 볼 수 없다는 단점도 있으며, 이 책에 수록된 모든 예제를 실습할 수도 없습니다.

OpenCV 공식 배포 라이브러리는 아래의 URL에서 무료로 다운로드할 수 있습니다.

• *https://opencv.org/releases/*

해당 URL에서 사용하고자 하는 OpenCV 버전을 골라 Windows를 클릭해서 다운로드합니다.

[그림 1-4] OpenCV 다운로드 페이지

다운로드받은 파일은 더블 클릭하면 스스로 압축이 풀리는 실행 파일입니다. 압축을 풀 디렉터리를 지정하고 진행하면 해당 디렉터리에 압축이 풀립니다.

[그림 1-5] OpenCV 라이브러리 압축 해제

압축을 푼 디렉터리 안에는 소스 코드와 빌드된 바이너리 파일이 각종 바인딩 언어에 맞게 구성되어 있습니다. 파이썬 언어는 다음 경로에 파이썬 버전별로 *.pyd 파일로 존재합니다.

- opencv\build\python\cv2

[그림 1-6]은 압축을 푼 해당 디렉터리의 내용입니다.

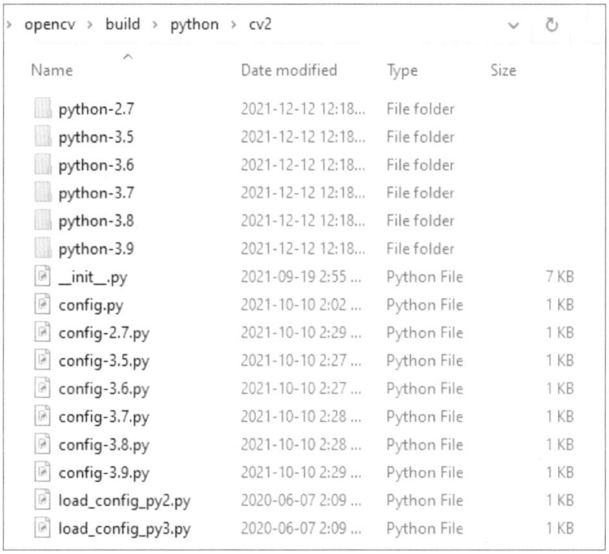

> opencv > build > python > cv2			∨ ↻
Name ^	Date modified	Type	Size
python-2.7	2021-12-12 12:18...	File folder	
python-3.5	2021-12-12 12:18...	File folder	
python-3.6	2021-12-12 12:18...	File folder	
python-3.7	2021-12-12 12:18...	File folder	
python-3.8	2021-12-12 12:18...	File folder	
python-3.9	2021-12-12 12:18...	File folder	
__init__.py	2021-09-19 2:55 ...	Python File	7 KB
config.py	2021-10-10 2:02 ...	Python File	1 KB
config-2.7.py	2021-10-10 2:29 ...	Python File	1 KB
config-3.5.py	2021-10-10 2:27 ...	Python File	1 KB
config-3.6.py	2021-10-10 2:27 ...	Python File	1 KB
config-3.7.py	2021-10-10 2:28 ...	Python File	1 KB
config-3.8.py	2021-10-10 2:28 ...	Python File	1 KB
config-3.9.py	2021-10-10 2:29 ...	Python File	1 KB
load_config_py2.py	2020-06-07 2:09 ...	Python File	1 KB
load_config_py3.py	2020-06-07 2:09 ...	Python File	1 KB

[그림 1-6] opencv\build\python\cv2의 내용

각각의 파이썬 버전 이름으로 된 폴더에는 cv2.cp3x-win_amd64.pyd와 같은 이름의 파일이 있는데, 독자가 사용하는 파이썬 버전 환경에 맞는 것을 골라 파이썬이 설치된 디렉터리의 Lib\site-pacakges 디렉터리에 복사합니다.

만약 파이썬 3.9 버전을 c:\Python에 설치했다면 복사할 최종 경로와 파일은 다음과 같습니다.

- c:\Python\Lib\site-pacakges\cv.cp39-win_amd64.pyd

다음으로 필요한 dll 파일을 복사합니다. 압축을 푼 디렉터리 안에 다음과 같은 경로로 이동해서 해당 디렉터리에 있는 모든 dll 파일을 파이썬이 설치된 디렉터리의 Lib\site-pacakges 디렉터리에 복사합니다.

- opencv\build\x64\cv15\bin

[그림 1-7]은 dll이 위치한 디렉터리의 내용입니다.

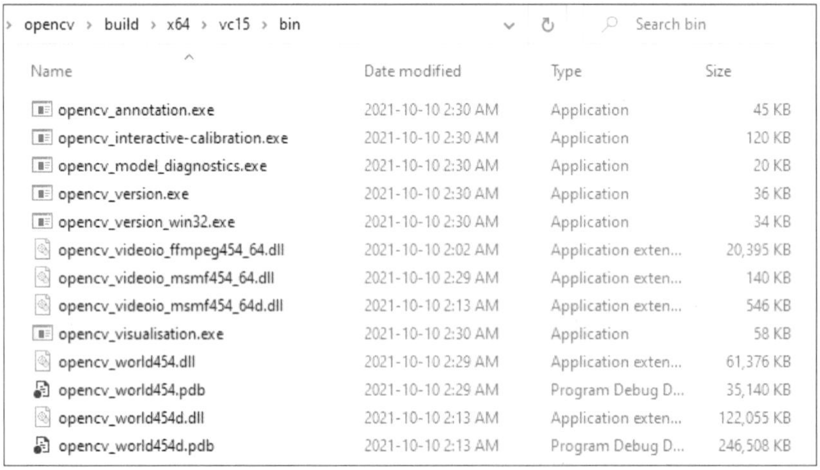

[그림 1-7] opencv\build\x64\cv15\bin의 내용

이제 파이썬 대화형 콘솔에서 OpenCV-Python의 버전을 확인해 봅니다.

```
>>> import cv2
>>> cv2.__version__
'4.5.4'
```

다시 한번 말씀 드리지만, 이 방법은 윈도우 이외의 환경에서는 사용할 수 없으며, 이 책의 모든 실습 예제를 실행할 수 없습니다.

1.4.2 pip로 설치(윈도우, 맥OS, 리눅스)

파이썬의 패키지 관리자인 pip를 이용하면 OpenCV-Python을 손쉽게 설치할 수 있습니다. 설치할 수 있는 OpenCV-Python은 메인 모듈만 있는 버전과 엑스트라 (contrib) 모듈을 포함한 버전입니다. 둘 중 하나를 선택해서 설치하면 됩니다. 다만, PyPI에서는 OpenCV-Python 모듈을 OpenCV 버전 3.0 이상만 제공하고 그 이전 버전은 제공하지 않습니다. OpenCV-Python 모듈의 PyPI 페이지 URL은 다음과 같습니다.

- 메인 모듈: *https://pypi.python.org/pypi/opencv-python*
- 메인 + 엑스트라 모듈: *https://pypi.python.org/pypi/opencv-contrib-python*

어느 모듈을 설치할 것인지 사용할 용도에 맞게 선택한 후 pip 명령으로 설치합니다. 메인 모듈만을 설치할 경우 패키지의 이름은 opencv-python입니다.

```
$ pip install opencv-python
```

엑스트라 모듈을 포함한 패키지의 이름은 opencv-contrib-python입니다. 이 책에서 설명하는 모든 예제를 실험하려면 opencv-contrib-python을 설치해야 합니다.

```
$ pip install opencv-contrib-python
```

pip 명령으로 opencv-python을 설치하면 가장 최신 버전이 선택되어 설치됩니다. 이때 최신 버전이 아니라 자기가 원하는 특정 버전을 설치하려면 패키지 이름 뒤에 버전 번호를 명시하면 됩니다. 예를 들어 opencv-python 4.5.3.36 버전을 설치하려면 명령어는 다음과 같습니다.

```
$ pip install opencv-contrib-python==4.5.3.36
```

이때 지정하는 버전 번호는 PyPI 저장소에 존재하는 버전 번호를 정확히 기재해야 하는데, 저장소에서 지원하는 버전 번호 목록을 보기 위해서는 다음과 같이 버전 번호 부분을 물음표(?)로 지정하면 됩니다.

```
pip install opencv-contrib-python==?
```

어떤 모듈을 설치했든 간에 파이썬 대화형 콘솔에서 cv2 모듈의 버전을 출력해 보면 정상적으로 설치되었는지 확인할 수 있습니다.

```
>>> import cv2
>>> cv2.__version__
'4.5.4'
```

1.4.3 라즈베리파이에서 OpenCV-Python 설치

라즈베리파이에서도 pip 명령으로 손쉽게 OpenCV-Python 모듈을 설치할 수 있습니다. 다만, OpenCV 라이브러리에서 사용하는 종속 라이브러리를 OpenCV를 설치전에 미리 설치해야 합니다.

다음은 종속 라이브러리 설치 명령어입니다.

```
$ sudo apt-get update
$ sudo apt-get install libhdf5-dev libhdf5-serial-dev libhdf5-103
$ sudo apt-get install libqtgui4 libqtwebkit4 libqt4-test python3-pyqt5
$ sudo apt-get install libatlas-base-dev
$ sudo apt-get install libjasper-dev
```

또한, OpenCV-Python에서 참조하는 NumPy의 버전에 따라 오류가 발생할 수 있으니, NumPy 버전을 다음 명령어를 이용하여 최신 버전으로 업그레이드하는 것이 좋습니다.

```
$ pip install -U numpy
```

다음으로 pip 명령으로 opencv-python 또는 opencv-contrib-python 모듈을 설치하면 되는데, 이 책을 집필하는 현재 opencv-contrib-python 4.5.4 버전은 설치 명령을 수행하는 동안 미리 빌드된 바이너리를 설치하는 것이 아니라 소스를 빌드하는 작업이 실행되면서 라즈베이파이 4 보드에서는 약 4시간, 라즈베리파이 3 보드에서는 약 15시간이 소요됩니다. 따라서 빠르게 설치하고 싶은 경우에는 비교적 최신 버전인 4.5.3 버전을 지정해서 설치하면 몇 분 안에 설치가 마무리됩니다.

각 모듈의 버전별 빌드 현황을 확인하려면 다음 URL에 방문하면 됩니다.

- *https://www.piwheels.org/project/opencv-python/*
- *https://www.piwheels.org/project/opencv-contrib-python/*

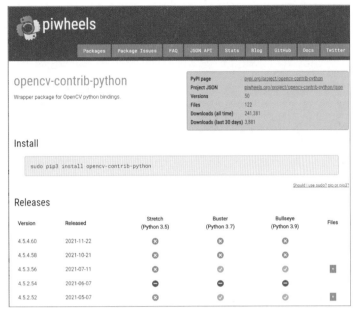

[그림 1-8] 버전별 사전 빌드 현황

이 책을 쓰는 2021년 12월을 기준으로 piwheels 저장소의 미리 빌드된 가장 최신 버전을 설치하는 명령어는 각각 다음과 같습니다.

```
$ pip install opencv-python==4.5.4.60
```

```
$ pip install opencv-contrib-python==4.5.3.56
```

설치가 끝나고 나서 OpenCV-Python 버전을 확인해 봅니다.

```
>>> import cv2
>>> matplotlib.__version__
'4.5.3'
```

1.5 OpenCV 공식 문서

OpenCV에서 제공하는 다양한 기능을 이 책에서 모두 설명할 수는 없습니다. 따라서 이 절에서는 개발하면서 참조하게 될 OpenCV 공식 문서에 대해 간략히 설명하겠습니다.

다음 URL은 OpenCV에서 공식적으로 제공하는 문서의 메인 페이지입니다.

- OpenCV 공식 문서 메인: *https://docs.opencv.org/*

[그림 1-9] OpenCV 공식 문서 메인 페이지

이 중에 보고 싶은 버전의 링크를 클릭하면 각 버전 문서의 메인 페이지로 이동합니다. 이 책에서 다루고 있는 버전인 OpenCV 4.5.4 버전의 공식 문서는 다음의 URL을 활용하는 것이 가장 좋습니다.

- OpenCV 4.5.4: *https://docs.opencv.org/4.5.4/*

이 URL로 접속하면 기본적인 소개글에서부터 언어별 튜토리얼과 API 문서까지 많은 내용을 제공받을 수 있습니다. 3.4.1 버전부터는 파이썬 언어 문서는 C++ 언어 문서에 함께 포함되어 있습니다.

API 문서의 오른쪽 끝에 있는 검색 창에 원하는 함수 이름을 입력하면 관련 목록이 팝업 창으로 표시됩니다. 이들 중에 보고 싶은 함수 이름을 클릭하면 해당 API 문서로 이동합니다.

[그림 1-10] OpenCV 공식 문서 모듈 목록 및 API 검색

API 문서 상단에는 함수의 인자와 반환값 등 함수의 선언부에 대한 설명이 C++ 언어를 기준으로 설명되어 있는데, 바로 그 아래에 파이썬 언어를 위한 함수의 선언부도 함께 표시됩니다. C++의 함수를 그대로 파이썬 언어로 바인딩해 놓았으므로 함수의 매개변수의 순서와 개수만 다를 뿐 그 의미는 같으므로 설명이 동일합니다.

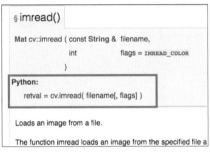

[그림 1-11] OpenCV 파이썬 언어 API 상세 설명

2장

기본 입출력

이 장에서는 OpenCV로 영상을 읽고 쓰는 방법과 마우스와 키보드 이벤트를 처리하는 방법 그리고 여러 가지 선과 도형 등을 그리는 방법을 알아봅니다. 이 장의 내용은 아주 중요하지는 않지만, OpenCV로 프로그램을 작성할 때 많이 사용하는 코드이니 잘 익혀두기 바랍니다.

2.1 이미지와 비디오 입출력

OpenCV를 이용한 대부분의 작업은 파일로 된 이미지를 읽어서 적절한 연산을 적용하고 그 결과를 화면에 표시하거나 다른 파일로 저장하는 것입니다. 연산 과정에 대해서는 앞으로 자세히 알아볼 것이므로 여기서는 이미지 파일을 읽고 화면에 표시하고 저장하는 방법만 중점적으로 알아봅니다.

2.1.1 이미지 읽기

OpenCV를 사용해서 이미지를 읽고 화면에 표시하는 가장 간단한 코드는 아래와 같습니다.

[예제 2-1] 이미지 파일을 화면에 표시(img_show.py)

```
import cv2

img_file = "../img/girl.jpg" # 표시할 이미지 경로      ---①
img = cv2.imread(img_file)     # 이미지를 읽어서 img 변수에 할당 ---②

if img is not None:
  cv2.imshow('IMG', img)      # 읽은 이미지를 화면에 표시   ---③
  cv2.waitKey()               # 키가 입력될 때까지 대기    ---④
  cv2.destroyAllWindows()     # 창 모두 닫기          ---⑤
else:
    print('No image file.')
```

[그림 2-1] [예제 2-1]의 실행 결과

코드 ①의 경로에 표시할 이미지 파일이 저장되어 있어야 합니다. 이 파일을 코드 ②에서 cv2.imread() 함수로 읽어들입니다. 이 함수가 반환하는 타입은 다음 장에서 다룰 NumPy 배열입니다. 이 반환 값이 정상인지 아닌지 확인하고 나서 코드 ③에서 cv2.imshow() 함수를 써서 화면에 표시합니다. 이미지와 함께 전달한 문자열 'IMG'는 창의 제목줄에 나타납니다.

만약 코드가 코드 ③까지만 작성되어 있다면 더 이상 실행할 코드가 없어서 프로그램은 바로 종료될 것입니다. 그렇게 되면 사진을 표시한 이 창은 아주 짧은 시간 동안만 나타나 우리 눈으로는 볼 수 없게 됩니다. 그래서 코드 ④가 필요합니다. cv2.waitKey() 함수는 키보드의 입력이 있을 때까지 프로그램을 기다리게 합니다. 키가 입력되면 코드는 코드 ⑤의 cv2.destroyAllWindows() 함수에 의해서 표시한 창을 모두 닫고 나서 프로그램을 종료합니다.

[예제 2-1]에서 사용한 함수는 다음과 같습니다.

- img = cv2.imread(file_name [, mode_flag]): 파일로부터 이미지 읽기
  - file_name: 이미지 경로, 문자열
  - mode_flag=cv2.IMREAD_COLOR: 읽기 모드 지정
    - cv2.IMREAD_COLOR: 컬러(BGR) 스케일로 읽기, 기본 값
    - cv2.IMREAD_UNCHANGED: 파일 그대로 읽기
    - cv2.IMREAD_GRAYSCALE: 그레이(흑백) 스케일로 읽기

- img: 읽은 이미지, NumPy 배열
- cv2.imshow(title, img): 이미지를 화면에 표시
- title: 창 제목, 문자열
- img: 표시할 이미지, NumPy 배열
- key = cv2.waitKey([delay]): 키보드 입력 대기
  - delay=0: 키보드 입력을 대기할 시간(ms), 0: 무한대(기본 값)
  - key: 사용자가 입력한 키 값, 정수
    - -1: 대기시간 동안 키 입력 없음

cv2.imread() 함수는 파일로부터 이미지를 읽을 때 모드를 지정할 수 있습니다. 별도로 모드를 지정하지 않으면 3개 채널(B, G, R)로 구성된 컬러 스케일로 읽어들이지만, 필요에 따라 그레이 스케일 또는 파일에 저장된 스케일 그대로 읽을 수 있습니다.

```
img = cv2.imread(file_name, cv2.IMREAD_GRAYSCALE)
```

위의 코드와 같이 읽기 모드를 그레이 스케일로 지정하면 원래의 파일이 컬러 이미지일지라도 그레이 스케일로 읽습니다. 물론 그레이 이미지 파일을 cv2.IMREAD_COLOR 옵션을 지정해서 읽는다고 컬러 이미지로 읽어올 수 있는 것은 아닙니다. 이와 관련해서는 4.2절 "컬러 스페이스"에서 자세히 다룹니다.

[예제 2-2] 이미지 파일을 그레이 스케일로 화면에 표시(img_show_gray.py)

```python
import cv2

img_file = "../img/girl.jpg"
img = cv2.imread(img_file, cv2.IMREAD_GRAYSCALE)    # 그레이 스케일로 읽기

if img is not None:
    cv2.imshow('IMG', img)
    cv2.waitKey()
    cv2.destroyAllWindows()
else:
    print('No image file.')
```

[그림 2-2] [예제 2-2]의 실행 결과

2.1.2 이미지 저장하기

OpenCV로 읽어들인 이미지를 다시 파일로 저장하는 함수는 cv2.imwrite()입니다.

- cv2.imwrite(file_path, img): 이미지를 파일에 저장
  - file_path: 저장할 파일 경로 이름, 문자열
  - img: 저장할 영상, NumPy 배열

[예제 2-3]은 컬러 이미지 파일을 그레이 스케일로 읽어들여서 파일로 저장하는 예제입니다. 탐색기나 파인더 등과 같은 파일 관리자로 해당 경로를 살펴보면 그레이 스케일로 바뀐 새로운 파일이 저장된 것을 확인할 수 있습니다. 저장하는 이미지의 파일 포맷은 지정한 파일 이름의 확장자에 따라서 알아서 바뀝니다.

[예제 2-3] 컬러 이미지를 그레이 스케일로 저장(img_write.py)

```
import cv2

img_file = '../img/girl.jpg'
save_file = '../img/girl_gray.jpg'

img = cv2.imread(img_file, cv2.IMREAD_GRAYSCALE)
cv2.imshow(img_file, img)
cv2.imwrite(save_file, img)  # 파일로 저장, 포맷은 확장자에 따름
cv2.waitKey()
cv2.destroyAllWindows()
```

[그림 2-3] [예제 2-3]의 실행 결과

2.1.3 동영상 및 카메라 프레임 읽기

OpenCV는 동영상 파일이나 컴퓨터에 연결한 카메라 장치로부터 연속된 이미지 프레임을 읽을 수 있는 API를 제공합니다.

다음은 동영상 파일이나 연속된 이미지 프레임을 읽을 수 있는 API의 주요 내용입니다.

- cap = cv2.VideoCapture(file_path 또는 index): 비디오 캡처 객체 생성자
  - file_path: 동영상 파일 경로
  - index: 카메라 장치 번호, 0부터 순차적으로 증가(0, 1, 2, …)
  - cap: VideoCapture 객체
- ret = cap.isOpened(): 객체 초기화 확인
  - ret: 초기화 여부, True/False
- ret, img = cap.read(): 영상 프레임 읽기
  - ret: 프레임 읽기 성공 또는 실패 여부, True/False
  - img: 프레임 이미지, NumPy 배열 또는 None
- cap.set(id, value): 프로퍼티 변경
- cap.get(id): 프로퍼티 확인
- cap.release(): 캡처 자원 반납

> ### 📖 라즈베리파이 카메라 연결
>
> 라즈베리파이의 경우 카메라를 연결할 수 있는 방법이 두 가지입니다. 하나는 일반적인 웹캠을
> USB에 연결하는 것이고, 나머지는 라즈베리파이 전용 카메라 장치인 파이 카메라를 CSI 슬롯
> 에 연결하는 것입니다.
>
> USB 형식의 웹캠은 UVC(USB Video device Class)를 지원하는 제품인 경우 USB 포트에
> 연결해서 바로 사용하면 됩니다.
>
> 하지만, 파이 카메라의 경우 리눅스 표준 인터페이스가 아니므로 두 가지 작업이 필요합니다.
>
> 1. 카메라 장치 활성화:
>
> $ sudo raspi-config 명령에서 camera 옵션을 찾아 enable을 선택합니다.
>
> 2. Video4Linux 디바이스 드라이버 모듈 로딩
>
> ```
> $ sudo apt-get install v4l-utils
> $ sudo modprobe bcm2835-v4l2
> ```
>
> 위의 과정은 부팅할 때마다 해줘야 하므로 /etc/modules 파일 마지막 라인에 bcm2835-v4l2
> 를 추가해 놓는 것이 좋습니다.

동영상 파일이나 컴퓨터에 연결한 카메라 장치로부터 영상 프레임을 읽기 위해서는
cv2.VideoCapture() 생성자 함수를 사용하여 객체를 생성해야 합니다. 이 함수에 동
영상 파일 경로 이름을 전달하면 동영상 파일에 저장된 프레임을 읽을 수 있고, 카메
라 장치 번호를 전달하면 카메라로 촬영하는 프레임을 읽을 수 있습니다.

객체를 생성하고 나면 isOpened() 함수로 파일이나 카메라 장치에 제대로 연결되
었는지 확인할 수 있고, 연결이 잘 되었다면 read() 함수로 다음 프레임을 읽을 수 있
습니다. read() 함수는 Boolean과 NumPy 배열 객체를 쌍으로 갖는 튜플 (ret, img)
객체를 반환하는데, 다음 프레임을 제대로 읽었는지에 따라 ret 값이 정해집니다. 만
약 ret 값이 True이면 다음 프레임 읽기에 성공한 것이고, img를 꺼내서 사용하면 됩
니다. 만약 ret 값이 False이면 다음 프레임 읽기에 실패한 것이고, 튜플의 나머지 값
인 img는 None입니다. 다음 프레임 읽기에 실패하는 경우는 파일이나 장치에 문제가
있거나 파일의 끝에 도달했을 경우입니다.

비디오 캡처 객체의 set(), get() 함수를 이용하면 여러 가지 속성을 얻거나 지정
할 수 있으며, 프로그램을 종료하기 전에 release() 함수를 호출해서 자원을 반납해
야 합니다.

2.1.4 동영상 파일 읽기

[예제 2-4]는 동영상 파일을 읽기 위한 간단한 코드입니다.

[예제 2-4] 동영상 파일 재생(video_play.py)

```python
import cv2

video_file = "../img/big_buck.avi" # 동영상 파일 경로

cap = cv2.VideoCapture(video_file)  # 동영상 캡처 객체 생성 ---①
if cap.isOpened():                  # 캡처 객체 초기화 확인
    while True:
        ret, img = cap.read()       # 다음 프레임 읽기    ---②
        if ret:                     # 프레임 읽기 정상
            cv2.imshow(video_file, img) # 화면에 표시 ---③
            cv2.waitKey(25)             # 25ms 지연(40fps로 가정) ---④
        else:                       # 다음 프레임을 읽을 수 없음
            break                   # 재생 완료
else:
    print("can't open video.")      # 캡처 객체 초기화 실패
cap.release()                       # 캡처 자원 반납
cv2.destroyAllWindows()
```

[그림 2-4] [예제 2-4]의 실행 결과[1]

---

1 [예제 2-4]에서 사용한 동영상은 *http://bbb3d.renderfarming.net/download.html*에서 다운로드할 수 있습니다.

코드 ①에서는 cv2.VideoCapture() 함수에 동영상 파일 경로를 전달해서 캡처 객체 cap을 생성합니다. 캡처 객체가 정상적으로 지정한 파일로 초기화되면 cap.isOpened() 함수는 True를 반환합니다. 연속해서 파일의 프레임을 읽어오기 위해서 무한 루프를 돌리면서 cap.read()를 호출하는데, 이 함수는 정상적인 프레임 읽기가 되었는지를 확인할 수 있는 불(boolean) 변수와 한 개의 프레임 이미지를 표현한 NumPy 배열 객체를 쌍으로 갖는 튜플 객체를 반환합니다. 그 다음 프레임 이미지를 화면에 표시하는 것은 이전의 코드와 거의 비슷합니다.

코드 ④에서 cv2.waitKey(25)가 필요한 이유는 각 프레임을 화면에 표시하는 시간이 너무 빠르면 우리 눈으로 볼 수 없기 때문입니다. 이때 지연 시간은 실습에 사용할 동영상의 FPS(Frames Per Second, 초당 프레임 수)에 맞게 조정해서 적절한 속도로 영상을 재생하게 해야 합니다. 보통 동영상 파일이 40fps인 경우가 가장 많아 [예제 2-4]에서는 25ms의 지연 시간을 사용했습니다.

> 📖 **FPS와 지연 시간 구하기**
>
> 동영상 파일의 정확한 FPS를 쉽게 얻는 방법은 곰플레이어, 다음팟플레이어, VLC 등과 같은 무료 동영상 플레이어에서 속성 값을 확인하는 것입니다. OpenCV로 FPS를 구하는 방법은 앞으로 2.1.6절 "카메라 비디오 속성 제어"에서 다시 다루겠습니다. FPS를 대충 추정하거나 다른 플레이어로 구했다면 이에 맞는 지연 시간을 구해야 할 것입니다. FPS에 맞는 지연 시간을 구하는 공식은 1초에 몇 개의 사진이 들어가야 하는가를 구하는 것으로 다음과 같습니다.
>
> $$지연시간 = 1000 \div fps$$
>
> 1,000으로 계산하는 이유는 1초를 밀리초(ms) 단위로 환산해서 제공해야 하기 때문입니다. FPS를 40으로 가정해서 대입한 결과는 다음과 같습니다.
>
> $$25 = 1000 \div 40$$

2.1.5 카메라(웹캠) 프레임 읽기

카메라로 프레임을 읽기 위해서는 cv2.VideoCapture() 함수에 동영상 파일 경로 대신에 카메라 장치 인덱스 번호를 정수로 지정해 주면 됩니다. 카메라 장치 인덱스 번호는 0부터 시작해서 1씩 증가합니다. 만약 카메라가 하나만 연결되어 있으면 당연히 0번 인덱스를 사용하면 됩니다. 이 부분을 제외하고는 나머지 코드는 동영상 파일을 읽는 것과 거의 똑같습니다.

[예제 2-5] 카메라 프레임 읽기(video_cam.py)

```
import cv2

cap = cv2.VideoCapture(0)               # 0번 카메라 장치 연결 ---①
if cap.isOpened():
    while True:
        ret, img = cap.read()           # 카메라 프레임 읽기
        if ret:
            cv2.imshow('camera', img)   # 프레임 이미지 표시
            if cv2.waitKey(1) != -1:    # 1ms 동안 키 입력 대기 ---②
                break                   # 아무 키나 눌렀으면 중지
        else:
            print('no frame')
            break
else:
    print("can't open camera.")
cap.release()
cv2.destroyAllWindows()
```

[그림 2-5] [예제 2-5]의 실행 결과

코드 ①에서는 0번 카메라 장치에서 촬영한 프레임을 읽어서 화면에 표시합니다. 동영상 파일과는 다르게 카메라로부터 프레임을 읽는 경우 파일의 끝이 정해져 있지 않으므로 무한루프를 빠져 나올 조건이 없습니다. 그래서 코드 ②에서 사용자가 아무 키나 누르면 빠져 나오게 했습니다. 따라서 이 프로그램을 종료하려면 키보드의 아무 키나 누르면 됩니다. cv2.waitKey() 함수는 지정한 대기 시간 동안 키 입력이

없으면 –1을 반환합니다. 반환된 값이 –1이 아니면 당연히 아무 키나 입력되었다는 뜻입니다.

2.1.6 카메라 비디오 속성 제어

캡처 객체에는 영상 또는 카메라의 여러 가지 속성을 확인하고 설정할 수 있는 get(id), set(id, value) 함수를 제공합니다. 속성을 나타내는 아이디는 cv2.CAP_PROP_FRAME_으로 시작하는 상수로 정의되어 있으며, 그 수가 너무 많아서 이 책에서 모두 다룰 수는 없습니다. 여기서는 주요 속성만을 다루므로 나머지 속성에 대한 명세는 API 문서를 참조하기 바랍니다.

- 속성 ID: 'cv2.CAP_PROP_'로 시작하는 상수
  - cv2.CAP_PROP_FRAME_WIDTH: 프레임 폭
  - cv2.CAP_PROP_FRAME_HEIGHT: 프레임 높이
  - cv2.CAP_PROP_FPS: 초당 프레임 수
  - cv2.CAP_PROP_POS_MSEC: 동영상 파일의 프레임 위치(ms)
  - cv2.CAP_PROP_POS_AVI_RATIO: 동영상 파일의 상대 위치(0: 시작, 1: 끝)
  - cv2.CAP_PROP_FOURCC: 동영상 파일 코덱 문자
  - cv2.CAP_PROP_AUTOFOCUS: 카메라 자동 초점 조절
  - cv2.CAP_PROP_ZOOM: 카메라 줌

각 속성 아이디를 get()에 전달하면 해당 속성의 값을 구할 수 있고, set() 함수에 아이디와 값을 함께 전달하면 값을 지정할 수 있습니다.

앞서 동영상 파일을 재생하는 실습을 할 때 적절한 FPS에 따라 지연 시간을 설정해야하지만, FPS를 대충 짐작하거나 별도의 플레이어를 활용해서 알아내야 했습니다. 비디오 속성 중에 FPS를 구하는 상수는 cv2.CAP_PROP_FPS이고 이것으로 동영상의 FPS를 구하고 다음과 같이 적절한 지연 시간을 계산해서 지정할 수 있습니다.

```
fps = cap.get(cv2.CAP_PROP_FPS)   # 초당 프레임 수 구하기
delay = int(1000/fps)             # 지연 시간 구하기
```

cv2.waitKey() 함수에 전달하는 지연 시간은 밀리초(1/1000초) 단위이고 정수만 전달할 수 있으므로 1초를 1000으로 환산해서 계산한 뒤 정수형으로 바꿉니다.

FPS에 맞는 지연 시간을 지정해서 완성한 코드는 [예제 2-6]과 같습니다.

[예제 2-6] FPS를 지정해서 동영상 재생(video_play_fps.py)

```python
import cv2

video_file = "../img/big_buck.avi"      # 동영상 파일 경로

cap = cv2.VideoCapture(video_file)       # 동영상 캡처 객체 생성
if cap.isOpened():                        # 캡처 객체 초기화 확인
    fps = cap.get(cv2.CAP_PROP_FPS)       # 프레임 수 구하기
    delay = int(1000/fps)
    print("FPS: %f, Delay: %dms" %(fps, delay))

    while True:
        ret, img = cap.read()             # 다음 프레임 읽기
        if ret:                           # 프레임 읽기 정상
            cv2.imshow(video_file, img)   # 화면에 표시
            cv2.waitKey(delay)             # fps에 맞게 시간 지연
        else:
            break                         # 다음 프레임을 읽을 수 없음, 재생 완료
else:
    print("can't open video.")            # 캡처 객체 초기화 실패
cap.release()                             # 캡처 자원 반납
cv2.destroyAllWindows()
```

아쉽게도 FPS 속성을 카메라 장치로부터 읽을 때는 대부분 정상적인 값을 가져오지 못합니다.

이번엔 다른 속성을 하나 더 살펴보겠습니다. 카메라로부터 읽은 영상이 너무 고화질인 경우 픽셀 수가 많아 연산하는 데 시간이 많이 걸리는 경우가 있습니다. 이때 프레임의 폭과 높이를 제어해서 픽셀 수를 줄일 수 있습니다. 프레임의 폭과 높이 속성 아이디 상수는 cv2.CAP_PROP_FRAME_WIDTH와 cv2.CAP_PROP_FRAME_HEIGHT입니다. 카메라 기본 영상 프레임의 폭과 높이를 구해서 출력하고 새로운 크기를 지정하는 코드는 [예제 2-7]과 같습니다.

[예제 2-7] 카메라 프레임 크기 설정(video_cam_resize.py)

```python
import cv2

cap = cv2.VideoCapture(0)                          # 카메라 0번 장치 연결
width = cap.get(cv2.CAP_PROP_FRAME_WIDTH)           # 프레임 폭 값 구하기
height = cap.get(cv2.CAP_PROP_FRAME_HEIGHT)         # 프레임 높이 값 구하기
print("Original width: %d, height:%d" % (width, height) )

cap.set(cv2.CAP_PROP_FRAME_WIDTH, 320)              # 프레임 폭을 320으로 설정
cap.set(cv2.CAP_PROP_FRAME_HEIGHT, 240)             # 프레임 높이를 240으로 설정
width = cap.get(cv2.CAP_PROP_FRAME_WIDTH)           # 재지정한 프레임 폭 값 구하기
height = cap.get(cv2.CAP_PROP_FRAME_HEIGHT)         # 재지정한 프레임 높이 값 구하기
```

```
print("Resized width: %d, height:%d" % (width, height))

if cap.isOpened():
    while True:
        ret, img = cap.read()
        if ret:
            cv2.imshow('camera', img)
            if cv2.waitKey(1) != -1:
                break
        else:
            print('no frame!')
            break
else:
    print("can't open camera!")
cap.release()
cv2.destroyAllWindows()
```

[그림 2-6] [예제 2-7]의 실행 결과

출력 결과

```
Original width: 1280, height: 720
Resized width: 320, height: 240
```

파이썬 콘솔에는 위와 같이 원래의 프레임 크기와 새로 지정한 프레임 크기가 출력
됩니다. 아쉽게도 카메라가 아닌 동영상 파일에 프레임 크기를 재지정하는 것은 적
용되지 않습니다.

2.1.7 비디오 파일 저장하기

카메라나 동영상 파일을 재생하는 도중 특정한 프레임만 이미지로 저장하거나 특정
구간을 동영상 파일로 저장할 수도 있습니다.

한 개의 특정 프레임만 파일로 저장하는 방법은 앞서 2.1.2절 "이미지 저장하기"에
서 설명한 cv2.imwirte() 함수를 그대로 사용하면 됩니다.

다음 예제는 카메라로부터 프레임을 표시하다가 아무 키나 누르면 해당 프레임을
파일로 저장하는 코드입니다. 흔히 디지털 카메라로 사진을 찍는 것과 같다고 할 수
있습니다.

[예제 2-8] 카메라로 사진 찍기(video_cam_take_pic.py)

```
import cv2

cap = cv2.VideoCapture(0)                          # 0번 카메라 연결
if cap.isOpened() :
    while True:
        ret, frame = cap.read()                    # 카메라 프레임 읽기
        if ret:
            cv2.imshow('camera',frame)             # 프레임 화면에 표시
            if cv2.waitKey(1) != -1 :              # 아무 키나 누르면
                cv2.imwrite('photo.jpg', frame)    # 프레임을 'photo.jpg'에 저장
                break
        else:
            print('no frame!')
            break
else:
    print('no camera!')
cap.release()
cv2.destroyAllWindows()
```

[그림 2-7] [예제 2-8]의 실행 결과

[예제 2-8]을 실행하면 카메라로부터 촬영한 영상이 화면에 나오는데, 카메라를 보고
자세를 취하면서 키보드의 아무 키나 누르면 코드를 실행한 디렉터리에 photo.jpg로
사진이 저장됩니다.

하나의 프레임이 아닌 여러 프레임을 동영상으로 저장하려고 할 때는 cv2.VideoWriter()라는 새로운 API가 필요합니다.

- writer = cv2.VideoWriter(file_path, fourcc, fps, (width, height)): 비디오 저장 클래스 생성자 함수
  - file_path: 비디오 파일 저장 경로
  - fourcc: 비디오 인코딩 형식 4글자
  - fps: 초당 프레임 수
  - (width, height): 프레임 폭과 프레임 높이
  - writer: 생성된 비디오 저장 객체
- writer.write(frame): 프레임 저장
  - frame: 저장할 프레임, NumPy 배열
- writer.set(id, value): 프로퍼티 변경
- writer.get(id): 프로퍼티 확인
- ret = writer.fourcc(c1, c2, c3, c4): fourcc 코드 생성
  - c1, c2, c3, c4: 인코딩 형식 4글자, 'MJPG', 'DIVX' 등
  - ret: fourcc 코드
- cv2.VideoWriter_fourcc(c1, c2, c3, c4): cv2.VideoWriter.fourcc()와 동일

cv2.VideoWriter() 생성자 함수에 저장할 파일 이름과 인코딩 포맷 문자, fps, 프레임 크기를 지정해서 객체를 생성하고 write() 함수로 프레임을 파일에 저장하면 됩니다.

cv2.VideoWriter_fourcc() 함수는 4개의 인코딩 포맷 문자를 전달하면 코드 값을 생성해 내는 함수로, 'DIVX'를 예로 들면 다음 두 코드는 그 결과가 똑같습니다.

```
fourcc = cv2.VideoWriter_foucc(*"DIVX")
```

또는

```
fourcc = ord('D') + (ord('I') <<8) + (ord('V') << 16) + (ord('X') <<24)
```

결국 4개의 문자를 한 문자당 8비트씩을 사용해서 각 자릿수에 맞게 표현한 것입니다. 인코딩 포맷 문자는 사용할 운영체제에서 지원하는 코덱 중에 원하는 이름을 지정하면 되는데, 사용할 수 있는 인코딩 형식 문자는 다음 사이트에서 확인할 수 있습니다.

- *http://fourcc.org/codecs.php*

[예제 2-9] 카메라로 녹화하기(video_cam_rec.py)

```python
import cv2

cap = cv2.VideoCapture(0)      # 0번 카메라 연결
if cap.isOpened:
    file_path = './record.avi'      # 저장할 파일 경로 이름 ---①
    fps = 25.40                     # FPS, 초당 프레임 수
    fourcc = cv2.VideoWriter_fourcc(*'DIVX') # 인코딩 포맷 문자
    width = cap.get(cv2.CAP_PROP_FRAME_WIDTH)
    height = cap.get(cv2.CAP_PROP_FRAME_HEIGHT)
    size = (int(width), int(height))          # 프레임 크기
    out = cv2.VideoWriter(file_path, fourcc, fps, size) # VideoWriter 객체 생성
    while True:
        ret, frame = cap.read()
        if ret:
            cv2.imshow('camera-recording',frame)
            out.write(frame)                      # 파일 저장
            if cv2.waitKey(int(1000/fps)) != -1:
                break
        else:
            print("no frame!")
            break
    out.release()                                 # 파일 닫기
else:
    print("can't open camera!")
cap.release()
cv2.destroyAllWindows()
```

[그림 2-8] [예제 2-9]의 실행 결과

[예제 2-9]를 실행하면 카메라 영상이 화면에 나타나고 코드 ①에서 지정한 경로에 동영상이 녹화되어 저장되기 시작하고 키보드의 아무 키나 누르면 종료됩니다. 탐색기나 파인더와 같은 파일 관리자로 코드 ①에서 지정한 경로를 살펴보면 동영상이 저장된 것을 확인할 수 있습니다.

2.2 그림 그리기

이제 이미지나 비디오에 그림을 그리는 방법을 알아봅니다. 객체나 얼굴을 인식해서 그 영역에 사각형을 그려서 표시하고 그 이름을 글씨로 표시하는 등의 용도로 자주 활용됩니다.

그리기 예제를 진행하기 위해서는 그림판 역할을 할 이미지가 하나 필요한데, 이 책에서는 img/blank_500.jpg라는 이름의 500 × 500 픽셀 크기의 아무것도 없는 완전히 하얀 이미지를 사용합니다. 이 이미지는 필자가 제공하는 소스 코드에 포함되어 있으니 이것을 활용하거나 아래의 코드로 생성하기 바랍니다.

```python
import cv2
import numpy as np

img = np.full((500,500,3), 255, dtype=np.uint8)
cv2.imwrite('../img/blank_500.jpg', img)
```

2.2.1 직선 그리기

이미지에 직선을 그리는 함수는 cv2.line()입니다.

- cv2.line(img, start, end, color [, thickness, lineType]): 직선 그리기
  - img: 그림 그릴 대상 이미지, NumPy 배열
  - start: 선 시작 지점 좌표(x, y)
  - end: 선 끝 지점 좌표(x, y)
  - color: 선 색상, (Blue, Green, Red), 0~255
  - thickness=1: 선 두께
  - lineType: 선 그리기 형식
    - cv2.LINE_4: 4 연결 선 알고리즘
    - cv2.LINE_8: 8 연결 선 알고리즘
    - cv2.LINE_AA: 안티에일리어싱(antialiasing, 계단 현상 없는 선)

img 이미지에 start 지점에서 end 지점까지 선을 그립니다. color는 선의 색상을 표현하는 것으로 0~255 사이의 값 3개로 구성해서 표현합니다. 각 숫자는 파랑, 초록, 빨강(BGR) 순서이며, 이 색상을 섞어서 다양한 색상을 표현합니다. 일반적으로 웹에서 사용하는 RGB 순서와 반대라는 것이 특징입니다. thickness는 선의 두께를 픽셀 단위로 지시하는데, 생략하면 1픽셀이 적용됩니다. lineType은 선을 표현하는 방식을 나타내는 것으로 사선을 표현하거나 두꺼운 선의 끝을 표현할 때 픽셀에 따른 계단 현상을 최소화하기 위한 알고리즘을 선택합니다. cv2.LINE_으로 시작하는 3개의 상수를 선택할 수 있습니다. cv2.LINE_4와 cv2.LINE_8은 각각 브레젠햄(Bresenham) 알고리즘[2]의 4연결, 8연결을 의미하고 cv2.LINE_AA는 가우시안 필터를 이용합니다.

[예제 2-10]에서는 다양한 선을 그려보면서 cv2.line() 함수의 매개변수의 의미를 알아봅니다.

[예제 2-10] 다양한 선 그리기(draw_line.py)

```python
import cv2

img = cv2.imread('../img/blank_500.jpg')

cv2.line(img, (50, 50), (150, 50), (255,0,0))      # 파란색 1픽셀 선
cv2.line(img, (200, 50), (300, 50), (0,255,0))     # 초록색 1픽셀 선
cv2.line(img, (350, 50), (450, 50), (0,0,255))     # 빨간색 1픽셀 선

# 하늘색(파랑+초록) 10픽셀 선
cv2.line(img, (100, 100), (400, 100), (255,255,0), 10)
# 분홍색(파랑+빨강) 10픽셀 선
cv2.line(img, (100, 150), (400, 150), (255,0,255), 10)
# 노란색(초록+빨강) 10픽셀 선
cv2.line(img, (100, 200), (400, 200), (0,255,255), 10)
# 회색(파랑+초록+빨강) 10픽셀 선
cv2.line(img, (100, 250), (400, 250), (200,200,200), 10)
# 검은색 10픽셀 선
cv2.line(img, (100, 300), (400, 300), (0,0,0), 10)

# 4연결 선
cv2.line(img, (100, 350), (400, 400), (0,0,255), 20, cv2.LINE_4)
# 8연결 선
cv2.line(img, (100, 400), (400, 450), (0,0,255), 20, cv2.LINE_8)
# 안티에일리어싱 선
cv2.line(img, (100, 450), (400, 500), (0,0,255), 20, cv2.LINE_AA)
# 이미지 전체에 대각선
cv2.line(img, (0,0), (500,500), (0,0,255))
```

2 *https://en.wikipedia.org/wiki/Bresenham%27s_line_algorithm*

```
cv2.imshow('lines', img)
cv2.waitKey(0)
cv2.destroyAllWindows()
```

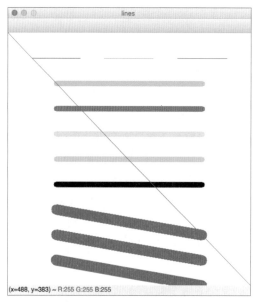

[그림 2-9] [예제 2-10]의 실행 결과

[예제 2-10]에서 사용한 이미지 blank_500.jpg는 흰색 배경에 아무 그림도 없는 텅 빈 500 × 500 픽셀 크기의 이미지입니다. 코드 ①에서는 선 두께는 생략하여 두께가 1픽셀인 파란색, 초록색, 빨간색 선을 하나씩 그리고 있습니다. 코드 ②에서는 색상을 섞어서 다양한 색상의 10픽셀 선을 그리고 있습니다. 코드 ③은 사선이면서 두꺼운 선을 그리면서 계단 현상이 일어나는 것을 보여주고 있습니다. LINE_4와 LINE_8은 큰 차이를 느낄 수 없고, LINE_AA는 계단 현상을 없애는 것을 볼 수 있습니다.

2.2.2 사각형 그리기

사각형을 그리는 함수는 cv2.rectangle()입니다.

• cv2.rectangle(img, start, end, color[, thickness, lineType]): 사각형 그리기
  • img: 그림 그릴 대상 이미지, NumPy 배열
  • start: 사각형 시작 꼭짓점(x, y)
  • end: 사각형 끝 꼭짓점(x, y)
  • color: 색상(Blue, Green, Red)

- thickness: 선 두께
  - −1: 채우기
- lineType: 선 타입, cv2.line()과 동일

사각형을 그릴 때 사용하는 cv2.rectangle() 함수는 앞서 설명한 cv2.line() 함수와 사용법이 거의 비슷합니다. 다만, 선이 아닌 면을 그리는 것이므로 선의 두께를 지시하는 thickness에 −1을 지정하면 사각형 면 전체를 color로 채우기를 합니다. 사각형을 그리기 위한 좌표는 시작 지점의 좌표 두 쌍과 그 반대 지점의 좌표 두 쌍으로 표현합니다.

[예제 2-11] 사각형 그리기(draw_rect.py)

```python
import cv2

img = cv2.imread('../img/blank_500.jpg')

cv2.rectangle(img, (50, 50), (150, 150), (255,0,0))  # 좌상, 우하 좌표로 사각형 그리기
# 우하, 좌상 좌표로 사각형 그리기
cv2.rectangle(img, (300, 300), (100, 100), (0,255,0), 10)
# 우상, 좌하 좌표로 사각형 채워 그리기 ---①
cv2.rectangle(img, (450, 200), (200, 450), (0,0,255), -1)

cv2.imshow('rectangle', img)
cv2.waitKey(0)
cv2.destroyAllWindows()
```

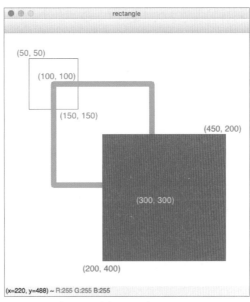

[그림 2-10] [예제 2-11]의 실행 결과

보통 많은 그리기 도구에서 사각형을 그릴 때는 좌상단 꼭짓점과 우하단 꼭짓점 좌표를 사용하는 경우가 많은데, cv2.rectangle() 함수는 어느 지점이든 시작 지점과 그 반대 지점을 사용한다는 것이 특징입니다. 사각형의 크기는 두 좌표의 차이만큼이 됩니다. 코드 ①에서 선의 두께를 지정해야 하는 값에 –1을 전달해서 채우기로 그렸습니다.

2.2.3 다각형 그리기

다각형을 그리는 함수는 cv2.polylines()입니다.

- cv2.polylines(img, points, isClosed, color[, thickness, lineType]): 다각형 그리기
  - img: 그림 그릴 대상 이미지
  - points: 꼭짓점 좌표, NumPy 배열 리스트
  - isClosed: 닫힌 도형 여부, True/False
  - color: 색상(Blue, Green, Red)
  - thickness: 선 두께
  - lineType: 선 타입, cv2.line()과 동일

이 함수의 points 인자는 다각형을 그리기 위한 여러 개의 꼭짓점 좌표를 전달합니다. 이때 좌표를 전달하는 형식이 지금까지와는 달리 NumPy 배열 형식입니다. NumPy 배열에 대해서는 3장에서 자세히 다루므로 여기서는 코드에 대한 설명 없이 단순히 여러 개의 좌표를 작성한 것으로만 보겠습니다. isClosed 인자는 Boolean 타입인데, True는 첫 꼭짓점과 마지막 꼭짓점을 연결해서 닫힌 도형(면)을 그리게 하고, False는 단순히 여러 꼭짓점을 잇는 선을 그리게 합니다.

[예제 2-12] 다각형 그리기(draw_poly.py)

```
import cv2
import numpy as np                              # 좌표 표현을 위한 numpy 모듈 ---①

img = cv2.imread('../img/blank_500.jpg')

# Numpy 배열로 좌표 생성 ---②
# 번개 모양 선 좌표
pts1 = np.array([[50,50], [150,150], [100,140],[200,240]], dtype=np.int32)
# 삼각형 좌표
pts2 = np.array([[350,50], [250,200], [450,200]], dtype=np.int32)
# 삼각형 좌표
```

```
pts3 = np.array([[150,300], [50,450], [250,450]], dtype=np.int32)
# 5각형 좌표
pts4 = np.array([[350,250], [450,350], [400,450], [300,450], [250,350]],\
                dtype=np.int32)

# 다각형 그리기 ---③
cv2.polylines(img, [pts1], False, (255,0,0))          # 번개 모양 선 그리기
cv2.polylines(img, [pts2], False, (0,0,0), 10)        # 3각형 열린 선 그리기 ---④
cv2.polylines(img, [pts3], True, (0,0,255), 10)       # 3각형 닫힌 도형 그리기 ---⑤
cv2.polylines(img, [pts4], True, (0,0,0))             # 5각형 닫힌 도형 그리기

cv2.imshow('polyline', img)
cv2.waitKey(0)
cv2.destroyAllWindows()
```

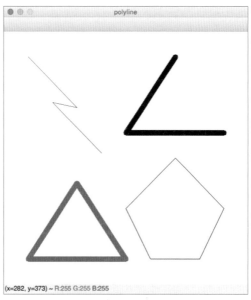

[그림 2-11] [예제 2-12]의 실행 결과

코드 ①에서 NumPy 배열을 생성하기 위해 새로운 모듈을 임포트합니다. 코드 ②와 같이 그리기에 사용할 좌표들을 작성합니다. 실제로 다각형을 그리는 데 사용하는 함수는 코드 ③에서부터 나타납니다. 코드 ④와 ⑤에 사용한 좌표는 시작 위치만 다를 뿐 3개의 꼭짓점을 같은 비율로 표현하고 있는데, 열린 도형과 닫힌 도형의 차이를 지정하는 세 번째 인자의 차이로 각각 선과 도형으로 그려지는 것을 알 수 있습니다. cv2.polylines() 함수는 선의 굵기를 표현하는 인자에 –1을 지정해서 채우기 효과를 나타내는 것은 지원하지 않습니다.

2.2.4 원, 타원, 호 그리기

원과 타원 그리고 호를 그리기 위한 함수는 다음과 같습니다.

- cv2.circle(img, center, radius, color [, thickness, lineType]): 원 그리기
  함수
  - img: 그림 대상 이미지
  - center: 원점 좌표(x, y)
  - radius: 원의 반지름
  - color: 색상(Blue, Green, Red)
  - thickness: 선 두께(−1: 채우기)
  - lineType: 선 타입, cv2.line()과 동일
- cv2.ellipse(img, center, axes, angle, from, to, color[, thickness,
  lineType]): 호나 타원 그리기 함수
  - img: 그림 대상 이미지
  - center: 원점 좌표(x, y)
  - axes: 기준 축 길이
  - angle: 기준 축 회전 각도
  - from, to: 호를 그릴 시작 각도와 끝 각도

완전한 동그라미를 그릴 때 가장 좋은 함수는 cv2.circle()입니다. 하지만, 이 함수로는 동그라미의 일부분, 즉 호를 그리거나 찌그러진 동그라미인 타원을 그리는 것은 불가능하며, 이런 호나 타원을 그리려면 cv2.ellipse() 함수를 써야 합니다. 당연히 cv2.ellipse() 함수를 쓰는 것이 조금 더 어렵습니다.

[예제 2-13]은 원과 타원 그리고 호를 그리는 방법을 보여주고 있습니다.

[예제 2-13] 원, 타원, 호 그리기(draw_circle.py)

```
import cv2

img = cv2.imread('../img/blank_500.jpg')

# 원점(150,150), 반지름 100 ---①
cv2.circle(img, (150, 150), 100, (255,0,0))
# 원점(300,150), 반지름 70 ---②
cv2.circle(img, (300, 150), 70, (0,255,0), 5)
# 원점(400,150), 반지름 50, 채우기 ---③
cv2.circle(img, (400, 150), 50, (0,0,255), -1)
```

```
# 원점(50,300), 반지름(50), 회전 0, 0도부터 360도 그리기 ---④
cv2.ellipse(img, (50, 300), (50, 50), 0, 0, 360, (0,0,255))
# 원점(150, 300), 아래 반원 그리기 ---⑤
cv2.ellipse(img, (150, 300), (50, 50), 0, 0, 180, (255,0,0))
# 원점(200, 300), 위 반원 그리기 ---⑥
cv2.ellipse(img, (200, 300), (50, 50), 0, 181, 360, (0,0,255))

# 원점(325, 300), 반지름(75,50) 납작한 타원 그리기 ---⑦
cv2.ellipse(img, (325, 300), (75, 50), 0, 0, 360, (0,255,0))
# 원점(450,300), 반지름(50,75) 홀쭉한 타원 그리기 ---⑧
cv2.ellipse(img, (450, 300), (50, 75), 0, 0, 360, (255,0,255))

# 원점(50, 425), 반지름(50,75), 회전 15도 ---⑨
cv2.ellipse(img, (50, 425), (50, 75), 15, 0, 360, (0,0,0))
# 원점(200,425), 반지름(50,75), 회전 45도 ---⑩
cv2.ellipse(img, (200, 425), (50, 75), 45, 0, 360, (0,0,0))

# 원점(350,425), 홀쭉한 타원 45도 회전 후 아래 반원 그리기 ---⑪
cv2.ellipse(img, (350, 425), (50, 75), 45, 0, 180, (0,0,255))
# 원점(400,425), 홀쭉한 타원 45도 회전 후 위 반원 그리기 ---⑫
cv2.ellipse(img, (400, 425), (50, 75), 45, 181, 360, (255,0,0))

cv2.imshow('circle', img)
cv2.waitKey(0)
cv2.destroyAllWindows()
```

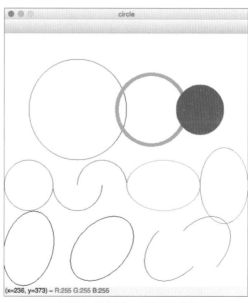

[그림 2-12] [예제 2-13]의 실행 결과

[예제 2-13]의 코드 ①, ②, ③은 cv2.circle() 함수를 이용해서 원을 그리고 있습니다. 주요 인자는 원점의 좌표와 반지름 값이므로 사용이 편리합니다. ③에서는 선의 두께 값에 −1을 전달하여 채우기 효과를 내고 있습니다.

나머지 코드는 모두 cv2.ellipse() 함수로 원, 타원, 호를 그리고 있습니다. 코드 ④처럼 이 함수로도 완전한 원을 그릴 수 있습니다. 반지름의 크기를 같은 비율로 지정하고, 회전 각도는 0으로, 표시할 호는 0도에서 360도를 모두 지정하였습니다. 코드 ⑤와 ⑥은 코드 ④와 똑같이 정확한 원을 표시하고 나서 표시할 호의 시작과 끝 각을 0, 180 그리고 181, 360으로 원의 아랫부분과 윗부분에 해당하는 반원만 그렸습니다. 이렇게 호를 표시하고자 할 때 시작 각도는 3시 방향에서 시작하여 시계 방향으로 돌면서 6시 방향에서 90도, 9시 방향에서 180도와 같은 방식으로 3시 방향에서 360도까지 진행합니다.

코드 ⑦과 ⑧은 원의 반지름 값을 50과 75로 각각 다르게 지정해서 타원을 그립니다. 코드 ⑨와 ⑩은 타원을 15도와 45도만큼 회전하였습니다. 회전 각도는 0~360 사이의 각도를 지정하고, 필요에 따라 음수를 지정해서 회전 방향을 반대로 할 수도 있습니다.

코드 ⑪과 ⑫는 회전한 타원의 표시 각을 지정해서 타원의 아랫부분과 윗부분 호를 표시합니다. 회전한 원이나 타원에 대한 호를 표시할 때의 각도 값은 원래의 3시 방향에서 0도였던 것보다 회전한 각도만큼 더 이동해서 시작합니다.

2.2.5 글씨 그리기

문자열을 이미지에 표시하는 함수는 cv2.putText()입니다.

- cv2.putText(img, text, point, fontFace, fontSize, color [, thickness, lineType])
  - img: 글씨를 표시할 이미지
  - text: 표시할 문자열
  - point: 글씨를 표시할 좌표(좌측 하단 기준)(x, y)
  - fontFace: 글꼴
    - cv2.FONT_HERSHEY_PLAIN: 산세리프체 작은 글꼴
    - cv2.FONT_HERSHEY_SIMPLEX: 산세리프체 일반 글꼴
    - cv2.FONT_HERSHEY_DUPLEX: 산세리프체 진한 글꼴
    - cv2.FONT_HERSHEY_COMPLEX_SMALL: 세리프체 작은 글꼴

- cv2.FONT_HERSHEY_COMPLEX: 세리프체 일반 글꼴
- cv2.FONT_HERSHEY_TRIPLEX: 세리프체 진한 글꼴
- cv2.FONT_HERSHEY_SCRIPT_SIMPLEX: 필기체 산세리프 글꼴
- cv2.FONT_HERSHEY_SCRIPT_COMPLEX: 필기체 세리프 글꼴
- cv2.FONT_ITALIC: 이탤릭체 플래그
  - fontSize: 글꼴 크기
  - color, thickness, lineType: cv2.retangle()과 동일

point 좌표는 문자열의 좌측 하단을 기준으로 지정해야 합니다. 선택할 수 있는 글꼴의 종류는 위의 설명처럼 cv2.FONT_HERSHEY_로 시작하는 상수로 정해져 있습니다. 크게 세리프(serif)체와 산세리프(sans-serif)체 그리고 필기체로 나뉘는데, 세리프체는 한글 글꼴의 명조체처럼 글자 끝에 장식을 붙여 모양을 낸 글꼴을 통틀어 말하며, 산세리프체는 고딕체처럼 획에 특별히 모양을 낸 것이 없는 글꼴을 말합니다. sans는 프랑스어로 '없다'는 뜻이고, serif는 타이포그래피에서 획의 끝이 돌출된 부분을 말하는 것으로 산세리프는 세리프가 없다는 뜻입니다.

OpenCV 상수에서는 상대적으로 단순한 모양인 산세리프체에 SIMPLEX라는 이름을 붙였고, 상대적으로 복잡한 모양인 세리프체에 COMLEX라는 이름을 붙인 것을 볼 수 있습니다.

[예제 2-14] 글씨 그리기(draw_text.py)

```
import cv2

img = cv2.imread('../img/blank_500.jpg')

# sans-serif small
cv2.putText(img, "Plain", (50, 30), cv2.FONT_HERSHEY_PLAIN, 1, (0, 0,0))
# sans-serif normal
cv2.putText(img, "Simplex", (50, 70), cv2.FONT_HERSHEY_SIMPLEX, 1, (0, 0,0))
# sans-serif bold
cv2.putText(img, "Duplex", (50, 110), cv2.FONT_HERSHEY_DUPLEX, 1, (0, 0,0))
# sans-serif normal X2   ---①
cv2.putText(img, "Simplex", (200, 110), cv2.FONT_HERSHEY_SIMPLEX, 2, (0,0,250))

# serif small
cv2.putText(img, "Complex Small", (50, 180), cv2.FONT_HERSHEY_COMPLEX_SMALL, \
            1, (0, 0,0))
# serif normal
cv2.putText(img, "Complex", (50, 220), cv2.FONT_HERSHEY_COMPLEX, 1, (0, 0,0))
# serif bold
cv2.putText(img, "Triplex", (50, 260), cv2.FONT_HERSHEY_TRIPLEX, 1, (0, 0,0))
```

```
# serif normal X2 ---②
cv2.putText(img, "Complex'''", (200, 260), cv2.FONT_HERSHEY_TRIPLEX, 2, (0,0,255))

# hand-writing sans-serif
cv2.putText(img, "Script Simplex", (50, 330), cv2.FONT_HERSHEY_SCRIPT_SIMPLEX, \
            1, (0, 0,0))
# hand-writing serif
cv2.putText(img, "Script Complex", (50, 370), cv2.FONT_HERSHEY_SCRIPT_COMPLEX, \
            1, (0, 0,0))

# sans-serif + italic ---③
cv2.putText(img, "Plain Italic", (50, 430), \
            cv2.FONT_HERSHEY_PLAIN | cv2.FONT_ITALIC, 1, (0, 0,0))
# sarif + italic
cv2.putText(img, "Complex Italic", (50, 470), \
            cv2.FONT_HERSHEY_COMPLEX | cv2.FONT_ITALIC, 1, (0, 0,0))

cv2.imshow('draw text', img)
cv2.waitKey()
cv2.destroyAllWindows()
```

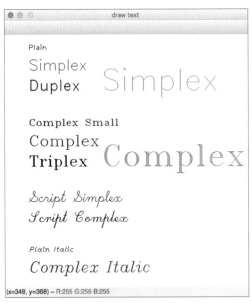

[그림 2-13] [예제 2-14]의 실행 결과

[예제 2-14]는 각각의 글꼴을 보여주고 있습니다. 코드 ①에서 산세리프체의 일반 글
꼴 크기를 2배로 표시하고, 코드 ②에서 세리프체의 일반 글꼴 크기를 2배로 표시하
고 있습니다. 코드 ③은 산세리프체와 세리프체를 이탤릭 플래그와 함께 사용하는
방법을 보여주고 있습니다.

2.3 창 관리

한 개 이상의 이미지를 여러 창에 띄우거나 각 창에 키보드와 마우스 이벤트를 처리하려면 창을 관리하는 기능이 필요합니다. 다음은 OpenCV가 제공하는 창 관리 관련 API들을 요약한 것입니다.

- cv2.namedWindow(title [, option]): 이름을 갖는 창 열기
  - title: 창 이름, 제목 줄에 표시
  - option: 창 옵션, 'cv2.WINDOW_'로 시작
    - cv2.WINDOW_NORMAL: 임의의 크기, 사용자 창 크기 조정 가능
    - cv2.WINDOW_AUTOSIZE: 이미지와 같은 크기, 창 크기 재조정 불가능
- cv2.moveWindow(title, x, y): 창 위치 이동
  - title: 위치를 변경할 창의 이름
  - x, y: 이동할 창의 위치
- cv2.resizeWindow(title, width, height): 창 크기 변경
  - title: 크기를 변경할 창의 이름
  - width, height: 크기를 변경할 창의 폭과 높이
- cv2.destroyWindow(title): 창 닫기
  - title: 닫을 대상 창 이름
- cv2.destroyAllWindows(): 열린 모든 창 닫기

[예제 2-15]는 창 관리 함수를 이용하는 예제입니다.

[예제 2-15] 창 관리 API 사용하기(win.py)

```
import cv2

file_path = '../img/girl.jpg'
img = cv2.imread(file_path)                              # 이미지를 기본 값으로 읽기
img_gray = cv2.imread(file_path, cv2.IMREAD_GRAYSCALE)  # 이미지를 그레이 스케일로 읽기

cv2.namedWindow('origin', cv2.WINDOW_AUTOSIZE)          # origin이라는 이름으로 창 생성
cv2.namedWindow('gray', cv2.WINDOW_NORMAL)              # gray라는 이름으로 창 생성

cv2.imshow('origin', img)                               # origin 창에 이미지 표시
cv2.imshow('gray', img_gray)                            # gray 창에 이미지 표시

cv2.moveWindow('origin', 0, 0)                          # 창 위치 변경
cv2.moveWindow('gray', 100, 100)                        # 창 위치 변경
```

```
cv2.waitKey(0)                              # 아무 키나 누르면
cv2.resizeWindow('origin', 200, 200)        # 창 크기 변경(변경 안 됨)
cv2.resizeWindow('gray', 100, 100)          # 창 크기 변경(변경됨))

cv2.waitKey(0)                              # 아무 키나 누르면
cv2.destroyWindow("gray")                   # gray 창 닫기

cv2.waitKey(0)                              # 아무 키나 누르면
cv2.destroyAllWindows()                     # 모든 창 닫기
```

[그림 2-14] [예제 2-15]의 실행 결과

[예제 2-15]는 최초에 'origin'과 'gray'라는 2개의 창을 띄워서 원본 이미지와 그레이 스케일 이미지를 각각 보여주는데, 이때 'origin' 창은 cv2.WINDOW_AUTOSIZE 옵션으로 열었고, 'gray' 창은 cv2.WINDOW_NORMAL 옵션으로 열었습니다.

화면을 표시한 다음 cv2.moveWindow() 함수로 각각의 창을 모니터 좌측 상단으로 이동시킨 다음 아무 키나 누르면 cv2.resizeWindow() 함수로 창의 크기를 변경합니다. 이때, 'origin' 창은 cv2.WINDOW_AUTOSIZE로 창을 열었으므로 창의 크기는 변경되지 않고, cv2.WINDOW_NORMAL 옵션을 사용한 'gray' 창은 창의 크기가 변경됩니다. 사용자의 마우스를 이용해서 창의 크기를 변경하는 것도 같습니다.

창의 크기가 변경되고 나서 다시 한번 아무 키나 누르면 'gray' 창만 닫히고 다시 한번 아무 키나 누르면 나머지 'origin' 창도 닫힙니다.

이와 같이 OpenCV에서 제공하는 창과 관련한 API는 창을 열 때 사용한 이름을 기반으로 연결되는 것이 특징입니다.

2.4 이벤트 처리

이 절에서는 키보드와 마우스 입력 방법에 대해 알아봅니다.

2.4.1 키보드 이벤트

이미 앞서 여러 번 사용한 적이 있는 **cv2.waitKey(delay)** 함수를 쓰면 키보드의 입력을 알아낼 수 있습니다. 이 함수는 delay 인자에 밀리초(ms, 0.001초) 단위로 숫자를 전달하면 해당 시간 동안 프로그램을 멈추고 대기하다가 키보드의 눌린 키에 대응하는 코드 값을 정수로 반환합니다. 지정한 시간까지 키보드 입력이 없으면 –1을 반환합니다. delay 인자에 0을 전달하면 대기 시간을 무한대로 하겠다는 의미이므로 키를 누를 때까지 프로그램은 멈추고 이때는 –1을 반환할 일은 없습니다.

키보드에서 어떤 키를 눌렀는지를 알아내려면 **cv2.waitKey()** 함수의 반환 값을 출력해 보면 됩니다.

```
key = cv2.waitKey(0)
print(key)
```

출력되는 키 값을 확인해 보면 ASCII 코드와 같다는 것을 알 수 있습니다. 환경에 따라 한글 모드에서 키를 입력하면 오류가 발생할 수 있으니 키를 입력할 때 한글은 사용하지 않는 것이 좋습니다.

입력된 키를 특정 문자와 비교할 때는 파이썬 기본 함수인 **ord()** 함수를 사용하면 편리합니다. 예를 들어 키보드의 'a' 키를 눌렀는지 확인하기 위한 코드는 다음과 같습니다.

```
if cv2.waitKey(0) == ord('a'):
```

그런데 몇몇 64비트 환경에서 **cv2.waitKey()** 함수는 8비트(ASCII 코드 크기)보다 큰 32비트 정수를 반환해서 그 값을 ord() 함수를 통해 비교하면 서로 다른 값으로 판단할 때가 있습니다. 그래서 하위 8비트를 제외한 비트를 지워야 하는 경우가 있습니다. 0xFF는 하위 8비트가 모두 1로 채워진 숫자이므로 이것과 & 연산을 수행하면 하위 8비트보다 높은 비트는 모두 0으로 채울 수 있습니다.

```
key = cv2.waitKey(0) & 0xFF
if key == ord('a') :
```

[예제 2-16]은 화면에 이미지를 표시하고 키보드의 'h', 'j', 'k', 'l' 키를 누르면 창의 위치가 좌, 상, 하, 우 방향으로 10픽셀씩 움직이고, 'esc' 키 또는 'q' 키를 누르면 종료되는 코드입니다.

[예제 2-16] 키 이벤트(event_key.py)

```python
import cv2

img_file = "../img/girl.jpg"
img = cv2.imread(img_file)
title = 'IMG'                    # 창 이름
x, y = 100, 100                  # 최초 좌표

while True:
    cv2.imshow(title, img)
    cv2.moveWindow(title, x, y)
    key = cv2.waitKey(0) & 0xFF  # 키보드 입력을 무한 대기, 8비트 마스크 처리
    print(key, chr(key))         # 키보드 입력 값, 문자 값 출력
    if key == ord('h'):          # 'h' 키이면 좌로 이동
        x -= 10
    elif key == ord('j'):        # 'j' 키이면 아래로 이동
        y += 10
    elif key == ord('k'):        # 'k' 키이면 위로 이동
        y -= 10
    elif key == ord('l'):        # 'l' 키이면 오른쪽으로 이동
        x += 10
    elif key == ord('q') or key == 27:  # 'q'이거나 'esc'이면 종료
        break
        cv2.destroyAllWindows()
    cv2.moveWindow(title, x, y )    # 새로운 좌표로 창 이동
```

다음 내용은 위의 [예제 2-16]을 실행하고 'h', 'j', 'k', 'l'과 'esc' 키를 한 번씩 누른 출력 결과입니다.

출력 결과
```
104 h
106 j
107 k
108 l
27
```

2.4.2 마우스 이벤트

마우스에서 입력을 받으려면 이벤트를 처리할 함수를 미리 선언해 놓고 cv2.set MouseCallback() 함수에 그 함수를 전달합니다. 코드로 간단히 묘사하면 다음과 같습니다.

```
def onMouse(event, x, y, flags, param):
    # 여기에 마우스 이벤트에 맞게 해야 할 작업을 작성합니다.
    pass

cv2.setMouseCallback('title', onMouse)
```

이 두 함수의 모양은 아래와 같습니다.

- cv2.setMouseCallback(win_name, onMouse [, param]): onMouse 함수를 등록
    - win_name: 이벤트를 등록할 윈도 이름
    - onMouse: 이벤트 처리를 위해 미리 선언해 놓은 콜백 함수
    - param: 필요에 따라 onMouse 함수에 전달할 인자
- *MouseCallback*(event, x, y, flags, param): 콜백 함수 선언부
    - event: 마우스 이벤트 종류, cv2.EVENT_로 시작하는 상수(12가지)
        - cv2.EVENT_MOSEMOVE: 마우스 움직임
        - cv2.EVENT_LBUTTONDOWN: 왼쪽 버튼 누름
        - cv2.EVENT_RBUTTONDOWN: 오른쪽 버튼 누름
        - cv2.EVENT_MBUTTONDOWN: 가운데 버튼 누름
        - cv2.EVENT_LBUTTONUP: 왼쪽 버튼 뗌
        - cv2.EVENT_RBUTTONUP: 오른쪽 버튼 뗌
        - cv2.EVENT_MBUTTONUP: 가운데 버튼 뗌
        - cv2.EVENT_LBUTTONDBLCLK: 왼쪽 버튼 더블 클릭
        - cv2.EVENT_RBUTTONDBLCLK: 오른쪽 버튼 더블 클릭
        - cv2.EVENT_MBUTTONDBLCLK: 가운데 버튼 더블 클릭
        - cv2.EVENT_MOUSEWHEEL: 휠 스크롤
        - cv2.EVENT_MOUSEHWHEEL: 휠 가로 스크롤
    - x, y: 마우스 좌표
    - flags: 마우스 동작과 함께 일어난 상태, cv2.EVENT_FLAG_로 시작하는 상수(6가지)
        - cv2.EVENT_FLAG_LBUTTON(1): 왼쪽 버튼 누름
        - cv2.EVENT_FLAG_RBUTTON(2): 오른쪽 버튼 누름
        - cv2.EVENT_FLAG_MBUTTON(4): 가운데 버튼 누름
        - cv2.EVENT_FLAG_CTRLKEY(8): Ctrl 키 누름
        - cv2.EVENT_FLAG_SHIFTKEY(16): Shift 키 누름

- cv2.EVENT_FLAG_ALTKEY(32): Alt 키 누름
- param: cv2.setMouseCallback() 함수에서 전달한 인자

다음 [예제 2-17]은 마우스를 클릭하면 지름이 30픽셀인 동그라미를 그리는 예제입니다.

[예제 2-17] 마우스 이벤트로 동그라미 그리기(event_mouse_circle.py)

```python
import cv2

title = 'mouse event'                    # 창 제목
img = cv2.imread('../img/blank_500.jpg') # 흰색 이미지 읽기
cv2.imshow(title, img)                   # 흰색 이미지 표시

def onMouse(event, x, y, flags, param): # 마우스 콜백 함수 구현 ---①
    print(event, x, y, )                 # 파라미터 출력
    if event == cv2.EVENT_LBUTTONDOWN:   # 왼쪽 버튼 누름인 경우 ---②
        cv2.circle(img, (x,y), 30, (0,0,0), -1) # 지름이 30픽셀인 검은색 원을 해당 좌표에 그림
        cv2.imshow(title, img)           # 그려진 이미지를 다시 표시 ---③

cv2.setMouseCallback(title, onMouse)     # 마우스 콜백 함수를 GUI 윈도에 등록 ---④

while True:
    if cv2.waitKey(0) & 0xFF == 27:      # esc로 종료
        break
cv2.destroyAllWindows()
```

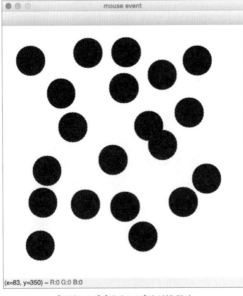

[그림 2-15] [예제 2-17]의 실행 결과

[예제 2-17]의 코드 ①에서 마우스 이벤트를 처리하기 위한 함수를 구현하고 있습니다. 이 함수를 코드 ④에서 윈도에 등록하고 있습니다. 이 함수의 주요 내용은 코드 ②에서처럼 왼쪽 버튼이 눌려지는 것을 알아내는 것입니다. 또 하나 주의해야 할 것은 코드 ③에서처럼 이벤트 내에서 그리기를 했다면 반드시 그림이 그려진 이미지를 다시 화면에 표시해야 한다는 것입니다.

아래의 코드는 이벤트 처리 함수의 선언부인데, 모두 5개의 인자를 선언해야 합니다.

```
def onMouse(event, x, y, flags, param):
```

함수 내부에서 사용하지 않더라도 5개의 인자는 모두 선언부에 기재해야 하며, 그렇지 않으면 오류가 발생합니다. 이 함수의 첫 번째 인자 event는 발생한 이벤트의 종류를 나타내는 것으로 cv2.EVENT_로 시작하는 상수 값 중에 하나입니다. API에 선언되어 있는 모든 이벤트 상수에 대응하는 이벤트는 코드를 실행하는 환경에 따라 작동하지 않는 경우도 있으니 주요한 것 위주로 사용하는 것이 좋습니다. x, y는 이벤트가 발생한 마우스의 좌표입니다. flags는 이벤트가 발생할 때 키보드나 마우스의 추가적인 상태를 알려줍니다. 이 값과 비교할 상수는 이름이 cv2.EVENT_FALG_로 시작하는 선언되어 있는 상수들입니다.

이 플래그는 시프트 키와 컨트롤 키를 함께 누른 상태처럼 여러 가지 상태를 하나의 값으로 한꺼번에 나타낼 수 있어야 합니다. 그래서 선언된 상수들이 실제로 갖는 값은 0, 1, 2, 3, 4처럼 순차적으로 증가하는 값이 아니라 1, 2, 4, 8, 16, 32 순으로 2진수 비트 자릿수에 맞는 값을 각각 갖습니다. 따라서 함수의 인자로 전달되는 값은 여러 상태를 나타내는 값을 조합한 값으로, 어떤 상태인지 알기 위해서는 비트 단위 &(논리 곱) 또는 |(논리합) 연산을 써서 알아내야 합니다.

예를 들어 flag 값이 8이라면 cv2.EVENT_FLAG_CTRLKEY의 값과 같습니다. 이런 경우 flag 값과 관심 있는 상수를 비교해서 맞으면 컨트롤 키가 눌러진 상태로 판단하면 됩니다.

하지만, 만약 flag 값이 25라면 어떤 플래그 상수와 비교해도 맞는 것을 찾을 수 없습니다. 이 경우 25 = 1 + 8 + 16이므로 1, 8, 16에 맞는 플래그 상수와 따로따로 비교해서 찾아내야 합니다. 이것은 각각 cv2.EVENT_FLAG_LBUTTON, cv2.EVENT_FLAG_CTRLKEY, cv2.EVENT_FLAG_SHIFTKEY에 해당합니다.

flags로부터 상태를 각각 알아내는 방법은 다음 코드와 같습니다.

```python
if flags & cv2.EVENT_FLAG_LBUTTON:
    pass  # 마우스 왼쪽 버튼 눌림
if flags & cv2.EVENT_FLAG_CTRLKEY:
    pass  # 컨트롤 키 눌림
if flags & cv2.EVENT_FLAG_SHIFTKEY:
    pass  # 시프트 키 눌림
```

결국 관심 있는 상태 플래그 값과 인자값을 & 연산하면 됩니다. 그러면 각각의 조건 문에 모두 True로 반환되어 처리됩니다.

[예제 2-18]은 앞서 다룬 마우스로 동그라미 그리기 예제를 컨트롤 키를 누르면 빨 간색으로, 시프트 키를 누르면 파란색으로, 시프트 키와 컨트롤 키를 동시에 누르면 초록색으로 그리게 수정한 것입니다.

[예제 2-18] 플래그를 이용한 동그라미 그리기(event_mouse_circle_flag.py)

```python
import cv2

title = 'mouse event'              # 창 제목
img = cv2.imread('../img/blank_500.jpg') # 흰색 이미지 읽기
cv2.imshow(title, img)             # 흰색 이미지 표시

colors = {'black':(0,0,0),
          'red' : (0,0,255),
          'blue':(255,0,0),
          'green': (0,255,0) }  # 색상 미리 정의

def onMouse(event, x, y, flags, param): # 마우스 콜백 함수 구현
    print(event, x, y, flags)          # 파라미터 출력
    color = colors['black']
    if event == cv2.EVENT_LBUTTONDOWN:  # 왼쪽 버튼을 누른 경우
        # 컨트롤 키와 시프트 키를 모두 누른 경우
        if flags & cv2.EVENT_FLAG_CTRLKEY and flags & cv2.EVENT_FLAG_SHIFTKEY:
            color = colors['green']
        elif flags & cv2.EVENT_FLAG_SHIFTKEY : # 시프트 키를 누른 경우
            color = colors['blue']
        elif flags & cv2.EVENT_FLAG_CTRLKEY : # 컨트롤 키를 누른 경우
            color = colors['red']
        # 지름 30 크기의 검은색 원을 해당 좌표에 그림
        cv2.circle(img, (x,y), 30, color, -1)
        cv2.imshow(title, img)         # 그려진 이미지를 다시 표시

cv2.setMouseCallback(title, onMouse)    # 마우스 콜백 함수를 GUI 윈도에 등록

while True:
```

```
    if cv2.waitKey(0) & 0xFF == 27:     # esc로 종료
        break
cv2.destroyAllWindows()
```

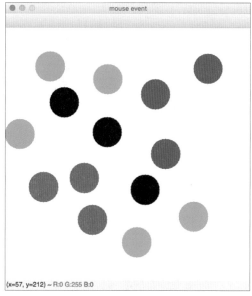

[그림 2-16] [예제 2-18]의 실행 결과

2.4.3 트랙바

트랙바(track-bar)는 슬라이드 모양의 인터페이스를 마우스로 움직여서 값을 입력
받는 GUI 요소입니다. cv2.createTrack() 함수로 생성하면서 보여지기를 원하는 창
의 이름을 지정합니다. 이때 마우스 이벤트의 방식과 마찬가지로 트랙바를 움직였
을 때 동작할 함수를 미리 준비해서 함께 전달합니다. 트랙바의 값을 얻기 위한 cv2.
getTrackbarPos() 함수도 함께 쓰입니다.

트랙바를 사용하기 위한 주요 코드 형식은 아래와 같습니다.

```
def onChange(value):
  v = cv2.getTrackbarPos('trackbar', 'win_name')

cv2.createTrackbar('trackbar', 'win_name', 0, 100, onChange)
```

여기서 사용하는 세 함수의 형식은 다음과 같습니다.

- cv2.createTrackbar(trackbar_name, win_name, value, count, onChange): 트랙
  바 생성

  - trackbar_name: 트랙바 이름

  - win_name: 트랙바를 표시할 창 이름

  - value: 트랙바 초기 값, 0~count 사이의 값

  - count: 트랙바 눈금의 개수, 트랙바가 표시할 수 있는 최대 값

  - onChange: TrackbarCallback, 트랙바 이벤트 핸들러 함수

- TrackbarCallback(value): 트랙바 이벤트 콜백 함수

  - value: 트랙바가 움직인 새 위치 값

- pos = cv2.getTrackbarPos(trackbar_name, win_name)

  - trackbar_name: 찾고자 하는 트랙바 이름

  - win_name: 트랙바가 있는 창의 이름

  - pos: 트랙바 위치 값

[예제 2-19]는 트랙바 3개를 생성하여 각 트랙바를 움직여 이미지의 색상을 조정하는
예제입니다.

[예제 2-19] 트랙바를 이용한 이미지 색 조정(event_trackbar.py)

```python
import cv2
import numpy as np

win_name = 'Trackbar'                                # 창 이름

img = cv2.imread('../img/blank_500.jpg')
cv2.imshow(win_name,img)                             # 초기 이미지를 창에 표시

# 트랙바 이벤트 처리 함수 선언 ---①
def onChange(x):
    print(x)                                         # 트랙바의 새로운 위치 값 --- ②
    # 'R', 'G', 'B' 각 트랙바 위치 값  ---③
    r = cv2.getTrackbarPos('R',win_name)
    g = cv2.getTrackbarPos('G',win_name)
    b = cv2.getTrackbarPos('B',win_name)
    print(r, g, b)
    img[:] = [b,g,r]                                 # 기존 이미지에 새로운 픽셀 값 적용 --- ④
    cv2.imshow(win_name, img)                        # 새 이미지 창에 표시

# 트랙바 생성
cv2.createTrackbar('R', win_name, 255, 255, onChange)
cv2.createTrackbar('G', win_name, 255, 255, onChange)
```

```
cv2.createTrackbar('B', win_name, 255, 255, onChange)

while True:
    if cv2.waitKey(1) & 0xFF == 27:
        break
cv2.destroyAllWindows()
```

[그림 2-17] [예제 2-19]의 실행 결과

[예제 2-19]의 코드 ①에서 이벤트 처리 함수를 만들고 이 함수를 코드 ⑤에서 트랙
바를 생성하면서 전달합니다. 이제 트랙바를 움직이면 0~255 사이의 값을 코드 ②
에서처럼 함수의 인자를 통해 얻을 수 있게 됩니다. 하지만, 코드 ⑤에서 3개의 트랙
바에 동일한 콜백 함수를 지정했으므로 어느 트랙바에 대한 값인지를 알 수 없습니
다. 이때 코드 ③처럼 cv2.getTrackbarPos() 함수에 트랙바 이름과 트랙바가 위치한
창의 이름을 지정해서 원하는 트랙바의 새로운 값을 얻을 수 있습니다. 이 예제는 처
음에 완전히 흰색이었던 이미지에 트랙바의 조정에 따라 코드 ④에서 새로운 색상을
적용하고 있습니다. 코드 ④에 대한 설명은 여기서는 이렇게만 설명하고 앞으로 자
세히 알아보겠습니다.

3장

O p e n C V

NumPy와 Matplotlib

이 장에서는 OpenCV를 파이썬 언어로 프로그래밍할 때 필요한 유일한 종속 라이브러리인 NumPy와 데이터 시각화에 유용한 Matplotlib에 대해서 알아봅니다.

3.1 NumPy

NumPy는 OpenCV-Python 모듈의 필수 라이브러리기도 하지만, 데이터 과학 분야와 관련된 일을 파이썬 언어로 할 때 전반적으로 사용하는 라이브러리입니다. 이 책에서는 데이터 과학 전반에 활용할 만큼 NumPy 라이브러리를 폭넓게 설명하지는 않습니다. OpenCV를 사용하는 데 꼭 필요한 수준까지만 다루므로 이미 NumPy에 관해서 잘 알고 있는 독자라면 이 장의 첫 절인 "이미지와 NumPy"와 마지막 절인 "이미지 생성" 부분만 읽고 다음 장으로 넘어가도 좋습니다. NumPy 사용법 중에 개괄적인 내용을 넘어서는 부분은 해당 연산을 사용하는 절에서 보충 설명을 하겠습니다. NumPy에 관한 자세한 정보는 아래의 공식 웹사이트를 참조하세요.

- NumPy 공식 웹사이트: *http://www.numpy.org/*
- NumPy 개발자 참조 문서: *https://docs.scipy.org/doc/numpy/genindex.html*

3.1.1 이미지와 NumPy

OpenCV에서 이미지나 동영상을 읽어들이는 함수 `cv2.imread()`는 NumPy 배열을 반환합니다. 따라서 OpenCV를 파이썬 언어로 프로그래밍한다는 것은 NumPy 배열을 다룬다는 것과 같은 말입니다. 그만큼 NumPy에 대해 잘 알지 못하면 파이썬 언어로 OpenCV를 사용하는 게 불가능하다는 뜻이기도 합니다.

NumPy 배열에서 정보를 얻는 기본 속성은 다음과 같습니다.

* ndim: 차원(축)의 수
* shape: 각 차원의 크기(튜플)
* size: 전체 요소의 개수, shape의 각 항목의 곱
* dtype: 요소의 데이터 타입
* itemsize: 각 요소의 바이트 크기

이미지는 여러 개의 픽셀들의 값으로 구성되므로 수많은 행과 열로 구성된 픽셀 데이터의 모음이라고 볼 수 있습니다. 이 픽셀 데이터들을 프로그래밍 영역에서 다루려면 픽셀 값들을 저장하고 관리할 적절한 자료구조가 필요하기 마련입니다. OpenCV-Python은 예전에는 독자적인 자료구조를 사용했지만, 버전 2부터 NumPy 라이브러리의 ndarray(N-Dimensional Array)를 가져다 쓰고 있습니다.

다음 코드는 파이썬 대화형 콘솔에서 OpenCV로 읽어들인 500 × 500 픽셀 이미지 정보를 담은 NumPy 배열의 속성 정보를 출력합니다.

```
>>> import cv2
>>> img = cv2.imread('../img/blank_500.jpg')  # OpenCV로 이미지 읽기
>>> type(img)
<class 'numpy.ndarray'>
```

ndarray는 N-Dimensional Array의 약자로 N차원 배열, 즉 다차원 배열을 의미합니다. OpenCV는 기본적으로 이미지를 3차원 배열, 즉 '행 × 열 × 채널'로 표현합니다. 행과 열은 이미지의 크기, 즉 높이와 폭만큼의 길이를 갖고 채널은 컬러인 경우 파랑, 초록, 빨강 3개의 길이를 갖습니다. 따라서 일반적인 이미지를 읽었을 때 3차원 배열은 '높이 × 폭 × 3'의 형태입니다.

```
>>> img.ndim
3
>>> img.shape
(500, 500, 3)
>>> img.size
750000
```

위의 코드를 통해 3차원이고 배열이 500 × 500 × 3인 것을 확인할 수 있습니다. img.size는 전체 요소의 개수로 각 차원의 길이를 곱한 값과 같습니다.

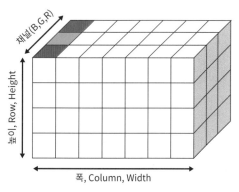

채널(B,G,R)

높이, Row, Height

폭, Column, Width

[그림 3-1] 이미지를 표현하는 3차원 배열

파이썬 언어는 데이터 타입이나 데이터 크기를 따로 지정하지 않지만, 수많은 데이터를 처리해야 하는 NumPy 배열은 명시적인 데이터 타입을 지정하는 것이 효과적일 수밖에 없습니다. 이미지 픽셀 데이터는 음수이거나 소수점을 갖는 경우가 없고 값의 크기도 최대 255이므로 부호 없는 8비트, 그러니까 uint8을 데이터 타입으로 사용합니다. 다음과 같이 dtype 속성으로 데이터 타입을 확인할 수 있습니다.

```
>>> img.dtype
dtype('uint8')
>>> img.itemsize
1
```

img.itemsize 결과 값은 각 요소의 크기가 1바이트인 것을 나타냅니다.

NumPy 배열은 모든 요소에 동일한 연산을 수행하는 브로드캐스팅 연산, 선형대수학의 벡터와 행렬 연산, 푸리에 변환 등 이미지 프로세싱이나 컴퓨터 비전 분야에 활용할 수 있는 방대한 기능을 제공하므로 OpenCV 라이브러리의 도움 없이도 컴퓨터 비전 작업을 할 수 있을 정도입니다. 실제로 OpenCV의 함수와 NumPy의 함수 기능이 중복되는 것도 많습니다.

물론, 영상 처리와 컴퓨터 비전 알고리즘이 매우 복잡하고 구현하기 어렵기도 하고 자잘한 실수로 성능에 문제가 있는 경우도 많으므로 NumPy로 직접 구현하는 것보다는 최적화된 OpenCV 라이브러리를 쓰는 것이 효과적입니다. 하지만, OpenCV에 따로 구현되지 않은 간단한 연산은 NumPy 기능을 이용해서 직접 처리해야 하는 경우가 많으니 기초적인 NumPy 사용법은 반드시 알고 있어야 합니다.

3.1.2 NumPy 배열 생성

NumPy 배열을 만드는 방법은 값을 가지고 생성하는 방법과 크기만 지정해서 생성하는 방법으로 나눌 수 있습니다.

크기만 지정해서 생성하는 방법은 다시 특정한 초기 값을 모든 요소에 지정하는 경우와 값의 범위를 지정해서 순차적으로 증가 또는 감소하는 값을 갖게 하는 방법으로 나눌 수 있습니다.

다음 목록은 NumPy 배열 생성에 사용할 함수들입니다.

- 값으로 생성: array()
- 초기 값으로 생성: empty(), zeros(), ones(), full()
- 기존 배열로 생성: empty_like(), zeros_like(), ones_like(), full_like()
- 순차적인 값으로 생성: arange()
- 난수로 생성: random.rand(), random.randn()

3.1.3 값으로 생성

배열 생성에 사용할 값을 가지고 있는 경우에는 numpy.array() 함수로 간단히 생성할 수 있습니다.

- numpy.array(list [, dtype]): 지정한 값들로 NumPy 배열 생성
  - list: 배열 생성에 사용할 값을 갖는 파이썬 리스트 객체
  - dtype: 데이터 타입(생략하면 값에 의해 자동 결정)
    - int8, int16, int32, int64: 부호 있는 정수
    - uint8, uint16, uint32, uint64: 부호 없는 정수
    - float16, float32, float64, float128: 부동 소수점을 갖는 실수
    - complex64, complex128, complex256: 부동 소수점을 갖는 복소수
    - bool: 불(boolean)

배열을 생성할 때 dtype을 지정하지 않으면 리스트의 항목 값에 따라 자동으로 결정됩니다. dtype 종류는 위에 나열한 것보다 많습니다. OpenCV에서 주로 사용하는 dtype은 uint8, int8, float32 정도가 전부이므로 굳이 모두 외울 필요는 없습니다.

```
import numpy as np
```

NumPy 모듈을 사용하기 위해서는 앞의 코드와 같이 numpy 이름으로 모듈을 임포트해야 합니다. 코드를 간결하게 작성하려고 많은 사람들이 np라는 별명을 사용하는데, 이 책에서도 그렇게 하겠습니다. 앞으로 이 책의 코드에 임포트 구문이 생략되었다면 앞의 구문으로 임포트한 것으로 간주하기 바랍니다.

이제 numpy.array() 함수로 파이썬 리스트에 값을 지정해서 생성하는 코드를 작성해 보겠습니다.

```
import numpy as np
>>> a = np.array([1,2,3,4])
>>> a
array([1, 2, 3, 4])
>>> a.dtype
dtype('int64')
>>> a.shape
(4,)
```

위 코드에서 배열을 생성할 때 dtype을 따로 지정하지 않았지만, 리스트 항목이 모두 정수라서 알아서 int64가 된 것을 볼 수 있습니다.

```
>>> b = np.array([[1,2,3,4],[5,6,7,8]])
>>> b
array([[1, 2, 3, 4],
       [5, 6, 7, 8]])
>>> b.shape
(2, 4)
```

이번엔 배열을 만들 때 2차원 리스트를 전달했습니다. shape 속성을 보니까 (2,4), 즉 2행 4열인 것을 알 수 있습니다.

```
>>> c = np.array([1, 2, 3.14, 4])
>>> c
array([1.  , 2.  , 3.14, 4.  ])
>>> c.dtype
dtype('float64')
```

위 코드에서는 정수와 소수점이 있는 실수를 섞어서 배열을 만들었더니 dtype은 float64로 알아서 정해졌습니다.

```
>>> d = np.array([1,2,3,4], dtype=np.float32)
>>> d
array([1., 2., 3., 4.], dtype=float32)
```

앞의 코드는 정수만을 가지고 배열을 만들었지만 명시적으로 dtype=np.float32로 지정해서 데이터 타입이 float32입니다.

명시적인 dtype을 지정해서 생성해야 할 때를 위해서 NumPy 생성함수는 dtype과 동일한 이름의 함수를 제공합니다. 예를 들어 dtype=np.uint8로 생성하려고 한다면 아래와 같이 할 수 있습니다.

```
>>> a = np.uint8([1,2,3,4])
```

3.1.4 크기와 초기 값으로 생성

우리는 NumPy 배열 생성에 사용할 값을 가지고 있지 않은 경우가 더 많습니다. 특히 이미지 작업을 할 때 픽셀 값을 타이핑해서 입력한다는 것은 거의 있을 수 없는 일입니다. NumPy 배열을 생성할 때 더 많이 사용하는 방법은 배열의 차수와 크기 그리고 초기 값을 지정해서 생성하는 방법입니다. 이때 쓸 수 있는 함수는 초기 값을 지정하는 방법에 따라 여러 가지가 있는데, 튜플로 차수와 크기를 지정하는 방법은 모두 같습니다.

- numpy.empty(shape [, dtype]): 초기화되지 않은 값(쓰레기 값)으로 배열 생성
  - shape: 튜플, 배열의 각 차수의 크기 지정
- numpy.zeros(shape [, dtype]): 0(영, zero)으로 초기화된 배열 생성
- numpy.ones(shape [, dtype]): 1로 초기화된 배열 생성
- numpy.full(shape, fill_value [, dtype]): fill_value로 초기화된 배열 생성

아래 코드는 numpy.empty() 함수의 사용 사례를 보여주고 있습니다.

```
>>> a=np.empty((2,3))
>>> a
array([[0.00000000e+000, 0.00000000e+000, 2.31730644e-314],
       [2.12709886e-314, 2.31869532e-314, 2.13584050e-314]])
>>> a.dtype
dtype('float64')
```

위의 코드에서 보는 것처럼 2행 3열 배열이 만들어졌지만 초기 값은 제각각이고, dtype은 float64가 기본 값으로 사용된 것을 알 수 있습니다. 쓰레기 값을 갖는 배열이므로 어떤 값으로 초기화를 하고 싶으면 fill() 함수를 사용하는 것이 좋습니다.

• ndarray.fill(value): 배열의 모든 요소를 value로 채움

```
>>> a.fill(255)
>>> a
array([[255., 255., 255.],
       [255., 255., 255.]])
```

이렇게 배열을 만들고 어떤 특정한 값으로 모든 요소를 초기화하는 일이 많을 텐데, 이런 작업을 한번에 해주는 함수가 zeros(), ones(), full()입니다. 함수의 이름만 봐도 알 수 있듯이 초기화해 주는 값만 서로 다릅니다.

```
>>> b=np.zeros( (2,3) )
>>> b
array([[0., 0., 0.],
       [0., 0., 0.]])
>>> b.dtype
dtype('float64')
```

zeros() 함수로 생성한 2열 3행 배열은 모두 0으로 채워져 있지만, dtype을 따로 지정하지 않아서 역시 float64로 생성된 것을 알 수 있습니다.

```
>>> c=np.zeros((2,3), dtype=np.int8)
>>> c
array([[0, 0, 0],
       [0, 0, 0]], dtype=int8)
```

위의 코드처럼 생성할 때 원하는 dtype을 명시적으로 지정할 수 있습니다.

```
>>> d=np.ones((2,3), dtype=np.int16)
>>> d
array([[1, 1, 1],
       [1, 1, 1]], dtype=int16)
```

위 코드는 1로 채워진 배열을 만듭니다.

```
>>> e=np.full( (2,3,4), 255, dtype=np.uint8)
>>> e
array([[[255, 255, 255, 255],
        [255, 255, 255, 255],
        [255, 255, 255, 255]],

       [[255, 255, 255, 255],
        [255, 255, 255, 255],
        [255, 255, 255, 255]]], dtype=uint8)
```

0(영)이나 1이 아닌 다른 원하는 초기 값을 지정하고 싶을 때는 앞의 코드처럼 full() 함수를 쓸 수 있습니다. 앞의 코드는 2 × 3 × 4 배열을 255로 초기화하는 코드인데, 이와 비슷한 코드는 2.2절 "그림 그리기"에서 사용했던 500 × 500 크기의 흰색 공백 이미지를 생성하던 코드에서도 썼습니다.

새로운 배열을 생성할 때 기존에 있던 배열과 같은 크기의 배열을 만들어야 할 때도 있는데, 그때 사용하는 함수는 다음과 같습니다.

- empty_like(array [, dtype]): 초기화되지 않은, array와 같은 shape와 dtype의 배열 생성
- zeros_like(array [, dtype]): 0(영, zero)으로 초기화된, array와 같은 shape와 dtype의 배열 생성
- ones_like(array [, dtype]): 1로 초기화된, array와 같은 shape와 dtype의 배열 생성
- full_like(array, fill_value [, dtype]): fill_value로 초기화된, array와 같은 shape와 dtype의 배열 생성

주로 이미지를 읽어서 필요한 연산을 한 후에 결과 이미지를 생성할 때 원본 이미지와 동일한 크기의 배열을 생성해야 하는 경우가 많은데, 이때 이런 함수들을 자주 씁니다.

```
>>> img = cv2.imread('../img/girl.jpg')
>>> img
array([[[ 54,  70,  76],
        [ 48,  67,  70],
        [ 41,  68,  65],
        ...,
        [ 24,  72,  54],
        [ 31,  76,  59],
        [ 35,  80,  63]],
        ...,
        [223, 193, 206],
        [226, 196, 207],
        [229, 199, 210]]], dtype=uint8)
>>> img.shape
(293, 406, 3)
```

위 코드는 2장 "기본 입출력"에서 예제로 자주 사용했던 사진을 배열로 읽어들입니다. 이 이미지와 동일한 크기의 배열을 생성하는 코드를 작성하면 다음과 같습니다.

```
>>> a = np.empty_like(img)
>>> b = np.zeros_like(img)
>>> c = np.ones_like(img)
>>> d = np.full_like(img, 255)
>>> a
array([[[ 54,  70,  76],
        [ 48,  67,  70],
        [ 41,  68,  65],
        ...,
        [223, 193, 206],
        [226, 196, 207],
        [229, 199, 210]]], dtype=uint8)
>>> a.shape
(293, 406, 3)

>>> b
array([[[0, 0, 0],
        [0, 0, 0],
        [0, 0, 0],
        ...,
        [0, 0, 0],
        [0, 0, 0],
        [0, 0, 0]]], dtype=uint8)
>>> b.shape
(293, 406, 3)
>>> c
array([[[1, 1, 1],
        [1, 1, 1],
        [1, 1, 1],
        ...,
        [1, 1, 1],
        [1, 1, 1],
        [1, 1, 1]]], dtype=uint8)
>>> c.shape
(293, 406, 3)
>>> d
array([[[255, 255, 255],
        [255, 255, 255],
        [255, 255, 255],
        ...,
        [255, 255, 255],
        [255, 255, 255],
        [255, 255, 255]]], dtype=uint8)
>>> d.shape
(293, 406, 3)
```

결과를 보면 원본 이미지와 동일한 shape와 dtype을 갖지만 초기화된 값만 다릅니
다. 출력 내용은 동일한 내용이 반복돼서 일정 부분 생략했습니다.

3.1.5 시퀀스와 난수로 생성

NumPy 배열을 생성하는 방법 중에는 일정한 범위 내에서 순차적인 값을 갖게 하는 방법과 난수로 채우는 방법이 있습니다.

- numpy.arange([start=0,] stop [, step=1, dtype=float64]): 순차적인 값으로 생성
  - start: 시작 값
  - stop: 종료 값, 범위에 포함하는 수는 stop − 1까지
  - step: 증가 값
  - dtype: 데이터 타입
- numpy.random.rand([d0 [, d1 [..., dn]]]): 0과 1 사이의 무작위 수로 생성
  - d0, d1..dn: shape, 생략하면 난수 한 개 반환
- numpy.random.randn([d0 [, d1 [..., dn]]]): 표준정규 분포(평균: 0, 분산: 1)를 따르는 무작위 수로 생성

numpy.arange() 함수는 파이썬 기본 함수인 range()와 사용 방법이 거의 같습니다. 다만 이 함수는 리스트가 아닌 NumPy 배열을 반환한다는 차이가 있습니다.

```
>>> a = np.arange(5)
>>> a
array([0, 1, 2, 3, 4])
>>> a.dtype
dtype('int64')
>>> a.shape
(5,)
```

숫자 하나를 인자로 전달하면 0부터 시작하는 값을 순차적으로 갖는 1차원 배열을 반환합니다. 이때 dtype은 요소들이 정수만으로 이루어졌으므로 int64를 갖습니다. 만약 아래의 코드처럼 인자로 소수점이 있는 수를 사용하면 dtype은 float64로 지정되며, 필요에 따라 명시적으로 지정할 수도 있습니다.

```
>>> b = np.arange(5.0)
>>> b
array([0., 1., 2., 3., 4.])
>>> b.dtype
dtype('float64')
```

이 함수는 시작 값과 종료 값 그리고 증가 값을 모두 지정해서 생성할 수도 있습니다. 반드시 기억해야 할 점은 지정한 범위의 마지막 값은 항목에 포함되지 않는다는 것입니다.

```
>>> c = np.arange(3,9,2)
>>> c
array([3, 5, 7])
```

위 코드는 3에서 시작해서 9의 바로 앞 그러니까 8까지 2씩 증가하는 수를 갖는 배열을 생성합니다.

arange() 함수는 1차원 배열만을 생성할 수 있으므로 다차원 배열, 특히 이미지 데이터를 갖는 3차원 배열로 만들기 위해서는 다음 절에서 설명하는 '차원 변경' 함수와 함께 써야 하는 경우가 많습니다.

난수를 발생하는 함수로는 random.rand()와 random.randn()이 있습니다. rand() 함수는 0과 1 사이의 값을 무작위로 만들고, randn() 함수는 평균이 0이고 분산이 1인 정규 분포를 따르는 무작위 수를 만들어 냅니다.

두 함수 모두 인자 없이 호출하면 난수 1개를 반환하고, 원하는 차수(shape)에 맞게 인자를 전달하면 해당 차수에 맞는 배열을 난수로 채워서 반환합니다.

```
>>> np.random.rand()
0.29534415433963335
>>> np.random.randn()
0.881280912289447
>>> a = np.random.rand(2,3)
>>> a
array([[0.66166792, 0.03228477, 0.51420786],
       [0.48056368, 0.59934148, 0.26385163]])
>>> b = np.random.randn(2,3)
>>> b
array([[ 0.54229341, -1.40139248,  1.0294928 ],
       [ 3.0041478 ,  0.84068375, -0.24592442]])
```

위 코드의 a와 b 배열은 난수로 채워진 2행 3열의 배열입니다.

이 함수들은 결과 값이 소수점을 갖는 데다가 특정 범위 내에서 난수를 추출하므로 이미지 작업에 필요한 원하는 범위 내에서 난수를 발생하기 위해서는 뒤에서 설명하는 브로드캐스팅 연산과 dtype 변경이 필요할 때가 많습니다.

3.1.6 dtype 변경

배열의 데이터 타입을 변경하는 함수는 다음과 같습니다.

- ndarray.astype(dtype)
  - dtype: 변경하고 싶은 dtype, 문자열 또는 dtype
- numpy.uint*XX*(array): array를 부호 없는 정수(uint) 타입으로 변경해서 반환
  - uint*XX*: uint8, unit16, uint32, uint64
- numpy.int*XX*(array): array를 int 타입으로 변경해서 반환
  - int*XX*: int8, int16, int32, int64
- numpy.float*XX*(array): array를 float 타입으로 변경해서 반환
  - float*XX*: float16, float32, float64, float128
- numpy.complex*XX*(array): array를 복소수(complex) 타입으로 변경해서 반환
  - complex*XX*: complex64, complex128, complex256

```
>>> a=np.arange(5)
>>> a
array([0, 1, 2, 3, 4])
>>> a.dtype
dtype('int64')
>>> b = a.astype('float32')
>>> b
array([0., 1., 2., 3., 4.], dtype=float32)
```

위 코드는 처음 int64 타입으로 생성한 배열을 float32로 변경하는 모습을 보여주고 있습니다. 이때 astype('float32') 함수에 전달한 인자는 문자열을 사용하고 있는데, 이것은 앞서 설명한 dtype 이름을 그대로 문자열로 작성하면 됩니다. 문자열에 오타가 있거나 일치하지 않는 경우 오류가 발생하니 주의해야 합니다.

아래 코드처럼 astype(np.float64) 함수에 NumPy 모듈에 선언된 변수를 이용하는 방법도 있습니다.

```
>>> a.dtype
dtype('int64')
>>> c = a.astype(np.float64)
>>> c
array([0., 1., 2., 3., 4.])
>>> c.dtype
dtype('float64')
```

배열 객체의 **dtype**을 변경하는 방법으로는 배열 객체의 astype() 메서드를 호출하는 방법이 있는 반면 또 다른 방법도 있습니다. NumPy 모듈 정적 함수에는 NumPy에서 지원하는 **dtype**들과 같은 이름의 함수들이 있는데, 이 함수들 중에 변경을 원하는 **dtype** 이름의 함수를 호출하면서 배열 객체를 인자로 전달하는 방법도 있습니다.

```
>>> a.dtype
dtype('int64')
>>> d = np.uint8(a)
>>> d
array([0, 1, 2, 3, 4], dtype=uint8)
```

위 코드는 원래 데이터 타입이 int64였던 배열을 np.uint8() 함수에 전달했더니 uint8로 변경돼서 반환되는 것을 보여줍니다.

3.1.7 차원 변경

원래는 1차원이던 배열을 2행 3열 배열로 바꾼다든지, 100 × 200 × 3인 배열을 1차원으로 바꾸는 식의 작업이 필요할 때가 많은데, 이때 필요한 함수는 다음과 같습니다.

- ndarray.reshape(newshape): ndarray의 shape를 newshape로 차원 변경
- numpy.reshape(ndarray, newshape): ndarray의 shape를 newshape로 차원 변경
  - ndarray: 원본 배열 객체
  - newshape: 변경하고자 하는 새로운 shape(튜플)
- numpy.ravel(ndarray): 1차원 배열로 차원 변경
  - ndarray: 변경할 원본 배열
- ndarray.T: 전치배열(transpose)

앞서 살펴본 numpy.arange() 함수는 1차원 배열만을 생성할 수 있으므로 원하는 차원의 모양으로 변경하는 함수가 거의 대부분 필요합니다. 모양을 변경하는 함수는 원본 배열의 메서드로 호출하거나 NumPy 모듈에 있는 정적함수에 배열을 인자로 전달해서 호출합니다. 결과는 같으므로 그때그때 편리한 방법을 쓰면 됩니다.

```
>>> a = np.arange(6)
>>> a
array([0, 1, 2, 3, 4, 5])
>>> b = a.reshape(2,3)
>>> b
array([[0, 1, 2],
       [3, 4, 5]])
>>> c = np.reshape(a, (2,3))
>>> c
array([[0, 1, 2],
       [3, 4, 5]])
```

위 코드는 1차원 배열 a를 2행 3열로 바꾸는 작업을 두 가지 함수로 각각 보여주고 있습니다.

이 두 함수는 새로운 shape를 지정할 때 −1을 포함해서 전달할 수 있습니다. −1의 의미는 해당 차수에 대해서는 크기를 지정하지 않겠다는 뜻이고, 그것은 나머지 차수를 이용해서 알아서 계산해 달라는 뜻입니다.

```
>>> d = np.arange(100).reshape(2, -1)
>>> d
array([[ 0,  1,  2,  3,  4,  5,  6,  7,  8,  9, 10, 11, 12, 13, 14, 15,
       ... 48, 49],
       [50, 51, 52, 53, 54, 55, 56, 57, 58, 59, 60, 61, 62, 63, 64, 65,
       ... 98, 99]])
>>> d.shape
(2, 50)

>>> e = np.arange(100).reshape(-1, 5)
>>> e
array([[ 0,  1,  2,  3,  4],
       [ 5,  6,  7,  8,  9],
       [10, 11, 12, 13, 14],
       ...
       [90, 91, 92, 93, 94],
       [95, 96, 97, 98, 99]])
>>> e.shape
(20, 5)
```

위 코드는 100개의 1차원 배열의 차원을 변경하기 위해 지정한 shape에 −1을 쓴 예를 보여주고 있습니다. (2, −1)의 의미는 2행으로 나누고 열은 알아서 맞추라는 뜻입니다. 결국 100개의 요소를 2행으로 나누어 열이 50개가 되므로 2행 50열이 됩니다.

(−1, 5)는 −1행 5열을 생성하겠다는 것인데, 5열에 맞춰서 행을 알아서 계산하면 20행이 나오므로 (20, 5)가 출력됩니다. −1은 개발자에게 불필요한 계산을 하지 않

아도 되게 해주므로 아주 편리합니다. 하지만 101개의 1차원 배열을 2열로 나누라는 식의 연산은 오류가 발생하므로 주의해야 합니다.

어떤 배열을 1차원 배열로 재정렬할 수 있는 방법은 방금 설명한 reshape() 함수를 이용해도 되고 numpy.ravel() 함수를 사용해도 됩니다.

```
>>> f = np.zeros((2,3))
>>> f
array([[0., 0., 0.],
       [0., 0., 0.]])
>>> f.reshape((6,))
array([0., 0., 0., 0., 0., 0.])
>>> f.reshape(-1)
array([0., 0., 0., 0., 0., 0.])
>>> np.ravel(f)
array([0., 0., 0., 0., 0., 0.])
```

위 코드는 2행 3열 배열을 1차원 배열로 바꾸는 방법을 보여주고 있습니다.

첫 번째 방법은 f.reshape((6,))과 같이 요소의 개수를 직접 전달하는 방법이며, 일일이 계산해야 하니 불편합니다. 그래서 조금 전 설명한 -1을 이용하면 간단히 해결할 수 있습니다. 마지막으로 np.ravel() 함수로도 똑같은 결과를 얻을 수 있습니다.

NumPy 배열(ndarray) 객체에는 ndarray.T라는 속성이 있습니다. 이 속성을 이용하면 행과 열을 서로 바꾸는 전치배열을 얻을 수 있습니다.

```
>>> g = np.arange(10).reshape(2,-1)
>>> g
array([[0, 1, 2, 3, 4],
       [5, 6, 7, 8, 9]])
>>> g.T
array([[0, 5],
       [1, 6],
       [2, 7],
       [3, 8],
       [4, 9]])
```

3.1.8 브로드캐스팅 연산

아마도 NumPy 배열을 사용하는 가장 큰 이유는 브로드캐스팅(broadcasting) 연산 때문일 것입니다.

다음 코드의 예처럼 0부터 9까지 있는 파이썬 리스트의 모든 항목 값을 1씩 증가시키려면 반복문을 작성해야 합니다.

```
>>> mylist = list(range(10))
>>> mylist
[0, 1, 2, 3, 4, 5, 6, 7, 8, 9]
>>> for i in range(len(mylist)):
...     mylist[i] = mylist[i] + 1
...
>>> mylist
[1, 2, 3, 4, 5, 6, 7, 8, 9, 10]
```

하지만, NumPy 배열에 +1(더하기 1) 연산을 한 번만 해도 같은 결과를 얻게 되는데, 이것을 브로드캐스팅 연산이라고 합니다.

```
>>> a = np.arange(10)
>>> a
array([0, 1, 2, 3, 4, 5, 6, 7, 8, 9])
>>> a + 1
array([ 1,  2,  3,  4,  5,  6,  7,  8,  9, 10])
```

브로드캐스팅 연산은 더하기 연산뿐만 아니라 모든 산술 연산이 가능합니다. 아래 코드는 NumPy 배열과 스칼라(Scalar, 스케일러) 값 간의 여러 가지 연산의 예를 보여주고 있습니다.

```
>>> a = np.arange(5)
>>> a
array([0, 1, 2, 3, 4])
>>> a + 5
array([5, 6, 7, 8, 9])
>>> a - 2
array([-2, -1,  0,  1,  2])
>>> a * 2
array([0, 2, 4, 6, 8])
>>> a / 2
array([0. , 0.5, 1. , 1.5, 2. ])
>>> a ** 2
array([ 0,  1,  4,  9, 16])
>>> b = np.arange(6).reshape(2, -1)
>>> b
array([[0, 1, 2],
       [3, 4, 5]])
>>> b * 2
array([[ 0,  2,  4],
       [ 6,  8, 10]])
```

다차원 배열에도 똑같이 연산이 적용되는 것을 알 수 있습니다.

산술 연산뿐만 아니라 비교 연산도 가능합니다. 비교 연산의 결과는 각 항목에 대해 만족 여부를 불 값(True/False)으로 갖는 동일한 크기의 배열로 반환합니다.

```
>>> a
array([0, 1, 2, 3, 4])
>>> a > 2
array([False, False, False,  True,  True])
```

배열과 숫자 값 간의 연산뿐만 아니라 배열끼리의 연산도 가능합니다.

```
>>> a = np.arange(10, 60, 10)
>>> b = np.arange(1, 6)
>>> a
array([10, 20, 30, 40, 50])
>>> b
array([1, 2, 3, 4, 5])
>>> a + b
array([11, 22, 33, 44, 55])
>>> a - b
array([ 9, 18, 27, 36, 45])
>>> a * b
array([ 10,  40,  90, 160, 250])
>>> a / b
array([10., 10., 10., 10., 10.])
>>> a ** b
array([       10,       400,     27000,   2560000, 312500000])
```

하지만, 배열 간의 연산에는 약간의 제약이 있습니다. 두 배열의 shape가 완전히 동일하거나 둘 중 하나가 1차원이면서 1차원 배열의 축의 길이가 같아야 합니다.

```
>>> a = np.ones((2,3))
>>> b = np.ones((3,2))
>>> a + b
Traceback (most recent call last):
  File "<stdin>", line 1, in <module>
ValueError: operands could not be broadcast together with shapes (2,3) (3,2)
```

위 코드는 두 배열의 shape가 일치하지 않아서 연산에 실패합니다.

```
>>> a
array([[1., 1., 1.],
       [1., 1., 1.]])
>>> c = np.arange(3)
>>> c
array([0, 1, 2])
>>> a + c
array([[1., 2., 3.],
       [1., 2., 3.]])
```

위 코드는 배열 c가 1차원이고 1차원 배열의 열의 개수가 a 배열의 열의 개수와 같아서 연산이 가능합니다. 만약 1차원 배열이라고 해도 열의 개수가 맞지 않으면 아래 코드처럼 연산은 실패합니다.

```
>>> d = np.arange(2)
>>> a + d
Traceback (most recent call last):
  File "<stdin>", line 1, in <module>
ValueError: operands could not be broadcast together with shapes (2,3) (2,)
```

이 경우 열 단위 연산을 하려면 배열 d의 모양을 바꾸어 연산할 수 있습니다.

```
>>> a
array([[1., 1., 1.],
       [1., 1., 1.]])
>>> d = np.arange(2).reshape(2,1)
>>> d
array([[0],
       [1]])
>>> a + d
array([[1., 1., 1.],
       [2., 2., 2.]])
```

NumPy 배열의 연산은 수학에서의 행렬과 벡터의 연산과 비슷해 보이지만 배열의 곱셈 연산은 행렬 연산과는 다르니 주의하세요.

3.1.9 인덱싱과 슬라이싱

NumPy 배열은 파이썬의 리스트처럼 인덱스로 각 요소에 접근할 수 있습니다. 당연히 배열의 차원에 따라서 인덱스의 개수도 달라집니다.

```
>>> a = np.arange(10)
>>> a
array([0, 1, 2, 3, 4, 5, 6, 7, 8, 9])
>>> a[5]
5
>>> b = np.arange(12).reshape(3,4)
>>> b
array([[ 0,  1,  2,  3],
       [ 4,  5,  6,  7],
       [ 8,  9, 10, 11]])
>>> b[1]
array([4, 5, 6, 7])
>>> b[1,2]
6
```

위 코드에서 배열 a는 1차원, b는 2차원입니다. 이때 2차원인 배열 b에 1개의 인덱스만 사용하면 1개의 행 모두가 선택됩니다. 2차원일 때는 인덱스 2개를 사용해서 열과 행을 지정해야 1개의 요소를 선택할 수 있습니다.

```
>>> a
array([0, 1, 2, 3, 4, 5, 6, 7, 8, 9])
>>> a[5] = 9
>>> a
array([0, 1, 2, 3, 4, 9, 6, 7, 8, 9])
>>> b
array([[ 0,  1,  2,  3],
       [ 4,  5,  6,  7],
       [ 8,  9, 10, 11]])
>>> b[0] = 0
>>> b
array([[ 0,  0,  0,  0],
       [ 4,  5,  6,  7],
       [ 8,  9, 10, 11]])
>>> b[1,2] = 99
>>> b
array([[ 0,  0,  0,  0],
       [ 4,  5, 99,  7],
       [ 8,  9, 10, 11]])
```

위 코드에서 보여주는 것처럼 값의 변경도 마찬가지로 인덱스로 정확히 1개의 요소를 지정하면 1개의 요소만 변경되지만, 인덱스를 적게 지정해서 행 단위로 지정하면 브로드캐스팅 연산이 일어나서 해당 단위 모두를 같은 값으로 변경합니다.

인덱스 자리에 콜론(:)을 이용해서 범위를 지정하면 슬라이싱(slicing)을 할 수 있습니다. 이때 범위의 끝 인덱스는 슬라이싱 결과에 포함되지 않습니다. 시작과 끝 인덱스를 각각 생략하면 처음부터 끝까지라는 의미입니다.

```
>>> a = np.arange(10);
>>> a
array([0, 1, 2, 3, 4, 5, 6, 7, 8, 9])
>>> a[2:5]
array([2, 3, 4])
>>> a[5:]
array([5, 6, 7, 8, 9])
>>> a[:]
array([0, 1, 2, 3, 4, 5, 6, 7, 8, 9])
>>> b = np.arange(12).reshape(3,4)
>>> b
array([[ 0,  1,  2,  3],
       [ 4,  5,  6,  7],
       [ 8,  9, 10, 11]])
>>> b[0:2, 1]
array([1, 5])
>>> b[0:2, 1:3]
array([[1, 2],
       [5, 6]])
>>> b[2, : ]
array([ 8,  9, 10, 11])
>>> b[:, 1]
array([1, 5, 9])
>>> b[0:2, 1:3] = 0
>>> b
array([[ 0,  0,  0,  3],
       [ 4,  0,  0,  7],
       [ 8,  9, 10, 11]])
```

b[0:2, 1]은 b 배열 0~1행의 1열 요소들을 의미하고, b[0:2, 1:3]은 b 배열 0~1행의 1~2열 요소들을 의미합니다.

값의 할당은 앞서 살펴본 것처럼 브로드캐스팅 연산으로 이루어집니다. 파이썬 기본형인 리스트와의 가장 큰 차이점은 슬라이싱의 결과가 복제본이 아닌 원본이라는 것입니다. 흔히 다음 코드와 같이 슬라이싱으로 전체 배열 중 일부를 다른 변수에 할당하는 경우 별도의 배열로 착각하는 경우가 많습니다. 그러나 이는 슬라이싱 해당 영역에 대한 참조일 뿐 값의 변경은 원본에도 그대로 반영됩니다.

```
>>> b
array([[ 0,  0,  0,  3],
       [ 4,  0,  0,  7],
       [ 8,  9, 10, 11]])
>>> bb = b[0:2, 1:3]
>>> bb
array([[0, 0],
       [0, 0]])
>>> bb[0] = 99
```

```
>>> b
array([[ 0, 99, 99,  3],
       [ 4,  0,  0,  7],
       [ 8,  9, 10, 11]])
```

만약 파이썬 리스트처럼 복제본을 얻고 싶다면 ndarray.copy() 함수를 명시적으로
호출해야 합니다.

3.1.10 팬시 인덱싱

배열 인덱스에 다른 배열을 전달해서 원하는 요소를 선택하는 방법을 팬시 인덱싱
(fancy indexing)이라고 합니다. 전달하는 배열에 숫자를 포함하고 있으면 해당 인
덱스에 맞게 선택되고, 배열에 불(boolean) 값을 포함하면 True인 값을 갖는 요소만
선택됩니다.

```
>>> a = np.arange(5)
>>> a
array([0, 1, 2, 3, 4])
>>> a[[1,3]]
array([1, 3])
>>> a[[True, False, True, False, True]]
array([0, 2, 4])
```

NumPy 배열에 비교 연산을 하면 개별 요소들이 조건을 만족하는지를 알 수 있습니
다. 반대로 불 값을 갖는 배열을 배열의 인덱스 대신 사용하면 True 값 위치의 값들
만 얻을 수 있는데, 이 둘을 한번에 합해서 실행하면 원하는 조건의 값만을 얻을 수
있습니다.

```
>>> a = np.arange(10)
>>> a
array([0, 1, 2, 3, 4, 5, 6, 7, 8, 9])
>>> b = a > 5
>>> b
array([False, False, False, False, False, False,  True,  True,  True,  True])
>>> a[b]
array([6, 7, 8, 9])
>>> a[a>5]
array([6, 7, 8, 9])
>>> a[a>5] =1
>>> a
array([0, 1, 2, 3, 4, 5, 1, 1, 1, 1])
```

이때에도 새로운 값을 지정하면 브로드캐스팅 연산으로 해당 요소들 모두의 값을 바꿀 수 있습니다.

다차원인 경우 인덱스 배열도 다차원으로 지정할 수 있고, 이때는 교차하는 인덱스의 것이 선택됩니다.

```
>>> b = np.arange(12).reshape(3,4)
>>> b
array([[ 0,  1,  2,  3],
       [ 4,  5,  6,  7],
       [ 8,  9, 10, 11]])
>>> b[[0,2]]
array([[ 0,  1,  2,  3],
       [ 8,  9, 10, 11]])
>>> b[[0,2], [2,3]]
array([ 2, 11])
```

3.1.11 병합과 분리

2개 이상의 NumPy 배열을 병합하는 방법은 크게 두 가지가 있습니다. 단순히 배열들을 이어 붙여서 크기를 키우는 방법과 새로운 차원을 만들어 서로서로 끼워넣는 방법입니다.

여기서부터는 축(axis)이라는 용어를 꼭 알아야 합니다. NumPy 배열의 shape 속성을 확인하면 튜플 형식으로 몇 개의 숫자가 나오는 것은 이미 알아보았습니다. 각 숫자의 개수는 차원을 의미하며, 맨 앞부터 0, 1, 2,... 순으로 축 번호를 사용합니다. 예를 들어 어느 배열의 shape가 (10,20,3)이면 3개의 축이 있고 10은 0번 축, 20은 1번 축, 3은 2번 축을 나타냅니다. 축을 기준으로 작업을 한다는 뜻은 바로 shape의 각 순서에 따라 작업을 한다는 뜻입니다.

여기서 알아볼 병합에 사용하는 함수는 다음과 같습니다.

* numpy.hstack(arrays): arrays 배열을 수평으로 병합
* numpy.vstack(arrays): arrays 배열을 수직으로 병합
* numpy.concatenate(arrays, axis=0): arrays 배열을 지정한 축 기준으로 병합
* numpy.stack(arrays, axis=0): arrays 배열을 새로운 축으로 병합
  * arrays: 병합 대상 배열(튜플)
  * axis: 작업할 대상 축 번호

위 함수 중에 일단 가장 손쉽게 쓸 수 있는 함수는 numpy.vstack()과 numpy.hstack()입니다.

```
>>> a = np.arange(4).reshape(2,2)
>>> a
array([[0, 1],
       [2, 3]])
>>> b = np.arange(10, 14).reshape(2,2)
>>> b
array([[10, 11],
       [12, 13]])
>>> np.vstack( (a,b) )
array([[ 0,  1],
       [ 2,  3],
       [10, 11],
       [12, 13]])
>>> np.hstack( (a,b) )
array([[ 0,  1, 10, 11],
       [ 2,  3, 12, 13]])
>>> np.concatenate((a,b), 0)
array([[ 0,  1],
       [ 2,  3],
       [10, 11],
       [12, 13]])
>>> np.concatenate((a,b), 1)
array([[ 0,  1, 10, 11],
       [ 2,  3, 12, 13]])
```

위 코드는 2행 2열인 배열 a와 b를 numpy.vstack()으로 수직 병합해서 4행 2열 배열로 만들고, numpy.hstack()으로 수평 병합해서 2행 4열 배열로 만듭니다. numpy.vstack() 함수는 수직으로 배열을 병합하는데, numpy.concatenate() 함수에 축 번호로 0을 지정해서도 같은 결과를 얻을 수 있습니다. 2개의 (2,2) 배열의 0번 축 방향 그러니까 행 방향으로 병합하므로 (4,2)가 되게 하는 것입니다. hstack() 함수는 수평으로 배열을 병합하는데, concatenate() 함수에 축 번호로 1을 지정해서도 (2,4) 크기의 배열을 얻을 수 있습니다.

numpy.stack() 함수는 차원(축)이 새로 늘어나는 방법으로 병합을 하는데, 축 번호를 지정하지 않으면 0번을 의미하고, -1은 마지막 축 번호를 의미합니다.

```
>>> a = np.arange(12).reshape(4,3)
>>> b = np.arange(10, 130, 10).reshape(4,3)
>>> a
array([[ 0,  1,  2],
       [ 3,  4,  5],
       [ 6,  7,  8],
       [ 9, 10, 11]])
>>> b
array([[ 10,  20,  30],
       [ 40,  50,  60],
```

```
        [ 70,  80,  90],
        [100, 110, 120]])
>>> c = np.stack( (a,b), 0)
>>> c.shape
(2, 4, 3)
>>> c
array([[[  0,   1,   2],
        [  3,   4,   5],
        [  6,   7,   8],
        [  9,  10,  11]],

       [[ 10,  20,  30],
        [ 40,  50,  60],
        [ 70,  80,  90],
        [100, 110, 120]]])
```

위 코드는 (4,3) 배열 2개를 np.stack((a, b), 0) 함수로 병합하고 있으므로 원래 4
행 3열인 2차원 배열은 병합하고 나면 3차원이 되고 축 번호도 0, 1, 2로 3개가 됩니
다. 이때 축 번호로 0을 전달하므로 맨 앞 축 번호가 새로 생성되어 (2, 4, 3)인 배열
이 만들어집니다. 이때 축 번호를 생략하면 0과 같습니다.

다음은 같은 배열을 축 번호 1과 2로 각각 생성한 코드입니다.

```
>>> d = np.stack( (a,b), 1)
>>> d.shape
(4, 2, 3)
>>> d
array([[[  0,   1,   2],
        [ 10,  20,  30]],

       [[  3,   4,   5],
        [ 40,  50,  60]],

       [[  6,   7,   8],
        [ 70,  80,  90]],

       [[  9,  10,  11],
        [100, 110, 120]]])
>>> e = np.stack( (a,b), 2)
>>> e.shape
(4, 3, 2)
>>> e
array([[[  0,  10],
        [  1,  20],
        [  2,  30]],

       [[  3,  40],
        [  4,  50],
```

```
        [  5,   60]],

       [[  6,   70],
        [  7,   80],
        [  8,   90]],

       [[  9,  100],
        [ 10,  110],
        [ 11,  120]]])
>>> ee = np.stack( (a,b), -1)
>>> ee.shape
(4, 3, 2)
```

위 코드는 앞서 사용했던 코드에서 (4,3)인 배열 a와 b를 병합합니다. np.stack ((a,b), 1)로 병합할 때 전달한 축 번호는 1이므로 새로운 축은 1번 축에 추가되어 (4,2,3)이 되고, np.stack((a,b), 2)로 병합할 때 축 번호는 2이므로 새로운 축은 2번 축에 추가되어 (4,3,2)가 됩니다. 이때 축 번호로 -1을 전달하면 마지막 축 번호, 즉 여기서는 2와 같은 의미를 갖습니다.

이 함수들은 이미지 작업을 완료하고 작업 전과 후 이미지를 병합해서 나란히 출력할 때 자주 씁니다.

배열을 분리할 때 사용하는 함수는 아래와 같습니다.

- numpy.vsplit(array, indice): array 배열을 수평으로 분리
- numpy.hsplit(array, indice): array 배열을 수직으로 분리
- numpy.split(array, indice, axis=0): array 배열을 axis 축으로 분리
  - array: 분리할 배열
  - indice: 분리할 개수 또는 인덱스
  - axis: 기준 축 번호

indice는 어떻게 나눌지를 정하는 인자인데, 정수 또는 1차원 배열을 사용할 수 있습니다. 정수를 전달하면 배열을 그 수로 나누고, 1차원 배열을 전달하면 나누고자 하는 인덱스로 사용합니다. indice 인자의 사용 예를 들면 아래와 같습니다.

```
>>> a = np.arange(12)
>>> a
array([ 0,  1,  2,  3,  4,  5,  6,  7,  8,  9, 10, 11])
>>> np.hsplit(a, 3)
[array([0, 1, 2, 3]), array([4, 5, 6, 7]), array([ 8,  9, 10, 11])]
>>> np.hsplit(a, [3,6])
[array([0, 1, 2]), array([3, 4, 5]), array([ 6,  7,  8,  9, 10, 11])]
```

```
>>> np.hsplit(a, [3,6,9])
[array([0, 1, 2]), array([3, 4, 5]), array([6, 7, 8]), array([ 9, 10, 11])]
>>> np.split(a, 3, 0)
[array([0, 1, 2, 3]), array([4, 5, 6, 7]), array([ 8,  9, 10, 11])]
>>> np.split(a, [3,6,9], 0)
[array([0, 1, 2]), array([3, 4, 5]), array([6, 7, 8]), array([ 9, 10, 11])]
```

위 코드에서 np.hsplit(a, 3)은 12개의 요소를 갖는 배열을 수평으로 분리하는데, indice 항목에 3이 전달되었으므로 배열을 3개로 쪼개어 각 배열은 4개 요소씩 갖습니다.

np.hsplit(a, [3,6])은 3과 6을 배열로 표시했기 때문에 인덱스로 사용합니다. 이것은 [0:3], [3:6], [6:]과 같은 의미입니다. 위 코드에서처럼 나누고 싶은 구역의 인덱스를 좀 더 자세히 전달하려면 np.hsplit(a, [3,6,9])와 같이 전달할 수도 있습니다.

위 코드에서는 1차원 배열을 사용했으므로 numpy.hsplit() 함수만 사용할 수 있습니다. 1차원인 경우 축 번호도 1개, 즉 0만 사용할 수 있으므로 numpy.split() 함수에서도 축(axis)에 사용할 수 있는 값은 0뿐이며, 같은 결과를 반환합니다.

```
>>> b = np.arange(12).reshape(4,3)
>>> b
array([[ 0,  1,  2],
       [ 3,  4,  5],
       [ 6,  7,  8],
       [ 9, 10, 11]])
>>> np.vsplit(b, 2)
[array([[0, 1, 2],
       [3, 4, 5]]), array([[ 6,  7,  8],
       [ 9, 10, 11]])]
>>> np.split(b, 2, 0)
[array([[0, 1, 2],
       [3, 4, 5]]), array([[ 6,  7,  8],
       [ 9, 10, 11]])]
>>> np.hsplit(b, [1])
[array([[0],
       [3],
       [6],
       [9]]), array([[ 1,  2],
       [ 4,  5],
       [ 7,  8],
       [10, 11]])]
>>> np.split(b, [1], 1)
[array([[0],
       [3],
       [6],
```

```
 [9]]), array([[ 1,  2],
 [ 4,  5],
 [ 7,  8],
 [10, 11]])]
```

위 코드는 나누려는 배열이 2차원일 때 numpy.vsplit()를 사용한 것과 numpy.split() 에 축 번호 0을 지정했을 때 같은 결과가 나오는 것을 보여주고 있습니다. 배열의 shape가 (4,3)이므로 vsplit(b, 2)는 수직으로 나누어 4행을 2로 나누어 2행씩 갖게 하고, split(b, 2, 0) 함수는 0번 축을 기준으로 2로 나누게 됩니다.

4행 3열 배열을 수평으로 나누는 것은 1번 축으로 나누는 것입니다. 3을 2로 나눌 수 없으므로 특정 인덱스로 지정해서 나눠보면 indice 인자에 [1]을 지정한 것은 [1:] 과 같고 numpy.hsplit() 함수를 쓴 것과 numpy.split() 함수에 1을 전달한 결과는 같 습니다.

3.1.12 검색

NumPy 배열을 사용하는 이유는 수많은 데이터를 쉽고 빠르게 다루려는 이유가 가 장 크며, 이미지 작업도 마찬가지입니다. 그래서 NumPy를 쓰다 보면 배열 안에서 관심 있는 데이터만을 찾거나 찾아서 바꾸는 일이 자주 필요합니다. 이와 관련한 함 수는 다음과 같습니다.

- ret = numpy.where(condition [, t, f]): 조건에 맞는 요소를 찾기
  - ret: 검색 조건에 맞는 요소의 인덱스 또는 변경된 값으로 채워진 배열(튜플)
  - condition: 검색에 사용할 조건식
  - t, f: 조건에 따라 지정할 값 또는 배열, 배열의 경우 조건에 사용한 배열과 같 은 shape
    - t: 조건에 맞는 값에 지정할 값이나 배열
    - f: 조건에 틀린 값에 지정할 값이나 배열
- numpy.nonzero(array): array에서 요소 중에 0(영, zero)이 아닌 요소의 인덱스들 을 반환(튜플)
- numpy.all(array [, axis]): array의 모든 요소가 True인지 검색
  - array: 검색 대상 배열
  - axis: 검색할 기준 축, 생략하면 모든 요소 검색, 지정하면 축 개수별로 결과 반환
- numpy.any(array [, axis]): array의 어느 요소이든 True가 있는지 검색

아래 코드는 배열에서 조건에 맞는 인덱스를 찾아오는 사례, 그리고 찾은 값을 새로운 값으로 변경한 배열을 구하는 사례를 보여줍니다.

```
>>> a = np.arange(10, 20)
>>> a
array([10, 11, 12, 13, 14, 15, 16, 17, 18, 19])
>>> np.where(a > 15)
(array([6, 7, 8, 9]),)
>>> np.where(a > 15, 1, 0)
array([0, 0, 0, 0, 0, 0, 1, 1, 1, 1])
>>> a
array([10, 11, 12, 13, 14, 15, 16, 17, 18, 19])
```

위 코드 np.where(a > 15)는 10부터 19까지 값을 갖는 배열 a에서 15보다 큰 값을 갖는 요소의 인덱스를 구합니다. np.where(a > 15, 1, 0)은 15보다 큰 값을 1로 채우고 그렇지 않은 값은 0으로 채운 새로운 배열을 구합니다.

만약 조건에 맞는 요소만 특정한 값으로 변경하고 맞지 않는 요소는 기존 값을 그대로 갖게 하려면 다음과 같은 코드로 할 수 있습니다.

```
>>> a
array([10, 11, 12, 13, 14, 15, 16, 17, 18, 19])
>>> np.where(a>15, 99, a)
array([10, 11, 12, 13, 14, 15, 99, 99, 99, 99])
>>> np.where(a>15, a, 0)
array([ 0,  0,  0,  0,  0,  0, 16, 17, 18, 19])
>>> a
array([10, 11, 12, 13, 14, 15, 16, 17, 18, 19])
```

위 코드는 조건에 맞거나 틀린 경우에 할당할 값으로, 원래의 검색 대상 배열을 그대로 지정해서 조건에 맞는 값만 새로운 값으로 지정하거나 그 반대로도 가능합니다. 결과는 새로운 배열을 반환하므로 원본 배열은 그대로 유지됩니다.

다차원 배열인 경우 원하는 요소를 검색만 한다면 해당하는 요소의 인덱스는 여러 개를 반환합니다.

```
>>> b = np.arange(12).reshape(3,4)
>>> b
array([[ 0,  1,  2,  3],
       [ 4,  5,  6,  7],
       [ 8,  9, 10, 11]])
>>> coords = np.where(b>6)
>>> coords
(array([1, 2, 2, 2, 2]), array([3, 0, 1, 2, 3]))
```

```
>>> np.stack( (coords[0], coords[1]), -1)
array([[1, 3],
       [2, 0],
       [2, 1],
       [2, 2],
       [2, 3]])
```

위 코드는 3행 4열의 배열에서 6보다 큰 수만 검색하는 코드인데, 검색 결과는 행 번호(axis=0)만 갖는 배열과 열 번호(axis=1)만 갖는 배열 2개를 반환합니다. 이때 따로 떨어진 2개의 배열을 짝지어진 좌표 (x,y) 모양으로 얻으려면 앞서 살펴본 stack() 함수를 이용해서 병합하면 됩니다. 위 코드 np.stack((coords[0], coords[1]), -1)에서 -1은 1로 바꾸어도 같습니다.

배열 요소 중에 0(zero)이 아닌 요소를 찾을 때는 numpy.nonzero() 함수를 사용할 수 있습니다. 이 함수는 0이 아닌 요소의 인덱스를 배열로 만들어서 반환합니다.

```
>>> z = np.array([0,1,2,0,1,2])
>>> np.nonzero(z)
(array([1, 2, 4, 5]),)
>>> zz = np.array([[0,1,2], [1,2,0], [2,0,1]])
>>> zz
array([[0, 1, 2],
       [1, 2, 0],
       [2, 0, 1]])
>>> coords = np.nonzero(zz)
>>> coords
(array([0, 0, 1, 1, 2, 2]), array([1, 2, 0, 1, 0, 2]))
>>> np.stack( (coords[0], coords[1]), -1)
array([[0, 1],
       [0, 2],
       [1, 0],
       [1, 1],
       [2, 0],
       [2, 2]])
```

다차원 배열인 경우 numpy.where() 함수와 마찬가지로 차원 수만큼의 배열로 반환하므로 앞서 설명한 방법대로 필요에 따라 numpy.stack() 함수로 병합하여 좌표 꼴로 만들 수 있습니다.

numpy.nonzero() 함수는 True나 False 같은 불 값에 대해서는 False를 0(영, zero)으로 간주하고 동작하므로 numpy.where() 함수처럼 조건을 만족하는 요소의 인덱스를 찾을 수도 있습니다.

```
>>> a
array([10, 11, 12, 13, 14, 15, 16, 17, 18, 19])
>>> np.nonzero(a>15)
(array([6, 7, 8, 9]),)
>>> np.where(a>15)
(array([6, 7, 8, 9]),)
>>> b
array([[ 0,  1,  2,  3],
       [ 4,  5,  6,  7],
       [ 8,  9, 10, 11]])
>>> np.nonzero(b>6)
(array([1, 2, 2, 2, 2]), array([3, 0, 1, 2, 3]))
>>> np.where(b>6)
(array([1, 2, 2, 2, 2]), array([3, 0, 1, 2, 3]))
```

NumPy 배열에 모든 요소가 참 또는 거짓인지 확인할 때는 all() 함수를 사용할 수 있습니다.

```
>>> t = np.array([True, True, True])
>>> np.all(t)
True
>>> t[1] = False
>>> t
array([ True, False,  True])
>>> np.all(t)
False
```

위 코드에서 배열의 모든 요소가 True일 때는 np.all(t)가 True를 반환하지만 1개의 요소를 False로 바꾸자 그 결과가 False로 나타나는 것을 보여줍니다.

```
>>> tt = np.array([[True, True], [False, True], [True, True]])
>>> tt
array([[ True,  True],
       [False,  True],
       [ True,  True]])
>>> np.all(tt, 0)
array([False,  True])
>>> np.all(tt, 1)
array([ True, False,  True])
```

all() 함수에 축(axis) 인자를 지정하지 않으면 모든 요소에 대해서 True를 만족하는지 검색하지만, 축 인자를 지정하면 해당 축을 기준으로 True를 만족하는지 반환합니다.

NumPy 배열에 조건식 연산을 하면 True, False를 갖는 배열이 생성되는 것을 앞서 3.1.8절 "연산"에서 살펴보았습니다. 이것을 numpy.all()과 numpy.where() 함수를 이용하면 2개의 배열이 서로 같은지 다른지, 다르다면 어느 항목이 다른지를 찾을 수 있습니다.

```
>>> a = np.arange(10)
>>> b = np.arange(10)
>>> a
array([0, 1, 2, 3, 4, 5, 6, 7, 8, 9])
>>> b
array([0, 1, 2, 3, 4, 5, 6, 7, 8, 9])
>>> a==b
array([ True,  True,  True,  True,  True,  True,  True,  True,  True,
        True])
>>> np.all(a==b)
True
>>> b[5] = -1
>>> a
array([0, 1, 2, 3, 4, 5, 6, 7, 8, 9])
>>> b
array([ 0,  1,  2,  3,  4, -1,  6,  7,  8,  9])
>>> np.all(a==b)
False
>>> np.where(a==b)
(array([0, 1, 2, 3, 4, 6, 7, 8, 9]),)
>>> np.where(a!=b)
(array([5]),)
>>>
```

위 코드에서 배열 a와 b는 처음에는 동일하지만 b[5] = -1 연산으로 다르게 했습니다. np.all(a==b) 연산으로 두 배열이 서로 같은 값으로 채워졌는지 아닌지를 확인할 수 있고, 만약 아니라면 np.where(a!=b)로 다른 요소의 인덱스를 찾을 수 있습니다.

이미지 작업에서는 이전 프레임과 다음 프레임 간의 픽셀 값의 변화가 있는지, 변화가 있는 픽셀의 위치가 어디인지를 찾는 방법으로 움직임을 감지하거나 객체 추적과 같은 작업을 하는 데 이 함수들을 사용합니다.

3.1.13 기초 통계 함수

배열의 값이 하나하나를 확인할 수 없을 만큼 많을 때는 평균, 최대 값, 최소 값 같은 통계값들이 의미 있는 정보가 될 때가 많습니다. 대표적인 함수는 다음과 같습니다.

- numpy.sum(array [, axis]): 배열의 합계 계산

- numpy.mean(array [, axis]): 배열의 평균 계산

- numpy.amin(array [, axis]): 배열의 최소 값 계산

- numpy.min(array [, axis]): numpy.amin()과 동일

- numpy.amax(array [, axis]): 배열의 최대 값 계산

- numpy.max(array [, axis]): numpy.amax()와 동일

  - array: 계산의 대상 배열

  - axis: 계산 기준 축, 생략하면 모든 요소를 대상

```
>>> a = np.arange(12).reshape(3, 4)
>>> a
array([[ 0,  1,  2,  3],
       [ 4,  5,  6,  7],
       [ 8,  9, 10, 11]])
>>> np.sum(a)
66
>>> np.sum(a, 0)
array([12, 15, 18, 21])
>>> np.sum(a, 1)
array([ 6, 22, 38])
```

위 코드는 0부터 11까지 값으로 갖는 배열을 3행 4열로 만들었습니다. np.sum(a) 함수는 모든 요소 값의 합계를 내줍니다. 축 번호를 지정하면 행과 열을 기준으로 각각 합산하는 것을 알 수 있습니다.

다음 코드는 같은 방법으로 평균, 최소 값, 최대 값을 각각 구하고 있습니다.

```
>>> np.mean(a)
5.5
>>> np.mean(a, 0)
array([4., 5., 6., 7.])
>>> np.mean(a, 1)
array([1.5, 5.5, 9.5])
>>> np.amin(a)
0
>>> np.amin(a, 0)
array([0, 1, 2, 3])
>>> np.amin(a, 1)
array([0, 4, 8])
>>> np.amax(a)
11
>>> np.amax(a, 0)
array([ 8,  9, 10, 11])
>>> np.amax(a, 1)
array([ 3,  7, 11])
```

다음 코드는 amin()과 min(), amax()와 max() 함수가 내부적으로 동일하다는 것을 보여주고 있습니다. 따라서 각각의 함수는 어느 것을 사용하든 차이가 없습니다.

```
>>> np.amin is np.min
True
>>> np.max is np.amax
True
```

3.1.14 이미지 생성

지금까지 NumPy를 사용하기 위한 기본적인 내용을 살펴보았습니다. 다음 코드는 지금까지 다룬 지식으로 간단한 이미지를 생성해 보는 사례입니다.

[예제 3-1] NumPy 배열로 체크무늬 그레이 스케일 이미지 생성(np_gray.py)

```python
import cv2
import numpy as np

img = np.zeros((120,120), dtype=np.uint8)  # 120x120 2차원 배열 생성, 검은색 흑백 이미지
img[25:35, :] = 45                          # 25~35행 모든 열에 45 할당
img[55:65, :] = 115                         # 55~65행 모든 열에 115 할당
img[85:95, :] = 160                         # 85~95행 모든 열에 160 할당
img[:, 35:45] = 205                         # 모든 행 35~45 열에 205 할당
img[:, 75:85] = 255                         # 모든 행 75~85 열에 255 할당
cv2.imshow('Gray', img)
cv2.waitKey(0)
cv2.destroyAllWindows()
```

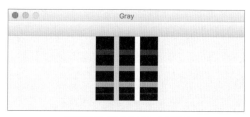

[그림 3-2] [예제 3-1]의 실행 결과

[예제 3-1]은 120 × 120 크기의 2차원 배열을 dtype은 uint8로 생성했습니다. 2차원 배열이고 가질 수 있는 값은 0~255 사이가 됩니다. OpenCV에서 이미지를 표현하기 위한 NumPy 배열은 반드시 dtype이 uint8이어야 합니다.

0은 검은색을 의미하고 255는 흰색을 의미하므로 그 사이의 값은 값이 커질수록 밝은 색을 나타내고 값이 작아질수록 어두운 색을 표현하는 1채널 그레이 스케일 이미지를 표현할 수 있습니다. 완전히 검은 바탕에 행 단위와 열 단위로 점점 밝은 값을 지정해서 체크무늬 이미지를 만들었습니다.

[예제 3-2] NumPy 배열로 체크무늬 BGR 스케일 이미지 생성(np_bgr.py)

```
import cv2
import numpy as np

img = np.zeros((120,120, 3), dtype=np.uint8)   # 120x120 2차원 배열 생성, 3채널 컬러 이미지
img[25:35, :] = [255,0,0]                       # 25~35행 모든 열에 [255,0,0], 파란색 할당
img[55:65, :] = [0, 255, 0]                     # 55~65행 모든 열에 [0,255,0], 초록색 할당
img[85:95, :] = [0,0,255]                       # 85~95행 모든 열에 [0,0,255], 빨간색 할당
img[:, 35:45] = [255,255,0]                     # 모든 행 35~45 열에 [255,255,0], 하늘색 할당
img[:, 75:85] = [255,0,255]                     # 모든 행 75~85 열에 [255,0,255], 분홍색 할당
cv2.imshow('BGR', img)
cv2.waitKey(0)
cv2.destroyAllWindows()
```

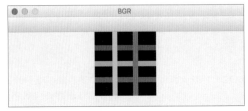

[그림 3-3] [예제 3-2]의 실행 결과

[예제 3-2]는 np.zeros((120,120,3), dtype=np.uint8)로 120행, 120열 크기의 3개의 채널을 갖는 3차원 배열을 생성했습니다. 3개의 채널은 각각 B(Blue, 파랑), G(Green, 초록), R(Red, 빨강) 값을 나타내는 0~255 사이의 값을 나타냅니다. [예제 3-1]과 같은 방법으로 3개의 행과 2개의 열 단위로 10픽셀씩 색상을 지정해서 검은 바탕에 여러 가지 색상의 체크무늬 이미지를 생성했습니다.

3.2 Matplotlib

Matplotlib은 파이썬에서 가장 인기 있는 데이터 시각화 라이브러리입니다. 이것을 이용하면 도표나 차트 등을 손쉽게 그릴 수 있습니다. 이미지 프로세싱이나 컴퓨터 비전 분야에서는 여러 이미지를 화면에 띄우고 싶을 때 OpenCV의 cv2.imshow() 함수를 여러 번 호출하면 창이 여러 개 열리므로 한 화면에 여러 이미지를 띄우려는 단순한 이유로 Matplotlib를 사용하는 경우가 가장 많습니다. 물론 그뿐만 아니라 이미지로부터 각종 히스토그램 등의 통계 자료를 뽑아내어 그래프나 다이어그램으로 표시하는 용도로도 많이 사용합니다.

이 책에서는 이 책의 예제를 이해하는 데 꼭 필요한 수준까지만 설명합니다. 자세한 사항은 아래의 URL을 참고하기 바랍니다.

- Matplotlib 공식 사이트: *https://matplotlib.org*
- Matplotlib 공식 튜토리얼: *https://matplotlib.org/tutorials/index.html*
- Pyplot 튜토리얼: *https://matplotlib.org/tutorials/introductory/pyplot.html*
- Pyplot 개발자 문서: *https://matplotlib.org/api/pyplot_summary.html*

시간이 없고 빠르게 OpenCV에 입문하고자 하는 분들은 다음의 "Matplotlib 설치" 절만 보고 이 장을 넘어갔다가 나중에 이해가 되지 않는 부분이 있으면 이 장의 해당 부분만 다시 찾아 읽어도 좋을 것 같습니다.

3.2.1 Matplotlib 설치

Matplotlib은 OpenCV를 동작하는 데 필수적인 라이브러리가 아닙니다. 그래서 별도로 설치를 진행해야 합니다. PC에서 동작하는 윈도우, 맥OS, 우분투는 pip를 사용하여 똑같이 설치할 수 있습니다. 설치 명령어는 다음과 같습니다.

```
pip3 install matplotlib
```

우분투의 경우 TK 패키지가 없다고 오류가 발생하는 경우가 있는데, 이때는 아래의 명령어로 추가로 설치할 수 있습니다.

```
$ sudo apt-get install python3-tk
```

라즈베리파이의 경우 pip로 설치되지 않으므로 데비안 패키지 관리자인 APT 명령어로 설치해야 합니다. 설치 명령어는 다음과 같습니다.

```
$ sudo apt-get update
$ sudo apt-get install python3-matplotlib
```

설치가 모두 끝나면 파이썬 3 대화형 콘솔에서 아래의 명령어로 버전 번호를 확인할 수 있습니다(라즈베리파이의 버전은 더 낮을 수 있습니다).

```
>>> import matplotlib.pyplot
>>> matplotlib.__version__
'2.2.2'
```

Matplotlib의 Pyplot 모듈은 다양한 종류의 도표를 빠르고 쉽게 생성할 수 있는 함수들을 모아놓은 모듈로 이 책에서는 해당 기능만을 사용합니다. 모듈과 패키지의 이름이 길어서 코드 내에서는 일반적으로 plt라는 별명을 사용합니다. 앞으로 이 책의 코드에 임포트 구문이 생략되었다면 아래의 구문으로 임포트한 것으로 간주하기 바랍니다.

```
import matplotlib.pyplot as plt
```

3.2.2 plot

그래프를 그리는 가장 간단한 방법은 plot() 함수를 사용하는 것입니다.

1차원 배열을 인자로 전달하면 배열의 인덱스를 x 좌표로, 배열의 값을 y 좌표로 써서 그래프를 그립니다. 아래의 코드는 가장 간단한 방법으로 그래프를 그리는 예제입니다.

[예제 3-3] plot 그리기(plt_plot.py)

```
import matplotlib.pyplot as plt
import numpy as np

a = np.array([2,6,7,3,12,8,4,5])    # 배열 생성
plt.plot(a)                          # plot 생성
plt.show()                           # plot 그리기
```

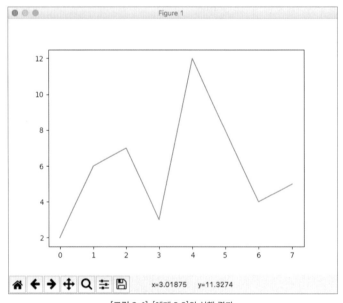

[그림 3-4] [예제 3-3]의 실행 결과

두 배열의 상관관계를 그래프로 표시하려면 plot() 함수의 인자로 배열을 순차적으로 전달하면 차례대로 x, y 좌표로 사용해서 그래프를 그립니다. 2개의 배열로 그래프로 표시하는 예시는 아래와 같습니다.

[예제 3-4] $y = x^2$ 그래프 그리기(plt_simple.py)

```
import matplotlib.pyplot as plt
import numpy as np

x = np.arange(10)  # 0,1,2,3,4,5,6,7,8,9
y = x**2           # 0,1,4,9,16,25,36,49,64,81
plt.plot(x,y)      # plot 생성        --- ①
plt.show()         # plot 화면에 표시  --- ②
```

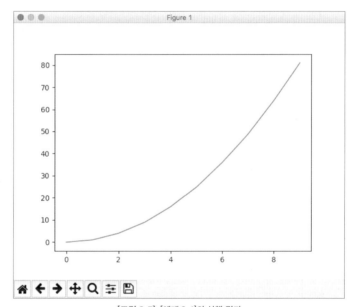

[그림 3-5] [예제 3-4]의 실행 결과

[예제 3-4]의 코드 ①에서 배열 x, y의 값으로 플롯을 생성하고, 코드 ②에서 화면에 표시합니다.

3.2.3 color와 style

그래프의 선에 색상과 스타일을 지정할 수 있습니다.

　plot() 함수의 마지막 인자에 아래의 색상 기호 중 하나를 선택해서 문자로 전달하면 색상이 적용됩니다.

- 색상 기호
  - b: 파란색(Blue)
  - g: 초록색(Green)
  - r: 빨간색(Red)
  - c: 청록색(Cyan)
  - m: 자홍색(Magenta)
  - y: 노란색(Yellow)
  - k: 검은색(black)
  - w: 흰색(White)

다음 코드는 선을 빨간색으로 표시한 예제입니다.

[예제 3-5] plot의 색 지정(plt_color.py)

```
import matplotlib.pyplot as plt
import numpy as np

x = np.arange(10) # 0,1,2,3,4,5,6,7,8,9
y = x **2         # 0,1,4,9,16,25,36,49,64,81
plt.plot(x,y, 'r')     # plot 생성         ---①
plt.show()             # plot 화면에 표시
```

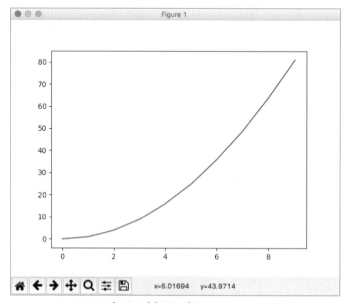

[그림 3-6] [예제 3-5]의 실행 결과

[예제 3-5]의 코드 ①에서 plot(x,y, 'r')로 빨간색을 지정하여 선을 그립니다.

색상과 함께 스타일도 지정할 수 있는데, 다음의 스타일 기호 중 하나를 색상 값에 이어 붙여서 사용합니다.

기호	스타일	기호	스타일
-	실선(기본 값)	--	이음선
-.	점 이음선	:	점선
.	점	,	픽셀
o	원	v	역삼각형
^	정삼각형	<	좌 삼각형
>	우 삼각형	1	작은 역삼각형
2	작은 정삼각형	3	작은 좌 삼각형
4	작은 우 삼각형	s	사각형
p	오각형	*	별표
h	육각형	+	더하기 표
D	다이아몬드 표	x	엑스 표

[예제 3-6] 다양한 스타일 지정(plt_style.py)

```python
import matplotlib.pyplot as plt
import numpy as np

x = np.arange(10)
f1 = x * 5
f2 = x **2
f3 = x **2 + x*2

plt.plot(x,'r--')       # 빨간색 이음선
plt.plot(f1, 'g.')      # 초록색 점
plt.plot(f2, 'bv')      # 파란색 역삼각형
plt.plot(f3, 'ks' )     # 검은색 사각형
plt.show()
```

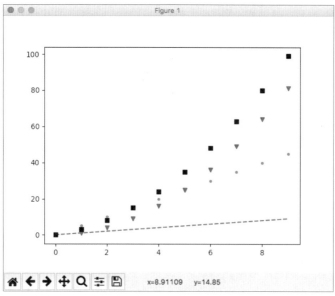

[그림 3-7] [예제 3-6]의 실행 결과

앞의 코드에서 다양한 색상과 스타일의 그래프를 표시하고 있습니다.

3.2.4 subplot

앞서 살펴본 예제는 여러 배열 값을 이용해서 plt.plot() 함수를 여러 번 호출하면 하나의 다이어그램에 겹쳐서 그래프를 그렸습니다. 각각의 그래프를 분리해서 따로 그려야 할 때는 plt.subplot() 함수를 이용합니다. 이 함수는 3개의 인자를 이용해서 몇 행 몇 열로 분할된 그래프에 몇 번째 그래프를 그릴지를 먼저 지정한 후에 plt.plot() 함수를 호출하면 그 자리에 그래프를 그리게 됩니다.

[예제 3-7] subplot(plt_subplt.py)

```
import matplotlib.pyplot as plt
import numpy as np

x = np.arange(10)

plt.subplot(2,2,1)    # 2행 2열 중에 첫 번째
plt.plot(x,x**2)

plt.subplot(2,2,2)    # 2행 2열 중에 두 번째
plt.plot(x,x*5)

plt.subplot(223)      # 2행 2열 중에 세 번째
plt.plot(x, np.sin(x))
```

```
plt.subplot(224)     # 2행 2열 중에 네 번째
plt.plot(x,np.cos(x))

plt.show()
```

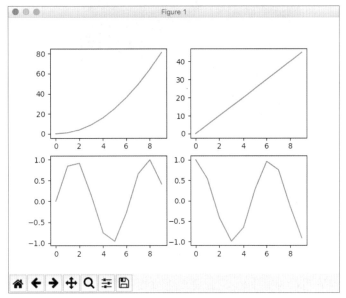

[그림 3-8] [예제 3-7]의 실행 결과

subplot(2,2,1)처럼 3개의 인자를 전달하는 것과 subplot(221)처럼 세 자리 숫자 한 개를 전달하는 것은 똑같이 동작합니다.

3.2.5 이미지 표시

plt.plot() 대신에 plt.imshow() 함수를 호출하면 OpenCV로 읽어들인 이미지를 그래프 영역에 출력할 수 있습니다.

[예제 3-8] plot으로 이미지 출력(plt_imshow.py)

```
import cv2
from matplotlib import pyplot as plt

img = cv2.imread('../img/girl.jpg')

plt.imshow(img)     # 이미지 표시
plt.show()
```

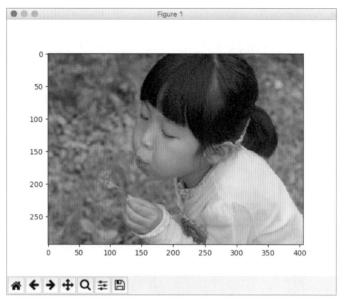

[그림 3-9] [예제 3-8]의 실행 결과

앞 예제의 실행 결과인 [그림 3-9]는 색상이 이상합니다. plt.imshow() 함수는 컬러 이미지인 경우 컬러 채널을 R, G, B 순으로 해석하지만 OpenCV 이미지는 B, G, R 순으로 만들어져서 색상의 위치가 반대라서 그렇습니다. 그래서 OpenCV로 읽은 이미지를 R, G, B 순으로 순서를 바꾸어서 plt.imshow() 함수에 전달해야 제대로 된 색상으로 출력할 수 있습니다.

[예제 3-9] 컬러 채널을 변경한 이미지 출력(plt_imshow_rgb.py)

```python
import cv2
from matplotlib import pyplot as plt

img = cv2.imread('../img/girl.jpg')

plt.imshow(img[:,:,::-1])        # 이미지 컬러 채널 변경해서 표시 --- ①
plt.xticks([])                   # x좌표 눈금 제거     ---②
plt.yticks([])                   # y좌표 눈금 제거     ---③
plt.show()
```

[그림 3-10] [예제 3-9]의 실행 결과

[예제 3-9]의 코드 ① img[:,:,::-1]은 컬러 채널의 순서를 바꾸는 것인데, 이 코드의 의미는 이렇습니다. 3차원 배열의 모든 내용을 선택하는 것은 img[:,:,:]입니다. 이 때 마지막 축의 길이가 3이므로 다시 img[:,:,::]로 바꾸어 쓸수 있습니다. 이때 마지막 축의 요소의 순서를 거꾸로 뒤집기 위해 img[:,:,::-1]로 쓸 수 있습니다. 이것을 풀어서 작성하면 다음 두 가지 코드와 같습니다.

```
img[:,:,(2,1,0)]
```

또는

```
img[:,:,2], img[:,:,1], img[:,:,0] = img[:,:,0], img[:,:,1], img[:,:,2]
```

[예제 3-9]의 코드 ②와 ③은 이미지 출력 결과 화면에 나타나는 x, y 좌표 눈금을 제거하기 위한 코드입니다. 단순히 이미지만 보여주려고 하는데 눈금이 신경 쓰이면 필요에 따라 적용하면 됩니다.

앞서 설명한 대로 프로그램의 결과로 이미지를 여러 개 출력해야 하는 경우, OpenCV의 cv2.imshow() 함수는 여러 번 호출하면 매번 새로운 창이 열리기 때문에 귀찮습니다. plt.imshow() 함수는 plt.subplot() 함수와 함께 사용하면 하나의 창에 여러 개의 이미지를 동시에 출력할 수 있으니 이런 경우 좋은 대안이 될 수 있습니다.

[예제 3-10] 여러 이미지 동시 출력(plt_imshow_subplot.py)

```python
import matplotlib.pyplot as plt
import numpy as np
import cv2

img1 = cv2.imread('../img/model.jpg')
img2 = cv2.imread('../img/model2.jpg')
img3 = cv2.imread('../img/model3.jpg')


plt.subplot(1,3,1)              # 1행 3열 중에 첫 번째
plt.imshow(img1[:,:,(2,1,0)])
plt.xticks([]); plt.yticks([])

plt.subplot(1,3,2)              # 1행 3열 중에 두 번째
plt.imshow(img2[:,:,::-1])
plt.xticks([]); plt.yticks([])

plt.subplot(1,3,3)              # 1행 3열 중에 세 번째
plt.imshow(img3[:,:,::-1])
plt.xticks([]); plt.yticks([])

plt.show()
```

[그림 3-11] [예제 3-10]의 실행 결과

Matplotlib은 데이터 시각화를 위한 방대한 기능이 있지만, 이 책의 분량과 목적에 맞게 여기까지만 설명하겠습니다. 이후 여기서 설명한 내용을 넘어서는 코드가 나오면 해당 지면을 통해 보완 설명하겠습니다.

4장

이미지 프로세싱 기초

이 장에서는 본격적으로 이미지 프로세싱의 기본이 되는 내용을 다룹니다. 이 장에서 다룰 내용은 이후에 다룰 모든 내용의 기초가 될 뿐만 아니라 어떤 작업을 하든 공통적으로 사용해야 하므로 반드시 이해하고 넘어가야 합니다.

4.1 관심영역

이미지에 어떤 연산을 적용해서 새로운 이미지나 정보를 얻어내려고 할 때 전체 이미지를 대상으로 연산을 하는 것보다는 관심이 있는 부분만 잘라내서 하는 것이 훨씬 효과적입니다. 예를 들어 어떤 사진에 찍힌 사람이 누군지 알고 싶다면 사진 전체를 분석하는 것보다 인물이 있는 부분이나 얼굴이 있는 부분만 잘라서 분석하면 훨씬 쉽고 빠를 것입니다.

　이렇게 관심 있는 영역만 잘라내서 연산을 하면 단순히 연산할 데이터의 양을 줄이고 수행 시간을 단축시키는 이점도 있지만, 데이터의 양이 줄어 들면 그 형태도 단순해지므로 적용해야 하는 알고리즘도 단순해지는 이점도 있습니다. 또한, 이미지 연산은 항상 좌표를 기반으로 해야 하는데, 그 영역이 클 때보다 작을 때 좌표 구하기가 쉽다는 이점도 있습니다.

4.1.1 관심영역 지정

전체 이미지에서 연산과 분석의 대상이 되는 영역만을 지정하고 떼어내는 것을 관심영역(Region Of Interest, ROI)을 지정한다고 합니다. 관심영역을 지정하기 위해 OpenCV C++ API에서는 별도의 관련 API를 제공하는데, 우리가 사용하는 Python API에는 이런 API가 없습니다. 그 이유는 3장에서 살펴본 NumPy 슬라이싱(slicing)을 이용하면 따로 API가 없어도 더 편하게 작업할 수 있기 때문입니다.

전체 이미지가 img라는 변수에 있을 때, 관심 있는 영역의 좌표가 x, y이고 영역의 폭이 w, 높이가 h라고 하면 이것을 이용하여 관심영역을 지정하는 코드는 다음과 같습니다.

```
roi = img[y:y+h, x:x+w]
```

위의 코드는 img의 y행에서부터 y+h행까지, x열에서 x+w열까지를 슬라이싱한 것입니다.

> 📖 **NumPy를 이용해서 관심영역을 지정할 때 주의해야 할 사항 두 가지**
>
> 첫째, 개발자들은 그림이나 도형을 코드에서 표현할 때 폭(width), 높이(height) 순으로 하는 경향을 보입니다. 하지만, NumPy 배열은 행(row), 열(column) 순으로 접근하므로 반드시 높이(height), 폭(width) 순으로 지정해야 합니다. 생각보다 자주 헷갈리니 주의하기 바랍니다.
>
> 둘째, NumPy 배열의 슬라이싱(slicing)과 Python의 리스트(list)의 슬라이싱 방식이 다릅니다. 파이썬 리스트의 슬라이싱은 새로운 리스트 객체를 반환하는 데 반해, NumPy 배열의 슬라이싱은 원본의 참조를 반환합니다. NumPy 배열 객체는 슬라이싱 연산해서 얻은 결과의 값을 수정하면 슬라이싱하기 전의 원본 배열 객체에도 똑같이 값이 달라집니다. 만약 원본과는 무관한 새로운 작업을 하려면 반드시 슬라이싱 결과에 복제본을 생성해서 작업해야 합니다. 복제본은 copy( ) 함수로 만들 수 있습니다.

[그림 4-1]은 부두의 일몰 사진인데, 일몰 중인 태양을 관심영역으로 지정하고 사각형으로 표시했습니다.

[그림 4-1] 관심영역 표시

앞의 이미지에서 태양 영역의 시작 좌표는 **x:320, y:150**이고, 태양 영역의 크기는 50 × 50입니다. 앞의 결과를 나타내는 코드는 다음과 같습니다.

[예제 4-1] 관심영역 지정(roi.py)

```python
import cv2
import numpy as np

img = cv2.imread('../img/sunset.jpg')

x=320; y=150; w=50; h=50          # roi좌표
roi = img[y:y+h, x:x+w]           # roi지정 ---①

print(roi.shape)                  # roi shape, (50,50,3)
cv2.rectangle(roi, (0,0), (h-1, w-1), (0,255,0))   # roi에 사각형 그리기 ---②
cv2.imshow("img", img)

cv2.waitKey(0)
cv2.destroyAllWindows()
```

위 예제 코드 ①에서 관심영역을 지정하고 있습니다. 좌표만 알고 있다면 관심영역을 지정하는 것은 별로 어렵지 않습니다. 이렇게 관심영역을 지정하고 나서 해당 영역에 사각형을 표시하기 위한 코드는 ②에 나타납니다. 만약 관심영역을 따로 지정하지 않았다면 이 코드는 다음과 같게 됩니다.

```python
cv2.rectangle(img, (x,y), (x+w,y+h), (0,255,0))
```

코드의 양은 별로 차이가 없지만, 사각형을 그리기 위한 좌표를 지정하는 것이 [예제 4-1]의 코드 ②에서보다 불편해 보입니다. [예제 4-1]에서는 그저 0에서부터 끝까지 지정했기 때문입니다(물론, 선을 그리기 위해 1픽셀을 빼긴 했습니다).

여기에 다음 코드처럼 간단한 코드를 추가하면 지정한 관심영역을 원본 이미지에 추가해서 태양이 두 개로 보이게 하거나 지정한 관심영역만 새 창에 표시할 수 있습니다.

[예제 4-2] 관심영역 복제 및 새 창 띄우기(roi_copy.py)

```python
import cv2
import numpy as np

img = cv2.imread('../img/sunset.jpg')

x=320; y=150; w=50; h=50
roi = img[y:y+h, x:x+w]          # roi지정
img2 = roi.copy()                # roi배열 복제 ---①
```

```
img[y:y+h, x+w:x+w+w] = roi      # 새로운 좌표에 roi 추가, 태양 2개 만들기
cv2.rectangle(img, (x,y), (x+w+w, y+h), (0,255,0))   # 2개의 태양 영역에 사각형 표시

cv2.imshow("img", img)       # 원본 이미지 출력
cv2.imshow("roi", img2)      # roi만 따로 출력

cv2.waitKey(0)
cv2.destroyAllWindows()
```

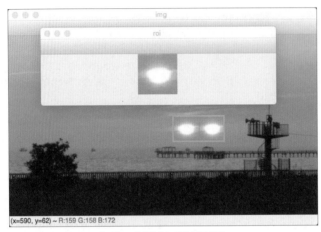

[그림 4-2] [예제 4-2]의 실행 결과

[예제 4-2]의 코드 ① img2 = roi.copy()은 관심영역으로 지정한 배열을 복제해서 새로운 배열을 생성합니다. 만약 copy() 함수로 복제본을 만들지 않았다면 새 창에 띄운 태양 그림에도 초록색 사각형이 그려지게 됩니다. 이렇게 관심영역을 지정할 때는 원본 배열의 슬라이싱만을 이용하는 것이 편리할 때도 있고 원본하고는 완전히 분리된 복제본을 사용해야 할 때도 있습니다.

4.1.2 마우스로 관심영역 지정

관심영역을 지정하려면 시작 좌표와 크기(폭, 높이) 값이 꼭 필요한데, 매번 눈 대중으로 값을 지정하면서 찾아내는 것은 무척 피곤합니다. 이럴 때는 마우스를 이용해서 원하는 영역을 직접 지정하고 좌표를 알아내면 편리합니다. 앞서 2장에서 살펴본 마우스 이벤트를 적용하면 쉽게 구현할 수 있습니다.

다음 예제는 마우스 이벤트 처리를 적용해서 마우스로 관심영역을 지정하고 잘라낸 부분만 새 창에 표시하고 파일로 저장하는 예제입니다.

[예제 4-3] 마우스로 관심영역 지정(roi_crop_mouse.py)

```python
import cv2
import numpy as np

isDragging = False                                  # 마우스 드래그 상태 저장
x0, y0, w, h = -1,-1,-1,-1                           # 영역 선택 좌표 저장
blue, red = (255,0,0),(0,0,255)                      # 색상 값

def onMouse(event,x,y,flags,param):                  # 마우스 이벤트 핸들 함수 ---①
    global isDragging, x0, y0, img                   # 전역변수 참조
    if event == cv2.EVENT_LBUTTONDOWN:               # 왼쪽 마우스 버튼 다운, 드래그 시작 ---②
        isDragging = True
        x0 = x
        y0 = y
    elif event == cv2.EVENT_MOUSEMOVE:               # 마우스 움직임 ---③
        if isDragging:                               # 드래그 진행 중
            img_draw = img.copy()                    # 사각형 그림 표현을 위한 이미지 복제
            cv2.rectangle(img_draw, (x0, y0), (x, y), blue, 2) # 드래그 진행 영역 표시
            cv2.imshow('img', img_draw)              # 사각형으로 표시된 그림 화면 출력
    elif event == cv2.EVENT_LBUTTONUP:               # 왼쪽 마우스 버튼 업 ---④
        if isDragging:                               # 드래그 중지
            isDragging = False
            w = x - x0                               # 드래그 영역 폭 계산
            h = y - y0                               # 드래그 영역 높이 계산
            print("x:%d, y:%d, w:%d, h:%d" % (x0, y0, w, h))
            if w > 0 and h > 0:                      # 폭과 높이가 음수이면 드래그 방향이 옳음
                img_draw = img.copy()                # 선택 영역에 사각형 그림을 표시할 이미지 복제
                # 선택 영역에 빨간색 사각형 표시
                cv2.rectangle(img_draw, (x0, y0), (x, y), red, 2)
                cv2.imshow('img', img_draw)          # 빨간색 사각형이 그려진 이미지 화면 출력
                roi = img[y0:y0+h, x0:x0+w]          # 원본 이미지에서 선택 영역만 ROI로 지정
                cv2.imshow('cropped', roi)           # ROI 지정 영역을 새 창으로 표시
                cv2.moveWindow('cropped', 0, 0)      # 새 창을 화면 좌측 상단으로 이동
                cv2.imwrite('./cropped.jpg', roi)    # ROI 영역만 파일로 저장
                print("croped.")
            else:
                # 드래그 방향이 잘못된 경우 사각형 그림이 없는 원본 이미지 출력
                cv2.imshow('img', img)
                print("좌측 상단에서 우측 하단으로 영역을 드래그하세요.")

img = cv2.imread('../img/sunset.jpg')
cv2.imshow('img', img)
cv2.setMouseCallback('img', onMouse) # 마우스 이벤트 등록
cv2.waitKey()
cv2.destroyAllWindows()
```

코드를 실행한 결과는 다음과 같습니다.

출력 결과

```
x:193, y:174, w:-56, h:-77
좌측 상단에서 우측 하단으로 영역을 드래그하세요.
x:314, y:148, w:64, h:54
croped.
```

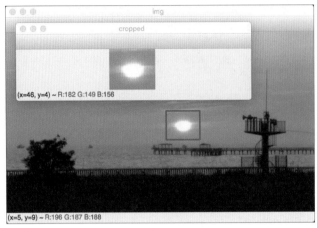

[그림 4-3] [예제 4-3]의 실행 결과

앞의 [예제 4-3]의 코드 ①에서 선언한 onMouse 함수를 코드 ⑧에서 마우스 콜백으로 등록합니다. onMouse 함수는 마우스를 조작할 때마다 호출되고 그중 세 가지 이벤트에 따라 분기합니다.

코드 ②는 마우스 왼쪽 버튼이 눌렸을 때 반응합니다. 처음 마우스를 드래그하는 지점을 x0, y0 전역변수에 저장하고 드래그가 시작되었다는 것을 기억하기 위해 isDragging 변수를 변경합니다.

마우스가 움직이면 코드 ③이 반응합니다. 왼쪽 마우스를 누른 상태에서 움직이는지를 확인하고 앞서 저장해 둔 드래그 시작 좌표로부터 파란색 사각형을 그립니다. 사각형을 그리기 전에 img_draw = img.copy() 코드로 원본 이미지를 복사하는 이유는 마우스가 움직일 때마다 사각형을 그리게 되는데, 매번 같은 이미지에 사각형을 그리면 사각형이 누적된 채 그려져서 보기에 좋지 않기 때문입니다. 아무것도 그리지 않은 깨끗한 원본 이미지를 매번 새롭게 복사해서 거기에 사각형을 표시하고 화면에 표시합니다.

마지막으로 코드 ④는 가장 중요한 이벤트인 왼쪽 마우스 버튼을 손에서 뗄 때입니다. 실제로 원하는 영역을 모두 선택한 상태이므로 여기서 최종적인 좌표를 구해야 합니다. 드래그 상태를 저장해 놓은 isDragging 변수를 원래대로 되돌려 놓고, 최초 드래그가 일어난 지점인 x0, y0에서 현재의 x, y 좌표를 빼서 선택한 영역의 폭과 높이를 구합니다. 이렇게 구한 x, y, w, h 값으로 관심영역을 지정하면 됩니다. 이 예제에서는 관심영역에 빨간 사각형을 그리고, 관심영역을 새로운 창에 표시한 후 'cropped.jpg'라는 이름의 파일로 저장하였습니다. 이때에도 원본을 복사해서 거기에 빨간 사각형을 그려서 화면에 표시하고 실제 관심영역을 지정한 것은 원본 이미지입니다. 그렇지 않으면 따로 창을 띄워 표시한 관심영역과 저장한 그림 파일에도 빨간 사각형이 그려지기 때문입니다.

OpenCV 3는 관심영역을 지정하기 위한 새로운 함수를 제공합니다. 이 함수를 사용하면 마우스 이벤트 처리를 위한 코드 없이도 마우스로 간단히 ROI를 지정할 수 있습니다.

- ret=cv2.selectROI([win_name,] img[, showCrossHair=True, fromCenter=False])
  - win_name: ROI 선택을 진행할 창의 이름, str
  - img: ROI 선택을 진행할 이미지, NumPy ndarray
  - showCrossHair: 선택 영역 중심에 십자 모양 표시 여부
  - fromCenter: 마우스 시작 지점을 영역의 중심으로 지정
  - ret: 선택한 영역 좌표와 크기(x, y, w, h), 선택을 취소한 경우 모두 0

cv2.selectROI() 함수의 win_name에 창 이름을 지정하고 ROI 선택에 사용할 이미지를 img에 전달하면 마우스로 영역을 선택할 수 있습니다. 영역을 선택하고 나서 키보드의 스페이스 또는 엔터 키를 누르면 선택한 영역의 x, y 좌표와 영역의 폭과 높이를 튜플에 담아 반환합니다. 만약 선택을 취소하고 싶으면 키보드의 'c' 키를 누르면 되는데, 이때에는 반환하는 모든 값이 0입니다. showCrossHair에 True를 전달하면 마우스로 선택하는 동안 그려지는 사각형 안 중심에 십자 모양을 추가로 그려줍니다. fromCenter에 True를 전달하면 마우스의 시작 지점을 중심점으로 간주해서 좌표를 반환합니다.

[예제 4-4] selectROI로 관심영역 지정(roi_select_img.py)

```python
import cv2, numpy as np

img = cv2.imread('../img/sunset.jpg')

x,y,w,h = cv2.selectROI('img', img, False)
if w and h:
    roi = img[y:y+h, x:x+w]
    cv2.imshow('cropped', roi)              # ROI 지정 영역을 새 창으로 표시
    cv2.moveWindow('cropped', 0, 0)         # 새 창을 화면 좌측 상단으로 이동
    cv2.imwrite('./cropped2.jpg', roi)      # ROI 영역만 파일로 저장

cv2.imshow('img', img)
cv2.waitKey(0)
cv2.destroyAllWindows()
```

4.2 컬러 스페이스

이 절에서는 영상에 색상과 명암을 표현하는 방법들과 각각의 차이 그리고 활용 방법에 대해 살펴봅니다.

4.2.1 디지털 영상의 종류

디지털화된 이미지는 픽셀(pixel, 화소)이라는 단위가 여러 개 모여서 그림을 표현합니다. 하나의 픽셀을 어떻게 구성하느냐에 따라 이미지를 구분할 수 있습니다.

바이너리(binary, 이진) 이미지

[그림 4-4] 바이너리 이미지

한 개의 픽셀을 두 가지 값으로만 표현한 이미지를 바이너리(binary, 이진) 이미지라고 합니다. 두 가지 값은 0과 1을 사용하기도 하고 0과 255를 사용하기도 합니다. 보통 0은 검은색, 1이나 255는 흰색을 표시해서 말 그대로 흰색과 검은색만으로 그림을 그리는 흑백 이미지입니다. 표현할 수 있는 값이 두 가지밖에 없어서 값으로는 명

암을 표현할 수 없고, 점의 밀도로 명암을 표현할 수 있습니다. 아주 오래전 신문 같은 인쇄물에서 사용했던 방법입니다.

영상 작업에서는 피사체의 색상과 명암 정보는 필요 없고 오직 피사체의 모양 정보만 필요할 때 이런 이미지를 사용합니다. 이와 관련해서는 4.3절 "스레시홀딩(thresholding)"에서 자세히 다룹니다.

그레이 스케일 이미지

255	255	255	255	255	255	255	255
255	255	255	230	145	237	255	255
255	255	255	96	20	178	255	255
255	255	245	86	18	255	255	255
255	255	238	53	78	255	255	255
255	255	218	21	63	255	255	255
255	255	148	14	56	255	255	255
255	255	89	2	72	255	255	255
255	255	78	0	132	255	255	255
255	255	75	0	145	255	255	255
255	255	48	2	182	255	255	255
255	255	75	8	187	255	255	255
255	255	68	9	190	255	255	255
255	255	83	8	130	255	255	255
255	255	98	2	134	255	255	255
255	255	181	12	153	255	255	255
255	255	255	255	255	255	255	255
255	255	255	255	255	255	255	255

[그림 4-5] 그레이 스케일 이미지

흔히 우리가 흑백 사진이라고 하는 것이 그레이 스케일 이미지입니다. 엄밀히 따지면, 흑백 이미지는 바로 앞서 설명한 바이너리 이미지를 말하는 것입니다.

그레이 스케일 이미지는 한 개의 픽셀을 0~255의 값으로 표현합니다. 픽셀 값의 크기로 명암을 표현하는데, 가장 작은 값인 0은 가장 어두운 검은색을 의미하고 값이 점점 커질수록 밝은 색을 의미하다가 255까지 가면 가장 밝은 흰색을 나타냅니다. 빛이 하나도 없는 0(영, zero)인 상태가 가장 어둡다고 생각하면 기억하기 쉽습니다. 한 픽셀이 가질 수 있는 값이 0~255이므로 음수가 없어서 부호 없는 1바이트의 크기로 표현하는 것이 일반적입니다. 이미지 프로세싱에서는 색상 정보가 쓸모없을 때 컬러 이미지의 색상 정보를 제거함으로써 연산의 양을 줄이려고 그레이 스케일 이미지를 사용합니다.

컬러 이미지

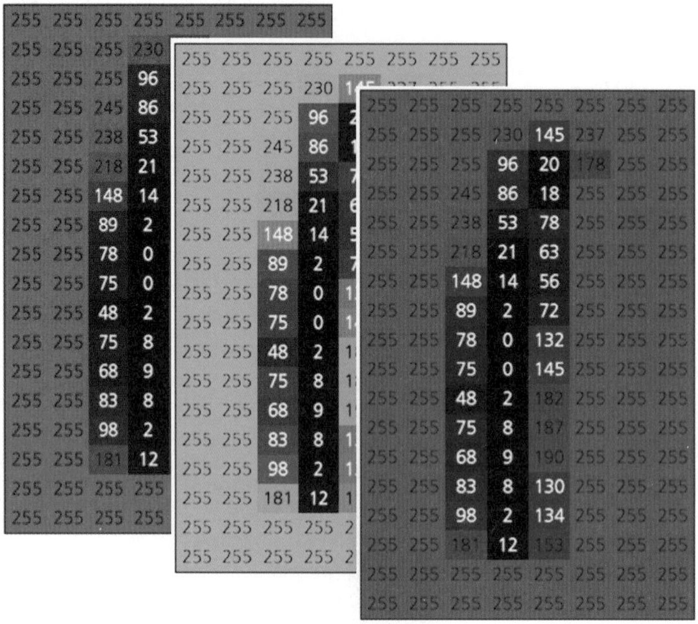

[그림 4-6] 컬러 이미지

컬러 이미지에 색상을 표현하는 방법은 무척 다양합니다. 색상을 표현하는 방법
에 따라 다르기는 하지만, 흔히 컬러 이미지는 한 픽셀당 0~255의 값 3개를 조합해
서 표현합니다. 각 바이트마다 어떤 색상 표현의 역할을 맡을지를 결정하는 시스템
을 컬러 스페이스(color space, 색공간)라고 합니다. 컬러 스페이스의 종류는 RGB,
HSV, YUV(YCbCr), CMYK 등 여러 가지가 있습니다.

4.2.2 RGB, BGR, RGBA

컴퓨터로 이미지에 색상을 표현하는 방법 중 가장 많이 사용하는 방법이 RGB(Red,
Green, Blue) 컬러 스페이스입니다. RGB는 빛의 3원소인 빨강, 초록, 파랑 세 가지
색의 빛을 섞어서 원하는 색을 표현합니다.

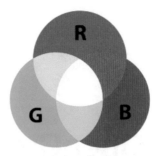

[그림 4-7] RGB 컬러 스페이스

각 색상은 0~255 범위로 표현하고 값이 커질수록 해당 색상의 빛이 밝아지는 원리로 색상의 값이 모두 255일 때 흰색으로 표현되고, 모든 색상 값이 0일 때 검은색이 표현됩니다.

세 가지 색상을 표현하므로 RGB 이미지는 3차원 배열로 표현됩니다.

row x column x channel

영상의 크기에 해당하는 행(row, height)과 열(column, width)에 세 가지 색상을 표현하는 차원이 추가되는데, 이것을 채널(channel)이라고 합니다. 그러니까 RGB는 3개의 채널로 색상을 표현하는 컬러 스페이스인데, OpenCV는 그 순서를 반대로 해서 BGR 순서[1]를 사용합니다.

RGBA는 배경을 투명 처리하기 위해 알파(alpha) 채널을 추가한 것을 말합니다. 4번째 채널의 값은 0~255로 표현할 수 있지만, 배경의 투명도를 표현하기 위해서는 0과 255만을 사용하는 경우가 많습니다.

2장에서 다룬 cv2.imread() 함수의 두 번째 인자가 cv2.IMREAD_COLOR인 경우 BGR로 읽어 들이고 cv2.IMREAD_UNCHANGED인 경우 대상 이미지가 알파 채널을 가지고 있다면 BGRA로 읽어 들입니다. 다음 예제는 배경이 투명한 OpenCV 로고 이미지를 두 가지 옵션을 지정해서 비교합니다.

---

[1] OpenCV가 RGB가 아닌 BGR 순서를 사용하는 이유는 *https://www.learnopencv.com/why-does-opencv-use-bgr-color-format/*을 참고하기 바랍니다.

[그림 4-8] 배경이 투명한 OpenCV 로고

[예제 4-5] BGR, BGRA, Ahlpha 채널(rgba.py)

```python
import cv2
import numpy as np

img = cv2.imread('../img/opencv_logo.png')                      # 기본 값 옵션
bgr = cv2.imread('../img/opencv_logo.png', cv2.IMREAD_COLOR)  # IMREAD_COLOR 옵션
# IMREAD_UNCHANGED 옵션
bgra = cv2.imread('../img/opencv_logo.png', cv2.IMREAD_UNCHANGED)

# 각 옵션에 따른 이미지 shape
print("default:", img.shape, "color:", bgr.shape, "unchanged:", bgra.shape)

cv2.imshow('bgr', bgr)
cv2.imshow('bgra', bgra)
cv2.imshow('alpha', bgra[:,:,3])   # 알파 채널만 표시
cv2.waitKey(0)
cv2.destroyAllWindows()
```

[그림 4-9] [예제 4-5]의 실행 결과

[예제 4-5]에서 출력한 내용은 아래와 같습니다.

출력 결과

```
default: (240, 195, 3) color: (240, 195, 3) unchanged: (240, 195, 4)
```

앞의 [예제 4-5]와 출력 내용을 보면 옵션을 따로 지정하지 않은 기본 옵션과 cv2.
IMREAD_COLOR 옵션의 shape가 (240, 195, 3)로 동일한 것을 볼 수 있습니다. [그림
4-9]의 왼쪽 두 그림은 투명한 배경이 검은색으로 표시되었고 로고 아래의 글씨도 검
은색이다 보니 글씨가 보이지 않습니다. cv2.IMREAD_UNCHANGED 옵션으로 읽은 이미
지는 shape가 (240, 195, 4)로 마지막 채널이 하나 더 있는 것을 알 수 있습니다. 이
채널만 떼어내서 따로 표시하였더니 로고와 글씨를 제외하고는 모두 검은색으로 표
시됩니다. 즉, 전경은 255, 배경은 0의 값을 갖습니다. 이 알파 채널의 정보를 이용
하면 전경과 배경을 손쉽게 분리할 수 있어서 마스크 채널(mask channel)이라고도
부릅니다. 이와 관련해서는 4.4절 "이미지 연산"에서 이미지 합성할 때 더 다루겠습
니다.

4.2.3 컬러 스페이스 변환

컬러 이미지를 그레이 스케일로 변환하는 것은 이미지 연산의 양을 줄여서 속도를
높이는 데 꼭 필요합니다. 이때 애초에 그레이 스케일로 읽어오는 방법은 앞서 2장
에서 살펴본 cv2.imread(img, cv2.IMREAD_GRAYSCALE)입니다. 그런데 맨 처음에는 컬
러 스케일로 읽어 들이고 필요에 따라 그레이 스케일이나 다른 컬러 스페이스로 변
환해야 할 때도 많습니다.

그레이 스케일이나 다른 컬러 스페이스로 변환하는 방법은 변환 알고리즘을 직접
구현할 수도 있고, OpenCV에서 제공하는 cv2.cvtColor() 함수를 이용할 수도 있습
니다.

아래의 [예제 4-6]은 컬러 스케일을 그레이 스케일로 변환하는 작업을 각각 보여줍
니다.

이 예제에서 사용한 변환 알고리즘은 직접 구현하는 방법치고는 매우 쉬운 3채널
의 평균 값을 구해서 그레이 스케일로 변환하는 방법입니다. 만약 변환 알고리즘이
매우 어렵다면 개발자에게는 큰 부담이 될 텐데 OpenCV를 사용하는 가장 큰 이유
가 바로 이런 알고리즘을 정확히 몰라도 전체적인 원리만 알고 있으면 편리하게 작
업할 수 있다는 것입니다.

[예제 4-6] BGR을 그레이 스케일로 변환(bgr2gray.py)

```
import cv2
import numpy as np

img = cv2.imread('../img/girl.jpg')
```

```
img2 = img.astype(np.uint16)                      # dtype 변경 ---①
b,g,r = cv2.split(img2)                            # 채널별로 분리 ---②
gray1 = ((b + g + r)/3).astype(np.uint8)          # 평균 값 연산 후 dtype 변경 ---③

gray2 = cv2.cvtColor(img, cv2.COLOR_BGR2GRAY) # BGR을 그레이 스케일로 변경 ---④
cv2.imshow('original', img)
cv2.imshow('gray1', gray1)
cv2.imshow('gray2', gray2)

cv2.waitKey(0)
cv2.destroyAllWindows()
```

[그림 4-10] [예제 4-6]의 실행 결과

[예제 4-6]에서 코드 ①, ②, ③은 평균 값을 구하는 알고리즘을 직접 구현했고, 코드 ④는 OpenCV에서 제공하는 함수를 이용한 방법입니다. 코드 ①에서 dtype을 uint16 타입으로 변경한 이유는 원래의 dtype이 uint8인 경우 평균 값을 구하는 과정에서 3채널의 값을 합하면 255보다 큰 값이 나올 수 있으므로 unit16으로 변경해서 계산을 마치고 다시 코드 ③에서 uint8로 변경합니다. 코드 ②에서 사용한 cv2.split() 함수는 매개변수로 전달한 이미지를 채널별로 분리해서 튜플로 반환합니다. 이 코드는 아래와 같은 NumPy 슬라이싱과 동일합니다.

```
b,g,r = img2[:,:,0], img2[:,:,1], img2[:,:,2]
```

사실, 컬러 이미지를 그레이 스케일로 변환할 때 좀 더 정확한 명암을 얻으려면 단순히 평균 값만 계산하는 것보다 좀 더 정교한 연산이 필요합니다. 하지만, OpenCV에서 제공하는 cv2.cvtColor(img, flag) 함수는 이런 골치 아픈 알고리즘에서 우리를 자유롭게 해줍니다. 다음은 cv2.cvtColor() 함수에 대한 설명입니다.

- out = cv2.cvtColor(img, flag)
  - img: NumPy 배열, 변환할 이미지
  - flag: 변환할 컬러 스페이스, cv2.COLOR_로 시작하는 이름(274개)
    - **cv2.COLOR_BGR2GRAY**: BGR 컬러 이미지를 그레이 스케일로 변환
    - **cv2.COLOR_GRAY2BGR**: 그레이 스케일 이미지를 BGR 컬러 이미지로 변환
    - **cv2.COLOR_BGR2RGB**: BGR 컬러 이미지를 RGB 컬러 이미지로 변환
    - **cv2.COLOR_BGR2HSV**: BGR 컬러 이미지를 HSV 컬러 이미지로 변환
    - **cv2.COLOR_HSV2BGR**: HSV 컬러 이미지를 BGR 컬러 이미지로 변환
    - **cv2.COLOR_BGR2YUV**: BGR 컬러 이미지를 YUV 컬러 이미지로 변환
    - **cv2.COLOR_YUV2BGR**: YUV 컬러 이미지를 BGR 컬러 이미지로 변환
  - out: 변환한 결과 이미지(NumPy 배열)

컬러 스페이스 변환에 사용할 수 있는 플래그 상수는 2백여 개가 넘는데, 여기에 모두 다 기재하는 것은 의미가 없으므로 그들 중 중요하고 이 책에서 다루는 것들만 추려서 표시했습니다. 모든 상수는 이름이 cv2.COLOR_로 시작하므로 문서에서 쉽게 찾아볼 수 있을 것입니다. 파이썬 콘솔에서 아래의 코드를 실행해도 모든 플래그 상수를 출력해서 볼 수 있습니다.

```
>>> [i for i in dir(cv2) if i.startswith('COLOR_')]
```

[예제 4-6]에서 코드 ④는 cv2.COLOR_BGR2GRAY 플래그 인자를 지정하는 것만으로도 간단히 결과를 얻을 수 있습니다. 컬러 스케일 간의 변환은 컬러 스케일을 그레이 스케일로 바꾸는 것보다 좀 더 복잡한 알고리즘이 필요합니다. 하지만, 우리는 이 함수에 200여 가지의 플래그 인자를 지정하는 것만으로 컬러 스페이스 간의 변환을 쉽게 처리할 수 있습니다.

cv2.COLOR_GRAY2BGR 플래그는 그레이 스케일을 BGR 스케일로 변환하는데, 실제로 흑백 사진을 컬러 사진으로 바꿔주는 것은 아닙니다. 2차원 배열 이미지를 3개 채널이 모두 같은 값을 갖는 3차원 배열로 변환하는 것입니다. 이 플래그는 영상 간에 연산을 할 때 서로 차원이 다르면 연산을 할 수 없으므로 차원을 맞추는 용도로 주로 사용합니다.

4.2.4 HSV, HSI, HSL

HSV 포맷은 RGB와 마찬가지로 3채널로 컬러 이미지를 표시합니다. 3채널은 각각 H(Hue, 색조), S(Saturation, 채도), V(Value, 명도)입니다. 이때 명도를 표현하는 방법에 따라 마지막 V를 I(Intensity, 밀도)로 표기하는 HSI, 그리고 L(Lightness, 명도)로 표기하는 HSL 컬러 시스템도 있습니다. 이름에 차이가 있는 만큼 밝기 값을 계산하는 방법도 조금씩 차이가 있지만, 이 책에서는 편의상 같은 시스템으로 보고 HSV 기준으로 설명합니다.

HSV를 설명하는 데 가장 흔히 사용하는 방법은 다음 그림과 같은 원통형 시스템입니다.

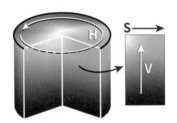

[그림 4-11] HSV 컬러 스페이스

H 값은 그 픽셀이 어떤 색인지를 표현합니다. 원 위에 빨강에서 시작해서 노랑, 초록, 파랑을 거쳐 다시 빨강으로 돌아오는 방식으로 색상에 매칭되는 숫자를 매겨놓고 그 360° 범위의 값을 갖게 해서 색을 표현합니다. 하지만, OpenCV에서 영상을 표현할 때 사용하는 배열의 **dtype**은 최대 값이 255를 넘지 못하므로 360을 반으로 나누어 0~180 범위의 값으로 표현하고 180보다 큰 값인 경우에는 180으로 간주합니다.

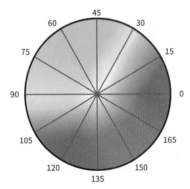

[그림 4-12] 위에서 바라본 HSV 컬러 원통

앞의 그림은 H 값만을 원통의 위에서 바라보는 시각으로 다시 그린 것에 각 색상별로 수치를 표시한 것입니다. 이 그림을 요약해서 대략 R, G, B 색상의 범위에 맞는 H 값을 표시하면 아래와 같습니다.

- 빨강: 165~180, 0~15
- 초록: 45~75
- 파랑: 90~120

S 값은 채도, 포화도, 또는 순도로 해석할 수 있는데, 해당 색상이 얼마나 순수하게 포함되어 있는지를 표현합니다. S 값은 0~255 범위로 표현하며, 255는 가장 순수한 색상을 표현합니다.

V 값은 명도로서 빛이 얼마나 밝은지 어두운지를 표현하는 값입니다. 이 값도 범위가 0~255이며, 255인 경우가 가장 밝은 상태이고 0(영, zero)인 경우가 가장 어두운 상태로 검은색이 표시됩니다.

BGR 포맷과 HSV 포맷 간의 변환은 cv2.cvtColor() 함수에 cv2.COLOR_BGR2HSV와 cv2.COLOR_HSV2BGR 플래그 상수를 이용합니다.

아래의 예제는 완전한 빨강, 초록, 파랑 그리고 노랑을 BGR 포맷으로 표현해서 HSV로 변환하여 어떤 값인지를 알아보는 예제입니다.

[예제 4-7] BGR에서 HSV로 변환(bgr2hsv.py)

```python
import cv2
import numpy as np

# BGR 컬러 스페이스로 원색 픽셀 생성 ---①
red_bgr = np.array([[[0,0,255]]], dtype=np.uint8)        # 빨강 값만 갖는 픽셀
green_bgr = np.array([[[0,255,0]]], dtype=np.uint8)      # 초록 값만 갖는 픽셀
blue_bgr = np.array([[[255,0,0]]], dtype=np.uint8)       # 파랑 값만 갖는 픽셀
yellow_bgr = np.array([[[0,255,255]]], dtype=np.uint8)   # 노랑 값만 갖는 픽셀

# BGR 컬러 스페이스를 HSV 컬러 스페이스로 변환 ---②
red_hsv = cv2.cvtColor(red_bgr, cv2.COLOR_BGR2HSV);
green_hsv = cv2.cvtColor(green_bgr, cv2.COLOR_BGR2HSV);
blue_hsv = cv2.cvtColor(blue_bgr, cv2.COLOR_BGR2HSV);
yellow_hsv = cv2.cvtColor(yellow_bgr, cv2.COLOR_BGR2HSV);

# HSV로 변환한 픽셀 출력
print("red:", red_hsv)
print("green:", green_hsv)
print("blue", blue_hsv)
print("yellow", yellow_hsv)
```

앞의 [예제 4-7]의 코드 ①에서 빨강, 초록, 파랑, 노랑에 해당하는 채널에만 최대 값인 255를 지정하고 나머지 채널에는 0(zero)을 지정해서 순도 높은 원색을 표현하고 코드 ②에서 HSV 컬러 스페이스로 변환한 후에 각 픽셀 값을 출력하고 있습니다. 출력 결과는 다음과 같습니다.

출력 결과
```
red: [[[  0 255 255]]]
green: [[[ 60 255 255]]]
blue [[[120 255 255]]]
yellow [[[ 30 255 255]]]
```

출력 결과를 살펴보면 가장 순도 높은 빨강의 H 값은 0, 초록은 60, 파랑은 120, 노랑은 30인 것을 확인할 수 있습니다.

픽셀의 색상이 궁금할 때 RGB 포맷의 경우 세 가지 채널의 값을 모두 조사해야 하지만, HSV 포맷은 오직 H 채널 값만 확인하면 되므로 색상을 기반으로 하는 여러 가지 작업에 효과적입니다.

4.2.5 YUV, YCbCr

YUV 포맷은 사람이 색상을 인식할 때 밝기에 더 민감하고 색상은 상대적으로 둔감한 점을 고려해서 만든 컬러 스페이스입니다. Y는 밝기(Luma)를 표현하고, U(Chroma Blue, Cb)는 밝기와 파란색과의 색상 차, V(Chroma Red, Cr)는 밝기와 빨간색과의 색상 차를 표현합니다. Y(밝기)에는 많은 비트수를 할당하고 U(Cb)와 V(Cr)에는 적은 비트 수를 할당해서 데이터를 압축하는 효과를 갖습니다.

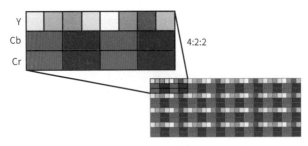

[그림 4-13] YUV 개념도

YUV라는 용어는 TV 방송에서 사용하는 아날로그 컬러 인코딩 시스템인 PAL(Phase Alternating Line)에서 정의한 용어입니다. YUV는 종종 YCbCr 포맷과 혼용되기도 하는데, 본래 YUV는 텔레비전 시스템에서 아날로그 컬러 정보를 인코딩하는 데 사용하고, YCbCr 포맷은 MPEG나 JPEG와 같은 디지털 컬러 정보를 인코딩하는 데 사용하였습니다. YUV는 요즘 들어 YCbCr로 인코딩된 파일 포맷을 설명하는 용어로 일반적으로 사용됩니다. 실제로도 YUV와 YCbCr은 RGB 포맷에서 변환하기 위한 공식이 달라서 OpenCV는 cv2.COLOR_BGR2YUV, cv2.COLOR_BGR2YCrCb가 따로 있고 변환 결과도 미세하게 다릅니다. 이 책에서는 편의상 같은 시스템으로 보고 YUV 컬러 스페이스만 다룹니다. YUV는 밝기 정보와 컬러 정보를 분리해서 사용하므로 명암 대비(contrast)가 좋지 않은 영상을 좋게 만드는 데 대표적으로 활용됩니다.

[예제 4-8]은 완전히 어두운 값과 완전히 밝은 값 그리고 중간 값을 BGR로 표현한 후에 YUV로 변환한 3개 채널을 살펴봅니다.

[예제 4-8] BGR에서 YUV로 변환(bgr2yuv.py)

```python
import cv2
import numpy as np

# BGR 컬러 스페이스로 세 가지 밝기의 픽셀 생성 ---①
dark = np.array([[[0,0,0]]], dtype=np.uint8)            # 3 채널 모두 0인 가장 어두운 픽셀
middle = np.array([[[127,127,127]]], dtype=np.uint8)    # 3 채널 모두 127인 중간 밝기 픽셀
bright = np.array([[[255,255,255]]], dtype=np.uint8)    # 3 채널 모두 255인 가장 밝은 픽셀

# BGR 컬러 스페이스를 YUV 컬러 스페이스로 변환 ---②
dark_yuv = cv2.cvtColor(dark, cv2.COLOR_BGR2YUV)
middle_yuv = cv2.cvtColor(middle, cv2.COLOR_BGR2YUV)
bright_yuv = cv2.cvtColor(bright, cv2.COLOR_BGR2YUV)

# YUV로 변환한 픽셀 출력
print("dark:",dark_yuv)
print("middle:", middle_yuv)
print("bright", bright_yuv)
```

위 [예제 4-8]의 코드 ①에서 세 가지 밝기의 픽셀을 BGR 컬러 스페이스로 생성하고 나서 코드 ②에서 YUV 컬러 스페이스로 변환하고 출력합니다. 출력 결과는 다음과 같습니다.

출력 결과

```
dark: [[[  0 128 128]]]
middle: [[[127 128 128]]]
bright [[[255 128 128]]]
```

앞의 출력 결과에서 밝기 정도는 첫 번째 Y 채널에만 나타나는 것을 알 수 있습니다. 픽셀의 밝기를 제어해야 할 때 BGR 포맷은 3채널을 모두 연산해야 하지만, YUV 포맷은 Y채널 하나만 작업하면 되므로 효과적입니다.

4.3 스레시홀딩

앞서 4.2절에서 살펴본 것과 같이 이미지를 검은색과 흰색만으로 표현한 것을 바이너리(binary, 이진화) 이미지라고 합니다. 이렇게 하는 이유는 이미지에서 원하는 피사체의 모양을 좀 더 정확히 판단하기 위해서입니다. 예를 들면, 종이에서 글씨만을 분리하거나 배경에서 전경을 분리하는 것과 같은 작업입니다.

스레시홀딩(thresholding)이란 여러 점수를 커트라인을 기준으로 합격과 불합격으로 나누는 것처럼 여러 값을 경계점을 기준으로 두 가지 부류로 나누는 것으로, 바이너리 이미지를 만드는 가장 대표적인 방법입니다.

4.3.1 전역 스레시홀딩

바이너리 이미지를 만들기 위해서는 컬러 이미지를 그레이 스케일로 바꾸고 각 픽셀의 값이 경계 값을 넘으면 255, 넘지 못하면 0을 지정합니다. 이런 작업은 간단한 NumPy 연산만으로도 충분히 할 수 있지만, OpenCV는 cv2.threshold() 함수로 더 많은 기능을 제공합니다.

[예제 4-9]는 NumPy 연산과 OpenCV 함수로 각각 바이너리 이미지를 만드는 과정을 보여줍니다.

[예제 4-9] 바이너리 이미지 만들기(threshold.py)

```
import cv2
import numpy as np
import matplotlib.pylab as plt

# 이미지를 그레이 스케일로 읽기
img = cv2.imread('../img/gray_gradient.jpg', cv2.IMREAD_GRAYSCALE)

# NumPy 연산으로 바이너리 이미지 만들기 --- ①
thresh_np = np.zeros_like(img)      # 원본과 동일한 크기의 0으로 채워진 이미지
thresh_np[ img > 127] = 255         # 127보다 큰 값만 255로 변경

# OpenCV 함수로 바이너리 이미지 만들기 ---②
ret, thresh_cv = cv2.threshold(img, 127, 255, cv2.THRESH_BINARY)
print(ret)      # 127.0, 바이너리 이미지에 사용된 경계 값 반환
```

```
# 원본과 결과물 출력 ---③
imgs = {'Original': img, 'NumPy API':thresh_np, 'cv2.threshold': thresh_cv}
for i , (key, value) in enumerate(imgs.items()):
    plt.subplot(1, 3, i+1)
    plt.title(key)
    plt.imshow(value, cmap='gray')
    plt.xticks([]); plt.yticks([])

plt.show()
```

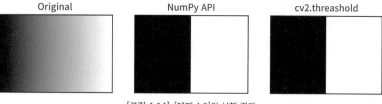

[그림 4-14] [예제 4-9]의 실행 결과

[예제 4-9]는 검은색에서 흰색으로 점점 변하는 그러데이션 이미지를 그레이 스케일로 읽어서 바이너리 이미지를 만드는 예제입니다. 코드 ①에서 원본 이미지와 같은 크기이면서 0(zero)으로 채워진 NumPy 배열을 생성하고 나서 127보다 큰 값을 갖는 요소에 255를 할당하는 연산을 해서 바이너리 이미지로 만들고 있습니다.

코드 ②는 cv2.threshold() 함수를 이용해서 간단히 바이너리 이미지를 만들고 있습니다. 코드 ③은 각각 생성한 바이너리 이미지와 원본 이미지를 출력합니다. 이때 사용한 cv2.threshold() 함수의 사용법은 다음과 같습니다.

- ret, out = cv2.threshold(img, threshold, value, type_flag)
  - img: NumPy 배열, 변환할 이미지
  - threshold: 경계 값
  - value: 경계 값 기준에 만족하는 픽셀에 적용할 값
  - type_flag: 스레시홀드 적용 방법 지정
    - cv2.THRESH_BINARY: px > threshold ? value : 0, 픽셀 값이 경계 값을 넘으면 value를 지정하고, 넘지 못하면 0을 지정
    - cv2.THRESH_BINARY_INV: px > threshold ? 0 : value, cv2.THRESH_BINARY의 반대
    - cv2.THRESH_TRUNC: px > threshold ? threshold : px, 픽셀 값이 경계 값을 넘으면 경계 값을 지정하고, 넘지 못하면 원래의 값 유지

- cv2.THRESH_TOZERO: px > threshold ? px : 0, 픽셀 값이 경계 값을 넘으면 원래 값을 유지, 넘지 못하면 0을 지정
- cv2.THRESH_TOZERO_INV: px > threshold ? 0 : px, cv2.THRESH_TOZERO의 반대
- ret: 스레시홀딩에 사용한 경계 값
- out: 결과 바이너리 이미지

이 함수의 반환 값은 튜플로 2개의 값을 반환하는데, 첫 번째 항목은 스레시홀딩에 사용한 경계 값이고, 두 번째 항목은 스레시홀딩된 바이너리 이미지입니다. 대부분의 경우 첫 번째 반환 항목인 ret는 threshold 인자로 전달한 값과 같아서 쓸모 없습니다.

이 함수는 단순히 경계 값에 따라 0과 255로 나누는 cv2.THRESH_BINARY 말고도 몇 가지 기능의 플래그 상수를 사용할 수 있게 해줍니다. 아래 [예제 4-10]에서는 위에 나열한 몇 가지 다른 플래그를 이용한 스레시홀딩을 사례로 보여줍니다. 코드와 실행 결과만 봐도 쉽게 이해할 수 있을 것입니다.

[예제 4-10] 스레시홀딩 플래그 실습(threshold_flag.py)

```python
import cv2
import numpy as np
import matplotlib.pylab as plt

img = cv2.imread('../img/gray_gradient.jpg', cv2.IMREAD_GRAYSCALE)

_, t_bin = cv2.threshold(img, 127, 255, cv2.THRESH_BINARY)
_, t_bininv = cv2.threshold(img, 127, 255, cv2.THRESH_BINARY_INV)
_, t_truc = cv2.threshold(img, 127, 255, cv2.THRESH_TRUNC)
_, t_2zr = cv2.threshold(img, 127, 255, cv2.THRESH_TOZERO)
_, t_2zrinv = cv2.threshold(img, 127, 255, cv2.THRESH_TOZERO_INV)

imgs = {'origin':img, 'BINARY':t_bin, 'BINARY_INV':t_bininv, \
        'TRUNC':t_truc, 'TOZERO':t_2zr, 'TOZERO_INV':t_2zrinv}
for i, (key, value) in enumerate(imgs.items()):
    plt.subplot(2,3, i+1)
    plt.title(key)
    plt.imshow(value, cmap='gray')
    plt.xticks([]);    plt.yticks([])

plt.show()
```

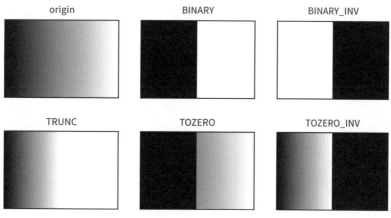

[그림 4-15] [예제 4-10]의 실행 결과

4.3.2 오츠의 알고리즘

바이너리 이미지를 만들 때 가장 중요한 작업은 경계 값을 얼마로 정하느냐입니다. 종이에 출력한 문서를 바이너리 이미지로 만드는 것을 예를 들면, 새하얀 종이에 검은색으로 출력된 문서의 영상이라면 굳이 스레시홀드를 적용할 필요가 없습니다. 하지만, 현실은 흰색, 누런색, 회색 종이에 검은색, 파란색 등으로 인쇄된 문서가 더 많기 때문에 적절한 경계 값을 정하기 위해서는 여러 차례에 걸쳐 경계 값을 조금씩 수정해 가면서 가장 좋은 경계 값을 찾아야 합니다.

[그림 4-16] 여러 가지 경계 값으로 스레시홀딩한 결과

[그림 4-16]은 오래된 신문 기사(내용은 좀 끔찍하군요)를 스크랩해서 스캔한 영상인데, 왼쪽 처음 그림이 원본이고 경계 값을 80부터 20씩 증가시키면서 스레시홀딩한 결과입니다. 결과를 살펴보면 아마도 글씨와 그림을 가장 잘 얻을 수 있는 경계 값은 120과 140 사이쯤인 것을 알 수 있습니다. 그러니까 다음번에 시도해 볼 경계 값은 130 정도가 적당해 보입니다. 이와 같이 반복적인 경계 값 찾기 시도는 귀찮고 시간도 많이 걸립니다.

1979년 오츠 노부유키(Nobuyuki Otsu)는 반복적인 시도 없이 한 번에 효율적으로 경계 값을 찾을 수 있는 방법을 제안했는데, 그의 이름을 따서 그것을 오츠의 이진화 알고리즘(Otsu's binarization method)이라고 합니다. 오츠의 알고리즘은 경계 값을 임의로 정해서 픽셀들을 두 부류로 나누고 두 부류의 명암 분포를 반복해서 구한 다음 두 부류의 명암 분포를 가장 균일하게 하는 경계 값을 선택합니다. 이것을 수식으로 표현하면 다음과 같습니다.

$$\sigma_w^2(t) = w_1(t)\sigma_1^2(t) + w_2(t)\sigma_2^2(t)$$

- t : 0~255, 경계 값
- w_1, w_2 : 각 부류의 비율 가중치
- σ_1^2, σ_2^2 : 각 부류의 분산

OpenCV는 이미 구현한 오츠의 알고리즘을 사용할 수 있게 제공해 주는데, 이것을 사용하려면 앞서 설명한 cv2.threshold() 함수의 마지막 인자에 cv2.THRESH_OTSU를 추가해서 전달하기만 하면 됩니다. 그러면 원래 경계 값을 전달해야 하는 두 번째 인자 threshold는 무시되므로 아무 숫자나 전달해도 되고, 실행 후 결과 값으로 오츠의 알고리즘에 의해 선택된 경계 값은 반환 값 첫 번째 항목 ret로 받을 수 있습니다. 아래 코드는 cv2.threshold() 함수에 오츠의 알고리즘을 적용하는 코드입니다.

```
ret, t_img = cv2.threshold(img, 0, 255, cv2.THRESH_BINARY | cv2.THRESH_OTSU)
```

마지막 플래그에는 앞서 설명한 스레시홀드 방식을 결정하는 플래그와 파이프(|) 문자로 연결하여 전달합니다.

[예제 4-11] 오츠의 알고리즘을 적용한 스레시홀드(threshold_otsu.py)

```python
import cv2
import numpy as np
import matplotlib.pylab as plt

# 이미지를 그레이 스케일로 읽기
img = cv2.imread('../img/scaned_paper.jpg', cv2.IMREAD_GRAYSCALE)
# 경계 값을 130으로 지정 ---①
_, t_130 = cv2.threshold(img, 130, 255, cv2.THRESH_BINARY)
# 경계 값을 지정하지 않고 오츠의 알고리즘 선택 ---②
t, t_otsu = cv2.threshold(img, -1, 255,  cv2.THRESH_BINARY | cv2.THRESH_OTSU)
print('otsu threshold:', t)                    # 오츠의 알고리즘으로 선택된 경계 값 출력

imgs = {'Original': img, 't:130':t_130, 'otsu:%d'%t: t_otsu}
for i , (key, value) in enumerate(imgs.items()):
    plt.subplot(1, 3, i+1)
    plt.title(key)
    plt.imshow(value, cmap='gray')
    plt.xticks([]); plt.yticks([])

plt.show()
```

Original	t: 130	otsu: 131

[그림 4-17] [예제 4-11]의 실행 결과

[예제 4-11]의 코드 ①에서는 기존에 여러 번 시도해서 알아낸 경계 값 130을 직접 지정해서 바이너리 이미지를 얻습니다. 반면에, 코드 ②에서는 오츠의 알고리즘을 적용하고 경계 값으로는 의미 없는 -1을 전달했더니 결과적으로 경계 값 131을 자동으로 계산해서 반환하고 적절한 바이너리 이미지를 얻게 됐습니다. 사람이 여러 번 시도해서 얻는 값과 기의 비슷한 것을 알 수 있습니다. 하지만, 오츠의 알고리즘은 모든 경우의 수에 대해 경계 값을 조사해야 하므로 속도가 빠르지 못하다는 단점이 있습니다. 또한 노이즈가 많은 영상에는 오츠의 알고리즘을 적용해도 좋은 결과를 얻지 못하는 경우가 많은데, 이때는 앞으로 살펴볼 블러링 필터를 먼저 적용해야 합니다.

4.3.3 적응형 스레시홀드

원본 영상에 조명이 일정하지 않거나 배경색이 여러 가지인 경우에는 아무리 여러 번 경계 값을 바꿔가며 시도해도 하나의 경계 값을 이미지 전체에 적용해서는 좋은 결과를 얻지 못합니다. 이때는 이미지를 여러 영역으로 나눈 다음 그 주변 픽셀 값만 가지고 계산을 해서 경계 값을 구해야 하는데, 이것을 적응형 스레시홀드(adaptive threshold)라고 합니다.

OpenCV에서는 이 기능을 다음 함수로 제공합니다.

- cv2.adaptiveThreshold(img, value, method, type_flag, block_size, C)
  - img: 입력 영상
  - value: 경계 값을 만족하는 픽셀에 적용할 값
  - method: 경계 값 결정 방법
    - cv2.ADPTIVE_THRESH_MEAN_C: 이웃 픽셀의 평균으로 결정
    - cv2.ADPTIVE_THRESH_GAUSSIAN_C: 가우시안 분포에 따른 가중치의 합으로 결정
  - type_flag: 스레시홀드 적용 방법 지정(cv2.threshold() 함수와 동일)
  - block_size: 영역으로 나눌 이웃의 크기($n \times n$), 홀수(3, 5, 7, ...)
  - C: 계산된 경계 값 결과에서 가감할 상수(음수 가능)

[예제 4-12] 적응형 스레시홀드 적용(thresh_adapted.py)

```python
import cv2
import numpy as np
import matplotlib.pyplot as plt

blk_size = 9        # 블록 사이즈
C = 5               # 차감 상수
img = cv2.imread('../img/sudoku.png', cv2.IMREAD_GRAYSCALE) # 그레이 스케일로 읽기

# 오츠의 알고리즘으로 단일 경계 값을 전체 이미지에 적용  ---①
ret, th1 = cv2.threshold(img, 0, 255, cv2.THRESH_BINARY | cv2.THRESH_OTSU)

# 적응형 스레시홀드를 평균과 가우시안 분포로 각각 적용  ---②
th2 = cv2.adaptiveThreshold(img, 255, cv2.ADAPTIVE_THRESH_MEAN_C,\
                                cv2.THRESH_BINARY, blk_size, C)
th3 = cv2.adaptiveThreshold(img, 255, cv2.ADAPTIVE_THRESH_GAUSSIAN_C, \
                                cv2.THRESH_BINARY, blk_size, C)

# 결과를 Matplot으로 출력 ---③
```

```
imgs = {'Original': img, 'Global-Otsu:%d'%ret:th1, \
        'Adapted-Mean':th2, 'Adapted-Gaussian': th3}
for i, (k, v) in enumerate(imgs.items()):
    plt.subplot(2,2,i+1)
    plt.title(k)
    plt.imshow(v,'gray')
    plt.xticks([]),plt.yticks([])

plt.show()
```

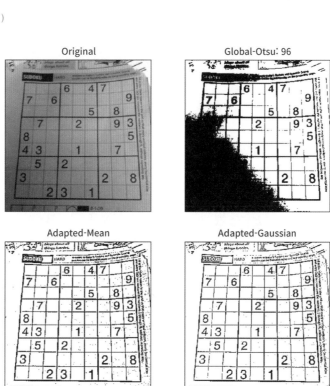

[그림 4-18] [예제 4-12]의 실행 결과

위 [예제 4-12]의 코드 ①은 앞서 설명한 오츠의 알고리즘을 적용해서 얻은 96을 경계 값으로 전체 이미지에 적용했지만 결과를 보면 좌측 하단은 검게 타버리고, 우측 상단은 하얗게 날아간 것을 알 수 있습니다. 반면에, 코드 ②에서는 적응형 스레시홀드를 평균 값과 가우시안 분포를 각각 적용해서 훨씬 좋은 결과를 얻을 수 있습니다. 그중에서도 가우시안 분포를 이용한 결과는 선명함은 떨어지지만 잡티(noise)가 훨씬 적은 것을 알 수 있습니다. 이 부분에 대해서는 6장 "영상 필터"에서 자세히 다룹니다.

경계 값을 전체 이미지에 적용하는 것을 전역적(global) 적용이라고 하는 반면에, 이미지를 여러 구역으로 나누어 그 구역에 맞는 경계 값을 찾는 것을 지역적(local) 적용이라고 합니다. 대부분의 이미지는 조명 차이와 그림자 때문에 지역적 적용이 필요합니다.

4.4 이미지 연산

이제부터 본격적으로 영상에 연산하는 방법을 알아봅니다. 연산 결과는 새로운 영상을 만들어 내므로 그 자체가 목적이 될 수도 있지만, 정보를 얻기 위한 과정일 수도 있습니다.

4.4.1 영상과 영상의 연산

영상에 연산을 할 수 있는 방법은 NumPy의 브로드캐스팅 연산을 직접 적용하는 방법과 OpenCV에서 제공하는 네 가지 함수를 사용하는 방법이 있습니다. OpenCV에서 굳이 연산에 사용할 함수를 제공하는 이유는 영상에서의 한 픽셀이 가질 수 있는 값의 범위는 0~255인데, 더하거나 빼기 연산을 한 결과가 255보다 클 수도 있고 0보다 작을 수도 있어서 결과 값을 0과 255로 제한할 안전 장치가 필요하기 때문입니다. OpenCV에는 아래의 함수로 이와 같은 기능을 제공합니다.

- dest=cv2.add(src1, src2[, dest, mask, dtype]): src1과 src2 더하기
  - src1: 입력 영상 1 또는 수
  - src2: 입력 영상 2 또는 수
  - dest: 출력 영상
  - mask: 0이 아닌 픽셀만 연산
  - dtype: 출력 dtype
- dest=cv2.substract(src1, src2[, dest, mask, dtype]): src1에서 src2를 빼기
  - 모든 인자는 cv2.add() 함수와 동일
- dest=cv2.multiply(src1, src2[, dest, scale, dtype]): src1과 src2를 곱하기
  - scale: 연산 결과에 추가 연산할 값
- dest=cv2.divide(src1, src2[, dest, scale, dtype]): src1을 src2로 나누기
  - 모든 인자는 cv2.multiply()와 동일

이제 영상에 사칙 연산을 적용해서 그 차이를 알아봅니다.

[예제 4-13] 영상의 사칙 연산(arithmetic.py)

```
import cv2
import numpy as np

# 연산에 사용할 배열 생성 ---①
a = np.uint8([[200, 50]])
b = np.uint8([[100, 100]])

# NumPy 배열 직접 연산 ---②
add1 = a + b
sub1 = a - b
mult1 = a * 2
div1 = a / 3

# OpenCV API를 이용한 연산 ---③
add2 = cv2.add(a, b)
sub2 = cv2.subtract(a, b)
mult2 = cv2.multiply(a , 2)
div2 = cv2.divide(a, 3)

# 각 연산 결과 출력 ---④
print(add1, add2)
print(sub1, sub2)
print(mult1, mult2)
print(div1, div2)
```

[예제 4-13]의 출력 결과는 다음과 같습니다.

출력 결과

```
[ 44 150]] [[255 150]]
[[100 206]] [[100    0]]
[[144 100]] [[255 100]]
[[66.66666667 16.66666667]] [[67 17]]
```

[예제 4-13]의 코드 ①에서 연산을 테스트할 대상으로 NumPy 배열을 생성합니다. 코드 ②는 사칙 연산자를 직접 사용했고, 코드 ③은 OpenCV의 4개의 함수를 이용했습니다. 코드 ④에서 결과를 각각 출력하고 있습니다.

출력 결과를 살펴보면 200과 100을 더하고 50과 100을 더한 결과가 각각 44와 255, 150과 150으로 50과 100의 결과는 동일하게 나타납니다. 하지만, 200과 100을 더한 결과는 300인데, 더하기(+) 연산자로 직접 더한 결과는 255를 초과하는 44이고, **cv2.add()** 함수의 결과는 최대 값인 255입니다. 50에서 100을 빼는 연산은

–50인데, 마찬가지로 직접 빼기(–) 연산한 결과는 206으로 정상적이지 않지만, cv2. subtract() 함수의 결과는 최소 값인 0입니다. 곱하기와 나누기 연산도 OpenCV 함수의 결과는 255를 초과하지 않고 소수점 이하를 갖지 않습니다.

OpenCV의 네 가지 연산 함수 중에 cv2.add() 함수를 대표로 해서 좀 더 자세히 설명해 보겠습니다. 함수의 첫 번째와 두 번째 인자에는 연산의 대상을 NumPy 배열로 전달합니다. 그 두 인자를 더한 결과는 세 번째 인자로 전달한 배열에 할당하고 결과 값으로 다시 반환합니다. 만약 c = a + b와 같은 연산이 필요하다면 다음의 세 코드의 결과는 똑같습니다.

c = cv2.add(a, b) 또는 c = cv2.add(a, b, None) 또는 cv2.add(a, b, c)

만약 b += a와 같이 두 입력의 합산 결과를 입력 인자의 하나에 재할당하고 싶을 때는 다음의 두 코드와 같이 작성할 수 있고 결과는 같습니다.

cv2.add(a, b, b) 또는 b = cv2.add(a, b)

하지만, 네 번째 인자인 mask를 지정하는 경우에는 얘기가 다릅니다. 네 번째 인자에 전달한 NumPy 배열에 어떤 요소 값이 0이면 그 위치의 픽셀은 연산을 하지 않습니다. 이때 세 번째 인자인 결과를 할당할 인자의 지정 여부에 따라 결과는 달라집니다. 코드로 예를 들어 보겠습니다.

[예제 4-14] mask와 누적 할당 연산(arithmetic_mask.py)

```
import cv2
import numpy as np

# 연산에 사용할 배열 생성
a = np.array([[1, 2]], dtype=np.uint8)
b = np.array([[10, 20]], dtype=np.uint8)
# 두 번째 요소가 0인 마스크 배열 생성
mask = np.array([[1, 0]], dtype=np.uint8)

# 누적 할당과의 비교 연산
c1 = cv2.add( a, b , None, mask)
print(c1)
c2 = cv2.add( a, b , b, mask)
print(c2)
```

위 예제의 출력 결과는 다음과 같습니다.

```
[[11  0]]
[[11 20]]
```

[예제 4-14]에서 a와 b의 더하기 연산은 1+10, 2+20 연산이 각각 이뤄져야 하지만, 네 번째 인자인 mask의 두 번째 요소의 값이 0이므로 2+20의 연산은 이루어지지 않습니다. 따라서 c1의 결과는 11과 0입니다. 하지만, 누적 할당을 적용한 c2의 두 번째 항목은 b의 두 번째 항목인 20을 그대로 갖게 됩니다. 이때 주의할 것은 b도 c2와 동일하게 연산의 결과를 갖게 되는 것입니다. 만약 b의 값이 연산 전 상태를 그대로 유지되길 원한다면 아래와 같이 수정해서 사용할 수 있습니다.

```
c2 = cv2.add( a, b , b.copy(), mask)
```

4.4.2 알파 블렌딩

두 영상을 합성하려고 할 때 앞서 살펴본 더하기(+) 연산이나 cv2.add() 함수만으로는 좋은 결과를 얻을 수 없는 경우가 많습니다. 직접 더하기 연산을 하면 255를 넘는 경우 초과 값만을 가지므로 영상이 거뭇거뭇하게 나타나고 cv2.add() 연산을 하면 대부분의 픽셀 값이 255 가까이 몰리는 현상이 일어나서 영상이 하얗게 날아간 것처럼 보입니다. 아래의 [예제 4-15]와 그 결과인 [그림 4-19]는 이런 현상을 보여주고 있습니다.

[예제 4-15] 이미지 단순 합성(blending_simple.py)
```python
import cv2
import numpy as np
import matplotlib.pylab as plt

# 연산에 사용할 이미지 읽기
img1 = cv2.imread('../img/wing_wall.jpg')
img2 = cv2.imread('../img/yate.jpg')

# 이미지 덧셈
img3 = img1 + img2          # 더하기 연산
img4 = cv2.add(img1, img2) # OpenCV 함수

imgs = {'img1':img1, 'img2':img2,
        'img1+img2': img3, 'cv2.add(img1, img2)': img4}

# 이미지 출력
for i, (k, v) in enumerate(imgs.items()):
    plt.subplot(2,2, i + 1)
```

```
plt.imshow(v[:,:,::-1])
plt.title(k)
plt.xticks([]); plt.yticks([])

plt.show()
```

img1

img2

img1+img2

cv.add[img1, img2]

[그림 4-19] [예제 4-15]의 실행 결과

실행 결과의 `img1+img2`는 화소가 고르지 못하고 중간 중간 이상한 색을 띠고 있는 부분이 있는데, 그 부분이 255를 초과한 영역입니다. `cv2.add(img1, img2)`의 실행 결과는 전체적으로 하얀 픽셀을 많이 가져가므로 좋은 결과로 볼 수 없습니다.

두 영상을 합성하려면 각 픽셀의 합이 255가 되지 않게 각각의 영상에 가중치를 줘서 계산해야 합니다. 예를 들어 두 영상이 정확히 절반씩 반영된 결과 영상을 원한다면 각 영상의 픽셀 값에 각각 50%씩 곱해서 새로운 영상을 생성하면 됩니다. 이것을 수식으로 나타내면 다음과 같고 이때 각 영상에 적용할 가중치를 알파(alpha) 값이라고 부릅니다. 알파 값을 조정해서 7:3, 6:4, 5:5 등과 같이 배분하는 방식입니다.

$$g(x) = (1 - \alpha)f_0(x) + \alpha f_1(x)$$

- $f_0(x)$: 첫 번째 이미지 픽셀 값
- $f_1(x)$: 두 번째 이미지 픽셀 값
- α: 가중치(알파)
- $g(x)$: 합성 결과 픽셀 값

이 수식대로 NumPy 배열에 직접 연산해도 되지만, OpenCV는 이것을 구현한 함수를 제공합니다.

- cv2.addWeight(img1, alpha, img2, beta, gamma)
  - img1, img2: 합성할 두 영상
  - alpha: img1에 지정할 가중치(알파 값)
  - beta: img2에 지정할 가중치, 흔히 (1- alpha) 적용
  - gamma: 연산 결과에 가감할 상수, 흔히 0(zero) 적용

아래 [예제 4-16]은 각 영상에 대해서 50%씩의 가중치로 앞서 실습한 영상을 다시 합성하고 있습니다.

[예제 4-16] 50% 알파 블렌딩(blending_alpha.py)

```python
import cv2
import numpy as np

alpha = 0.5    # 합성에 사용할 알파 값

# 합성에 사용할 영상 읽기 ---①
img1 = cv2.imread('../img/wing_wall.jpg')
img2 = cv2.imread('../img/yate.jpg')

# 수식을 직접 연산해서 알파 블렌딩 적용 ---②
blended = img1 * alpha + img2 * (1-alpha)
blended = blended.astype(np.uint8)    # 소수점 발생을 제거하기 위함
cv2.imshow('img1 * alpha + img2 * (1-alpha)', blended)

# addWeighted() 함수로 알파 블렌딩 적용 ---③
dst = cv2.addWeighted(img1, alpha, img2, (1-alpha), 0)
cv2.imshow('cv2.addWeighted', dst)

cv2.waitKey(0)
cv2.destroyAllWindows()
```

[그림 4-20] [예제 4-16]의 실행 결과

[예제 4-16]의 코드 ②는 앞서 수식으로 나타낸 알파 블렌딩을 NumPy 배열에 직접 적용하였고, 코드 ③은 **cv2.addWeighted()** 함수로 적용해서 같은 결과를 가져오는 것을 보여주고 있습니다.

아래의 [예제 4-17]은 남자의 얼굴과 사자의 얼굴[2]을 알파 블렌딩하는 데 트랙바로 알파 값을 조정할 수 있게 했습니다. 트랙바를 움직여서 알파 값을 조정하면 마치 사람이 서서히 사자로 바뀌는 것처럼 보입니다. 알파 블렌딩은 흔히 페이드-인/아웃 (fade-in/out) 기법으로 영상이 전환되는 장면에서 자주 사용되며, 《구미호》나 《늑대인간》 같은 영화의 변신 장면에서 얼굴 모핑(face morphing)이라는 기법으로 효과를 내는데, 이 기법을 구성하는 한 가지 기술이기도 합니다.

[예제 4-17] 트랙바로 알파 블렌딩(blending_alpha_trackbar.py)

```python
import cv2
import numpy as np

win_name = 'Alpha blending'      # 창 이름
trackbar_name = 'fade'           # 트랙바 이름

# 트랙바 이벤트 핸들러 함수
def onChange(x):
    alpha = x/100
    dst = cv2.addWeighted(img1, 1-alpha, img2, alpha, 0)
    cv2.imshow(win_name, dst)


# 합성 영상 읽기
img1 = cv2.imread('../img/man_face.jpg')
img2 = cv2.imread('../img/lion_face.jpg')
```

2 사진 출처: *http://pixabay.com*

```
# 이미지 표시 및 트랙바 붙이기
cv2.imshow(win_name, img1)
cv2.createTrackbar(trackbar_name, win_name, 0, 100, onChange)

cv2.waitKey()
cv2.destroyAllWindows()
```

[그림 4-21] [예제 4-17]의 실행 결과

4.4.3 비트와이즈 연산

OpenCV는 두 영상의 각 픽셀에 대한 비트와이즈(bitwise, 비트 단위) 연산 기능을 제공합니다. 비트와이즈 연산은 두 영상을 합성할 때 특정 영역만 선택하거나 특정 영역만 제외하는 등의 선별적인 연산에 도움이 됩니다. OpenCV에서 제공하는 비트와이즈 연산 함수는 다음과 같습니다.

- bitwise_and(img1, img2, mask=None): 각 픽셀에 대해 비트와이즈 AND 연산
- bitwise_or(img1, img2, mask=None): 각 픽셀에 대해 비트와이즈 OR 연산
- bitwise_xor(img1, img2, mask=None): 각 픽셀에 대해 비트와이즈 XOR 연산
- bitwise_not(img1, mask=None): 각 픽셀에 대해 비트와이즈 NOT 연산
  - img1, img2: 연산 대상 영상, 동일한 shape
  - mask: 0이 아닌 픽셀만 연산, 바이너리 이미지

[예제 4-18] 비트와이즈 연산(bitwise.py)

```
import numpy as np, cv2
import matplotlib.pylab as plt

# 연산에 사용할 이미지 생성
img1 = np.zeros( ( 200,400), dtype=np.uint8)
img2 = np.zeros( ( 200,400), dtype=np.uint8)
img1[:, :200] = 255         # 왼쪽은 흰색(255), 오른쪽은 검은색(0)
img2[100:200, :] = 255      # 위쪽은 검은색(0), 아래쪽은 흰색(255)

# 비트와이즈 연산
```

```
bitAnd = cv2.bitwise_and(img1, img2)
bitOr = cv2.bitwise_or(img1, img2)
bitXor = cv2.bitwise_xor(img1, img2)
bitNot = cv2.bitwise_not(img1)

# Plot으로 결과 출력
imgs = {'img1':img1, 'img2':img2, 'and':bitAnd,
        'or':bitOr, 'xor':bitXor, 'not(img1)':bitNot}
for i, (title, img) in enumerate(imgs.items()):
    plt.subplot(3,2,i+1)
    plt.title(title)
    plt.imshow(img, 'gray')
    plt.xticks([]); plt.yticks([])

plt.show()
```

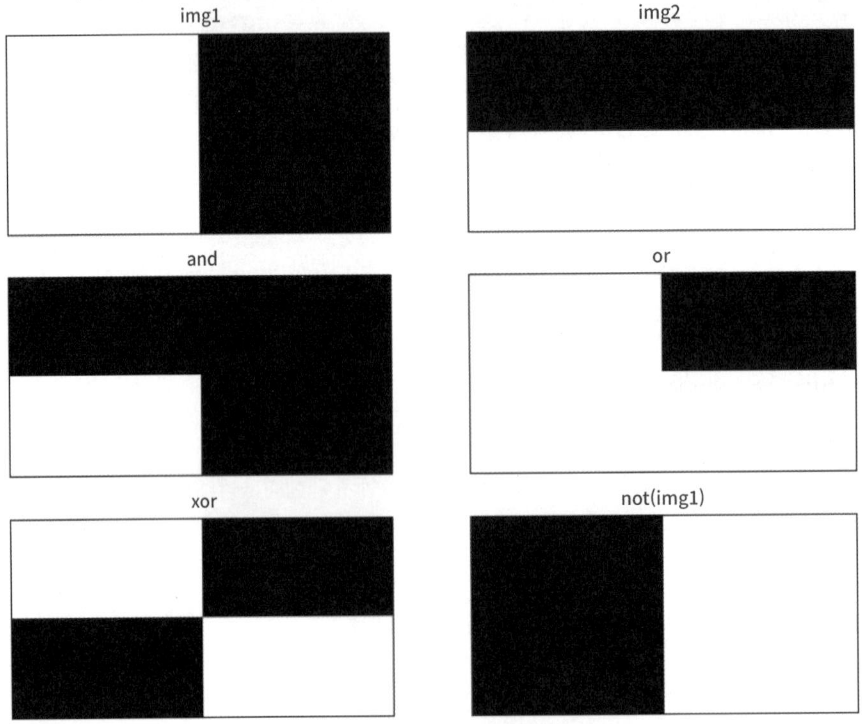

[그림 4-22] [예제 4-18]의 실행 결과

위 [예제 4-18]의 실행 결과를 보면 이해하기 쉬울 것입니다. img1은 좌우로, img2는 위아래로 0과 255로 나누어 200 × 400 크기의 영상을 생성했습니다. 이 두 영상에 대해서 각각 비트와이즈 연산을 한 결과입니다. cv2.bitwise_and() 연산은 두 영상에서 0으로 채워진 부분이 만나는 부분은 모두 0으로 채워졌습니다. cv2.bitwise_or() 연산은 두 영상에서 255로 채워진 부분은 모두 255로 채워졌습니다. cv2.

bitwise_xor() 연산은 두 영상에서 서로 다른 값을 가진 부분은 255로, 서로 같은 값을 가진 부분은 0으로 채워졌습니다. img1에 대한 cv2.bitwise_not() 연산은 원래의 반대의 결과를 갖습니다.

[예제 4-19]는 비트와이즈 연산으로 영상의 일부분을 원하는 모양으로 떼내는 예제 입니다.

[예제 4-19] bitwise_and 연산으로 마스킹하기(bitwise_masking.py)

```python
import numpy as np, cv2
import matplotlib.pylab as plt

# 이미지 읽기 --①
img = cv2.imread('../img/girl.jpg')

# 마스크 만들기 --②
mask = np.zeros_like(img)
cv2.circle(mask, (150,140), 100, (255,255,255), -1)
# cv2.circle(대상 이미지, (원점x, 원점y), 반지름, (색상), 채우기)

# 마스킹 --③
masked = cv2.bitwise_and(img, mask)

# 결과 출력 --④
cv2.imshow('original', img)
cv2.imshow('mask', mask)
cv2.imshow('masked', masked)
cv2.waitKey()
cv2.destroyAllWindows()
```

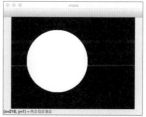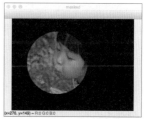

[그림 4-23] [예제 4-19]의 실행 결과

[예제 4-19]의 코드 ②에서 원본 이미지와 동일한 shape의 0(zero)으로 채워진 배열을 만들고 원하는 위치에 (255,255,255)로 채워진 원을 그립니다. 이렇게 생성된 배열은 원을 제외한 나머지 영역은 모두 0(zero)으로 채워져 있고, 원은 모든 비트가 1로 채워져 있는 255입니다. 코드 ③에서는 이 영상과 원본 영상을 cv2.bitwise_and() 연산으로 원 이외의 부분을 모두 0으로 채워서 원하는 영역만 떼어낼 수 있습니다.

[예제 4-19]에서는 마스킹하기 위해 코드 ②에서 원본 영상과 똑같은 3채널 배열을 만들었지만, 비트와이즈 연산 함수의 세 번째 인자인 mask를 이용하면 2차원 배열만으로도 가능합니다.

다음 코드는 [예제 4-19]의 코드 ②와 ③ 부분만 다시 작성한 코드입니다.

```
# --② 마스크 만들기
mask = np.zeros(img.shape[:2], dtype=np.uint8)
# cv2.circle(대상이미지, (원점x, 원점y), 반지름, (색상), 채우기)
cv2.circle(mask, (150,140), 100, (255), -1)

# --③ 마스킹
masked = cv2.bitwise_and(img, img, mask=mask)
```

4.4.4 차영상

영상에서 영상을 빼기 연산하면 두 영상의 차이, 즉 변화를 알 수 있는데, 이것을 차영상(image differencing)이라고 합니다. 심심풀이로 한 번쯤은 해봤을 법한 틀린 그림 찾기 놀이는 차영상으로 손쉽게 답을 찾을 수 있습니다. 놀이뿐만 아니라 산업현장에서 도면의 차이를 찾거나 전자제품의 PCB(Printable Circuit Board) 회로의 오류를 찾는 데도 사용할 수 있고, 카메라로 촬영한 영상에 실시간으로 움직임이 있는지를 알아내는 데도 유용합니다.

차영상을 구할 때 두 영상을 무턱대고 빼기 연산하면 음수가 나올 수 있으므로 절대 값을 구해야 합니다. 아래는 OpenCV에서 제공하는 절대 값의 차를 구하는 함수입니다.

- diff = cv2.absdiff(img1, img2)
  - img1, img2: 입력 영상
  - diff: 두 영상의 차의 절대 값 반환

[예제 4-20]은 사람의 눈으로 찾기 힘든 두 도면의 차이를 찾아 표시합니다.

[예제 4-20] 차영상으로 도면의 차이 찾아내기(diff_absolute.py)

```
import numpy as np, cv2

# 연산에 필요한 영상을 읽고 그레이 스케일로 변환 --①
img1 = cv2.imread('../img/robot_arm1.jpg')
img2 = cv2.imread('../img/robot_arm2.jpg')
img1_gray = cv2.cvtColor(img1, cv2.COLOR_BGR2GRAY)
img2_gray = cv2.cvtColor(img2, cv2.COLOR_BGR2GRAY)
```

```
# 두 영상의 절대 값 차 연산 --②
diff = cv2.absdiff(img1_gray, img2_gray)

# 차 영상을 극대화하기 위해 스레시홀드 처리 및 컬러로 변환 --③
_, diff = cv2.threshold(diff, 1, 255, cv2.THRESH_BINARY)
diff_red = cv2.cvtColor(diff, cv2.COLOR_GRAY2BGR)
diff_red[:,:,2] = 0

# 두 번째 이미지에 변화 부분 표시 --④
spot = cv2.bitwise_xor(img2, diff_red)

# 결과 영상 출력 --⑤
cv2.imshow('img1', img1)
cv2.imshow('img2', img2)
cv2.imshow('diff', diff)
cv2.imshow('spot', spot)
cv2.waitKey()
cv2.destroyAllWindows()
```

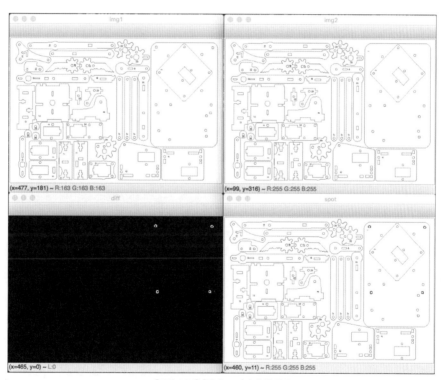

[그림 4-24] [예제 4-20]의 실행 결과

위 [예제 4-20]의 코드 ①은 연산에 필요한 두 영상을 읽어서 그레이 스케일로 변환합니다. 코드 ②에서 그레이 스케일로 변환된 두 영상의 차영상을 구합니다. 그 차이를 극대화해서 표현하기 위해 코드 ③에서는 1보다 큰 값은 모두 255로 바꾸고 색상을 표현하기 위해 컬러 스케일로 바꿉니다. 코드 ④는 원본 이미지의 어느 부분이 변경되었는지 표시해 주기 위해서 cv2.bitwise_xor() 연산을 합니다. 원본 이미지는 배경이 흰색이므로 255를 가지고 있고 차영상은 차이가 있는 빨간색 영역을 제외하고는 255이므로 XOR 연산을 하면 서로 다른 영역인 도면의 그림과 빨간색으로 표시된 차영상 부분이 합성됩니다.

4.4.5 이미지 합성과 마스킹

두 개 이상의 영상에서 특정 영역끼리 합성하기 위해서는 전경이 될 영상과 배경이 될 영상에서 합성하고자 하는 영역만 떼어내는 작업과 그것을 합하는 작업으로 나눌 수 있습니다. 여기서 원하는 영역만을 떼어내는 데 꼭 필요한 것이 마스크(mask)입니다. 사람이 좌표를 입력하지 않고 정교한 마스크를 만드는 작업은 결코 쉽지 않습니다. 이것을 원하는 대로 하려면 앞으로 다뤄야 할 주제가 무척 많습니다. 사실 원하는 영역을 배경에서 떼어내는 작업은 객체 인식과 분리라는 컴퓨터 비전 분야의 정점과도 같다고 볼 수 있습니다.

여기서는 우선 배경이 투명한 알파 채널 영상을 이용해서 영상을 합성해 봅니다. 4.2절 "컬러 스페이스"에서 살펴본 것처럼 배경이 투명한 영상은 4개 채널 중 마지막 채널은 배경에 해당하는 영역은 0 값을, 전경에 해당하는 영역은 255 값을 갖습니다. 이것을 이용하면 손쉽게 마스크를 만들 수 있습니다. 마스크를 이용해서 전경과 배경을 오려내는 것은 앞서 살펴본 cv2.bitwise_and() 연산을 이용하면 쉽습니다.

[예제 4-21] 투명 배경 PNG 파일을 이용한 합성(addtion_rgba_mask.py)

```
import cv2
import numpy as np

# 합성에 사용할 영상 읽기, 전경 영상은 4채널 png 파일
img_fg = cv2.imread('../img/opencv_logo.png', cv2.IMREAD_UNCHANGED)
img_bg = cv2.imread('../img/girl.jpg')

# 알파 채널을 이용해서 마스크와 역마스크 생성
_, mask = cv2.threshold(img_fg[:,:,3], 1, 255, cv2.THRESH_BINARY)
mask_inv = cv2.bitwise_not(mask)

# 전경 영상 크기로 배경 영상에서 ROI 잘라내기
img_fg = cv2.cvtColor(img_fg, cv2.COLOR_BGRA2BGR)
h, w = img_fg.shape[:2]
roi = img_bg[10:10+h, 10:10+w ]
```

```
# 마스크 이용해서 오려내기
masked_fg = cv2.bitwise_and(img_fg, img_fg, mask=mask)
masked_bg = cv2.bitwise_and(roi, roi, mask=mask_inv)

# 이미지 합성
added = masked_fg + masked_bg
img_bg[10:10+h, 10:10+w] = added

cv2.imshow('mask', mask)
cv2.imshow('mask_inv', mask_inv)
cv2.imshow('masked_fg', masked_fg)
cv2.imshow('masked_bg', masked_bg)
cv2.imshow('added', added)
cv2.imshow('result', img_bg)
cv2.waitKey()
cv2.destroyAllWindows()
```

[그림 4-25] [예제 4-21]의 실행 결과

[예제 4-21]은 배경이 투명한 OpenCV 로고 이미지를 소녀의 사진과 합성하고 있습니다. 로고 이미지의 네 번째 채널이 배경과 전경을 분리할 수 있는 마스크 역할을 해주므로 앞서 설명한 몇 가지 함수의 조합만으로 손쉽게 이미지를 합성할 수 있습니다.

모양에 따라 영역을 떼어내려는 경우도 있지만, 색상에 따라 영역을 떼어내야 하는 경우도 있습니다. 이때는 색을 가지고 마스크를 만들어야 하는데, 4.2절 "컬러 스페이스"에서 다룬 HSV로 변환하면 원하는 색상 범위의 것만 골라낼 수 있습니다. OpenCV는 특정 범위에 속하는지를 판단할 수 있는 함수를 아래와 같이 제공합니다. 이것을 이용하면 특정 범위 값을 만족하는 마스크를 만들기 쉽습니다.

- dst = cv2.inRange(img, from, to): 범위에 속하지 않은 픽셀 판단

  - img: 입력 영상

  - from: 범위의 시작 배열

  - to: 범위의 끝 배열

  - dst: img가 from ~ to에 포함되면 255, 아니면 0을 픽셀 값으로 하는 배열

[예제 4-22]는 컬러 큐브에서 색상별로 추출하는 예제입니다.

[예제 4-22] HSV 색상으로 마스킹(hsv_color_mask.py)

```python
import cv2
import numpy as np
import matplotlib.pylab as plt

# 큐브 영상을 읽어서 HSV로 변환 --①
img = cv2.imread("../img/cube.jpg")
hsv = cv2.cvtColor(img, cv2.COLOR_BGR2HSV)

# 색상별 영역 지정 --②
blue1 = np.array([90, 50, 50])
blue2 = np.array([120, 255,255])
green1 = np.array([45, 50,50])
green2 = np.array([75, 255,255])
red1 = np.array([0, 50,50])
red2 = np.array([15, 255,255])
red3 = np.array([165, 50,50])
red4 = np.array([180, 255,255])
yellow1 = np.array([20, 50,50])
yellow2 = np.array([35, 255,255])

# 색상에 따른 마스크 생성 --③
mask_blue = cv2.inRange(hsv, blue1, blue2)
mask_green = cv2.inRange(hsv, green1, green2)
mask_red = cv2.inRange(hsv, red1, red2)
mask_red2 = cv2.inRange(hsv, red3, red4)
mask_yellow = cv2.inRange(hsv, yellow1, yellow2)

# 색상별 마스크로 색상만 추출 --④
res_blue = cv2.bitwise_and(img, img, mask=mask_blue)
res_green = cv2.bitwise_and(img, img, mask=mask_green)
res_red1 = cv2.bitwise_and(img, img, mask=mask_red)
res_red2 = cv2.bitwise_and(img, img, mask=mask_red2)
res_red = cv2.bitwise_or(res_red1, res_red2)
res_yellow = cv2.bitwise_and(img, img, mask=mask_yellow)

# 결과 출력
```

```python
imgs = {'original': img, 'blue':res_blue, 'green':res_green,
                       'red':res_red, 'yellow':res_yellow}
for i, (k, v) in enumerate(imgs.items()):
    plt.subplot(2,3, i+1)
    plt.title(k)
    plt.imshow(v[:,:,::-1])
    plt.xticks([]); plt.yticks([])
plt.show()
```

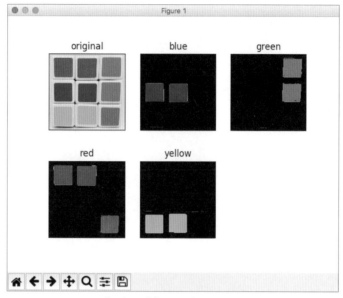

[그림 4-26] [예제 4-22]의 실행 결과

[예제 4-22]의 코드 ②에서 지정한 색상별 영역은 4.2절 "컬러 스페이스"에서 HSV의 각 색상별 영역에서 설명한 것을 근거로 작성하였습니다. 빨강은 180을 기점으로 둘로 나뉘어(0~15, 165~180) 있으므로 마스크 생성과 색상 추출에도 두 번씩 사용했습니다. 코드 ③에서 **cv2.inRange()** 함수를 호출해서 각 색상 범위별 마스크를 만듭니다. 이 함수는 첫 번째 인자의 영상에서 두 번째와 세 번째 인자의 배열 구간에 포함되면 해당 픽셀의 값으로 255를 할당하고 그렇지 않으면 0을 할당합니다. 그래서 이 함수의 반환 결과는 바이너리 스케일이 되어 코드 ④의 **cv2.bitwise_and()** 함수의 mask로 사용하기 적합합니다.

이와 같이 색상을 이용한 마스크를 이용하는 것이 크로마 키(chroma key)의 원리입니다. 일기예보나 영화를 촬영할 때 초록색 또는 파란색 배경을 두고 찍어서 나중에 원하는 배경과 합성하는 것을 크로마 키잉(chroma keying)이라고 하고 그 초록색 배경을 크로마 키라고 합니다. 다음 [예제 4-23]은 크로마 키를 배경으로 한 영상[3]에서 크로마 키 색상으로 마스크를 만들어 합성하는 예제입니다.

[예제 4-23] 크로마 키 마스킹과 합성(chromakey.py)

```python
import cv2
import numpy as np
import matplotlib.pylab as plt

# 크로마 키 영상과 합성할 영상 읽기 --①
img1 = cv2.imread('../img/man_chromakey.jpg')
img2 = cv2.imread('../img/street.jpg')

# ROI 선택을 위한 좌표 계산(가운데에 위치하기 위한) --②
height1, width1 = img1.shape[:2]
height2, width2 = img2.shape[:2]
x = (width2 - width1)//2
y = height2 - height1
w = x + width1
h = y + height1

# 크로마 키 배경 영상에서 크로마 키가 있을 법한 영역을 10픽셀 정도로 지정 --③
chromakey = img1[:10, :10, :]
offset = 20

# 크로마 키 영역과 영상 전체를 HSV로 변경 --④
hsv_chroma = cv2.cvtColor(chromakey, cv2.COLOR_BGR2HSV)
hsv_img = cv2.cvtColor(img1, cv2.COLOR_BGR2HSV)

# 크로마 키 영역의 H값에서 offset 만큼 여유를 두어서 범위 지정
# offset 값은 여러 차례 시도 후 결정
chroma_h = hsv_chroma[:, :, 0]
lower = np.array([chroma_h.min()-offset, 100, 100])
upper = np.array([chroma_h.max()+offset, 255, 255])

# 마스크 생성 및 마스킹 후 합성
mask = cv2.inRange(hsv_img, lower, upper)
mask_inv = cv2.bitwise_not(mask)
roi = img2[y:h, x:w]
fg = cv2.bitwise_and(img1, img1, mask=mask_inv)
bg = cv2.bitwise_and(roi, roi, mask=mask)
img2[y:h, x:w] = fg + bg

# --⑦ 결과 출력
cv2.imshow('chromakey', img1)
cv2.imshow('added', img2)
cv2.waitKey()
cv2.destroyAllWindows()
```

---

3 사진 출처: *https://pixabay.com*

[그림 4-27] [예제 4-23]의 실행 결과

[그림 4-27]은 왼쪽에 한 남자가 크로마 키를 배경으로 찍은 사진을 어느 거리를 찍은 사진과 합성한 것입니다. [예제 4-23]의 코드 ②에서는 남자가 서 있는 왼쪽 끝 배경 10 × 10 픽셀 영역을 크로마 키가 있는 영역으로 어림잡아 지정했습니다. 이 영역의 색상 값 중에 가장 큰 값과 가장 작은 값을 범위로 지정해서 cv2.inRange() 함수를 사용하면 배경만 제거할 수 있습니다. 코드 ④에서는 앞서 어림잡아 선택한 영역의 색상 값보다 더 넓은 영역의 색상을 선택할 수 있도록 offset만큼 가감하게 했고 그 수치는 결과를 확인하면서 경험적으로 얻어야 합니다. 크로마 키의 색상 값도 화면 전체적으로는 조금씩 다를 수 있기 때문입니다. S와 V 값의 선택 범위도 마찬가지입니다. 나머지 마스킹과 합성 작업은 이전에 했던 것과 크게 다르지 않습니다.

이렇게 영상 합성에는 대부분 알파 블렌딩 또는 마스킹이 필요합니다. 하지만, 이런 작업은 블렌딩을 위한 적절한 알파 값 선택과 마스킹을 위한 모양의 좌표나 색상 값 선택에 많은 노력과 시간이 필요합니다. OpenCV는 3 버전에서 재미있는 함수를 추가했는데, 알아서 두 영상의 특징을 살려 합성하는 기능입니다. 이 함수의 설명은 아래와 같습니다.

- dst = cv2.seamlessClone(src, dst, mask, coords, flags[, output])
  - src: 입력 영상, 일반적으로 전경
  - dst: 대상 영상, 일반적으로 배경
  - mask: 마스크, src에서 합성하고자 하는 영역은 255, 나머지는 0
  - coodrs: src가 놓여지기 원하는 dst의 좌표(중앙)
  - flags: 합성 방식

- cv2.NORMAL_CLONE: 입력 원본 유지

- cv2.MIXED_CLONE: 입력과 대상을 혼합

- output: 합성 결과

- dst: 합성 결과

아래의 [그림 4-28]은 필자의 딸이 8세 때 그린 꽃 그림과 필자의 손을 찍은 사진입니다.

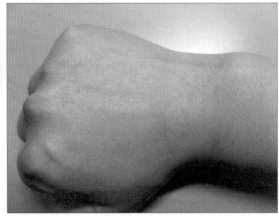

[그림 4-28] 꽃 그림과 필자의 손

이제 cv2.SeamlessClone() 함수로 사진을 합성해서 제 손에 꽃 문신을 한 것처럼 만들어 보겠습니다.

[예제 4-24] SeamlessClone으로 합성(seamlessclone.py)

```python
import cv2
import numpy as np
import matplotlib.pylab as plt

# 합성 대상 영상 읽기
img1 = cv2.imread("../img/drawing.jpg")
img2= cv2.imread("../img/my_hand.jpg")

# 마스크 생성, 합성할 이미지 전체 영역을 255로 세팅
mask = np.full_like(img1, 255)
```

```
# 합성 대상 좌표 계산(img2의 중앙)
height, width = img2.shape[:2]
center = (width//2, height//2)

# seamlessClone으로 합성 --①
normal = cv2.seamlessClone(img1, img2, mask, center, cv2.NORMAL_CLONE)
mixed = cv2.seamlessClone(img1, img2, mask, center, cv2.MIXED_CLONE)

# 결과 출력
cv2.imshow('normal', normal)
cv2.imshow('mixed', mixed)
cv2.waitKey()
cv2.destroyAllWindows()
```

[그림 4-29] [예제 4-24]의 실행 결과

[예제 4-24]의 코드 ①이 이 예제의 핵심적인 코드입니다. img1을 img2에다가 mask에 지정된 영역만큼 center 좌표에 합성합니다. 이때 mask는 img1의 전체 영역을 255로 채워서 해당 영역 전부가 합성의 대상임을 표현합니다. 가급적이면 합성하려는 영역을 제외하고 0으로 채우는 것이 더 좋은 결과를 보여주지만 이번 예제에서는 일부러 대충해 보았습니다. 결과로 나온 [그림 4-29]를 보면 함수의 마지막 인자 플래그가 cv2.NORMAL_CLONE인 경우 꽃 그림이 선명하긴 하지만, 주변의 피부가 뭉개진 듯한 결과를 보입니다. 반면에, cv2.MIXED_CLONE을 사용한 경우에는 감쪽같이 두 영상의 특징을 살려서 표현하고 있습니다. 이 함수는 이미지 합성에 꼭 필요한 알파 값이나 마스크에 대해 신경 쓰지 않아도 되서 무척 편리합니다.

4.5 히스토그램

히스토그램(histogram)은 뭐가 몇 개 있는지 개수를 세어 놓은 것을 그림으로 표시한 것을 말합니다. 히스토그램은 영상을 분석하는 데 도움이 많이 됩니다.

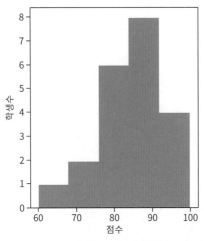

[그림 4-30] 학생들의 점수를 표현한 히스토그램 예시

4.5.1 히스토그램 계산과 표시

영상 분야에서의 히스토그램은 전체 영상에서 픽셀 값이 1인 픽셀이 몇 개이고 2인 픽셀이 몇 개이고 하는 식으로 픽셀 값이 255인 픽셀이 몇 개인지까지 세는 것을 말합니다. 그렇게 하는 이유는 전체 영상에서 픽셀들의 색상이나 명암의 분포를 파악하기 위해서입니다.

OpenCV는 영상에서 히스토그램을 계산하는 cv2.calcHist() 함수를 제공합니다.

- cv2.calcHist(img, channel, mask, histSize, ranges)
  - img: 입력 영상, [img]처럼 리스트로 감싸서 표현
  - channel: 처리할 채널, 리스트로 감싸서 표현
    - 1채널: [0], 2채널: [0, 1], 3채널: [0, 1, 2]
  - mask: 마스크에 지정한 픽셀만 히스토그램 계산
  - histSize: 계급(bin)의 개수, 채널 개수에 맞게 리스트로 표현
    - 1채널: [256], 2채널: [256, 256], 3채널: [256, 256, 256]
  - ranges: 각 픽셀이 가질 수 있는 값의 범위, RGB인 경우 [0, 256]

가장 간단하게 그레이 스케일 이미지의 히스토그램을 계산해서 그려보겠습니다.

[예제 4-25] 그레이 스케일 1채널 히스토그램(histo_gray.py)

```python
import cv2
import numpy as np
import matplotlib.pylab as plt

# 이미지를 그레이 스케일로 읽기 및 출력하기 --①
img = cv2.imread('../img/mountain.jpg', cv2.IMREAD_GRAYSCALE)
cv2.imshow('img', img)

# 히스토그램 계산 및 그리기 --②
hist = cv2.calcHist([img], [0], None, [256], [0,256])
plt.plot(hist)

print(hist.shape)                        # 히스토그램의 shape(256,1) --③
print(hist.sum(), img.shape)  # 히스토그램의 총 합계와 이미지의 크기 --④
plt.show()
```

[예제 4-25]는 영상을 그레이 스케일로 읽어서 1차원 히스토그램으로 출력하는 예제입니다. 코드 ②가 가장 핵심적인 코드입니다. 여기서 cv2.calcHist() 함수 호출에 사용한 인자를 순서대로 설명하면, 히스토그램 대상 이미지는 [img], 1채널만 있어서 [0], 마스크는 사용하지 않으므로 None, 가로축(x축)에 표시할 계급(bin)의 개수는 [256], 픽셀 값 중 최소 값과 최대 값은 [0, 256]이라는 의미입니다. 여기서 최대 값은 범위에 포함되지 않으므로 255보다 1 큰 값을 전달합니다. 이렇게 얻은 결과를 plt.plot() 함수에 전달하면 아래 [그림 4-31]과 같이 히스토그램을 그림으로 보여줍니다.

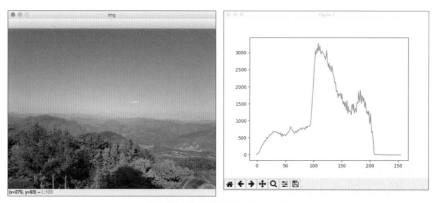

[그림 4-31] [예제 4-25]의 실행 결과

[예제 4-25]를 실행해서 출력한 내용은 다음과 같습니다.

출력 결과

```
hist.shape: (256, 1)
hist.sum(): 270000.0 img.shape: (450, 600)
```

[예제 4-25]의 코드 ③에서 출력한 히스토그램 배열의 shape는 (256, 1)입니다. 256 개의 계급에 각각 픽셀 수가 몇 개인지 저장한 모양새입니다. 코드 ④에서는 히스토그램의 전체 합과 이미지의 크기를 출력하고 있는데, 이 값으로 이미지의 폭과 높이의 곱과 히스토그램의 합(450 × 600 = 270,000)이 같은 것을 알 수 있습니다.

그레이 스케일이 아닌 컬러 스케일에 대한 히스토그램은 3개 채널, 즉 R, G, B를 각각 따로 계산해서 그려볼 수 있습니다.

[예제 4-26] 컬러 히스토그램(histo_rgb.py)

```python
import cv2
import numpy as np
import matplotlib.pylab as plt

# 이미지 읽기 및 출력
img = cv2.imread('../img/mountain.jpg')
cv2.imshow('img', img)

# 히스토그램 계산 및 그리기
channels = cv2.split(img)
colors = ('b', 'g', 'r')
for (ch, color) in zip (channels, colors):
    hist = cv2.calcHist([ch], [0], None, [256], [0, 256])
    plt.plot(hist, color = color)
plt.show()
```

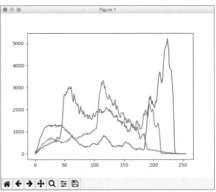

[그림 4-32] [예제 4-26]의 실행 결과

[예제 4-26]은 컬러 스케일 이미지의 3개 채널에 대해서 1차원 히스토그램을 각각 구하고 나서 하나의 플롯에 그렸습니다. 히스토그램을 보면 파란 하늘이 가장 넓은 영역을 차지하고 있으므로 파란색 분포가 크고 초록 나무와 단풍 때문에 초록색과 빨간색의 분포가 그 뒤를 따르는 것으로 보입니다.

4.5.2 노멀라이즈

노멀라이즈(normalize, 정규화)는 원래 기준이 서로 다른 값을 같은 기준이 되게 만드는 것을 말합니다. 예를 들어 영수는 A학교를 다니는데 비슷한 난이도의 시험에서 20문제 중에 19문제를 맞혔고 영희는 B학교를 다니는데 25문제 중 20문제를 맞혔습니다. 이때 영희가 영수보다 한 문제를 더 맞혔으니 성적이 더 좋다고 말할 수는 없습니다. 두 학생의 시험 문제 수가 서로 다르기 때문에 100점으로 환산해서 비교해야 하는데, 이것이 대표적인 노멀라이즈입니다. 100점으로 노멀라이즈를 하고 나면 영수는 95점이고 영희는 80점으로 성적은 영수가 더 좋다고 봐야 합니다.

노멀라이즈는 이렇게 서로 다른 기준을 하나의 절대적인 기준으로 만들기도 하지만 절대적인 기준 대신 특정 구간으로 노멀라이즈하면 특정 부분에 몰려 있는 값을 전체 영역으로 골고루 분포하게 할 수도 있습니다. 예를 들어 전교생이 5명인 학생들의 성적이 95, 96, 98, 98, 100점일 때 95점 이상에게 A+ 학점을 준다면 전교생이 A+를 받게 되니 이 시험엔 분명 문제가 있습니다. 선생님이 각 학생의 점수를 70~100점 사이로 다시 환산하고 싶어 한다면, 이때 필요한 것이 바로 구간 노멀라이즈입니다.

원래 점수는 95~100, 즉 5점 간격이었는데, 새로운 점수는 70~100, 즉 30점 간격이므로 30 ÷ 5 = 6으로 원래 점수 1점 차이는 새로운 점수 6점 차이가 됩니다. 원래 점수가 5점 구간에서 얼마인지 찾아 그 비율(6점)과 곱해서 새로운 시작 구간(70점)에 더하면 새로운 점수를 구할 수 있습니다. 이것을 수학식으로 정리하면 다음과 같습니다.

$$I_N = (I - Min)\frac{newMax - newMin}{Max - Min} + newMin$$

- I: 노멀라이즈 이전 값
- Min, Max: 노멀라이즈 이전 범위의 최소 값, 최대 값
- $newMin, newMax$: 노멀라이즈 이후 범위의 최소 값, 최대 값
- I_N: 노멀라이즈 이후 값

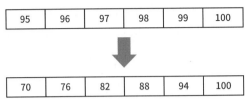

[그림 4-33] 정규화 예시, 95~100을 70~100로 정규화

영상 분야에서는 노멀라이즈를 가지고 픽셀 값들이 0~255에 골고루 분포하지 않고 특정 영역에 몰려 있는 경우 화질을 개선하기도 하고 영상 간의 연산을 해야 하는데, 서로 조건이 다른 경우 같은 조건으로 만들기도 합니다.

OpenCV는 노멀라이즈 기능을 아래와 같은 함수로 제공합니다.

- dst = cv2.normalize(src, dst, alpha, beta, type_flag)
  - src: 노멀라이즈 이전 데이터
  - dst: 노멀라이즈 이후 데이터
  - alpha: 노멀라이즈 구간 1
  - beta: 노멀라이즈 구간 2, 구간 노멀라이즈가 아닌 경우 사용 안 함
  - type_flag: 알고리즘 선택 플래그 상수
    - cv2.NORM_MINMAX: alpha와 beta 구간으로 노멀라이즈
    - cv2.NORM_L1: 전체 합으로 나누기, alpha = 노멀라이즈 전체 합
    - cv2.NORM_L2: 단위 벡터(unit vector)로 노멀라이즈
    - cv2.NORM_INF: 최대 값으로 나누기

아래의 예제는 뿌연 영상에 노멀라이즈를 적용해서 화질을 개선하는 예제입니다.

[예제 4-27] 히스토그램 정규화(hist_normalize.py)

```python
import cv2
import numpy as np
import matplotlib.pylab as plt

# 그레이 스케일로 영상 읽기 --①
img = cv2.imread('../img/abnormal.jpg', cv2.IMREAD_GRAYSCALE)

# 직접 연산한 정규화 --②
img_f = img.astype(np.float32)
img_norm = ((img_f - img_f.min()) * (255) / (img_f.max() - img_f.min()))
img_norm = img_norm.astype(np.uint8)

# OpenCV API를 이용한 정규화 --③
```

```
img_norm2 = cv2.normalize(img, None, 0, 255, cv2.NORM_MINMAX)

# 히스토그램 계산 --④
hist = cv2.calcHist([img], [0], None, [256], [0, 255])
hist_norm = cv2.calcHist([img_norm], [0], None, [256], [0, 255])
hist_norm2 = cv2.calcHist([img_norm2], [0], None, [256], [0, 255])

cv2.imshow('Before', img)
cv2.imshow('Manual', img_norm)
cv2.imshow('cv2.normalize()', img_norm2)

hists = {'Before' : hist, 'Manual':hist_norm, 'cv2.normalize()':hist_norm2}
for i, (k, v) in enumerate(hists.items()):
    plt.subplot(1,3,i+1)
    plt.title(k)
    plt.plot(v)
plt.show()
```

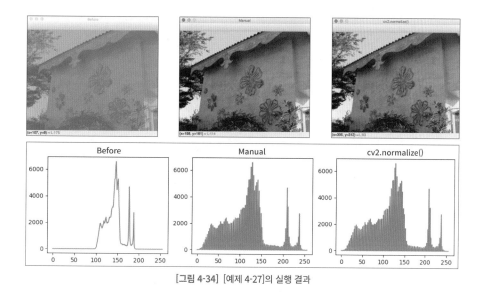

[그림 4-34] [예제 4-27]의 실행 결과

[예제 4-27]의 코드 ②는 앞서 설명한 노멀라이즈 공식을 직접 대입해서 연산하였습니다. 코드 ②에서 dtype을 float32로 바꾸었다가 다시 uint8로 바꾼 이유는 연산 과정에서 소수점이 발생하기 때문입니다. 코드 ③은 cv2.normalize() 함수로 노멀라이즈를 적용했습니다. 이때 앞서 설명한 구간 노멀라이즈를 사용하려면 cv2.NORM_MINMAX 플래그 상수를 사용하고 alpha, beta는 대상 구간 값을 전달합니다. 실행 결과인 [그림 4-34]는 중앙에 몰려 있던 픽셀들의 분포가 전체적으로 고르게 퍼져서 화질이 개선된 것을 보여줍니다.

구간 노멀라이즈가 아니라 서로 다른 히스토그램의 빈도를 같은 조건으로 비교하는 경우에는 전체의 비율로 노멀라이즈해야 하는데, 이때 코드는 다음과 같습니다.

```
norm = cv2.normalize(hist, None, 1, 0, cv2.NORM_L1)
```

위 코드에서 **cv2.NORM_L1** 플래그 상수를 사용하면 결과는 전체를 모두 합했을 때 1이 됩니다. 세 번째 인자 값에 따라 그 합은 달라지고 네 번째 인자는 무시됩니다.

4.5.3 이퀄라이즈

앞서 설명한 노멀라이즈는 분포가 한곳에 집중되어 있는 경우에는 효과적이지만 그 집중된 영역에서 멀리 떨어진 값이 있을 경우에는 효과가 없습니다. 다시 학생들 점수를 예로 들면 전교생 5명의 점수가 70, 96, 98, 98, 100으로 나왔다면 첫 번째 학생의 점수가 70점이므로 구간 노멀라이즈로는 새로운 70~100 분포로 만들어도 결과는 동일한데, 기존의 범위와 새로운 범위가 같기 때문입니다. 이때에는 이퀄라이즈(equalize, 평탄화)가 필요합니다.

이퀄라이즈는 히스토그램으로 빈도를 구해서 그것을 노멀라이즈한 후 누적값을 전체 개수로 나누어 나온 결과 값을 히스토그램 원래 픽셀 값에 매핑합니다. 히스토그램 이퀄라이즈를 위한 수학식은 아래와 같습니다.

$$H'(v) = round\left(\frac{cdf(v) - cdf_{min}}{(M \times N) - cdf_{min}} \times (L-1)\right)$$

- $cdf(v)$: 히스토그램 누적 함수
- cdf_{min}: 누적 최소 값, 1
- $M \times N$: 픽셀 수, 폭×높이
- L: 분포 영역, 256
- $round(v)$: 반올림
- $H'(v)$: 이퀄라이즈된 히스토그램 값

점수	70	96	98	100
빈도수	1	1	2	1
누적빈도수	1	2 = 1 + 1	4 = 2 + 2	5 = 4 + 1
정규화빈도수	$0 = \frac{1-1}{5-1}$	$0.25 = \frac{2-1}{5-1}$	$0.8 = \frac{4-1}{5-1}$	$1 = \frac{5-1}{5-1}$
이퀄라이즈	$0 = 0 \times 100$	$25 = 0.25 \times 100$	$80 = 0.8 \times 100$	$100 = 1 \times 100$

[그림 4-35] 학생 점수 이퀄라이즈 계산 과정 예시

이퀄라이즈는 각각의 값이 전체 분포에 차지하는 비중에 따라 분포를 재분배하므로 명암 대비(contrast)를 개선하는 데 효과적입니다.

OpenCV에서 제공하는 이퀄라이즈 함수는 아래와 같습니다.

- dst = cv2.equalizeHist(src[, dst])
  - src: 대상 이미지, 8비트 1채널
  - dst: 결과 이미지

[예제 4-28]은 어둡게 나온 사진을 그레이 스케일로 바꾸어 이퀄라이즈를 적용해서 개선시키는 예제입니다.

[예제 4-28] 그레이 스케일 이퀄라이즈 적용(histo_equalize.py)

```python
import cv2
import numpy as np
import matplotlib.pylab as plt

# 대상 영상을 그레이 스케일로 읽기 --①
img = cv2.imread('../img/yate.jpg', cv2.IMREAD_GRAYSCALE)
rows, cols = img.shape[:2]

# 이퀄라이즈 연산을 직접 적용 --②
hist = cv2.calcHist([img], [0], None, [256], [0, 256])  # 히스토그램 계산
cdf = hist.cumsum()                                       # 누적 히스토그램
cdf_m = np.ma.masked_equal(cdf, 0)                        # 0(zero)인 값을 NaN으로 제거
cdf_m = (cdf_m - cdf_m.min()) /(rows * cols) * 255        # 이퀄라이즈 히스토그램 계산
cdf = np.ma.filled(cdf_m,0).astype('uint8')              # NaN을 다시 0으로 환원
img2 = cdf[img]                                           # 히스토그램을 픽셀로 매핑

# OpenCV API로 이퀄라이즈 히스토그램 적용 --③
img3 = cv2.equalizeHist(img)

# 이퀄라이즈 결과 히스토그램 계산
hist2 = cv2.calcHist([img2], [0], None, [256], [0, 256])
hist3 = cv2.calcHist([img3], [0], None, [256], [0, 256])

# 결과 출력
cv2.imshow('Before', img)
cv2.imshow('Manual', img2)
cv2.imshow('cv2.equalizeHist()', img3)
hists = {'Before':hist, 'Manual':hist2, 'cv2.equalizeHist()':hist3}
for i, (k, v) in enumerate(hists.items()):
    plt.subplot(1,3,i+1)
    plt.title(k)
    plt.plot(v)
plt.show()
```

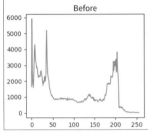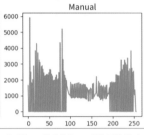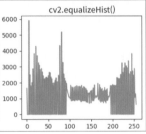

[그림 4-36] [예제 4-28]의 실행 결과

[예제 4-28]의 코드 ②는 히스토그램 이퀄라이즈 수식을 그대로 연산에 적용하고 있습니다. hist.cumsum()은 누적합을 구하는 함수이고, np.ma.masked_equal(cdf, 0)은 요소 값이 0인 것을 NaN으로 적용하는데, 불필요한 연산을 줄이고자 하는 이유입니다. 이것을 다시 원래대로 되돌리는 기능이 np.ma.filled(cdf_m,0)입니다. img2 = cdf[img]는 연산 결과를 원래의 픽셀 값에 매핑합니다.

이렇게 복잡한 연산에 OpenCV에서 제공하는 API를 사용하면 코드 ③처럼 단 한 줄이면 끝납니다. 실행 결과를 보면 직접 계산을 적용한 결과와 cv2.equalizeHist() 함수를 사용한 것 모두 밝기가 개선된 것을 알 수 있습니다.

히스토그램 이퀄라이즈는 컬러 스케일에도 적용할 수 있는데, 밝기 값을 개선하기 위해서는 3개 채널 모두를 개선해야 하는 BGR 컬러 스페이스보다는 YUV나 HSV로 변환해서 밝기 채널만을 연산해서 최종 이미지에 적용하는 것이 좋습니다.

[예제 4-29]는 YUV 컬러 스페이스로 변경한 컬러 이미지에 대한 이퀄라이즈를 보여줍니다.

[예제 4-29] 컬러 이미지에 대한 이퀄라이즈 적용(histo_equalize_yuv.py)

```
import numpy as np, cv2

img = cv2.imread('../img/yate.jpg')  # 이미지 읽기, BGR 스케일

# 컬러 스케일을 BGR에서 YUV로 변경 --①
img_yuv = cv2.cvtColor(img, cv2.COLOR_BGR2YUV)
```

```python
# YUV 컬러 스케일의 첫 번째 채널에 대해서 이퀄라이즈 적용 --②
img_yuv[:,:,0] = cv2.equalizeHist(img_yuv[:,:,0])

# 컬러 스케일을 YUV에서 BGR로 변경
img2 = cv2.cvtColor(img_yuv, cv2.COLOR_YUV2BGR)

cv2.imshow('Before', img)
cv2.imshow('After', img2)
cv2.waitKey()
cv2.destroyAllWindows()
```

[그림 4-37] [예제 4-29]의 실행 결과

[그림 4-37]의 요트 부분을 비교해서 보면 훨씬 선명한 결과를 얻은 것을 볼 수 있습니다. HSV의 세 번째 채널에 대해서 이퀄라이즈를 적용해도 비슷한 결과를 얻을 수 있습니다. [예제 4-29]의 코드 ②를 HSV 컬러 스페이스에 적용하면 코드는 아래와 같습니다.

```python
img_hsv[:,:,2] = cv2.equalizeHist(img_hsv[:,:,2])
```

4.5.4 CLAHE

CLAHE(Contrast Limiting Adaptive Histogram Equalization)는 영상 전체에 이퀄라이즈를 적용했을 때 너무 밝은 부분이 날아가는 현상을 막기 위해 영상을 일정한 영역으로 나눠서 이퀄라이즈를 적용하는 것을 말합니다. 노이즈가 증폭되는 것을 막기 위해 어느 히스토그램 계급(bin)이든 지정된 제한 값을 넘으면 그 픽셀은 다른 계급으로 배분하고 나서 이퀄라이즈를 적용합니다.

[그림 4-38] CLAHE 알고리즘[4]

CLAHE를 위한 OpenCV 함수는 다음과 같습니다.

- clahe = cv2.createCLAHE(clipLimit, tileGridSize): CLAHE 생성
  - clipLimit: Contrast 제한 경계 값, 기본 40.0
  - tileGridSize: 영역 크기, 기본 8 × 8
  - clahe: 생성된 CLAHE 객체
- clahe.apply(src): CLAHE 적용
  - src: 입력 영상

CLAHE를 적용하기 위한 핵심 코드만 나타내면 다음과 같습니다.

```
clahe = cv2.createCLAHE()
img2= clahe.apply(img)
```

[예제 4-30] CLAHE 적용(histo_clahe.py)

```
import cv2
import numpy as np
import matplotlib.pylab as plt

# 이미지를 읽어서 YUV 컬러 스페이스로 변경 --①
img = cv2.imread('../img/bright.jpg')
img_yuv = cv2.cvtColor(img, cv2.COLOR_BGR2YUV)

# 밝기 채널에 대해서 이퀄라이즈 적용 --②
img_eq = img_yuv.copy()
img_eq[:,:,0] = cv2.equalizeHist(img_eq[:,:,0])
img_eq = cv2.cvtColor(img_eq, cv2.COLOR_YUV2BGR)

# 밝기 채널에 대해서 CLAHE 적용 --③
img_clahe = img_yuv.copy()
clahe = cv2.createCLAHE(clipLimit=3.0, tileGridSize=(8,8)) # CLAHE 생성
img_clahe[:,:,0] = clahe.apply(img_clahe[:,:,0])          # CLAHE 적용
img_clahe = cv2.cvtColor(img_clahe, cv2.COLOR_YUV2BGR)
```

---

4 그림 출처: *https://en.wikipedia.org/wiki/Adaptive_histogram_equalization*

```
# --④ 결과 출력
cv2.imshow('Before', img)
cv2.imshow('CLAHE', img_clahe)
cv2.imshow('equalizeHist', img_eq)
cv2.waitKey()
cv2.destroyAllWindows()
```

[그림 4-39] [예제 4-30]의 실행 결과(왼쪽: 원본, 가운데: CLAHE, 오른쪽: 이퀄라이즈)

[예제 4-30]의 코드 ②는 단순한 이퀄라이즈를 적용했고 코드 ③은 CLAHE를 적용했습니다. cv2.createCLAHE()에서 clipLimit=3.0은 기본 값이 40.0이므로 상황에 따라 적절한 값으로 바꾸어야 합니다. [그림 4-39]의 왼쪽 사진이 원본 사진으로, 사진을 찍을 때 빛이 너무 많이 들어 갔습니다. 가운데가 CLAHE를 적용한 결과이고 오른쪽이 단순한 이퀄라이즈를 적용한 결과입니다. 이퀄라이즈를 적용한 결과는 밝은 곳이 날아가는 증상이 발생한 것을 보여주고 있습니다.

4.5.5 2D 히스토그램

1차원 히스토그램은 각 픽셀이 몇 개씩인지 세어서 그래프로 표현하는데, 2차원 히스토그램은 이와 같은 축이 2개이고 각각의 축이 만나는 지점의 개수를 표현합니다. 그래서 이것을 적절히 표현하려면 지금까지 사용한 2차원 그래프가 아닌 3차원 그래프가 필요합니다. 이것을 시각화하려는 것이 이 책의 목적이 아니므로 여기서는 이미지로 표시하겠습니다. 아래의 [예제 4-31]은 [그림 4-32]의 맑고 화창한 가을 하늘의 산을 찍은 사진을 2차원 히스토그램으로 표현한 것입니다.

[예제 4-31] 2D 히스토그램(histo_2d.py)

```
import cv2
import matplotlib.pylab as plt

plt.style.use('classic')              # 컬러 스타일을 1.x 스타일로 사용 --①
img = cv2.imread('../img/mountain.jpg')

plt.subplot(131)
```

```
hist = cv2.calcHist([img], [0,1], None, [32,32], [0,256,0,256])   --②
p = plt.imshow(hist)                                               --③
plt.title('Blue and Green')                                        --④
plt.colorbar(p)                                                     --⑤


plt.subplot(132)
hist = cv2.calcHist([img], [1,2], None, [32,32], [0,256,0,256])   --⑥
p = plt.imshow(hist)
plt.title('Green and Red')
plt.colorbar(p)

plt.subplot(133)
hist = cv2.calcHist([img], [0,2], None, [32,32], [0,256,0,256])   --⑦
p = plt.imshow(hist)
plt.title('Blue and Red')
plt.colorbar(p)

plt.show()
```

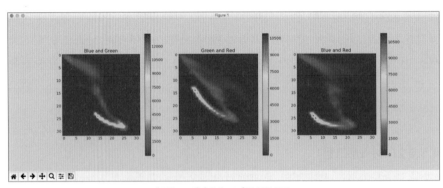

[그림 4-40] [예제 4-31]의 실행 결과

[예제 4-31]의 코드 ②, ⑥, ⑦은 각각 파랑과 초록, 초록과 빨강, 파랑과 빨강에 대한 2차원 히스토그램을 계산합니다. 계급 수는 256으로 조밀하게 하면 색상이 너무 작게 표현되서 32 정도로 큼직하게 잡았습니다. 각 값의 범위는 0~256이 두 번 반복됩니다. 계산한 히스토그램을 코드 ③에서 imshow() 함수로 표현했습니다. 그래서 이 결과를 보면서 정확한 정보를 읽는 것은 그다지 도움이 되지는 않습니다. 다만, 코드 ⑤에서 각 색상에 대한 컬러 막대를 범례(legend)로 표시했기 때문에 색상을 보면서 대략의 정보를 알아낼 수 있습니다. 빨간색으로 표시될수록 픽셀의 개수가 많고 파란색은 픽셀이 적은 것을 나타냅니다.

여기서 중요한 것은 2차원 히스토그램의 의미입니다. [그림 4-40]의 왼쪽 그림은 파랑과 초록의 2차원 히스토그램인데, 가장 높은 값을 갖는 부분은 빨간색으로 표시된 x = 15, y = 25 정도의 좌표로 대략 10,000 이상의 값을 갖습니다. 이 의미는 파란색이면서 초록색인 픽셀의 개수가 가장 많다는 의미입니다. [그림 4-40]의 중간과 오른쪽 그림을 봐도 초록과 파랑의 수치가 높은 것을 알 수 있습니다. 2차원 히스토그램의 의미는 x축이면서 y축인 픽셀의 분포를 알 수 있다는 것입니다. 논리 연산의 AND 연산과 같습니다.

4.5.6 역투영

2차원 히스토그램과 HSV 컬러 스페이스를 이용하면 색상으로 특정 물체나 사물의 일부분을 배경에서 분리할 수 있습니다. 기본 원리는 물체가 있는 관심영역의 H와 V 값의 분포를 얻어낸 후 전체 영상에서 해당 분포의 픽셀만 찾아내는 것입니다. [예제 4-32]에서는 마우스로 선택한 특정 물체만 배경에서 분리해 내는 모습을 보여주고 있습니다.

[예제 4-32] 마우스로 선택한 영역의 물체 배경 제거(histo_backproject.py)

```python
import cv2
import numpy as np
import matplotlib.pyplot as plt

win_name = 'back_projection'
img = cv2.imread('../img/pump_horse.jpg')
hsv_img = cv2.cvtColor(img, cv2.COLOR_BGR2HSV)
draw = img.copy()

# 역투영된 결과를 마스킹해서 결과를 출력하는 공통함수 --⑤
def masking(bp, win_name):
    disc = cv2.getStructuringElement(cv2.MORPH_ELLIPSE,(5,5))
    cv2.filter2D(bp,-1,disc,bp)
    _, mask = cv2.threshold(bp, 1, 255, cv2.THRESH_BINARY)
    result = cv2.bitwise_and(img, img, mask=mask)
    cv2.imshow(win_name, result)

# 직접 구현한 역투영 함수 --⑥
def backProject_manual(hist_roi):
    # 전체 영상에 대한 H,S 히스토그램 계산 --⑦
    hist_img = cv2.calcHist([hsv_img], [0,1], None, [180,256], [0,180,0,256])
    # 선택 영역과 전체 영상에 대한 히스토그램 비율 계산 --⑧
    hist_rate = hist_roi/ (hist_img + 1)
    # 비율에 맞는 픽셀 값 매핑 --⑨
    h,s,v = cv2.split(hsv_img)
    bp = hist_rate[h.ravel(), s.ravel()]
    bp = np.minimum(bp, 1)
```

```
        bp = bp.reshape(hsv_img.shape[:2])
        cv2.normalize(bp,bp, 0, 255, cv2.NORM_MINMAX)
        bp = bp.astype(np.uint8)
        # 역투영 결과로 마스킹해서 결과 출력 --⑩
        masking(bp,'result_manual')

# OpenCV API로 구현한 함수 ---⑪
def backProject_cv(hist_roi):
        # 역투영 함수 호출 ---⑫
        bp = cv2.calcBackProject([hsv_img], [0, 1], hist_roi,  [0, 180, 0, 256], 1)
        # 역투영 결과로 마스킹해서 결과 출력 ---⑬
        masking(bp,'result_cv')

# ROI 선택 ---①
(x,y,w,h) = cv2.selectROI(win_name, img, False)
if w > 0 and h > 0:
        roi = img[y:y+h, x:x+w]
        cv2.rectangle(draw, (x, y), (x+w, y+h), (0,0,255), 2)
        # 선택한 ROI를 HSV 컬러 스페이스로 변경 --②
        hsv_roi = cv2.cvtColor(roi, cv2.COLOR_BGR2HSV)
        # H,S 채널에 대한 히스토그램 계산 --③
        hist_roi = cv2.calcHist([hsv_roi],[0, 1], None, [180, 256], [0, 180, 0, 256])
        # ROI의 히스토그램을 매뉴얼 구현함수와 OpenCV를 이용하는 함수에 각각 전달 --④
        backProject_manual(hist_roi)
        backProject_cv(hist_roi)
cv2.imshow(win_name, draw)
cv2.waitKey()
cv2.destroyAllWindows()
```

[그림 4-41] [예제 4-32]의 실행 결과

[그림 4-41]은 가운데에 있는 장난감 말 원본 영상의 중앙에 마우스로 영역을 선택한 모습입니다. 왼쪽과 오른쪽 영상은 OpenCV 함수와 직접 구현한 함수의 역투영(back projection) 결과를 각각 보여줍니다. 코드 ①에서 마우스로 ROI를 선택하게 합니다. ROI를 선택하고 스페이스나 엔터 키를 누르면 코드 ②에서 선택한 관심영역을 HSV 컬러 스페이스로 변경하고, 코드 ③에서 H와 S채널에 대한 2차원 히스토그램을 계산한 결과를 직접 구현한 함수와 OpenCV를 이용한 함수에 인자로 전달합니다.

먼저 코드 ⑥의 직접 구현한 함수를 살펴보면, 코드 ⑧에서 전달된 관심영역의 히스토그램을 전체 영상의 히스토그램으로 나누어 비율을 구합니다. 이때 1을 더한 이유는 분모가 0이 되어 오류가 발생하는 일이 없게 하기 위해서입니다. 비율을 구한다는 것은 관심영역과 비슷한 색상 분포를 갖는 히스토그램은 1에 가까운 값을 갖고 그 반대는 0 또는 0에 가까운 값을 갖게 되는 것으로 마스킹에 사용하기 좋다는 뜻입니다. 코드 ⑨는 이렇게 구한 비율을 원래 영상의 H와 S 픽셀 값에 매핑합니다. 여기서 bp = hist_rate[h.ravel(), s.ravel()]가 핵심적인 코드입니다. hist_rate는 히스토그램 비율을 값으로 가지고 있고, h와 s는 실제 영상의 각 픽셀에 해당합니다. 따라서 H와 S가 교차되는 지점의 비율을 그 픽셀의 값으로 하는 1차원 배열을 얻게 됩니다. 여기서 사용한 NumPy 연산을 단순화시켜서 설명하면 아래의 코드와 같습니다.

```
>>> v = np.arange(6).reshape(2,3)
>>> v
array([[0, 1, 2],
       [3, 4, 5]])
>>> row = np.array([1,1,1,0,0,0])
>>> col = np.array([0,1,2,0,1,2])
>>> v[row, col]
array([3, 4, 5, 0, 1, 2])
```

이렇게 얻는 값들은 비율이라서 1을 넘어서는 안 되므로 np.mininum(bp,1)로 1을 넘는 수는 1을 갖게 하고 나서 1차원 배열을 원래의 shape로 만들고 0~255 그레이 스케일에 맞는 픽셀 값으로 노멀라이즈합니다. 비율 연산 도중에 float 타입으로 변경된 것을 unit8로 변경하면 작업은 끝나게 됩니다.

이런 복잡한 코드를 OpenCV는 아래와 같은 함수로 제공합니다.

- cv2.calcBackProject(img, channel, hist, ranges, scale)
  - img: 입력 영상, [img]처럼 리스트로 감싸서 표현
  - channel: 처리할 채널, 리스트로 감싸서 표현
    - 1채널: [0], 2채널: [0,1], 3채널: [0,1,2]
  - hist: 역투영에 사용할 히스토그램
  - ranges: 각 픽셀이 가질 수 있는 값의 범위
  - scale: 결과에 적용할 배율 계수

코드 ⑫에서 호출하는 cv2.calcBackProject() 함수는 세 번째 인자로 역투영에 사용할 히스토그램을 전달하면 역투영 결과를 반환합니다. 마지막 인자인 scale은 결과에 일정한 값을 계수로 적용할 수 있습니다.

코드 ⑤에 구현한 masking() 함수는 앞서 다룬 스레시홀드와 마스킹을 거쳐서 결과를 출력하는 함수인데, 여기에 함께 사용한 cv2.getStructuringElement()와 cv2.filter2D() 함수는 마스크의 표면을 부드럽게 하기 위한 것으로 6장 "영상 필터"에서 자세히 다룹니다.

역투영의 장점은 알파 채널이나 크로마 키 같은 보조 역할이 없어도 복잡한 모양의 사물을 분리할 수 있다는 것입니다. 하지만 대상 사물의 색상과 비슷한 색상이 뒤섞여 있을 때는 효과가 떨어지는 단점도 있습니다.

4.5.7 히스토그램 비교

히스토그램은 영상의 픽셀 값의 분포를 갖는 정보이므로 이것을 비교하면 영상에 사용한 픽셀의 색상 비중이 얼마나 비슷한지 알 수 있습니다. 이것은 영상이 서로 얼마나 비슷한지를 알 수 있는 하나의 방법입니다. OpenCV는 히스토그램을 비교해서 그 유사도가 얼마인지 판단해 주는 함수를 아래와 같이 제공합니다.

- cv2.compareHist(hist1, hist2, method)
  - hist1, hist2: 비교할 2개의 히스토그램, 크기와 차원이 같아야 함
  - method: 비교 알고리즘 선택 플래그 상수
    - cv2.HISTCMP_CORREL: 상관관계(1: 완전 일치, −1: 최대 불일치, 0: 무관계)
    - cv2.HISTCMP_CHISQR: 카이제곱[5](0: 완전 일치, 큰 값(미정): 최대 불일치)
    - cv2.HISTCMP_INTERSECT: 교차(1: 완전 일치, 0: 최대 불일치(1로 정규화한 경우))
    - cv2.HISTCMP_BHATTACHARYYA: 바타차야[6](0: 완전 일치, 1: 최대 불일치)
    - cv2.HISTCMP_HELLINGER: HISTCMP_BHATTACHARYYA와 동일

이 함수는 첫 번째와 두 번째 인자에 비교하고자 하는 히스토그램을 전달하고, 마지막 인자에 어떤 플래그 상수를 전달하느냐에 따라 반환 값의 의미가 달라집니다. cv2.HISTCMP_CORREL은 상관 관계를 기반으로 피어슨 상관계수로 유사성을 측정하고, cv2.HISTCMP_CHISQR은 피어슨 상관계수[7] 대신 카이제곱으로 유사성을 측정합니다. cv2.HISTCMP_INTERSECT는 두 히스토그램의 교차점의 작은 값을 선택해서 그 합을 반환합니다. 반환 값을 원래의 히스토그램의 합으로 나누면 1과 0으로 노멀라이

5 *https://en.wikipedia.org/wiki/Chi-squared_test*
6 *https://en.wikipedia.org/wiki/Bhattacharyya_distance*
7 *https://en.wikipedia.org/wiki/Pearson_correlation_coefficient*

즈할 수 있습니다. cv2.HISTCMP_BHATTACHARYYA는 두 분포의 중첩되는 부분을 측정합니다.

서로 다른 영상의 히스토그램을 같은 조건으로 비교하기 위해서는 먼저 히스토그램을 노멀라이즈해야 합니다. 이미지가 크면 픽셀 수가 많고 당연히 히스토그램의 값도 더 커지기 때문입니다.

다음 [예제 4-33]은 다른 각도에서 찍은 태권-브이 장난감 이미지 3개와 코주부 박사 장난감을 찍은 이미지를 비교해서 각 비교 알고리즘에 따른 결과를 보여줍니다.

[예제 4-33] 히스토그램 비교(histo_compare.py)

```python
import cv2, numpy as np
import matplotlib.pylab as plt

img1 = cv2.imread('../img/taekwonv1.jpg')
img2 = cv2.imread('../img/taekwonv2.jpg')
img3 = cv2.imread('../img/taekwonv3.jpg')
img4 = cv2.imread('../img/dr_ochanomizu.jpg')

cv2.imshow('query', img1)
imgs = [img1, img2, img3, img4]
hists = []
for i, img in enumerate(imgs) :
    plt.subplot(1,len(imgs),i+1)
    plt.title('img%d'% (i+1))
    plt.axis('off')
    plt.imshow(img[:,:,::-1])
    # 각 이미지를 HSV로 변환 ---①
    hsv = cv2.cvtColor(img, cv2.COLOR_BGR2HSV)
    # H,S 채널에 대한 히스토그램 계산 ---②
    hist = cv2.calcHist([hsv], [0,1], None, [180,256], [0,180,0, 256])
    # 0~1로 정규화 ---③
    cv2.normalize(hist, hist, 0, 1, cv2.NORM_MINMAX)
    hists.append(hist)


query = hists[0]
methods = {'CORREL' :cv2.HISTCMP_CORREL, 'CHISQR':cv2.HISTCMP_CHISQR,
           'INTERSECT':cv2.HISTCMP_INTERSECT,
           'BHATTACHARYYA':cv2.HISTCMP_BHATTACHARYYA}
for j, (name, flag) in enumerate(methods.items()):
    print('%-10s'%name, end='\t')
    for i, (hist, img) in enumerate(zip(hists, imgs)):
        # 각 메서드에 따라 img1과 각 이미지의 히스토그램 비교 ---④
        ret = cv2.compareHist(query, hist, flag)
        if flag == cv2.HISTCMP_INTERSECT:  # 교차 분석인 경우
            ret = ret/np.sum(query)          # 비교대상으로 나누어 1로 정규화
        print("img%d:%7.2f"% (i+1 , ret), end='\t')
```

```
    print()
plt.show()
```

출력 결과

CORREL	img1:	1.00	img2:	0.70	img3:	0.56	img4:	0.23
CHISQR	img1:	0.00	img2:	67.33	img3:	35.71	img4:1129.49		
INTERSECT	img1:	1.00	img2:	0.54	img3:	0.40	img4:	0.18
BHATTACHARYYA	img1:	0.00	img2:	0.48	img3:	0.47	img4:	0.79

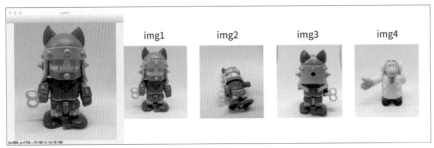

[그림 4-42] [예제 4-33]의 실행 결과

[예제 4-33]의 코드 ①, ②, ③은 각 영상을 HSV 컬러 스페이스로 바꾸고 H와 V에 대해 2차원 히스토그램을 계산해서 0~1로 노멀라이즈합니다. 코드 ④에서 각각의 비교 알고리즘을 이용해서 각 영상을 차례대로 비교합니다. 이때 cv2.HISTCMP_ INTERSECT인 경우 비교 원본의 히스토그램으로 나누기를 하면 0~1로 노멀라이즈할 수 있고 그러면 결과를 판별하기가 편리합니다.

img1과의 비교 결과는 모두 완전 일치를 보여주고 있으며, img4의 경우 가장 멀어진 값으로 나타나는 것을 확인할 수 있습니다.

4.6 실전 워크숍

실전 워크숍에서는 이 장에서 다룬 이미지 프로세싱의 기초적인 개념과 이미지 연산 방법들을 직접 연습해 볼 수 있습니다. 단편적으로 다룬 내용들을 종합적으로 적용해 보면서 익힐 수 있도록 과제를 제시합니다. 독자 여러분께서는 필자의 풀이에 의존하지 말고 직접 프로그래밍해 보면서 완성해 나가길 바랍니다.

4.6.1 반해골 괴물 얼굴 합성

판타지 영화에서 악당 얼굴의 반은 정상인데 나머지 반은 괴물인 장면을 한번쯤 본 적이 있을 것입니다. 아래와 같이 영상 2개를 합성해서 반은 정상이고 반은 해골인 괴물 얼굴을 어색하지 않게 만들어 보세요.

[그림 4-43] 반해골 괴물 얼굴 합성

[사용 파일]

- 얼굴 영상: img/man_face.jpg
- 해골 영상: img/skull.jpg

[힌트]

두 영상의 절반씩 가져다가 새로운 영상을 단순히 합성하면 그냥 두 개의 영상을 이어 붙인 것처럼 보여서 어색합니다. 두 영상이 만나는 지점의 일정 부분을 알파 값이 서서히 변하게 알파 블렌딩하면 자연스럽게 두 개의 얼굴이 하나의 얼굴로 합성됩니다. 알파 값은 블렌딩의 시작 지점은 1:0, 중간 지점은 0.5:0.5, 끝 지점은 0:1이 되게 합니다.

[풀이]

[예제 4-34] 반해골 괴물 얼굴 합성 풀이

[예제 4-34] 반해골 괴물 얼굴 합성 풀이(workshop_two_face.py)

```python
import cv2
import numpy as np

# 영상의 15%를 알파 블렌딩의 범위로 지정
alpha_width_rate = 15

# 합성할 두 영상 읽기
img_face = cv2.imread('../img/man_face.jpg')
img_skull = cv2.imread('../img/skull.jpg')

# 입력 영상과 같은 크기의 결과 영상 준비
img_comp = np.zeros_like(img_face)

# 연산에 필요한 좌표 계산
height, width = img_face.shape[:2]
middle = width//2                            # 영상의 중앙 좌표
alpha_width = width * alpha_width_rate // 100 # 알파 블렌딩 범위
start = middle - alpha_width//2              # 알파 블렌딩 시작 지점
step = 100/alpha_width                       # 알파 값 간격
```

```
# 입력 영상의 절반씩 복사해서 결과 영상에 합성
img_comp[:, :middle, : ] = img_face[:, :middle, :].copy()
img_comp[:, middle:, :] = img_skull[:, middle:, :].copy()
cv2.imshow('half', img_comp)

# 알파 값을 바꾸면서 알파 블렌딩 적용
for i in range(alpha_width+1 ):
    alpha = (100 - step * i) / 100   # 증감 간격에 따른 알파 값(1~0)
    beta = 1 - alpha                 # 베타 값(0~1)
    # 알파 블렌딩 적용
    img_comp[:, start+i] = img_face[:, start+i] * \
                                alpha + img_skull[:, start+i] * beta
    print(i, alpha, beta)

cv2.imshow('half skull', img_comp)
cv2.waitKey()
cv2.destroyAllWindows()
```

4.6.2 모션 감지 CCTV

카메라 영상의 차영상으로 움직임을 감지하고 움직임이 있는 영역을 표시하는 프로그램을 만들어 보세요.

[그림 4-44] 모션 감지 CCTV

[힌트]

이전과 이후의 두 프레임 영상에서 단순히 차이를 구해서는 움직임을 감지할 수 없습니다. 카메라를 고정한 책상이나 건물이 미세하게 떨리기도 하고 카메라의 이미지 센서(CCD)의 한계 때문에 영상 간의 차이는 반드시 항상 발생합니다. 따라서 세 프레임 a, b, c를 순차적으로 얻어서 a와 b의 차이 그리고 b와 c의 차이가 모두 발견되는 경우에 한해서 움직임이 있는 것으로 판단해야 합니다.

이때 각 프레임의 차이가 특정 기준치보다 작은 픽셀은 무시하고 차이가 없는 것으로 간주합니다. 이렇게 해서 최종적으로 차이가 있는 것으로 판단한 픽셀의 개수가 특정 기준치보다 많은 경우에 움직임이 있는 것으로 간주합니다.

기준치 두 가지는 설치된 환경과 카메라의 품질에 따라 조정할 수 있도록 합니다.

[풀이]

[예제 4-35] 모션 감지 CCTV 풀이

[예제 4-35] 모션 감지 CCTV 풀이(workshop_cctv_motion_sensor.py)

```python
import cv2
import numpy as np

# 감도 설정(카메라 품질에 따라 조정 필요)
thresh = 25      # 달라진 픽셀 값 기준치 설정
max_diff = 5     # 달라진 픽셀 개 기준치 설정

# 카메라 캡션 장치 준비
a, b, c = None, None, None
cap = cv2.VideoCapture(0)
cap.set(cv2.CAP_PROP_FRAME_WIDTH, 480)      # 프레임 폭을 480으로 설정
cap.set(cv2.CAP_PROP_FRAME_HEIGHT, 320)     # 프레임 높이를 320으로 설정

if cap.isOpened():
    ret, a = cap.read()        # a 프레임 읽기
    ret, b = cap.read()        # b 프레임 읽기

    while ret:
        ret, c = cap.read()    # c 프레임 읽기
        draw = c.copy()        # 출력 영상에 사용할 복제본
        if not ret:
            break

        # 3개의 영상을 그레이 스케일로 변경
        a_gray = cv2.cvtColor(a, cv2.COLOR_BGR2GRAY)
        b_gray = cv2.cvtColor(b, cv2.COLOR_BGR2GRAY)
        c_gray = cv2.cvtColor(c, cv2.COLOR_BGR2GRAY)
```

```
# a-b, b-c 절대 값 차 구하기
diff1 = cv2.absdiff(a_gray, b_gray)
diff2 = cv2.absdiff(b_gray, c_gray)

# 스레시홀드로 기준치 이내의 차이는 무시
ret, diff1_t = cv2.threshold(diff1, thresh, 255, cv2.THRESH_BINARY)
ret, diff2_t = cv2.threshold(diff2, thresh, 255, cv2.THRESH_BINARY)

# 두 차이에 대해서 AND 연산, 두 영상의 차이가 모두 발견된 경우
diff = cv2.bitwise_and(diff1_t, diff2_t)

# 열림 연산으로 노이즈 제거 ---①
k = cv2.getStructuringElement(cv2.MORPH_CROSS, (3,3))
diff = cv2.morphologyEx(diff, cv2.MORPH_OPEN, k)

# 차이가 발생한 픽셀이 개수 판단 후 사각형 그리기
diff_cnt = cv2.countNonZero(diff)
if diff_cnt > max_diff:
    nzero = np.nonzero(diff)   # 0이 아닌 픽셀의 좌표 얻기(y[...], x[...])
    cv2.rectangle(draw, (min(nzero[1]), min(nzero[0])), \
                        (max(nzero[1]), max(nzero[0])), (0,255,0), 2)
    cv2.putText(draw, "Motion Detected", (10,30), \
                        cv2.FONT_HERSHEY_DUPLEX, 0.5, (0,0,255))

# 컬러 스케일 영상과 스레시홀드 영상을 통합해서 출력
stacked = np.hstack((draw, cv2.cvtColor(diff, cv2.COLOR_GRAY2BGR)))
cv2.imshow('motion sensor',stacked )

# 다음 비교를 위해 영상 순서 정리
a = b
b = c

if cv2.waitKey(1) & 0xFF == 27:
    break
```

코드 ①은 미세한 노이즈 때문에 움직임 영역을 정확히 추출할 수 없어서 추가한 코드로, 6장 "영상 필터"에서 자세히 다룹니다. 해당 부분이 없어도 움직임을 검출하는데는 문제가 없습니다.

5장

기하학적 변환

이 장에서는 영상의 모양을 바꾸는 방법에 관해 알아봅니다. 기하학적 변환(geo-metric transform)은 영상의 좌표에 기하학적인 연산을 가해서 변환된 새로운 좌표를 얻는 것을 말합니다. 기하학(Geometry, 지오메트리)이라는 말은 그리스어 geometria(게오메트리아)에서 나온 말로, geo는 땅을 뜻하고, metria는 측정을 뜻하는 것으로, 고대에 토지를 측량하는 데서 발전되어온 수학의 한 분야입니다.

영상에 기하학적 변환을 하면 이동, 확대, 축소, 회전 등 일상생활에서 흔히 접하는 변환에서부터 볼록 거울에 비친 모습이나 일렁이는 물결에 비친 모습과 같은 여러 가지 왜곡된 모양으로도 변환할 수 있습니다.

5.1 이동, 확대/축소, 회전

영상의 기하학적 변환은 기존의 영상을 원하는 모양이나 방향 등으로 변환하기 위해 각 픽셀을 새로운 위치로 옮기는 것이 작업의 대부분입니다. 그러기 위해서는 각 픽셀의 x, y 좌표에 대해 옮기고자 하는 새로운 좌표 x', y'을 구하는 연산이 필요합니다. 그러려면 픽셀 전체를 순회하면서 각 좌표에 대해 연산식을 적용해서 새로운 좌표를 구해야 하는데, 이때 사용할 연산식을 가장 효과적으로 표현하는 방법이 행렬식입니다. 이 절에서는 변환행렬을 이용해서 영상 변환에 가장 흔하게 사용하는 이동, 확대/축소, 회전에 대해 알아봅니다.

5.1.1 이동

2차원 공간에서 물체를 다른 곳으로 이동시키려면 원래 있던 좌표에 이동시키려는 거리만큼 더해서 이동할 새로운 좌표를 구하면 됩니다.

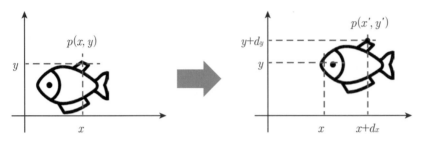

[그림 5-1] 영상 이동을 위한 좌표 계산

위 [그림 5-1]은 물고기 그림을 오른쪽 위로 이동하는 모습을 표현하고 있습니다. 이 그림에서 물고기의 어떤 점 $p(x, y)$를 d_x와 d_y만큼 옮기면 새로운 위치의 좌표 $p(x', y')$을 구할 수 있습니다. 이것을 수식으로 작성하면 아래와 같습니다.

$$x' = x + d_x$$
$$y' = y + d_y$$

위 방정식을 행렬식으로 바꾸어 표현하면 아래와 같습니다.

$$\begin{bmatrix} x' \\ y' \end{bmatrix} = \begin{bmatrix} 1 & 0 & d_x \\ 0 & 1 & d_y \end{bmatrix} \begin{bmatrix} x \\ y \\ 1 \end{bmatrix}$$

위의 행렬식을 아래와 같이 풀어서 표현하면 원래의 방정식과 같다는 것을 알 수 있습니다.

$$\begin{bmatrix} x' \\ y' \end{bmatrix} = \begin{bmatrix} x + d_x \\ y + d_y \end{bmatrix} = \begin{bmatrix} 1x + 0y + 1d_x \\ 0x + 1y + 1d_y \end{bmatrix}$$

여기서 굳이 행렬식을 언급하는 이유는, 좌표를 변환하는 과정은 OpenCV가 알아서 해주지만 어떻게 변환할 것인지는 개발자가 표현해야 하는데, 변환할 방정식을 함수에 전달할 때 행렬식이 표현하기 훨씬 더 적절하기 때문입니다. 행렬식 중에서도 x, y는 이미 원본 이미지의 좌표 값으로 제공되므로 2×3 변환행렬만 전달하면 연산이

가능합니다. OpenCV는 2 × 3 행렬로 영상의 좌표를 변환시켜 주는 함수를 다음과 같이 제공합니다.

- dst = cv2.warpAffine(src, mtrx, dsize [, dst, flags, borderMode, borderValue])
  - src: 원본 영상, NumPy 배열
  - mtrx: 2 × 3 변환행렬, NumPy 배열, dtype = float32
  - dsize: 결과 이미지 크기, tuple(width, height)
  - flags: 보간법 알고리즘 선택 플래그
    - cv2.INTER_LINEAR: 기본 값, 인접한 4개 픽셀 값에 거리 가중치 사용
    - cv2.INTER_NEAREST: 가장 가까운 픽셀 값 사용
    - cv2.INTER_AREA: 픽셀 영역 관계를 이용한 재샘플링
    - cv2.INTER_CUBIC: 인접한 16개 픽셀 값에 거리 가중치 사용
    - cv2.INTER_LANCZOS4: 인접한 8개 픽셀을 이용한 란초의 알고리즘[1]
  - borderMode: 외곽 영역 보정 플래그
    - cv2.BORDER_CONSTANT: 고정 색상 값(999 | 12345 | 999)
    - cv2.BORDER_REPLICATE: 가장 자리 복제(111 | 12345 | 555)
    - cv2.BORDER_WRAP: 반복(345 | 12345 | 123)
    - cv2.BORDER_REFLECT: 반사(321 | 12345 | 543)
  - borderValue: cv2.BORDER_CONSTANT의 경우 사용할 색상 값(기본 값 = 0)
  - dst: 결과 이미지, NumPy 배열

cv2.warpAffine() 함수는 src 영상을 mtrx 행렬에 따라 변환해서 dsize 크기로 만들어서 반환합니다. 그뿐만 아니라 변환에 대부분 나타나는 픽셀 탈락 현상을 보정해 주는 보간법 알고리즘과 경계 부분의 보정 방법도 선택할 수 있습니다. [예제 5-1]은 cv2.warpAffine() 함수와 변환행렬을 이용해서 영상을 이동 변환하는 예제입니다. 이동에 사용한 변환행렬은 앞서 설명한 $\begin{bmatrix} 1 & 0 & d_x \\ 0 & 1 & d_y \end{bmatrix}$입니다.

[예제 5-1] 평행 이동(translate.py)

```python
import cv2
import numpy as np

img = cv2.imread('../img/fish.jpg')
```

[1] *https://en.wikipedia.org/wiki/Lanczos_resampling*

```
rows,cols = img.shape[0:2]   # 영상의 크기

dx, dy = 100, 50             # 이동할 픽셀 거리

# 변환행렬 생성 ---①
mtrx = np.float32([[1, 0, dx],
                   [0, 1, dy]])
# 단순 이동 ---②
dst = cv2.warpAffine(img, mtrx, (cols+dx, rows+dy))

# 탈락된 외곽 픽셀을 파란색으로 보정 ---③
dst2 = cv2.warpAffine(img, mtrx, (cols+dx, rows+dy), None, \
                    cv2.INTER_LINEAR, cv2.BORDER_CONSTANT, (255,0,0) )

# 탈락된 외곽 픽셀을 원본을 반사시켜서 보정 ---④
dst3 = cv2.warpAffine(img, mtrx, (cols+dx, rows+dy), None, \
                    cv2.INTER_LINEAR, cv2.BORDER_REFLECT)

cv2.imshow('original', img)
cv2.imshow('trans',dst)
cv2.imshow('BORDER_CONSTATNT', dst2)
cv2.imshow('BORDER_FEFLECT', dst3)
cv2.waitKey(0)
cv2.destroyAllWindows()
```

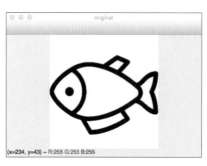
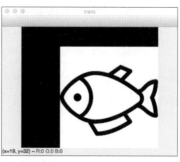
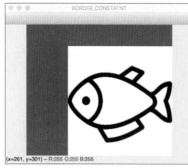

[그림 5-2] [예제 5-1]의 실행 결과

[예제 5-1]은 물고기 그림을 가로(x) 방향으로 100픽셀, 세로(y) 방향으로 50픽셀을 이동시키는 예제입니다. 코드 ①에서는 앞서 설명한 형식으로 변환행렬을 생성하고, 코드 ②에서는 cv2.warpAffine() 함수로 영상을 이동하게 만들었습니다. 이때 출력 영상의 크기를 원래의 크기보다 이동한 만큼 더 크게 지정해서 그림이 잘리지 않게 했는데, 영상의 좌측과 윗부분은 원래 없던 픽셀이 추가돼서 외곽 영역이 검게 표현됩니다. 코드 ③은 이 외곽 영역을 고정 값 파란색(255, 0, 0)으로 보정했으며, 코드 ④에서는 원본 영상을 거울에 비친 것처럼 복제해서 보정했습니다.

영상 이동에는 외곽 영역 이외에는 픽셀의 탈락이 발생하지 않으므로 이 예제에서 보간법 알고리즘을 선택하는 네 번째 인자는 의미가 없습니다.

5.1.2 확대/축소

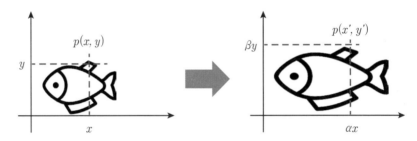

[그림 5-3] 영상 확대/축소 위한 좌표 계산

영상을 확대 또는 축소하려면 원래 있던 좌표에 원하는 비율만큼 곱해서 새로운 좌표를 구할 수 있습니다. 이때 확대/축소 비율을 가로와 세로 방향으로 각각 α와 β라고 하면 변환행렬은 아래와 같습니다.

$$\begin{bmatrix} x' \\ y' \end{bmatrix} = \begin{bmatrix} \alpha & 0 & 0 \\ 0 & \beta & 0 \end{bmatrix} \begin{bmatrix} x \\ y \\ 1 \end{bmatrix}$$

확대 혹은 축소를 하려면 2×2 행렬로도 충분히 표현이 가능한데 굳이 마지막 열에 0으로 채워진 열을 추가해서 2×3 행렬로 표현한 이유는 cv2.warpAffine() 함수와 이동 변환 때문입니다. 앞서 다룬 이동을 위한 행렬식은 2×3 행렬로 표현해야 하므로 여러 가지 기하학적 변환을 지원해야 하는 cv2.warpAffine() 함수는 2×3 행렬이 아니면 오류를 발생합니다. 행렬의 마지막 열에 d_x, d_y에 해당하는 값을 지정하면 확대와 축소뿐만 아니라 이동도 가능합니다.

[예제 5-2] 행렬을 이용한 확대와 축소(scale_matrix.py)

```
import cv2
import numpy as np

img = cv2.imread('../img/fish.jpg')
height, width = img.shape[:2]

# --① 0.5배 축소 변환행렬
m_small = np.float32([[0.5, 0, 0],
                      [0, 0.5,0]])
# --② 2배 확대 변환행렬
m_big = np.float32([[2, 0, 0],
                    [0, 2, 0]])

# --③ 보간법 적용 없이 확대/축소
dst1 = cv2.warpAffine(img, m_small, (int(height*0.5), int(width*0.5)))
dst2 = cv2.warpAffine(img, m_big, (int(height*2), int(width*2)))

# --④ 보간법 적용한 확대/축소
dst3 = cv2.warpAffine(img, m_small, (int(height*0.5), int(width*0.5)), \
                        None, cv2.INTER_AREA)
dst4 = cv2.warpAffine(img, m_big, (int(height*2), int(width*2)), \
                        None, cv2.INTER_CUBIC)

# 결과 출력
cv2.imshow("original", img)
cv2.imshow("small", dst1)
cv2.imshow("big", dst2)
cv2.imshow("small INTER_AREA", dst3)
cv2.imshow("big INTER_CUBIC", dst4)
cv2.waitKey(0)
cv2.destroyAllWindows()
```

[그림 5-4] [예제 5-2]의 실행 결과

[예제 5-2]는 변환행렬을 이용해서 0.5배 축소와 2배 확대를 하는 예제입니다. 코드 ①과 ②에서 각각 축소와 확대에 필요한 변환행렬을 생성한 다음, 코드 ③에서는 보간법 알고리즘을 따로 지정하지 않았고, 코드 ④에서는 보간법 알고리즘을 따로 지정했습니다. 보간법 알고리즘으로는 축소에는 cv2.INTER_AREA가 효과적이고, 확대에는 cv2.INTER_CUBIC과 cv2.INTER_LINEAR가 효과적인 것으로 알려져 있습니다.

OpenCV는 변환행렬을 작성하지 않고도 확대와 축소 기능을 사용할 수 있게 cv2.resize() 함수를 별도로 제공합니다.

- dst = cv2.resize(src, dsize, dst, fx, fy, interpolation)
  - src: 입력 영상, NumPy 배열
  - dsize: 출력 영상 크기(확대/축소 목표 크기), 생략하면 fx, fy를 적용
    - (width, height)
  - fx, fy: 크기 배율, 생략하면 dsize를 적용
  - interpolation: 보간법 알고리즘 선택 플래그(cv2.warpAffine()과 동일)
  - dst: 결과 영상, NumPy 배열

cv2.resize() 함수는 확대 혹은 축소할 때 몇 픽셀로 할지 아니면 몇 퍼센트로 할지 선택할 수 있습니다. dsize로 변경하고 싶은 픽셀 크기를 직접 지정하거나 fx와 fy로 변경할 배율을 지정할 수 있습니다. 만약 dsize와 fx, fy 모두 값을 전달하면 dsize만 적용합니다.

[예제 5-3] cv2.resize()로 확대와 축소(scale_resize.py)

```
import cv2
import numpy as np

img = cv2.imread('../img/fish.jpg')
height, width = img.shape[:2]

# 크기 지정으로 축소 --①
#dst1 = cv2.resize(img, (int(width*0.5), int(height*0.5)),\
#                        None, 0, 0, cv2.INTER_AREA)
dst1 = cv2.resize(img, (int(width*0.5), int(height*0.5)), \
                        interpolation=cv2.INTER_AREA)

# 배율 지정으로 확대 --②
dst2 = cv2.resize(img, None,  None, 2, 2, cv2.INTER_CUBIC)
# 결과 출력
cv2.imshow("original", img)
cv2.imshow("small", dst1)
```

```
cv2.imshow("big", dst2)
cv2.waitKey(0)
cv2.destroyAllWindows()
```

[그림 5-5] [예제 5-3]의 실행 결과

[예제 5-3]의 코드 ①에서는 원본 크기의 0.5배를 곱한 후 결과 크기를 구해서 전달하고 있으며, 배율은 None으로 처리했습니다. 반대로, 코드 ②에서는 크기 인자를 None으로 처리했고 배율을 각각 두 배로 전달합니다. cv2.resize() 함수가 변환행렬을 이용하는 코드보다 사용하기 쉽고 간결한 것을 알 수 있습니다.

5.1.3 회전

영상을 회전하려면 삼각함수를 써야 합니다. 회전과 삼각함수가 무슨 관계인지 조금만 지면을 할애해서 설명하겠습니다.

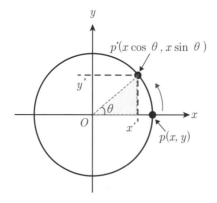

[그림 5-6] 회전을 위한 좌표 계산-1

[그림 5-6]에서 p라는 점을 원을 따라 p'으로 옮기는 것을 회전이라고 하고, 그러기 위해서는 당연히 새로운 점 p'의 좌표 x', y'을 구해야 합니다. 좌표를 구하기 전에 미리 정리해 둘 것이 있습니다. 원의 반지름은 원 어디서나 동일하므로 원점 O와 p의 거리는 원점 O와 p'의 거리와 같고 그 값이 바로 원래 있던 점 p의 x 좌표라는 것입니다.

이제 새로운 점 p'의 x' 좌표를 구하기 위해 원 안에 가상의 직각삼각형을 그려보면 θ 각에 따라 변 $\overline{Op'}$와 변 $\overline{Ox'}$의 비율은 $\cos\theta$임을 알 수 있습니다. 같은 방법으로 좌표 y'는 원 안의 직각삼각형의 변 $\overline{p'x'}$와 같으므로 변 $\overline{Op'}$와의 비율을 나타내는 $\sin\theta$임을 알 수 있습니다. 변 $\overline{Op'}$는 원래의 좌표 x와 같으므로 새로운 점의 좌표는 $p'(x\cos\theta, x\sin\theta)$입니다.

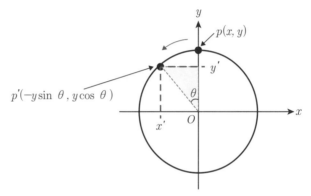

[그림 5-7] 회전을 위한 좌표 계산-2

회전은 원을 중심으로 진행되므로 [그림 5-7]의 경우도 따져봐야 합니다. 이 경우도 원래의 점 p에서 원을 따라 회전한 p'의 좌표 x', y'를 구해야 하는데, 이것도 이전과 같이 원 안의 직각삼각형으로 설명할 수 있습니다. 결국 새로운 점의 좌표는 $p'(-y\sin\theta, y\cos\theta)$입니다.

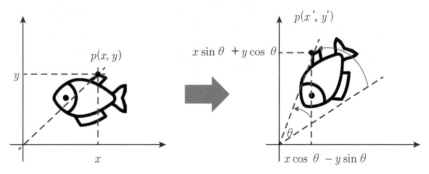

[그림 5-8] 회전을 위한 좌표 계산-3

[그림 5-8]은 위 두 경우의 수가 모두 반영된 모습을 보여주고 있으며, 이것을 행렬식으로 표현하면 다음과 같습니다.

$$\begin{bmatrix} x' \\ y' \end{bmatrix} = \begin{bmatrix} \cos\theta & -\sin\theta & 0 \\ \sin\theta & \cos\theta & 0 \end{bmatrix} \begin{bmatrix} x \\ y \\ 1 \end{bmatrix}$$

[예제 5-4] 변환행렬로 회전(rotate_matrix.py)

```python
import cv2
import numpy as np

img = cv2.imread('../img/fish.jpg')
rows,cols = img.shape[0:2]

# 라디안 각도 계산(60진법을 호도법으로 변경) ---①
d45 = 45.0 * np.pi / 180      # 45도
d90 = 90.0 * np.pi / 180      # 90도

# 회전을 위한 변환행렬 생성 ---②
m45 = np.float32( [[ np.cos(d45), -1* np.sin(d45), rows//2],
                   [np.sin(d45), np.cos(d45),    -1*cols//4]])
m90 = np.float32( [[ np.cos(d90), -1* np.sin(d90), rows],
                   [np.sin(d90), np.cos(d90), 0]])

# 회전 변환행렬 적용
r45 = cv2.warpAffine(img,m45,(cols,rows))
r90 = cv2.warpAffine(img,m90,(rows,cols))

# 결과 출력
cv2.imshow("origin", img)
cv2.imshow("45", r45)
cv2.imshow("90", r90)
cv2.waitKey(0)
cv2.destroyAllWindows()
```

[그림 5-9] [예제 5-4]의 실행 결과

[예제 5-4]의 코드 ①은 변환행렬에 사용할 회전 각을 60진법에서 라디안(radian)으로 변경합니다. 코드 ②에서 변환행렬을 생성하는데, 삼각함수는 NumPy의 np. cos(), np.sin() 함수를 사용했습니다. 변환행렬의 마지막 열에 0이 아닌 rows//2, -1*cols//4, rows를 사용한 이유는 영상의 회전 기준 축이 좌측 상단이 되므로 회전한 영상은 보여지는 영역 바깥으로 벗어나게 돼서 좌표를 가운데로 옮기기 위한 것으로 회전 축을 지정하는 효과와 같습니다. 변환행렬의 마지막 열을 이동에 사용한다는 내용은 앞서 다루었습니다.

회전을 위한 변환행렬 생성은 다소 까다로운 데다가 회전 축까지 반영하려면 일이 조금 복잡해집니다. OpenCV는 개발자가 복잡한 계산을 하지 않고도 변환행렬을 생성할 수 있게 아래와 같은 함수를 제공합니다.

- mtrx = cv2.getRotationMatrix2D(center, angle, scale)
  - center: 회전 축 중심 좌표, 튜플(x, y)
  - angle: 회전 각도, 60진법
  - scale: 확대/축소 배율

이 함수를 쓰면 중심축 지정과 확대/축소까지 반영해서 손쉽게 변환행렬을 얻을 수 있습니다.

[예제 5-5] 회전 변환행렬 구하기(rotate_getmatrix.py)

```python
import cv2

img = cv2.imread('../img/fish.jpg')
rows,cols = img.shape[0:2]

# 회전을 위한 변환행렬 구하기
# 회전 축: 중앙, 각도: 45, 배율: 0.5
m45 = cv2.getRotationMatrix2D((cols/2,rows/2),45,0.5)
# 회전 축: 중앙, 각도: 90, 배율: 1.5
m90 = cv2.getRotationMatrix2D((cols/2,rows/2),90,1.5)

# 변환행렬 적용
img45 = cv2.warpAffine(img, m45,(cols, rows))
img90 = cv2.warpAffine(img, m90,(cols, rows))

# 결과 출력
cv2.imshow('origin',img)
cv2.imshow("45", img45)
cv2.imshow("90", img90)
cv2.waitKey(0)
cv2.destroyAllWindows()
```

[그림 5-10] [예제 5-5]의 실행 결과

5.2 뒤틀기

이동, 확대/축소, 회전은 변환 후에도 기존의 모양이 유지되지만, 뒤틀기(warping, 워핑)는 기존의 모양과 달라집니다.

5.2.1 어핀 변환

어핀 변환(affine transform)은 사실 이미 앞서 다룬 이동, 확대/축소, 회전을 포함하는 변환으로 직선, 길이의 비율, 평행성을 보존하는 변환을 말합니다. 어핀 변환의 이런 성질 때문에 변환 전과 후의 3개의 점을 짝 지어 매핑할 수 있다면 변환행렬을 거꾸로 계산할 수 있는데, OpenCV는 cv2.getAffineTransform() 함수로 이 기능을 제공합니다.

- matrix = cv2.getAffineTransform(pts1, pts2)
  - pts1: 변환 전 영상의 좌표 3개, 3 × 2 NumPy 배열(float32)
  - pts2: 변환 후 영상의 좌표 3개, pts1과 동일
  - matrix: 변환행렬 반환, 2 × 3 행렬

[예제 5-6] 어핀 변환(getAffine.py)

```
import cv2
import numpy as np
from matplotlib import pyplot as plt

file_name = '../img/fish.jpg'
img = cv2.imread(file_name)
rows, cols = img.shape[:2]

# 변환 전, 후 각 3개의 좌표 생성 ---①
pts1 = np.float32([[100, 50], [200, 50], [100, 200]])
pts2 = np.float32([[80, 70], [210, 60], [250, 120]])
```

```
# 변환 전 좌표를 이미지에 표시 ---②
cv2.circle(img, (100,50), 5, (255,0), -1)
cv2.circle(img, (200,50), 5, (0,255,0), -1)
cv2.circle(img, (100,200), 5, (0,0,255), -1)

# 짝지은 3개의 좌표로 변환행렬 계산 ---③
mtrx = cv2.getAffineTransform(pts1, pts2)
# 어핀 변환 적용
dst = cv2.warpAffine(img, mtrx, (int(cols*1.5), rows))

# 결과 출력
cv2.imshow('origin',img)
cv2.imshow('affin', dst)
cv2.waitKey(0)
cv2.destroyAllWindows()
```

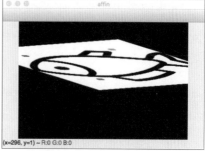

[그림 5-11] [예제 5-6]의 실행 결과

[그림 5-11]은 정사각형의 영상이 마름모꼴의 모양으로 변형된 것을 보여주고 있습니다. 이와 같은 변환행렬은 개발자가 일일이 계산하기 불편한데, [예제 5-6]의 코드 ①에서 변경 전과 후의 좌표만 3개씩 작성하면 코드 ③에서처럼 변환행렬로 간단히 계산할 수 있습니다. 코드 ②는 원래의 좌표가 어떻게 변화되는가를 볼 수 있게 세 가지 색으로 동그라미를 그려서 표시했습니다.

5.2.2 원근 변환

원근 변환(perspective transform)은 보는 사람의 시각에 따라 같은 물체도 먼 것은 작게, 가까운 것은 크게 보이는 현상인 원근감을 주는 변환을 말합니다. 우리가 원근 감을 느끼는 이유는 실제 세계가 3차원 좌표계이기 때문인데, 영상은 2차원 좌표계 입니다. 그래서 차원 간의 차이를 보정해 줄 추가 연산과 시스템이 필요한데, 이때 사용하는 좌표계를 동차 좌표(homogeneous coordinates)라고 합니다. 이 때문에 원근 변환을 다른 말로 호모그래피(homography)라고도 합니다.

동차 좌표를 아주 간단히 요약하면, 2차원 좌표 (x, y)에 대응하는 동차 좌표는 기존 차수에 1개의 상수항을 추가해서 (wx, wy, w)로 표현하고, 이것을 2차원 좌표로 바꿀 때는 다시 상수항 w로 나누어 $(\frac{x}{w}, \frac{y}{w})$로 표현합니다. 예를 들어 동차 좌표 $(6, 15, 3)$는 2차원 좌표에서 $(\frac{6}{3}, \frac{15}{3})$ = $(2, 5)$가 됩니다.

그래서 원근 변환을 하려면 $(x, y, 1)$꼴의 좌표계가 필요하고, 아래와 같이 3×3 변환행렬식이 필요합니다.

$$w \begin{bmatrix} x' \\ y' \\ 1 \end{bmatrix} = \begin{bmatrix} h_{11} & h_{12} & h_{13} \\ h_{21} & h_{22} & h_{23} \\ h_{31} & h_{32} & h_{33} \end{bmatrix} \begin{bmatrix} x \\ y \\ 1 \end{bmatrix}$$

원근 변환에 필요한 행렬을 만드는 것은 누구에게나 고된 일일 텐데 다행히도 OpenCV는 변환 전과 후를 짝짓는 4개의 매핑 좌표만 지정해 주면 원근 변환에 필요한 3×3 변환행렬을 계산해 주는 cv2.getPerspectiveTransform() 함수를 제공합니다.

- mtrx = cv2.getPerspectiveTransform(pts1, pts2)
  - pts1: 변환 이전 영상의 좌표 4개, 4×2 NumPy 배열(float32)
  - pts2: 변환 이전 영상의 좌표 4개, pts1과 동일
  - mtrx: 변환행렬 반환, 3×3 행렬

또한, OpenCV는 원근 변환을 수행하는 함수로 지금까지 사용해온 cv2.warp Affine() 함수가 아닌 별도의 함수 cv2.warpPerspective() 함수를 제공합니다. 이 둘은 이름과 기능만 다를 뿐 사용 방법이 똑같습니다.

- ·dst = cv2.warpPerspective(src, mtrx, dsize [, dst, flags, borderMode, borderValue]): 모든 파라미터와 반환 값은 cv2.warpAffine()과 동일

[예제 5-7] 원근 변환(perspective.py)

```
import cv2
import numpy as np

file_name = "../img/fish.jpg"
img = cv2.imread(file_name)
rows, cols = img.shape[:2]

# 원근 변환 전후  4개 좌표 ---①
```

```
pts1 = np.float32([[0,0], [0,rows], [cols, 0], [cols,rows]])
pts2 = np.float32([[100,50], [10,rows-50], [cols-100, 50], [cols-10,rows-50]])

# 변환 전 좌표를 원본 이미지에 표시 ---②
cv2.circle(img, (0,0), 10, (255,0,0), -1)
cv2.circle(img, (0,rows), 10, (0,255,0), -1)
cv2.circle(img, (cols,0), 10, (0,0,255), -1)
cv2.circle(img, (cols,rows), 10, (0,255,255), -1)

# 원근 변환행렬 계산 ---③
mtrx = cv2.getPerspectiveTransform(pts1, pts2)
# 원근 변환 적용 ---④
dst = cv2.warpPerspective(img, mtrx, (cols, rows))

cv2.imshow("origin", img)
cv2.imshow('perspective', dst)
cv2.waitKey(0)
cv2.destroyAllWindows()
```

[그림 5-12] [예제 5-7]의 실행 결과

[예제 5-7]의 코드 ①은 원근 변환 전후에 매핑할 좌표를 지정하고 이것을 코드 ③에서 변환행렬로 계산해서 코드 ④에서 이미지에 적용하는 기존의 코드와 유사한 패턴을 보여줍니다. 실행 결과를 보면 원래의 영상에서 좌표의 폭이 좁아진 부분은 작게 표현해서 마치 멀리 있는 것처럼 표현하는 것을 알 수 있습니다.

[예제 5-7]에서는 원래 평면이었던 영상에 원근감을 표현했지만, 실제로는 그 반대로 활용하는 경우가 더 많습니다. 카메라로 명함이나 문서 같은 것을 찍은 사진을 스캔한 것처럼 만들고 싶을 때는 반대로 원근감을 제거해야 합니다. 다음 [예제 5-8]은 사용자가 마우스로 영상 속 문서의 네 귀퉁이를 지정하면 원근 변환을 이용해서 스캔한 문서처럼 만들어 줍니다.

[예제 5-8] 마우스와 원근 변환으로 문서 스캔 효과 내기(perspective_scan.py)

```python
import cv2
import numpy as np

win_name = "scanning"
img = cv2.imread("../img/paper.jpg")
rows, cols = img.shape[:2]
draw = img.copy()
pts_cnt = 0
pts = np.zeros((4,2), dtype=np.float32)

def onMouse(event, x, y, flags, param):  # 마우스 이벤트 콜백 함수 구현 ---①
    global pts_cnt                        # 마우스로 찍은 좌표의 개수 저장
    if event == cv2.EVENT_LBUTTONDOWN:
        cv2.circle(draw, (x,y), 10, (0,255,0), -1) # 좌표에 초록색 동그라미 표시
        cv2.imshow(win_name, draw)

        pts[pts_cnt] = [x,y]              # 마우스 좌표 저장
        pts_cnt+=1
        if pts_cnt == 4:                  # 좌표가 4개 수집됨
            # 좌표 4개 중 상하좌우 찾기 ---②
            sm = pts.sum(axis=1)          # 4쌍의 좌표 각각 x+y 계산
            diff = np.diff(pts, axis = 1) # 4쌍의 좌표 각각 x-y 계산

            topLeft = pts[np.argmin(sm)]      # x+y가 가장 작은 값이 좌상단 좌표
            bottomRight = pts[np.argmax(sm)]  # x+y가 가장 큰 값이 좌상단 좌표
            topRight = pts[np.argmin(diff)]   # x-y가 가장 작은 값이 우상단 좌표
            bottomLeft = pts[np.argmax(diff)] # x-y가 가장 큰 값이 좌하단 좌표

            # 변환 전 4개의 좌표
            pts1 = np.float32([topLeft, topRight, bottomRight , bottomLeft])

            # 변환 후 영상에 사용할 서류의 폭과 높이 계산 ---③
            w1 = abs(bottomRight[0] - bottomLeft[0])  # 상단 좌우 좌표 간의 거리
            w2 = abs(topRight[0] - topLeft[0])        # 하당 좌우 좌표 간의 거리
            h1 = abs(topRight[1] - bottomRight[1])    # 우측 상하 좌표 간의 거리
            h2 = abs(topLeft[1] - bottomLeft[1])      # 좌측 상하 좌표 간의 거리
            width = max([w1, w2])             # 두 좌우 거리 간의 최대 값이 서류의 폭
            height = max([h1, h2])            # 두 상하 거리 간의 최대 값이 서류의 높이

            # 변환 후 4개의 좌표
            pts2 = np.float32([[0,0], [width-1,0],
                                [width-1,height-1], [0,height-1]])

            # 변환행렬 계산
            mtrx = cv2.getPerspectiveTransform(pts1, pts2)
            # 원근 변환 적용
            result = cv2.warpPerspective(img, mtrx, (int(width), int(height)))
            cv2.imshow('scanned', result)
```

```
cv2.imshow(win_name, img)
cv2.setMouseCallback(win_name, onMouse)        # 마우스 콜백 함수를 GUI 윈도에 등록 ---④
cv2.waitKey(0)
cv2.destroyAllWindows()
```

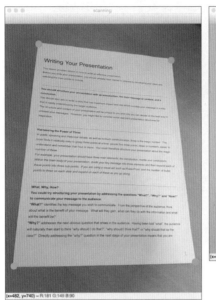 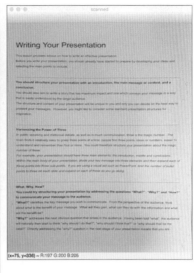

[그림 5-13] [예제 5-8]의 실행 결과

[예제 5-8]은 코드 ①의 마우스 이벤트 처리 콜백 함수에서 4개의 좌표를 받아 코드 ②에서 좌상단에서부터 시계방향으로 4개의 좌표를 정렬해서 원근 변환 이전 좌표를 완성하고 코드 ③에서 문서의 폭과 높이를 계산해서 변환 이후의 좌표를 완성합니다. 그 이외의 내용은 이전의 내용과 크게 다를 것이 없으니 주석을 참조하면 충분히 이해할 수 있을 겁니다.

7장 "영상 분할"에서는 사용자가 직접 마우스로 문서 영역을 지정하지 않아도 자동화할 수 있는 방법을 알아봅니다.

5.2.3 삼각형 어핀 변환

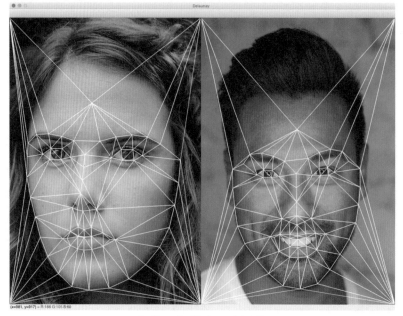

[그림 5-14] 대응점으로 삼각 분할

[그림 5-14]는 두 사람 얼굴에 대응점을 찾아 각 꼭짓점으로 여러 개의 삼각형을 그린 것입니다. 이렇게 어떤 영역을 여러 개의 삼각형으로 나누는 기법을 들로네 삼각분할(Delaunay triangulation)이라고 하는데, 이렇게 나눈 삼각형들은 흔히 영상 분야에서는 입체적 표현이나 모핑(morphing) 기술에 사용합니다.

모핑 기술은 하나의 물체가 다른 물체로 자연스럽게 변하게 하는 것인데, [그림 5-14]처럼 두 영상을 각각 여러 개의 삼각형으로 나누어 한 영상의 삼각형들의 크기와 모양이 나머지 영상에 대응하는 삼각형과 같아질 때까지 조금씩 바꿔서 전체적으로 하나의 영상이 다른 영상으로 자연스럽게 변하게 하는 겁니다.

이 장에서는 아직 영상을 삼각 분할하는 내용을 다루지는 않을 것입니다(부록에서 다룹니다). 하지만, 영상을 삼각 분할할 수 있다고 하더라도 삼각 분할된 영역을 변환하기는 쉽지 않습니다. OpenCV가 제공하는 기하학적 변환 기능은 영상을 대상으로 하므로 그 대상은 늘 사각형일 수밖에 없기 때문입니다. 그래서 삼각형 모양의 변환을 하려면 다음과 같이 몇 가지 수고로운 과정을 거쳐야 합니다.

1. 변환 전 삼각형 좌표 3쌍을 정한다.
2. 변환 후 삼각형 좌표 3쌍을 정한다.
3. 과정 1의 삼각형 좌표를 완전히 감싸는 외접 사각형 좌표를 구한다.
4. 과정 3의 사각형 영역을 관심영역으로 지정한다.
5. 과정 4의 관심영역을 대상으로 과정 1과 과정 2의 좌표로 변환행렬을 구하여 어핀 변환한다.
6. 과정 5의 변환된 관심영역에서 과정 2의 삼각형 좌표만 마스킹한다.
7. 과정 6의 마스크를 이용해서 원본 또는 다른 영상에 합성한다.

위의 과정 3에서 삼각형 좌표를 완전히 감싸는 사각형의 좌표를 구하려면 cv2.boundingRect() 함수가 필요합니다. 이 함수는 삼각형뿐 아니라 다각형의 좌표를 전달하면 정확히 감싸는 외접 사각형의 좌표를 반환합니다.

- x,y,w,h = cv2.boundingRect(pts)
  - pts: 다각형 좌표
  - x, y, w, h: 외접 사각형의 좌표와 폭과 높이

과정 6에서 삼각형 마스크를 생성하기 위해 cv2.fillConvexPoly() 함수를 쓰면 편리합니다. 이 함수에 좌표를 전달하면 그 좌표 안을 원하는 색상 값으로 채워 주는데, 255나 0을 채우면 마스크를 쉽게 만들 수 있습니다.

- cv2.fillConvexPoly(img, points, color [, lineType])
  - img: 입력 영상
  - points: 다각형 꼭짓점 좌표
  - color: 채우기에 사용할 색상
  - lineType: 선 그리기 알고리즘 선택 플래그

[예제 5-9] 삼각형 어핀 변환(triangle_affine.py)

```
import cv2
import numpy as np

img = cv2.imread("../img/taekwonv1.jpg")
img2 = img.copy()
draw = img.copy()
```

```python
# 변환 전, 후 삼각형 좌표 ---①
pts1 = np.float32([[188,14], [85,202], [294,216]])
pts2 = np.float32([[128,40], [85,307], [306,167]])

# 각 삼각형을 완전히 감싸는 사각형 좌표 구하기 ---②
x1,y1,w1,h1 = cv2.boundingRect(pts1)
x2,y2,w2,h2 = cv2.boundingRect(pts2)

# 사각형을 이용한 관심영역 설정 ---③
roi1 = img[y1:y1+h1, x1:x1+w1]
roi2 = img2[y2:y2+h2, x2:x2+w2]

# 관심영역을 기준으로 좌표 계산 ---④
offset1 = np.zeros((3,2), dtype=np.float32)
offset2 = np.zeros((3,2), dtype=np.float32)
for i in range(3):
    offset1[i][0], offset1[i][1] = pts1[i][0]-x1, pts1[i][1]-y1
    offset2[i][0], offset2[i][1] = pts2[i][0]-x2, pts2[i][1]-y2

# 관심영역을 주어진 삼각형 좌표로 어핀 변환 ---⑤
mtrx = cv2.getAffineTransform(offset1, offset2)
warped = cv2.warpAffine(roi1, mtrx, (w2, h2), None, \
                        cv2.INTER_LINEAR, cv2.BORDER_REFLECT_101)

# 어핀 변환 후 삼각형만 골라 내기 위한 마스크 생성 ---⑥
mask = np.zeros((h2, w2), dtype = np.uint8)
cv2.fillConvexPoly(mask, np.int32(offset2), (255))

# 삼각형 영역만 마스킹해서 합성 ---⑦
warped_masked = cv2.bitwise_and(warped, warped, mask=mask)
roi2_masked = cv2.bitwise_and(roi2, roi2, mask=cv2.bitwise_not(mask))
roi2_masked = roi2_masked + warped_masked
img2[y2:y2+h2, x2:x2+w2] = roi2_masked

# 관심영역과 삼각형에 선을 그려서 출력 ---⑧
cv2.rectangle(draw, (x1, y1), (x1+w1, y1+h1), (0,255,0), 1)
cv2.polylines(draw, [pts1.astype(np.int32)], True, (255,0,0), 1)
cv2.rectangle(img2, (x2, y2), (x2+w2, y2+h2), (0,255,0), 1)
cv2.imshow('origin', draw)
cv2.imshow('warped triangle', img2)
cv2.waitKey(0)
cv2.destroyAllWindows()
```

[그림 5-15] [예제 5-9]의 실행 결과

[예제 5-9]는 영상에 임의의 삼각형을 지정해서 그 삼각형만 어핀 변환하는 예제입니다. 전체적인 코드의 흐름은 앞서 설명한 과정과 같습니다. 코드 ④에서는 삼각형의 좌표가 원래 전체 영상 기준이기 때문에 관심영역의 기준으로 바꾸기 위해서 삼각형의 각 꼭짓점 좌표에서 관심영역의 시작 지점을 빼서 offset1과 offset2에 별도로 저장합니다. 코드 ⑤에서는 이렇게 구한 offset1과 offset2로 변환행렬을 구해서 원본 관심영역을 어핀 변환해서 warped를 구합니다. 코드 ⑥에서는 0(영)으로 채워진 변환한 삼각형 관심영역과 똑같은 크기의 배열을 만들어서 삼각형 영역만 255로 채우는 것으로 마스크를 생성합니다. 코드 ⑦에서 어핀 변환된 관심영역을 마스킹해서 warped_masked를 구하고 어핀 변환하지 않은 변환 후 관심영역을 배경으로 마스킹해서 둘을 합친 후 원래 영상의 관심영역 자리에 넣어서 합성을 마칩니다.

이 예제와 관련해서는 이 장의 실전 워크숍에서 영상을 액체 괴물처럼 아무렇게나 변환하는 리퀴파이(liquify) 편집 예제에서 다시 다룹니다.

5.3 렌즈 왜곡

지금까지의 변환은 행렬식으로 표현하는 경우였습니다. 하지만, 행렬식으로 표현할 수 없는 모양의 변환도 필요할 때가 있습니다. 투명한 물잔을 통해 비친 장면이나 일렁이는 물결에 반사된 모습 같은 것이 대표적이라 할 수 있습니다. 이런 렌즈 왜곡(lens distortion) 변환에 대해서 알아봅니다.

5.3.1 리매핑

OpenCV는 규칙성 없이 마음대로 모양을 변환해 주는 함수로 cv2.remap()을 제공합니다. 이 함수는 기존 픽셀의 위치를 원하는 위치로 재배치합니다.

- dst = cv2.remap(src, mapx, mapy, interpolation [, dst, borderMode, borderValue])
  - src: 입력 영상
  - mapx, mapy: x축과 y축으로 이동할 좌표(인덱스), src와 동일한 크기, dtype= float32
  - 나머지 인자는 cv2.warpAffine()과 동일
  - dst: 결과 영상

cv2.remap() 함수의 mapx, mapy는 입력 영상인 src와 크기가 같은 배열로 float32로 만들어야 하고, 배열의 각 요소는 src의 같은 인덱스의 픽셀이 각각 x축과 y축으로 옮겨 갈 새로운 인덱스를 갖게 해야 합니다. 예를 들어 mapx[0][0]=10, mapy[0][0]=5로 지정했다면 이 의미는 src의 좌표(10, 5)에 있는 픽셀을 (0, 0)으로 옮기라는 뜻입니다.

mapx와 mapy는 초기 값으로 0이나 1 같은 의미 없는 값이 아니라 영상의 원래 좌표 값을 가지고 있는 것이 좋습니다. 왜냐하면 전체 픽셀 중에 옮기고 싶은 몇몇 픽셀에 대해서만 새로운 좌표를 지정하거나 원래 있던 위치에서 얼마만큼 움직이라고 하는 것이 코딩하기 편하기 때문입니다. 그러려면 mapx와 mapy 배열을 np.zeros()와 같은 함수로 생성한 다음 반복문으로 초기화하는 방법을 생각할 수 있는데, 이렇게 하면 시간이 너무 오래 걸려서 좋지 않고 np.indices() 함수를 쓰는 것이 좋습니다. 이 함수는 배열을 주어진 크기로 생성하는데, 자신의 인덱스를 값으로 초기화해서 3차원 배열로 반환합니다. 이때 0번째가 행 배열, 1번째가 열 배열입니다. 이 함수로 mapx, mapy를 생성하는 코드는 아래와 같은 모양이 됩니다.

```
mapy, mapx = np.indices( (rows, cols), dtype=np.float32)
```

새로 옮겨갈 좌표를 세팅하는 작업은 브로드캐스팅 연산을 쓰는 것이 효율적이지만, 경우에 따라 직접 좌표 값을 지정해야 할 때는 arr[0][0]=10처럼 배열 인덱스로 접근해서 값을 할당하는 것보다 arr.itemset((0,0), 10)처럼 NumPy 함수를 쓰는 것이 속도가 더 빠릅니다.

cv2.remap() 함수는 재배치할 좌표가 정수로 떨어지지 않는 등의 이유로 픽셀이 탈락하는 경우 자동으로 보정을 수행합니다.

[예제 5-10]은 영상을 뒤집는 작업을 앞서 살펴본 cv2.warpAffin() 함수와 cv2.remap() 함수로 각각 구현해서 똑같은 결과를 보여줍니다. 영상을 뒤집기 위한 행렬식과 연산식은 다음과 같습니다.

$$\begin{bmatrix} x' \\ y' \end{bmatrix} = \begin{bmatrix} -1 & 0 & \text{cols} - 1 \\ 0 & -1 & \text{rows} - 1 \end{bmatrix} \begin{bmatrix} x \\ y \\ 1 \end{bmatrix}$$

- $x' = \text{cols} - x - 1$
- $y' = \text{rows} - y - 1$

[예제 5-10] 변환행렬과 리매핑으로 영상 뒤집기(remap_flip.py)

```python
import cv2
import numpy as np
import time

img = cv2.imread('../img/girl.jpg')
rows, cols = img.shape[:2]

# 뒤집기 변환행렬로 구현 ---①
st = time.time()
mflip = np.float32([ [-1, 0, cols-1],[0, -1, rows-1]]) # 변환행렬 생성
fliped1 = cv2.warpAffine(img, mflip, (cols, rows))      # 변환 적용
print('matrix:', time.time()-st)

# remap 함수로 뒤집기 구현 ---②
st2 = time.time()
mapy, mapx = np.indices((rows, cols),dtype=np.float32) # 매핑 배열 초기화 생성
mapx = cols - mapx -1                                   # x축 좌표 뒤집기 연산
mapy = rows - mapy -1                                   # y축 좌표 뒤집기 연산
fliped2 = cv2.remap(img,mapx,mapy,cv2.INTER_LINEAR)    # remap 적용
print('remap:', time.time()-st2)

# 결과 출력 ---③
cv2.imshow('origin', img)
cv2.imshow('fliped1',fliped1)
cv2.imshow('fliped2',fliped2)
cv2.waitKey()
cv2.destroyAllWindows()
```

출력 결과
```
matrix: 0.0009329319000244141
remap: 0.00399327278137207
```

[그림 5-16] [예제 5-10]의 실행 결과

[예제 5-10]의 코드 ①은 앞서 설명한 변환행렬을 이용한 영상 변환의 전형적인 코드 형식입니다. 코드 ②는 np.indices() 함수로 원래 좌표를 갖는 배열을 생성해서 뒤집 기에 필요한 연산을 수행하고 cv2.remap() 함수로 리매핑하는 코드입니다. 당연하게 도 여기서 사용한 변환행렬과 연산식은 표현 방법만 다를 뿐 그 의미는 같습니다. 따 라서 이처럼 행렬로 표현할 수 있는 변환을 cv2.remap() 함수로 변환하는 것은 코드 도 복잡하고 수행 속도도 느립니다. 이 예제의 경우 필자의 컴퓨터에서 약 4~5배 가 량 속도가 느린 것으로 나타났습니다. 따라서 cv2.remap() 함수는 변환행렬로 표현 할 수 없는 비선형 변환에만 사용하는 것이 좋습니다. 영상 분야에서 비선형 변환은 대부분 렌즈 왜곡과 관련한 보정이나 효과에 사용합니다.

[예제 5-11]은 대표적인 비선형 변환이라 할 수 있는 sin, cos 파형을 리매핑 함수를 써서 변환합니다.

[예제 5-11] 삼각함수를 이용한 비선형 리매핑(remap_sin_cos.py)

```
import cv2
import numpy as np

l = 20       # 파장(wave length)
amp = 15     # 진폭(amplitude)

img = cv2.imread('../img/taekwonv1.jpg')
rows, cols = img.shape[:2]

# 초기 매핑 배열 생성 ---①
mapy, mapx = np.indices((rows, cols),dtype=np.float32)

# sin, cos 함수를 이용한 변형 매핑 연산 ---②
sinx = mapx + amp * np.sin(mapy/l)
cosy = mapy + amp * np.cos(mapx/l)
```

```python
# 영상 리매핑 ---③
img_sinx=cv2.remap(img, sinx, mapy, cv2.INTER_LINEAR) # x축만 sin 곡선 적용
img_cosy=cv2.remap(img, mapx, cosy, cv2.INTER_LINEAR) # y축만 cos 곡선 적용
# x,y 축 모두 sin, cos 곡선 적용 및 외곽 영역 보정
img_both=cv2.remap(img, sinx, cosy, cv2.INTER_LINEAR, \
                   None, cv2.BORDER_REPLICATE)

# 결과 출력
cv2.imshow('origin', img)
cv2.imshow('sin x', img_sinx)
cv2.imshow('cos y', img_cosy)
cv2.imshow('sin cos', img_both)

cv2.waitKey()
cv2.destroyAllWindows()
```

[그림 5-17] [예제 5-11]의 실행 결과

[예제 5-11]의 코드 ②에서 기존의 x, y 좌표를 sin, cos 함수를 적용해서 새로운 사인파와 코사인파 곡선이 반영된 매핑 좌표를 얻습니다. 변수 l은 파장 계수이고, amp는 진폭 계수인데 이 값들을 바꾸면 영상에 일렁이는 폭과 횟수를 조정할 수 있습니다. 코드 ③은 얻어진 리매핑 행렬로 x축과 y축에 따로 따로 적용하고 나서 다시 두 축에 함께 적용합니다. 마지막 img_both에는 외곽 보정까지 추가해서 외곽의 사라진 영역이 보정된 것을 알 수 있습니다.

5.3.2 오목 렌즈와 볼록 렌즈 왜곡

리매핑 함수를 이용해서 영상에 볼록 렌즈와 오목 렌즈 효과를 만드는 방법을 알아봅니다.

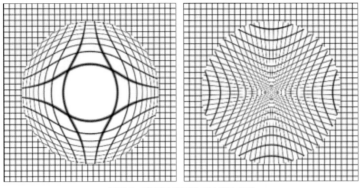

[그림 5-18] 볼록 렌즈와 오목 렌즈 효과

사각형 영상에서 동그란 원을 대상으로 작업을 하려면 몇 가지 미리 정리해 둘 것이
있습니다.

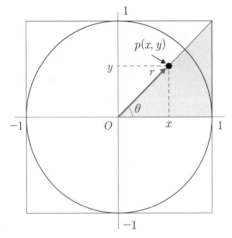

[그림 5-19] 직교좌표와 극좌표

[그림 5-19]의 점 p를 가리킬 때 흔히 쓰는 방법은 점 p에서 x축과 y축으로 각각 직각
으로 선을 그려서 만나는 지점을 좌표 (x, y)로 나타내는 것입니다. 이런 좌표 시스템
을 직교좌표계(cartesian coordinate system)라고 합니다. 하지만, 이와 동일한 위치
를 가리킬 수 있는 방법이 또 있는데, 원점 O에서 점 p까지의 거리와 원 안의 직각삼
각형의 각 θ를 이용해서 (r, θ)로 나타내는 방법입니다. 이런 방법을 극좌표계(polar
coordinate system)라고 하고, 두 좌표계는 다음 식으로 상호 변환할 수 있습니다.

- 직교좌표 → 극좌표: $\theta = \arctan(x, y), \ r = \sqrt{x^2 + y^2}$
- 극좌표 → 직교좌표: $x = r\cos(\theta), \ y = r\sin(\theta)$

직교좌표를 극좌표로 바꾸면 원 안의 픽셀만을 대상으로 손쉽게 작업할 수 있고 원점과의 거리 r에 연산을 해서 원의 모양이나 범위를 계산하기 쉽습니다.

좌표 변환은 위의 연산식을 직접 구현해도 되지만, OpenCV는 좌표 변환을 위한 함수를 다음과 같이 제공합니다.

- r, theta = cv2.cartToPolar(x, y): 직교좌표 → 극좌표 변환
- x, y = cv2.polarToCart(r, theta): 극좌표 → 직교좌표 변환
  - x, y: x, y 좌표 배열
  - r: 원점과의 거리
  - theta: 각도 값

좌표의 변환뿐만 아니라 좌표의 기준점도 변경하는 것이 연산에 유리합니다. 영상의 경우 직교좌표를 사용할 때는 좌상단 끝을 $(0, 0)$ 좌표로 하는데, 극좌표를 사용하는 경우에는 영상의 중앙을 기준점으로 사용하는 것이 당연하고 원점을 기준으로 좌측과 하단은 음수 좌표가 필요하므로 좌표의 값도 –1~1로 노멀라이즈해서 사용하는 것이 편리합니다.

[예제 5-12] 볼록/오목 렌즈 왜곡 효과(remap_lens.py)

```python
import cv2
import numpy as np

img = cv2.imread('../img/taekwonv1.jpg')
rows, cols = img.shape[:2]

# 설정 값 세팅 ---①
exp = 0.5        # 볼록, 오목 지수(오목 : 0.1~1, 볼록 : 1.1~)
scale = 1        # 변환 영역 크기(0~1)

# 매핑 배열 생성 ---②
mapy, mapx = np.indices((rows, cols),dtype=np.float32)

# 좌상단 기준좌표에서 –1~1로 정규화된 중심점 기준 좌표로 변경 ---③
mapx = 2*mapx/(cols - 1) - 1
mapy = 2*mapy/(rows - 1) - 1

# 직교좌표를 극좌표로 변환 ---④
r, theta = cv2.cartToPolar(mapx, mapy)
```

```
# 왜곡 영역만 중심 확대/축소 지수 적용 ---⑤
r[r< scale] = r[r<scale] **exp

# 극좌표를 직교좌표로 변환 ---⑥
mapx, mapy = cv2.polarToCart(r, theta)

# 중심점 기준에서 좌상단 기준으로 변경 ---⑦
mapx = ((mapx + 1)*cols - 1)/2
mapy = ((mapy + 1)*rows - 1)/2

# 리매핑 변환
distorted = cv2.remap(img,mapx,mapy,cv2.INTER_LINEAR)

cv2.imshow('origin', img)
cv2.imshow('distorted', distorted)
cv2.waitKey()
cv2.destroyAllWindows()
```

[그림 5-20] [예제 5-12]의 실행 결과

[예제 5-12]에서 코드 ①의 exp는 왜곡 지수를 설정하는 변수로 1은 원본과 동일하게 하고, 1보다 작고 0보다 큰 값을 지정하면 오목 렌즈 효과를 적용하고, 1보다 큰 값을 지정하면 볼록 렌즈 효과를 적용합니다. scale은 영상에서 렌즈 효과를 주고 싶은 원 모양 영역의 크기를 비율로 지정합니다. 1은 100%를 의미합니다.

코드 ③은 좌상단 기준 좌표를 영상의 중심을 기준으로 좌표 기준점을 바꾸고 좌표의 범위를 –1~1 범위로 노멀라이즈하고 모든 작업이 끝나고 코드 ⑦에서 다시 반대로 복원합니다. 코드 ④는 직교좌표를 극좌표로 변환하고 코드 ⑥에서 반대로 복원합니다.

실질적인 연산은 코드 ⑤에서 일어나는데, 원의 반지름 r의 값이 코드 ①의 scale보다 작은 좌표들에만 exp로 지수 연산합니다. r은 이미 극좌표로 변환했으므로 어떤 값보다 작은 것을 특정하는 것은 특정한 크기의 원 안의 영역을 지정하는 것과 같습니다. 이때 좌표는 1로 정규화되어 있으므로 scale에 지정할 수 있는 최대 값은 1입니다. exp로 지수 연산을 하면 지수 값이 1보다 큰 경우 중심점의 밀도는 낮아지고 외곽으로 갈수록 밀도가 높아지는 반면, 지수 값이 1보다 작은 경우에는 그 반대가 됩니다. 밀도가 낮아지면 픽셀 간의 거리가 멀어진 것이므로 확대한 효과와 같아지고, 밀도가 높아지면 픽셀 간의 거리가 원래보다 가까워진 것이므로 축소한 효과와 같습니다. [그림 5-20]의 왼쪽 그림은 exp=2, 오른쪽 그림은 exp=0.5로 실행한 결과입니다.

5.3.3 방사 왜곡

우리는 대부분의 영상을 카메라로 촬영해서 얻는데, 카메라 렌즈는 동그랗고 영상은 사각형이다 보니 렌즈 가장 자리 영상에는 왜곡이 생기기 마련이고 이런 왜곡을 배럴 왜곡(barrel distortion)이라고 합니다. 배럴 왜곡을 해결하고자 하는 많은 연구 결과[2]로 다음과 같은 수학식이 나왔습니다.

$$r_d = r_u(1 + k_1 r_u^2 + k_2 r_u^4 + k_3 r_u^6)$$

- r_d: 왜곡 변형 후
- r_u: 왜곡 변형 전
- k_1, k_2, k_3: 왜곡 계수

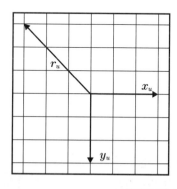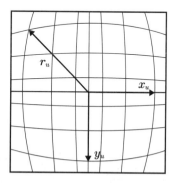

[그림 5-21] 배럴 왜곡 모델[3]

2 Zhang Z. 1999. Flexible camera calibration by viewing a plane from unknown orientation (*https://www.microsoft.com/en-us/research/wp-content/uploads/2016/02/tr98-71.pdf*)

3 K.T Giribbon. 2003. A Real-time FPGA Implementation of a Barrel Distortion Correction Algotithm with Bilinear Interpolation(*http://sprg.massey.ac.nz/pdfs/2003_IVCNZ_408.pdf*)

[그림 5-21]은 앞의 수식을 그림으로 표현한 것입니다.

배럴 왜곡의 왜곡 계수의 값에 따라 밖으로 튀어 나오는 배럴 왜곡이 나타나기도 하고, 안으로 들어 가는 핀쿠션 왜곡(pincushion distortion)이 일어나기도 합니다.

[예제 5-13] 방사 왜곡 효과(remap_barrel.py)

```python
import cv2
import numpy as np

# 왜곡 계수 설정 ---①
k1, k2, k3 = 0.5, 0.2, 0.0    # 배럴 왜곡
# k1, k2, k3 = -0.3, 0, 0     # 핀큐션 왜곡

img = cv2.imread('../img/girl.jpg')
rows, cols = img.shape[:2]

# 매핑 배열 생성
mapy, mapx = np.indices((rows, cols),dtype=np.float32)

# 중앙점 좌표로 -1~1 정규화 및 극좌표 변환
mapx = 2*mapx/(cols - 1) - 1
mapy = 2*mapy/(rows - 1) - 1
r, theta = cv2.cartToPolar(mapx, mapy)

# 방사 왜곡 변형 연산 ---②
ru = r*(1+k1*(r**2) + k2*(r**4) + k3*(r**6))

# 직교좌표 및 좌상단 기준으로 복원
mapx, mapy = cv2.polarToCart(ru, theta)
mapx = ((mapx + 1)*cols - 1)/2
mapy = ((mapy + 1)*rows - 1)/2

# 리매핑
distored = cv2.remap(img,mapx,mapy,cv2.INTER_LINEAR)

cv2.imshow('original', img)
cv2.imshow('distored', distored)
cv2.waitKey()
cv2.destroyAllWindows()
```

[그림 5-22] [예제 5-13]의 실행 결과

[예제 5-13]의 코드 ①에서 왜곡 계수 k1, k2, k3를 설정합니다. 각각의 계수는 렌즈의 종류에 따라 다르게 효과가 있는 것으로 알려져 있습니다. 코드 ①의 첫 번째 라인은 배럴 왜곡을 발생시키고, 두 번째 라인은 핀 쿠션 왜곡을 발생시키는 코드이니 주석을 서로 바꿔가며 실행해 보세요. 코드 ②에서 새로운 연산식을 적용하는 것 말고는 나머지 코드는 이전의 렌즈 왜곡의 설명과 다를 것이 없습니다.

OpenCV는 배럴 왜곡 현상이 일어나는 렌즈의 왜곡을 제거할 목적으로 앞서 설명한 배럴 왜곡 연산 공식으로 구현한 cv2.undistort() 함수를 제공합니다.

- dst = cv2.undistort(src, cameraMtrix, distCoeffs)
  - src: 입력 원본 영상
  - cameraMatrix: 카메라 매트릭스

$$\begin{bmatrix} f_x & 0 & c_x \\ 0 & f_y & c_y \\ 0 & 0 & 1 \end{bmatrix}$$

  - distCoeffs: 왜곡 계수, 최소 4개 또는 5, 8, 12, 14개
    - (k1, k2, p1, p2[, k3])

cameraMatrix는 촬영할 카메라의 내부 파라미터인 중심점 c_x, c_y와 초점 거리 f_x, f_y를 입력합니다. 이 값들은 카메라가 생산될 때 가지는 고유의 특성이므로 개발자가 단순히 값을 입력하거나 계산할 수는 없습니다. OpenCV는 정확히 그려진 체스보드 영상을 촬영해서 역으로 왜곡 현상을 없애는 과정인 카메라 영점 조정(calibration)에 사용할 추가적인 몇 가지 함수를 제공하는데, 이들을 이용하여 카메라 계수의 근사 값을 얻어낼 수 있습니다. 이 책에서는 카메라 영점 조정에 대해서는 더 이상 다루지 않습니다.

[예제 5-14]는 방사 왜곡(radial distortion) 현상을 cv2.undistort() 함수로 구현한 예제입니다.

[예제 5-14] 방사 왜곡 효과(undistort_barrel.py)

```python
import numpy as np
import cv2

# 격자 무늬 영상 생성
img = np.full((300,400,3), 255, np.uint8)
img[::10, :, :] = 0
img[:, ::10, :] = 0
width  = img.shape[1]
```

```
height = img.shape[0]

# 왜곡 계수 설정
k1, k2, p1, p2 = 0.001, 0, 0, 0      # 배럴 왜곡
#k1, k2, p1, p2 = -0.0005, 0, 0, 0  # 핀쿠션 왜곡
distCoeff = np.float64([k1, k2, p1, p2])

# 임의의 값으로 카메라 매트릭스 설정
fx, fy = 10, 10
cx, cy = width/2, height/2
camMtx = np.float32([[fx,0, cx],
                     [0, fy, cy],
                     [0 ,0 ,1]])

# 왜곡 변형
dst = cv2.undistort(img,camMtx,distCoeff)

cv2.imshow('original', img)
cv2.imshow('dst',dst)
cv2.waitKey(0)
cv2.destroyAllWindows()
```

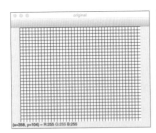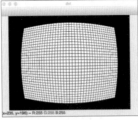

[그림 5-23] [예제 5-14]의 실행 결과

[예제 5-14]는 [예제 5-13]의 방사 왜곡을 cv2.undistort() 함수로 구현하였습니다. 카메라 매트릭스 fx, fy는 임의의 값으로 지정했고, cx, cy는 영상의 중앙 지점을 계산해서 지정했습니다. 왜곡 계수 k1 값에 0.0001 정도의 양수에서부터 배럴 왜곡이 시작되고 -0.0001 정도의 작은 음수를 지정하면 핀쿠션 왜곡이 발생합니다.

5.4 실전 워크숍

5.4.1 모자이크 처리 1

사진의 특정 영역을 마우스로 선택하면 그 영역을 모자이크 처리하게 해보세요.

[그림 5-24] 모자이크 처리 예시

[힌트]

특정 영역을 작게 축소했다가 다시 확대하면 원래의 픽셀과 비슷하긴 하지만, 보간법에 의해서 연산한 결과라서 선명도가 떨어져 뿌옇게 보입니다. 보간법 알고리즘으로는 cv2.INTER_AREA를 사용하면 예시에서처럼 저해상도 픽셀처럼 됩니다.

[풀이]

[예제 5-15] 모자이크 처리 풀이 결과

[예제 5-15] 모자이크 처리 풀이 결과(workshop_mosaic.py)

```python
import cv2

rate = 15                # 모자이크에 사용할 축소 비율 (1/rate)
win_title = 'mosaic'     # 창 제목
img = cv2.imread('../img/taekwonv1.jpg')     # 이미지 읽기

while True:
    x,y,w,h = cv2.selectROI(win_title, img, False) # 관심영역 선택
    if w and h:
        roi = img[y:y+h, x:x+w]     # 관심영역 지정
        roi = cv2.resize(roi, (w//rate, h//rate)) # 1/rate 비율로 축소
        # 원래 크기로 확대
        roi = cv2.resize(roi, (w,h), interpolation=cv2.INTER_AREA)
        img[y:y+h, x:x+w] = roi     # 원본 이미지에 적용
        cv2.imshow(win_title, img)
    else:
        break
cv2.destroyAllWindows()
```

5.4.2 포토샵 리퀴파이 도구

보통 사진이 실물보다 잘 나오면 '뽀샵'했다고 하는데, 포토샵에는 사진의 원하는 부분만 작게 하거나 크게 하는 리퀴파이(Liquify)라는 도구가 있어서 얼굴이나 몸매를 보정하는 데 많이 쓰기 때문입니다. Liquify는 '액체로 만들다'라는 뜻으로 영상 분야에서는 영상의 일부분을 액체 괴물처럼 흐물거리게 해서 모양을 바꾸는 효과를 말합니다. 영화《터미네이터2》의 액체 금속 로봇 T-1000은 몸을 자유자재로 바꾸는데, 이때 몸이 변하는 장면에 사용하는 기법도 리퀴파이입니다.

[그림 5-25]처럼 마우스로 특정 부분만 변환하는 포토샵의 리퀴파이 기능을 만들어 보세요.

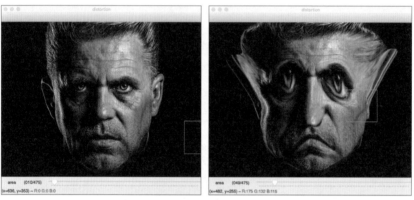

[그림 5-25] 리퀴파이 변환 사례

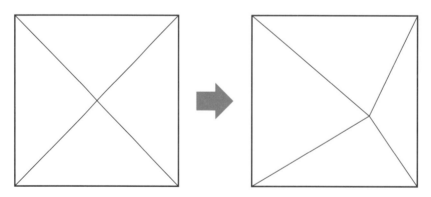

[그림 5-26] 4개의 삼각형 어핀 변환

[힌트]

[그림 5-26]처럼 사각형 영역을 4개의 삼각형으로 나누어 마우스의 위치를 그 중심점으로 하게 합니다.

마우스를 드래그하면 드래그를 시작한 중심점에서 드래그가 끝난 좌표를 얻어서 새로운 삼각형 좌표 4개를 얻습니다. 새로운 좌표만큼 4개의 삼각형을 어핀 변환합니다. 삼각형 어핀 변환은 5.2.3절 "삼각형 어핀 변환"을 참고하세요.

[풀이]

[예제 5-16] 포토샵 리퀴파이 도구 풀이 결과

[예제 5-16] 포토샵 리퀴파이 도구 풀이 결과(workhop_liquify_tool.py)

```python
import cv2
import numpy as np

win_title = 'Liquify'      # 창 이름
half = 50                   # 관심영역 절반 크기
isDragging = False          # 드래그 여부 플래그

# 리퀴파이 함수
def liquify(img, cx1,cy1, cx2,cy2) :
    # 대상 영역 좌표와 크기 설정
    x, y, w, h = cx1-half, cy1-half, half*2, half*2
    # 관심영역 설정
    roi = img[y:y+h, x:x+w].copy()
    out = roi.copy()

    # 관심영역 기준으로 좌표 재설정
    offset_cx1,offset_cy1 = cx1-x, cy1-y
    offset_cx2,offset_cy2 = cx2-x, cy2-y

    # 변환 이전 4개의 삼각형 좌표
    tri1 = [[ (0,0), (w, 0), (offset_cx1, offset_cy1)],   # 상,top
            [ [0,0], [0, h], [offset_cx1, offset_cy1]],   # 좌,left
            [ [w, 0], [offset_cx1, offset_cy1], [w, h]],  # 우, right
            [ [0, h], [offset_cx1, offset_cy1], [w, h]]]  # 하, bottom

    # 변환 이후 4개의 삼각형 좌표
    tri2 = [[ [0,0], [w,0], [offset_cx2, offset_cy2]],    # 상, top
            [ [0,0], [0, h], [offset_cx2, offset_cy2]],   # 좌, left
            [ [w,0], [offset_cx2, offset_cy2], [w, h]],   # 우, right
            [ [0,h], [offset_cx2, offset_cy2], [w, h]]]   # 하, bottom


    for i in range(4):
        # 각각의 삼각형 좌표에 대해 어핀 변환 적용
        matrix = cv2.getAffineTransform( np.float32(tri1[i]), \
                                         np.float32(tri2[i]))
```

```python
        warped = cv2.warpAffine( roi.copy(), matrix, (w, h), \
            None, flags=cv2.INTER_LINEAR, borderMode=cv2.BORDER_REFLECT_101)
        # 삼각형 모양의 마스크 생성
        mask = np.zeros((h, w), dtype = np.uint8)
        cv2.fillConvexPoly(mask, np.int32(tri2[i]), (255,255,255))

        # 마스킹 후 합성
        warped = cv2.bitwise_and(warped, warped, mask=mask)
        out = cv2.bitwise_and(out, out, mask=cv2.bitwise_not(mask))
        out = out + warped

    # 관심영역을 원본 영상에 합성
    img[y:y+h, x:x+w] = out
    return img

# 마우스 이벤트 핸들 함수
def onMouse(event,x,y,flags,param):
    global cx1, cy1, isDragging, img       # 전역변수 참조
    # 마우스 중심점을 기준으로 대상 영역 따라다니기
    if event == cv2.EVENT_MOUSEMOVE:
        if not isDragging :
            img_draw = img.copy()
            # 드래그 영역 표시
            cv2.rectangle(img_draw, (x-half, y-half), \
                    (x+half, y+half), (0,255,0))
            cv2.imshow(win_title, img_draw) # 사각형으로 표시된 그림 화면 출력
    elif event == cv2.EVENT_LBUTTONDOWN :
        isDragging = True                  # 드래그 시작
        cx1, cy1 = x, y                    # 드래그가 시작된 원래의 위치 좌표 저장
    elif event == cv2.EVENT_LBUTTONUP :
        if isDragging:
            isDragging = False             # 드래그 끝
            # 드래그 시작 좌표와 끝 좌표로 리퀴파이 적용 함수 호출
            liquify(img, cx1, cy1, x, y)
            cv2.imshow(win_title, img)

if __name__ == '__main__' :
    img = cv2.imread("../img/man_face.jpg")
    h, w = img.shape[:2]

    cv2.namedWindow(win_title)
    cv2.setMouseCallback(win_title, onMouse)
    cv2.imshow(win_title, img)
    while True:
        key = cv2.waitKey(1)
        if key & 0xFF == 27:
            break
    cv2.destroyAllWindows()
```

이 예제에 얼굴 인식과 들로네 삼각분할을 적용하면 얼굴 간의 모핑이나 스와핑 효과를 만들 수 있습니다. 얼굴 스와핑은 부록에서 다룹니다.

5.4.3 왜곡 거울 카메라

맥OS에는 포토부스라는 앱이 깔려서 나오는데, 카메라에 여러 가지 왜곡 필터를 적용해서 재밌는 사진을 찍을 수 있습니다. 독자 여러분도 놀이 동산에나 있을 법한 마법 거울의 방 같은 왜곡 카메라를 직접 만들어 보세요.

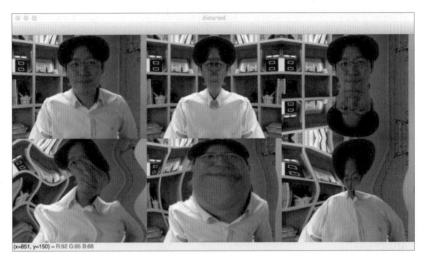

[그림 5-27] 왜곡 거울 카메라 사례

[힌트]

5.3절 "렌즈 왜곡"을 참고해서 하나의 영상에 원본, 좌우 거울 왜곡, 상하 거울 왜곡, 물결 왜곡, 볼록 렌즈 왜곡, 오목 렌즈 왜곡 효과를 모두 하나의 영상에 병합해서 출력합니다.

각각의 왜곡 효과를 위한 리매핑 좌표는 새로운 프레임마다 매번 구할 필요는 없고 한번 만들어진 리매핑 좌표에 새로운 프레임을 리매핑하기만 하면 됩니다.

[풀이]

[예제 5-17] 왜곡 거울 카메라

[예제 5-17] 왜곡 거울 카메라(workshop_distotion_camera.py)

```python
import cv2
import numpy as np

cap = cv2.VideoCapture(0)
cap.set(cv2.CAP_PROP_FRAME_WIDTH, 320)
cap.set(cv2.CAP_PROP_FRAME_HEIGHT, 240)
rows, cols = 240, 320
map_y, map_x = np.indices((rows, cols), dtype=np.float32)

# 거울 왜곡 효과
map_mirrorh_x,map_mirrorh_y = map_x.copy(), map_y.copy()
map_mirrorv_x,map_mirrorv_y = map_x.copy(), map_y.copy()
## 좌우 대칭 거울 좌표 연산
map_mirrorh_x[: , cols//2:] = cols - map_mirrorh_x[:, cols//2:]-1
## 상하 대칭 거울 좌표 연산
map_mirrorv_y[rows//2:, :] = rows - map_mirrorv_y[rows//2:, :]-1

# 물결 효과
map_wave_x, map_wave_y = map_x.copy(), map_y.copy()
map_wave_x = map_wave_x + 15*np.sin(map_y/20)
map_wave_y = map_wave_y + 15*np.sin(map_x/20)


# 렌즈 효과
## 렌즈 효과, 중심점 이동
map_lenz_x = 2*map_x/(cols - 1) - 1
map_lenz_y = 2*map_y/(rows - 1) - 1
## 렌즈 효과, 극좌표 변환
r, theta = cv2.cartToPolar(map_lenz_x, map_lenz_y)
r_convex = r.copy()
r_concave = r
## 볼록 렌즈 효과 매핑 좌표 연산
r_convex[r< 1] = r_convex[r<1] **2
print(r.shape, r_convex[r<1].shape)
## 오목 렌즈 효과 매핑 좌표 연산
r_concave[r< 1] = r_concave[r<1] **0.5
## 렌즈 효과, 직교 좌표 복원
map_convex_x, map_convex_y = cv2.polarToCart(r_convex, theta)
map_concave_x, map_concave_y = cv2.polarToCart(r_concave, theta)
## 렌즈 효과, 좌상단 좌표 복원
map_convex_x = ((map_convex_x + 1)*cols - 1)/2
map_convex_y = ((map_convex_y + 1)*rows - 1)/2
map_concave_x = ((map_concave_x + 1)*cols - 1)/2
map_concave_y = ((map_concave_y + 1)*rows - 1)/2

while True:
    ret, frame = cap.read()
    # 준비한 매핑 좌표로 영상 효과 적용
```

```
        mirrorh=cv2.remap(frame,map_mirrorh_x,map_mirrorh_y,cv2.INTER_LINEAR)
        mirrorv=cv2.remap(frame,map_mirrorv_x,map_mirrorv_y,cv2.INTER_LINEAR)
        wave = cv2.remap(frame,map_wave_x,map_wave_y,cv2.INTER_LINEAR, \
                        None, cv2.BORDER_REPLICATE)
        convex = cv2.remap(frame,map_convex_x,map_convex_y,cv2.INTER_LINEAR)
        concave = cv2.remap(frame,map_concave_x,map_concave_y,cv2.INTER_LINEAR)
        # 영상 합치기
        r1 = np.hstack(( frame, mirrorh, mirrorv))
        r2 = np.hstack(( wave, convex, concave))
        merged = np.vstack((r1, r2))

        cv2.imshow('distorted',merged)
        if cv2.waitKey(1) & 0xFF== 27:
            break
cap.release
cv2.destroyAllWindows()
```

이 예제는 얼굴과 얼굴의 각 부위를 인식하게 해서 스냅챗이나 스노우 카메라와 같은 재미있는 왜곡 카메라를 만드는 데 사용할 수 있습니다.

6장

영상 필터

필터(filter)는 우리말로는 거름망이나 여과기 정도인데, 영상 처리에서는 입력 값에서 원하지 않는 값은 걸러내고 원하는 결과만을 얻는다는 의미로 쓰입니다. 필터는 영상을 흐릿하게 만들거나 또렷하게 만들기도 해서 영상의 품질을 높이기도 하지만, 엣지(edge, 경계)를 검출하고 엣지의 방향을 알아내는 등 객체 인식과 분리의 기본이 되는 정보를 계산하기도 합니다.

영상 처리는 새로운 영상을 얻기 위해 기존 픽셀 값에 어떠한 연산을 가해서 새로운 픽셀 값을 얻는 작업입니다. 새로운 픽셀 값을 얻을 때 기존 픽셀 값 하나가 아닌 그 픽셀과 주변 픽셀들의 값을 활용하는 방법을 공간 영역 필터(spacial domain filter)라고 하며, 픽셀 값들의 차이를 주파수로 변환해서 활용하는 방법을 주파수 영역 필터(frequency domain filter)라고 합니다. 이 책에서는 컴퓨터 비전 입문에 꼭 필요한 공간 영역 필터만 다루며, 주파수 영역 필터에 대해서는 향후에 관심을 갖고 공부해 보기 바랍니다.

6.1 컨볼루션과 블러링

컨볼루션(convolution) 연산은 공간 영역 필터의 핵심이라 할 수 있습니다. 이 절에서는 영상을 흐릿하게 만드는 블러링(blurring)을 사례로 컨볼루션 연산이 어떻게 동작하는지 알아봅니다.

6.1.1 필터와 컨볼루션

공간 영역 필터는 연산 대상 픽셀과 그 주변 픽셀 값을 활용하는데, 이때 그 주변 픽셀들 중에 어디까지를 포함할 것인지 그리고 결과 값을 어떻게 산출할 것인지를 결정하는 것이 커널입니다. n × n 크기의 커널(kernel)은 윈도(window), 필터(filter), 마스크(mask)라고도 부르는데, 커널의 각 요소와 대응하는 입력 픽셀 값을 곱해서 모두 합한 것을 결과 픽셀 값으로 결정하고, 이것을 마지막 픽셀까지 반복하는 것을 컨볼루션 연산이라고 합니다.

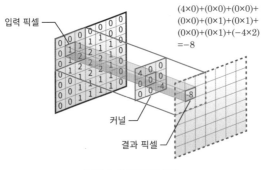

[그림 6-1] 컨볼루션 연산

[그림 6-1]은 3 × 3 크기의 커널로 컨볼루션 연산을 하는 모습을 나타냅니다. 이런 방법으로 하나의 픽셀 값이 결정되면 한 칸 옮겨서 같은 연산을 반복하는 식으로 마지막 픽셀까지 적용하면 커널에 지정한 값의 비중에 따라 주변 요소들의 값이 반영된 새로운 영상을 얻을 수 있습니다. 이때 커널의 크기와 값을 어떻게 하느냐에 따라 결과 영상에 필터를 적용한 효과가 달라집니다. 예를 들면 주변 요소 값들의 평균 값을 반영하면 전체적인 영상은 흐릿해지고 주변 요소 값들과의 차이를 반영하면 또렷해집니다.

OpenCV는 컨볼루션 연산을 담당하는 cv2.filter2D() 함수를 제공합니다.

- dst = cv2.filter2D(src, ddepth, kernel[, dst, anchor, delta, borderType])
  - src: 입력 영상, NumPy 배열
  - ddepth: 출력 영상의 dtype
    - -1: 입력 영상과 동일
    - CV_8U, CV16U/CV16S, CV_32F, CV_64F
  - kernel: 컨볼루션 커널, float32의 n × n 크기의 배열
  - dst: 결과 영상, NumPy 배열
  - anchor: 커널의 기준점, default: 중심점(-1, -1)
  - delta: 필터 적용된 결과에 추가할 값
  - borderType: 외곽 픽셀 보정 방법 지정

6.1.2 평균 블러링

영상을 초점이 맞지 않은 것처럼 흐릿하게 만드는 것을 블러링(blurring) 또는 스무딩(smoothing)이라고 합니다. 블러링을 적용하는 가장 손쉬운 방법은 주변 픽셀 값들의 평균을 적용하는 것입니다. 평균 값을 적용한다는 것은 다른 픽셀과 비슷한 값을 갖게 하는 것이므로 전체적인 영상의 픽셀 값의 차이가 적어져서 이미지는 흐릿해집니다. 특정 영역의 픽셀들의 평균을 구하는 것은 $\frac{1}{n}$ 값을 커널에 적용해서 컨볼루션하는 것과 같습니다. 다음 식은 5×5 크기의 커널에 평균 값을 의미하는 커널을 표현하고 있습니다.

$$k = \frac{1}{25} \begin{bmatrix} 1 & 1 & 1 & 1 & 1 \\ 1 & 1 & 1 & 1 & 1 \\ 1 & 1 & 1 & 1 & 1 \\ 1 & 1 & 1 & 1 & 1 \\ 1 & 1 & 1 & 1 & 1 \end{bmatrix} \quad k = \begin{bmatrix} 0.04 & 0.04 & 0.04 & 0.04 & 0.04 \\ 0.04 & 0.04 & 0.04 & 0.04 & 0.04 \\ 0.04 & 0.04 & 0.04 & 0.04 & 0.04 \\ 0.04 & 0.04 & 0.04 & 0.04 & 0.04 \\ 0.04 & 0.04 & 0.04 & 0.04 & 0.04 \end{bmatrix}$$

[예제 6-1]은 이 5×5 평균 필터를 생성해서 **cv2.filter2D()** 함수로 컨볼루션 적용합니다.

[예제 6-1] 평균 필터를 생성해서 블러 적용(blur_avg_kernel.py)

```python
import cv2
import numpy as np

img = cv2.imread('../img/girl.jpg')
'''
# 5x5 평균 필터 커널 생성   ---①
kernel = np.array([[0.04, 0.04, 0.04, 0.04, 0.04],
                   [0.04, 0.04, 0.04, 0.04, 0.04],
                   [0.04, 0.04, 0.04, 0.04, 0.04],
                   [0.04, 0.04, 0.04, 0.04, 0.04],
                   [0.04, 0.04, 0.04, 0.04, 0.04]])
'''
# 5x5 평균 필터 커널 생성 ---②
kernel = np.ones((5,5))/5**2
# 필터 적용       ---③
blured = cv2.filter2D(img, -1, kernel)

# 결과 출력
cv2.imshow('origin', img)
cv2.imshow('avrg blur', blured)
cv2.waitKey()
cv2.destroyAllWindows()
```

[그림 6-2] [예제 6-1]의 실행 결과

[예제 6-1]의 코드 ①에서 평균 필터를 생성하였는데, 이것은 독자의 이해를 돕기 위한 것이고 코드 ②와 같이 NumPy 함수와 연산으로 간단히 생성해서 대신할 수 있습니다. 코드 ③에서 cv2.filter2D() 함수로 필터를 적용합니다.

OpenCV는 개발자가 직접 커널을 생성하지 않고도 평균 블러를 할 수 있게 함수를 몇 가지 더 제공합니다.

- dst = cv2.blur(src, ksize[, dst, anchor, borderType])
  - src: 입력 영상, NumPy 배열
  - ksize: 커널의 크기
  - 나머지 인자는 cv2.filter2D()와 동일
- dst = cv2.boxFilter(src, ddepth, ksize[, dst, anchor, normalize, borderType])
  - src: 입력 영상, NumPy 배열
  - ddepth: 출력 영상의 dtype, -1: 입력 영상과 동일
  - normalize: 커널 크기로 정규화($\frac{1}{\text{ksize}^2}$) 지정 여부, 불(boolean)
  - 나머지 인자는 cv2.filter2D()와 동일

cv2.blur() 함수는 커널의 크기만 지정하면 알아서 평균 커널을 생성해서 블러링 적용한 영상을 만들어 냅니다. 이때 커널 크기는 홀수를 사용하는 것이 일반적입니다.

cv2.boxFilter() 함수는 normalize 인자에 True를 지정하면 cv2.blur() 함수와 같습니다. 만약 False를 지정하면 커널 영역의 모든 픽셀의 합을 구하게 되는데, 이것은 밀도를 이용한 객체 추적 알고리즘에서 사용합니다. 객체 추적 알고리즘에 대해서는 8.5.2절 "옵티컬 플로"에서 다룹니다.

[예제 6-2] 블러 전용 함수로 블러링 적용(blur_avg_api.py)

```python
import cv2
import numpy as np

file_name = '../img/taekwonv1.jpg'
img = cv2.imread(file_name)

# blur() 함수로 블러링 ---①
blur1 = cv2.blur(img, (10,10))
# boxFilter() 함수로 블러링 적용 ---②
blur2 = cv2.boxFilter(img, -1, (10,10))

# 결과 출력
merged = np.hstack( (img, blur1, blur2))
cv2.imshow('blur', merged)
cv2.waitKey(0)
cv2.destroyAllWindows()
```

[그림 6-3] [예제 6-2]의 실행 결과

[예제 6-2]는 커널 크기를 (10, 10)으로 코드 ①에서 **cv2.blur()**로 블러링을 적용했고, 코드 ②에서는 **cv2.boxFilter()** 함수로 블러링을 적용합니다.

6.1.3 가우시안 블러링

평균이 아닌 가우시안 분포를 갖는 커널로 블러링을 하는 것을 가우시안 블러링이라고 합니다. 아래에 나타낸 커널처럼 중앙 값이 가장 크고 멀어질수록 그 값이 작아지는 커널을 사용하는 것을 말합니다.

$$k = \frac{1}{16}\begin{bmatrix} 1 & 2 & 1 \\ 2 & 4 & 2 \\ 1 & 2 & 1 \end{bmatrix}$$

이렇게 하면 새로운 픽셀 값을 선정할 때 대상 픽셀에 가까울수록 많은 영향을 주고, 멀어질수록 적은 영향을 주기 때문에 원래의 영상과 비슷하면서도 노이즈를 제거하는 효과가 있습니다.

> 📖 **가우시안 분포(Gaussian Distribution)**
>
> 가우시안 분포는 정규 분포(normal distribution)라고도 하며, 평균 근처에 모여 있는 값들의 개수가 많고 평균에서 멀어질수록 그 개수가 적어지는 분포를 말합니다. 예를 들어 어떤 학교에서 전체 평균 점수가 80점인데 80점 맞은 학생이 많고, 100점이나 0점을 맞은 학생은 별로 없으면 그것이 가우시안 분포입니다. 이것을 그래프로 표현하면 [그림 6-4]와 같이 봉우리 모양으로 나타낼 수 있습니다.
>
>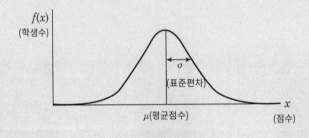
>
> [그림 6-4] 가우시안 분포
>
> 평균에서 얼마나 떨어져 있는지를 나타내는 것을 표준편차(standard deviation)라고 하며, 수학식에는 σ(sigma, 시그마)로 표현합니다. 표준편차가 커지면 봉우리의 폭이 넓어지면서 낮아지고 표준편차가 작아지면 폭이 좁아지면서 봉우리가 높아집니다. 다시 학교 성적으로 예를 들면 전체 학생 점수의 평균이 80점일 때 실제로 80점 비슷한 점수를 맞은 학생이 많으면 표준편차가 작다고 하고 그 반대로 80점과 비슷한 점수를 받은 학생이 별로 없으면 표준편차가 크다고 합니다.
>
> 가우시안 함수는 이 분포를 따르는 함수이고 평균과 표준편차에 의해 결정됩니다.

OpenCV는 가우시안 분포 커널로 블러링을 적용하는 함수를 아래와 같이 제공합니다.

- cv2.GaussianBlur(src, ksize, sigmaX[, sigmaY, borderType])
  - src: 입력 영상

- ksize: 커널 크기, 홀수
- sigmaX: X 방향 표준편차
  - 0: auto, $\sigma = 0.3((ksize - 1)0.5 - 1) + 0.8$
- sigmaY: Y 방향 표준편차
  - default: sigmaX
- borderType: 외곽 테두리 보정 방식
- ret = cv2.getGaussianKernel(ksize, sigma[, ktype])
  - ret: 가우시안 커널(1차원이므로 ret * ret.T 형태로 사용)

cv2.GaussianBlur() 함수는 ksize에 커널 크기와 sigmaX, sigmaY에 표준편차 값을 전달하면 가우시안 필터를 적용한 블러링을 적용합니다. 이때 sigmaX에 0(영)을 전달하면 자동으로 표준편차 값을 선택해서 사용하고, sigmaY 값을 생략하면 sigmaX 값과 동일하게 적용합니다.

cv2.getGaussiankernel() 함수는 커널 크기와 표준편차 값을 전달하면 그에 맞는 가우시안 블러링 커널을 만들어서 반환합니다. 이 함수의 인자는 cv2.Gaussian Blur() 함수와 다를 것이 없습니다. 다만 반환 값은 2차원이 아닌 1차원 배열이므로 cv2.filter2D() 함수에 사용하려면 ret * ret.T와 같은 꼴로 사용해야 합니다.

[예제 6-3] 가우시안 블러(blur_gaussian.py)

```python
import cv2
import numpy as np

img = cv2.imread('../img/gaussian_noise.jpg')

# 가우시안 커널을 직접 생성해서 블러링 ---①
k1 = np.array([[1, 2, 1],
               [2, 4, 2],
               [1, 2, 1]]) *(1/16)
blur1 = cv2.filter2D(img, -1, k1)

# 가우시안 커널을 API로 얻어서 블러링 ---②
k2 = cv2.getGaussianKernel(3, 0)
blur2 = cv2.filter2D(img, -1, k2*k2.T)

# 가우시안 블러 API로 블러링 ---③
blur3 = cv2.GaussianBlur(img, (3, 3), 0)

# 결과 출력
print('k1:', k1)
print('k2:', k2*k2.T)
```

```
merged = np.hstack((img, blur1, blur2, blur3))
cv2.imshow('gaussian blur', merged)
cv2.waitKey(0)
cv2.destroyAllWindows()
```

출력 결과

```
k1: [[0.0625 0.125  0.0625]
 [0.125  0.25   0.125 ]
 [0.0625 0.125  0.0625]]
k2: [[0.0625 0.125  0.0625]
 [0.125  0.25   0.125 ]
 [0.0625 0.125  0.0625]]
```

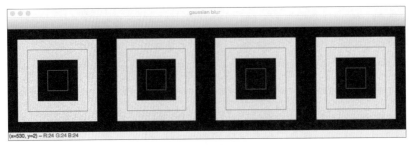

[그림 6-5] [예제 6-3]의 실행 결과

[예제 6-3]은 같은 결과를 세 가지 방법으로 접근합니다. 코드 ①은 앞서 설명한 가우시안 커널을 직접 생성해서 cv2.filter2D() 함수로 블러링을 적용합니다. 코드 ②는 cv2.getGaussianKernel() 함수로 가우시안 커널을 얻어서 블러링을 적용합니다. 코드 ③은 cv2.GauusianBlur() 함수만으로 블러링을 적용합니다.

콘솔에 출력한 결과를 보면 코드 ①과 ②가 같다는 것을 알 수 있고 실행 결과인 [그림 6-5]를 보면 노이즈 제거에 효과가 있는 것을 알 수 있습니다.

6.1.4 미디언 블러링

커널 영역 픽셀 값 중에 중간 값을 대상 픽셀의 값으로 선택하는 것을 미디언(median) 블러링이라고 합니다. 이전까지의 블러링은 원본 픽셀 값에 대해 새로운 값이 생성되는 것에 비해서 이 필터는 기존 픽셀 값 중에 하나를 선택하므로 기존 값을 재활용한다는 특징이 있습니다. 이 필터는 소금-후추(salt-and-pepper, 소금과 후추를 뿌린 듯한) 잡음 제거에 효과적입니다.

OpenCV는 이것을 위해 cv2.medianBlur() 함수를 제공합니다.

- dst = cv2.medianBlur(src, ksize)
  - src: 입력 영상, NumPy 배열
  - ksize: 커널 크기

[예제 6-4] 미디언 블러링(blur_median.py)

```python
import cv2
import numpy as np

img = cv2.imread("../img/salt_pepper_noise.jpg")

# 미디언 블러 적용
blur = cv2.medianBlur(img, 5)

# 결과 출력
merged = np.hstack((img,blur))
cv2.imshow('media', merged)
cv2.waitKey(0)
cv2.destroyAllWindows()
```

[그림 6-6] [예제 6-4]의 실행 결과

6.1.5 바이레터럴 필터

블러링 필터는 대체로 잡음을 제거하는 데 효과가 있지만, 경계(edge)도 흐릿하게 만드는 문제를 가지고 있습니다. 바이레터럴(bilateral) 필터는 이 문제를 개선[1]하기 위해 가우시안 필터와 경계 필터 2개를 사용하는데, 그 결과 노이즈는 없고 경계가 비교적 또렷한 영상을 얻을 수 있지만 속도가 느리다는 단점이 있습니다. 다음은 OpenCV에서 제공하는 함수입니다.

---

1 자세한 알고리즘은 다음 URL을 참고하기 바랍니다.
  http://homepages.inf.ed.ac.uk/rbf/CVonline/LOCAL_COPIES/MANDUCHI1/Bilateral_Filtering.html

- dst = cv2.bilateralFilter(src, d, sigmaColor, sigmaSpace[, dst, borderType])

  - src: 입력 영상, NumPy 배열

  - d: 필터의 직경(diameter), 5보다 크면 매우 느림

  - sigmaColor: 색공간 필터의 시그마 값

  - sigmaSpace: 좌표 공간의 시그마 값(단순한 사용을 위해 sigmaColor와 sigmaSpace에 같은 값을 사용할 것을 권장하며, 범위는 10~150을 권장함)

[예제 6-5] 바이레터럴 필터와 가우시안 필터 비교(blur_bilateral.py)

```python
import cv2
import numpy as np

img = cv2.imread("../img/gaussian_noise.jpg")

# 가우시안 필터 적용 ---①
blur1 = cv2.GaussianBlur(img, (5,5), 0)

# 바이레터럴 필터 적용 ---②
blur2 = cv2.bilateralFilter(img, 5, 75, 75)

# 결과 출력
merged = np.hstack((img, blur1, blur2))
cv2.imshow('bilateral', merged)
cv2.waitKey(0)
cv2.destroyAllWindows()
```

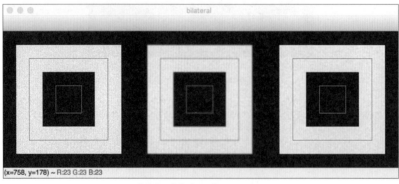

[그림 6-7] [예제 6-5]의 실행 결과

[예제 6-5]는 가우시안 필터(코드 ①)와 바이레터럴 필터(코드 ②)를 각각 적용해서 출력하고 있습니다. 노이즈는 줄고 경계는 유지되는 것을 확인할 수 있습니다.

　　cv2.bilateralFilter() 함수에 시그마 값을 150 이상 지정하면 스케치 효과를 얻을 수 있습니다.

6.2 경계 검출

영상에서 경계(edge, 엣지)를 검출하는 것은 배경과 전경을 분리하는 데 가장 기본적인 작업입니다. 우리가 물체를 알아보는 것도 배경과 전경을 분리하는 경계 검출 없이는 불가능한 일입니다. 흔히 눈이 나쁘다는 말은 배경과 전경의 경계를 잘 알아보지 못한다는 것을 의미하는 경우가 많습니다. 경계 검출은 객체 인식과 추적의 첫걸음에 해당하는 아주 중요한 작업입니다.

　앞서 알아본 필터는 영상을 흐릿하게 만들었는데, 그 반대로 영상의 경계를 선명하게 만드는 것을 샤프닝(sharping)이라고 합니다. 샤프닝은 결국 경계를 검출해서 경계에 있는 픽셀만을 골라서 강조하는 것을 말합니다.

6.2.1 기본 미분 필터

경계를 검출하려면 픽셀 값의 변화가 갑자기 크게 일어나는 지점을 찾아내야 하는데, 이것은 연속된 픽셀 값에 미분 연산을 하면 알 수 있습니다. 영상 속의 픽셀 데이터는 현실과 같은 연속된 공간이 아니므로 이산화시켜서 근사 값으로 간소화해야 합니다. 간소화한 미분 공식은 아래와 같습니다.

$$Gx = \frac{\partial f(x,y)}{\partial x} \approx f_{x+1,y} - f_{x,y}$$

$$Gy = \frac{\partial f(x,y)}{\partial y} \approx f_{x,y+1} - f_{x,y}$$

이 공식은 조금 어려워 보이지만 결국 x축과 y축 각각의 방향에서 다음 픽셀의 값에서 현재 픽셀의 값을 빼라는 것입니다. 이것을 그림으로 표현하면 [그림 6-8]과 같습니다.

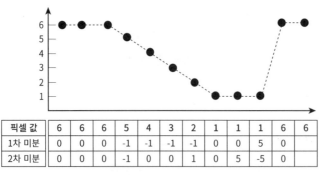

[그림 6-8] 픽셀에 대한 미분 연산

영상에 대한 미분 연산을 컨볼루션 커널로 만들면 다음과 같습니다.

$$Gx = \begin{bmatrix} -1 & 1 \end{bmatrix}$$

$$Gy = \begin{bmatrix} -1 \\ 1 \end{bmatrix}$$

[예제 6-6] 미분 커널로 경계 검출(edge_differential.py)

```python
import cv2
import numpy as np

img = cv2.imread("../img/sudoku.jpg")

# 미분 커널 생성 ---①
gx_kernel = np.array([[ -1, 1]])
gy_kernel = np.array([[ -1],[ 1]])

# 필터 적용 ---②
edge_gx = cv2.filter2D(img, -1, gx_kernel)
edge_gy = cv2.filter2D(img, -1, gy_kernel)

# 결과 출력
merged = np.hstack((img, edge_gx, edge_gy))
cv2.imshow('edge', merged)
cv2.waitKey(0)
cv2.destroyAllWindows()
```

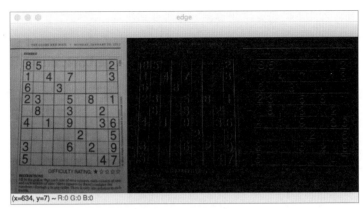

[그림 6-9] [예제 6-6]의 실행 결과

[예제 6-6]은 코드 ①에서 각각 x방향과 y방향 미분 마스크를 생성해서 코드 ②에서
cv2.filter2D() 함수로 컨볼루션을 수행합니다. 결과인 [그림 6-9]를 보면 x방향 미분
마스크는 세로 방향 경계를 검출하고, 반대로 y방향 미분 마스크는 가로 방향 미분
마스크를 검출하는 것을 알 수 있습니다.

근사 값이긴 하지만 미분으로 얻은 엣지 정보는 각각 x축과 y축에 대한 값의 변화
를 나타내는 것이고 이것을 기울기, 즉 그레이디언트(gradient)라고 합니다. G_x, G_y
이 두 값을 이용하면 엣지의 강도(magnitude)와 방향(direction)이라는 두 가지 중
요한 정보를 추가로 얻을 수 있는데, 아래의 식은 그 방법을 설명합니다.

$$\text{magnitude} = \sqrt{G_x^2 + G_y^2}$$

$$\text{direction}(\theta) = \arctan(\frac{G_y}{G_x})$$

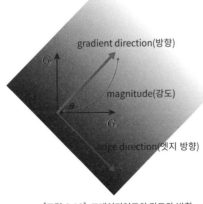

[그림 6-10] 그레이디언트의 강도와 방향

[그림 6-10]은 G_x, G_y로 강도와 방향을 어떻게 구하는지 그림으로 설명하고 있습니다. 이때 주의해야 할 것은 그레이디언트의 방향과 엣지의 방향은 같은 방향을 가리키는 것이 아니라 서로 수직이라는 것입니다. 이 값들은 영상의 특징을 묘사하는 중요한 단서가 되고 이것들로 영상끼리 얼마나 비슷한지도 알아낼 수 있습니다. 이와 관련해서는 8장 "영상 매칭과 추적"에서 자세히 다룹니다.

6.2.2 로버츠 교차[2] 필터

1963년 로렌스 로버츠(Lawrence Roberts)는 기본 미분 커널을 개선한 커널을 제안했습니다.

$$Gx = \begin{bmatrix} +1 & 0 \\ 0 & -1 \end{bmatrix}$$

$$Gy = \begin{bmatrix} +1 & 0 \\ 0 & -1 \end{bmatrix}$$

이 커널은 대각선 방향으로 1과 −1을 배치해서 사선 경계 검출 효과를 높였지만 노이즈에 민감하고 엣지 강도가 약한 단점이 있습니다. [예제 6-7]은 로버츠 마스크를 적용해서 경계를 검출합니다.

[예제 6-7] 로버츠 마스크를 적용한 경계 검출(edge_roberts.py)

```python
import cv2
import numpy as np

img = cv2.imread("../img/sudoku.jpg")

# 로버츠 커널 생성
gx_kernel = np.array([[1,0], [0,-1]])
gy_kernel = np.array([[0, 1],[-1,0]])

# 커널 적용
edge_gx = cv2.filter2D(img, -1, gx_kernel)
edge_gy = cv2.filter2D(img, -1, gy_kernel)

# 결과 출력
merged = np.hstack((img, edge_gx, edge_gy, edge_gx+edge_gy))
cv2.imshow('roberts cross', merged)
cv2.waitKey(0)
cv2.destroyAllWindows()
```

---

2 *https://en.wikipedia.org/wiki/Roberts_cross*

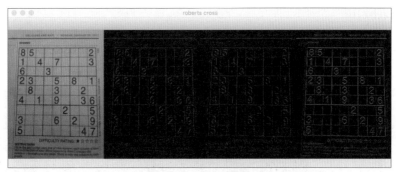

[그림 6-11] [예제 6-7]의 실행 결과

6.2.3 프리윗 필터[3]

주디스 프리윗(Judith M. S. Prewitt)이 개발한 프리윗 마스크는 각 방향으로 차분을 세 번 계산하도록 배치해서 엣지 강도가 강하고 수직과 수평 엣지를 동등하게 찾는 장점이 있지만 대각선 검출이 약합니다.

$$Gx = \begin{bmatrix} -1 & 0 & +1 \\ -1 & 0 & +1 \\ -1 & 0 & +1 \end{bmatrix}$$

$$Gy = \begin{bmatrix} -1 & -1 & -1 \\ 0 & 0 & 0 \\ +1 & +1 & +1 \end{bmatrix}$$

[예제 6-8] 프리윗 마스크를 적용한 경계 검출(edge_prewitt.py)

```python
import cv2
import numpy as np

file_name = "../img/sudoku.jpg"
img = cv2.imread(file_name)

# 프리윗 커널 생성
gx_k = np.array([[-1,0,1], [-1,0,1],[-1,0,1]])
gy_k = np.array([[-1,-1,-1],[0,0,0], [1,1,1]])

# 프리윗 커널 필터 적용
edge_gx = cv2.filter2D(img, -1, gx_k)
edge_gy = cv2.filter2D(img, -1, gy_k)

# 결과 출력
merged = np.hstack((img, edge_gx, edge_gy, edge_gx+edge_gy))
cv2.imshow('prewitt cross', merged)
```

---

3 *https://en.wikipedia.org/wiki/Prewitt_operator*

```
cv2.waitKey(0)
cv2.destroyAllWindows()
```

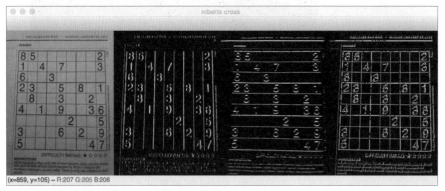

[그림 6-12] [예제 6-8]의 실행 결과

6.2.4 소벨 필터[4]

1968년 어윈 소벨(Irwin Sobel)은 중심 픽셀의 차분 비중을 두 배로 주어 수평, 수직, 대각선 경계 검출에 모두 강한 마스크를 제안합니다.

$$Gx = \begin{bmatrix} -1 & 0 & +1 \\ -2 & 0 & +2 \\ -1 & 0 & +1 \end{bmatrix}$$

$$Gy = \begin{bmatrix} -1 & -2 & -1 \\ 0 & 0 & 0 \\ +1 & +2 & +1 \end{bmatrix}$$

소벨 마스크는 가장 대표적인 1차 미분 마스크로 OpenCV는 이를 위한 전용 함수를 제공합니다. 사실 앞서 설명한 로버츠, 프리윗 등의 필터는 실무에서는 거의 사용하지 않고 역사적인 의미와 교육적인 의미만 있습니다.

- dst = cv2.Sobel(src, ddepth, dx, dy[, dst, ksize, scale, delta, borderType])
  - src: 입력 영상, NumPy 배열
  - ddepth: 출력 영상의 dtype(-1: 입력 영상과 동일)
  - dx, dy: 미분 차수(0, 1, 2 중 선택, 둘 다 0일 수는 없음)
  - ksize: 커널의 크기(1, 3, 5, 7 중 선택)

---

4 *https://en.wikipedia.org/wiki/Sobel_operator*

- scale: 미분에 사용할 계수

- delta: 연산 결과에 가산할 값

[예제 6-9] 소벨 마스크를 적용한 경계 검출(edge_sobel.py)

```python
import cv2
import numpy as np

img = cv2.imread("../img/sudoku.jpg")

# 소벨 커널을 직접 생성해서 경계 검출 ---①
## 소벨 커널 생성
gx_k = np.array([[-1,0,1], [-2,0,2],[-1,0,1]])
gy_k = np.array([[-1,-2,-1],[0,0,0], [1,2,1]])
## 소벨 필터 적용
edge_gx = cv2.filter2D(img, -1, gx_k)
edge_gy = cv2.filter2D(img, -1, gy_k)

# 소벨 API로 경계 검출 ---②
sobelx = cv2.Sobel(img, -1, 1, 0, ksize=3)
sobely = cv2.Sobel(img, -1, 0, 1, ksize=3)

# 결과 출력
merged1 = np.hstack((img, edge_gx, edge_gy, edge_gx+edge_gy))
merged2 = np.hstack((img, sobelx, sobely, sobelx+sobely))
merged = np.vstack((merged1, merged2))
cv2.imshow('sobel', merged)
cv2.waitKey(0)
cv2.destroyAllWindows()
```

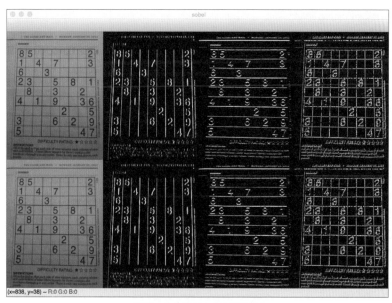

[그림 6-13] [예제 6-9]의 실행 결과

[예제 6-9]의 코드 ①은 앞서 살펴본 소벨 마스크를 생성해서 필터를 적용하고, 코드 ②는 cv2.Sobel() 함수로 필터를 적용합니다. [그림 6-13]과 같이 그 둘의 결과는 같은 것을 알 수 있습니다.

6.2.5 샤르 필터

소벨 필터는 커널의 크기가 작은 경우, 또는 커널의 크기가 크더라도 그 중심에서 멀어질수록 엣지 방향성의 정확도가 떨어지는 단점이 있는데, 이를 개선한 필터가 샤르(Scharr) 필터입니다.

$$Gx = \begin{bmatrix} -3 & 0 & +3 \\ -10 & 0 & +10 \\ -3 & 0 & +3 \end{bmatrix}$$

$$Gy = \begin{bmatrix} -3 & -10 & -3 \\ 0 & 0 & 0 \\ +3 & +10 & +3 \end{bmatrix}$$

OpenCV는 cv2.Scharr() 함수를 아래와 같이 제공합니다.

- ·dst = cv2.Scharr(src, ddepth, dx, dy[, dst, scale, delta, borderType]): 함수의 인자는 ksize가 없다는 것을 제외하면 cv2.Sobel()과 동일합니다.

[예제 6-10] 샤르 마스크를 적용한 경계 검출(edge_scharr.py)

```python
import cv2
import numpy as np

img = cv2.imread("../img/sudoku.jpg")

# 샤르 커널을 직접 생성해서 경계 검출
gx_k = np.array([[-3,0,3], [-10,0,10],[-3,0,3]])
gy_k = np.array([[-3,-10,-3],[0,0,0], [3,10,3]])
edge_gx = cv2.filter2D(img, -1, gx_k)
edge_gy = cv2.filter2D(img, -1, gy_k)

# 샤르 API로 경계 검출
scharrx = cv2.Scharr(img, -1, 1, 0)
scharry = cv2.Scharr(img, -1, 0, 1)

# 결과 출력
merged1 = np.hstack((img, edge_gx, edge_gy))
merged2 = np.hstack((img, scharrx, scharry))
merged = np.vstack((merged1, merged2))
cv2.imshow('Scharr', merged)
cv2.waitKey(0)
cv2.destroyAllWindows()
```

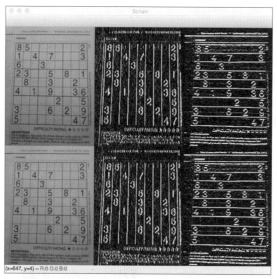

[그림 6-14] [예제 6-10]의 실행 결과

6.2.6 라플라시안 필터

기본 미분 필터에 대해 설명할 때 참조한 [그림 6-8]을 보면 미분 결과를 다시 미분하는 2차 미분을 적용하면 경계를 좀 더 확실히 검출할 수 있음을 알 수 있습니다. 라플라시안(Laplacian) 필터는 대표적인 2차 미분 마스크입니다.

2차 미분을 수식으로 나타내면 아래와 같습니다.

$$\frac{d^2 f}{dy^2} = \frac{df(x, y+1)}{dy} - \frac{df(x, y+1)}{dy}$$
$$= [f(x, y+1) - f(x, y)] - [f(x, y) - f(x, y-1)]$$
$$= f(x, y+1) - 2f(x, y) + f(x, y-1)$$

이 수식을 커널로 표현하면 아래와 같습니다.

$$kernel = \begin{bmatrix} 0 & 1 & 0 \\ 1 & -4 & 1 \\ 0 & 1 & 0 \end{bmatrix}$$

OpenCV는 라플라시안 필터를 위한 함수로 cv2.Laplacian()을 제공합니다.

- dst = cv2.Laplacian(src, ddepth[, dst, ksize, scale, delta, borderType):
  함수의 인자는 cv2.Sobel()과 동일합니다.

[예제 6-11] 라플라시안 마스크를 적용한 경계 검출(edge_laplacian.py)

```python
import cv2
import numpy as np

img = cv2.imread("../img/sudoku.jpg")

# 라플라시안 필터 적용
edge = cv2.Laplacian(img, -1)

# 결과 출력
merged = np.hstack((img, edge))
cv2.imshow('Laplacian', merged)
cv2.waitKey(0)
cv2.destroyAllWindows()
```

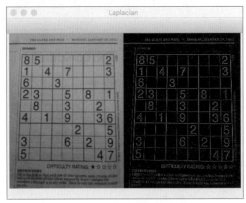

[그림 6-15] [예제 6-11]의 실행 결과

라플라시안 필터는 노이즈에 민감하므로 사전에 가우시안 필터로 노이즈를 제거하고 사용하는 것이 좋습니다.

6.2.7 캐니 엣지

1986년 존 캐니(John F. Canny)가 제안한 캐니 엣지 알고리즘은 한 가지 필터를 사용하는 것이 아니라 4단계의 알고리즘을 적용한 잡음에 강한 뛰어난 엣지 검출기입니다. 캐니 엣지 4단계 알고리즘은 다음과 같습니다.

1. 노이즈 제거(Noise Reduction): 5 × 5 가우시안 블러링 필터로 노이즈를 제거합니다.
2. 엣지 그레디언트 방향 계산: 소벨 마스크로 엣지 및 그레이디언트 방향을 검출합니다.
3. 비최대치 억제(Non-Maximum Suppression): 그레이디언트 방향에서 검출된 엣지 중에 가장 큰 값만 선택하고 나머지는 제거합니다.
4. 이력 스레시홀딩(Hysteresis Thresholding): 두 개의 경계 값(Max, Min)을 지정해서 경계 영역에 있는 픽셀들 중 큰 경계 값(Max) 밖의 픽셀과 연결성이 없는 픽셀을 제거합니다.

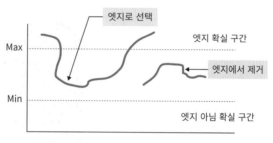

[그림 6-16] 이력 스레시홀딩 사례

OpenCV는 이와 같은 알고리즘을 구현한 cv2.Canny() 함수를 제공합니다.

- edges = cv2.Canny(img, threshold1, threshold2 [, edges, apertureSize, L2gardient])
  - img: 입력 영상, NumPy 배열
  - threshold1, threshold2: 이력 스레시홀딩에 사용할 최소, 최대 값
  - apertureSize: 소벨 마스크에 사용할 커널 크기
  - L2gradient: 그레이디언트 강도를 구할 방식 지정 플래그
    - True: $\sqrt{G_x^2 + G_y^2}$
    - False: $|G_x| + |G_y|$
  - edges: 엣지 결과 값을 갖는 2차원 배열

[예제 6-12] 캐니 엣지 검출(edge_canny.py)

```
import cv2
import numpy as np

img = cv2.imread("../img/sudoku.jpg")

# 캐니 엣지 적용
edges = cv2.Canny(img,100,200)

# 결과 출력
cv2.imshow('Original', img)
cv2.imshow('Canny', edges)
cv2.waitKey(0)
cv2.destroyAllWindows()
```

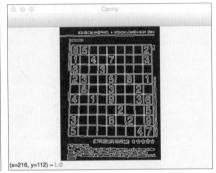

[그림 6-17] [예제 6-12]의 실행 결과

[예제 6-12]는 캐니 엣지를 적용한 코드입니다. 이 함수는 경계 검출 결과가 뛰어나고 스레시홀드 값의 지정에 따라 경계 검출 대상을 조정할 수 있어서 가장 많이 사용되는 함수입니다.

6.3 모폴로지

모폴로지(morphology)는 형태학이란 뜻으로 영상 분야에서는 노이즈 제거, 구멍 메꾸기, 연결되지 않은 경계 이어붙이기 등 형태학적 관점에서의 영상 연산을 말합니다. 모폴로지는 주로 형태를 다루는 연산이므로 바이너리 이미지를 대상으로 합니다. 대표적인 연산은 침식과 팽창이며, 이 둘을 결합한 열림과 닫힘 연산이 있습니다.

6.3.1 침식 연산

침식(erosion)은 원래 있던 객체의 영역을 깎아 내는 연산입니다. 이 연산을 위해서는 구조화 요소(structuring element)라는 0과 1로 채워진 커널이 필요한데, 1이 채워진 모양에 따라 사각형, 타원형, 십자형 등을 사용할 수 있습니다.

침식 연산은 구조화 요소 커널을 입력 영상에 적용해서 1로 채워진 영역을 온전히 올려 놓을 수 없으면 해당 픽셀을 0으로 변경합니다. 아래의 [그림 6-18]은 십자형 구조화 요소 커널에 의해 침식 연산이 일어나는 과정과 결과를 보여줍니다.

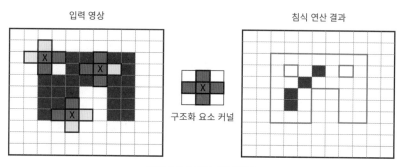

[그림 6-18] 침식 연산 개념도

OpenCV는 구조화 요소 커널 생성을 위한 함수로는 cv2.getStructuringElement()를, 침식 연산을 위한 함수로는 cv2.erode()를 제공합니다.

- cv2.getStructuringElement(shape, ksize[, anchor])
  - shape: 구조화 요소 커널의 모양 결정
    - cv2.MORPH_RECT: 사각형
    - cv2.MORPH_ELLIPSE: 타원형
    - cv2.MORPH_CROSS: 십자형
  - ksize: 커널 크기
  - anchor: 구조화 요소의 기준점, cv2.MORPH_CROSS에만 의미 있고 기본 값은 중심점(-1, -1)
- dst = cv2.erode(src, kernel [, anchor, iterations, borderType, borderValue])
  - src: 입력 영상, NumPy 객체, 바이너리 영상(검은색: 배경, 흰색: 전경)
  - kernel: 구조화 요소 커널 객체
  - anchor: cv2.getStructuringElement()와 동일

- iterations: 침식 연산 적용 반복 횟수
- borderType: 외곽 영역 보정 방법 설정 플래그
- borderValue: 외곽 영역 보정 값

침식 연산은 큰 물체는 주변을 깎아서 작게 만들지만 작은 객체는 아예 사라지게 만들 수 있으므로 아주 작은 노이즈를 제거하거나 원래는 따로 떨어진 물체인데 겹쳐져서 하나의 물체로 보일 때 서로를 떼어내는 데도 효과적입니다.

[예제 6-13] 침식 연산(morph_erode.py)

```python
import cv2
import numpy as np

img = cv2.imread('../img/morph_dot.png')

# 구조화 요소 커널, 사각형(3 x 3) 생성 ---①
k = cv2.getStructuringElement(cv2.MORPH_RECT, (3,3))
# 침식 연산 적용 ---②
erosion = cv2.erode(img, k)

# 결과 출력
merged = np.hstack((img, erosion))
cv2.imshow('Erode', merged)
cv2.waitKey(0)
cv2.destroyAllWindows()
```

[그림 6-19] [예제 6-13]의 실행 결과

[예제 6-13]의 코드 ①에서 사각형 모양의 3 × 3 크기 구조화 커널을 생성하고, 코드 ②에서 침식 연산을 적용합니다. 결과 화면을 보면 글씨가 전반적으로 홀쭉해지긴 했지만 작은 흰 점들로 구성된 노이즈가 사라진 것을 알 수 있습니다.

6.3.2 팽창 연산

팽창(dilatation)은 침식과는 반대로 영상 속 사물의 주변을 덧붙여서 영역을 더 확장하는 연산입니다. 침식 연산과 마찬가지로 구조화 요소 커널을 입력 영상에 적용해서 1로 채워진 영역이 온전히 덮이지 않으면 1로 채워 넣습니다. [그림 6-20]은 팽창 연산 과정을 설명하고 있습니다.

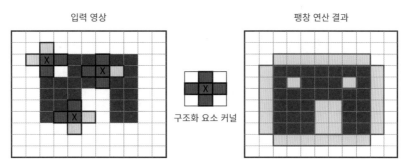

[그림 6-20] 팽창 연산 개념도

OpenCV는 팽창을 위한 함수를 아래와 같이 제공합니다.

- dst = cv2.dilate(src, kernel[, dst, anchor, iterations, borderType, borderValue]): 모든 인자는 cv2.erode() 함수와 동일

[예제 6-14] 팽창 연산(morph_dilate.py)

```python
import cv2
import numpy as np

img = cv2.imread('../img/morph_hole.png')

# 구조화 요소 커널, 사각형(3 x 3) 생성
k = cv2.getStructuringElement(cv2.MORPH_RECT, (3,3))
# 팽창 연산 적용
dst = cv2.dilate(img, k)

# 결과 출력
merged = np.hstack((img, dst))
cv2.imshow('Dilation', merged)
cv2.waitKey(0)
cv2.destroyAllWindows()
```

[그림 6-21] [예제 6-14]의 실행 결과

[예제 6-14]의 실행 결과를 보면 글씨가 좀 더 뚱뚱해지긴 했지만, 글씨 안의 점 노이즈가 사라진 것을 알 수 있습니다.

6.3.3 열림과 닫힘, 그밖의 모폴로지 연산

침식과 팽창 연산은 밝은 부분이나 어두운 부분의 점 노이즈를 없애는 데 효과적이지만, 원래의 모양이 홀쭉해지거나 뚱뚱해지는 변형이 일어납니다. 그런데 침식과 팽창 연산을 조합하면 원래의 모양을 유지하면서 노이즈만 제거할 수 있습니다.

침식 연산을 적용하고 나서 팽창 연산을 적용하는 것을 열림(opening) 연산이라고 합니다. 열림 연산은 주변보다 밝은 노이즈 제거에 효과적이면서 맞닿아 있는 것으로 보이는 독립된 개체를 분리하거나 돌출된 픽셀을 제거하는 데 좋습니다.

그와 반대로 팽창 연산을 먼저 적용하고 침식 연산을 나중에 적용하는 연산을 닫힘(closing) 연산이라고 하고 주변보다 어두운 노이즈 제거에 효과적이면서 끊어져 보이는 개체를 연결하거나 구멍을 메우는 데 좋습니다.

열림 = 침식 + 팽창
닫힘 = 팽창 + 침식

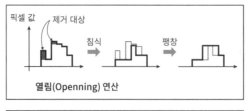

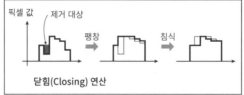

[그림 6-22] 열림 연산과 닫힘 연산 개념도

팽창한 결과에서 침식한 결과를 빼면 경계만 얻게 되는데, 앞서 살펴본 경계 검출과 비슷한 결과를 얻을 수 있어서 이것을 그레이디언트(gradient) 연산이라고 합니다. 또, 원본에서 열림 연산 결과를 빼면 밝기 값이 크게 튀는 영역을 강조할 수 있고 닫힘 연산 결과에서 원본을 빼면 어두운 부분을 강조할 수 있습니다. 이것을 각각 탑햇(top hat)과 블랙햇(black hat) 연산이라고 합니다.

그레이디언트 = 팽창 – 침식

탑햇 = 원본 – 열림

블랙햇 = 닫힘 – 원본

OpenCV는 열림과 닫힘 연산 그리고 그 밖의 모폴로지 연산을 위해 아래와 같은 함수를 제공합니다.

- dst = cv2.morphologyEx(src, op, kernel [, dst, anchor, iteration, borderType, borderValue])
  - src: 입력 영상, NumPy 배열
  - op: 모폴로지 연산 종류 지정
    - cv2.MORPH_OPEN: 열림 연산
    - cv2.MORPH_CLOSE: 닫힘 연산
    - cv2.MORPH_GRADIENT: 그레이디언트 연산
    - cv2.MORPH_TOPHAT: 탑햇 연산
    - cv2.MORPH_BLACKHAT: 블랙햇 연산
  - kernel: 구조화 요소 커널
  - dst: 결과 영상
  - anchor: 커널의 기준점
  - iteration: 연산 반복 횟수
  - borderType: 외곽 보정 방식
  - borderValue: 외곽 보정 값

[예제 6-15] 열림과 닫힘 연산으로 노이즈 제거(morph_open_close.py)

```python
import cv2
import numpy as np

img1 = cv2.imread('../img/morph_dot.png', cv2.IMREAD_GRAYSCALE)
img2 = cv2.imread('../img/morph_hole.png', cv2.IMREAD_GRAYSCALE)
```

```python
# 구조화 요소 커널, 사각형(5 x 5) 생성
k = cv2.getStructuringElement(cv2.MORPH_RECT, (5,5))
# 열림 연산 적용
opening = cv2.morphologyEx(img1, cv2.MORPH_OPEN, k)
# 닫힘 연산 적용
closing = cv2.morphologyEx(img2, cv2.MORPH_CLOSE, k)

# 결과 출력
merged1 = np.hstack((img1, opening))
merged2 = np.hstack((img2, closing))
merged3 = np.vstack((merged1, merged2))
cv2.imshow('opening, closing', merged3)
cv2.waitKey(0)
cv2.destroyAllWindows()
```

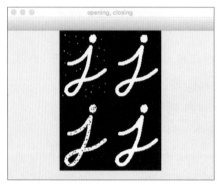

[그림 6-23] [예제 6-15]의 실행 결과

[예제 6-15]는 앞서 살펴본 팽창과 침식과 달리 뚱뚱해지거나 홀쭉해지지 않고 원래의 크기를 그대로 유지한 채 노이즈를 제거합니다. 열림 연산은 4장 "이미지 프로세싱 기초"의 워크숍에서 다뤘던 "모션 감지 CCTV"에서 노이즈를 제거하는 데 이미 사용해 보았습니다.

[예제 6-16] 모폴로지 그레이디언트(morph_gradient.py)

```python
import cv2
import numpy as np

img = cv2.imread('../img/morphological.png')

# 구조화 요소 커널, 사각형(3 x 3) 생성
k = cv2.getStructuringElement(cv2.MORPH_RECT, (3,3))
# 열림 연산 적용
gradient = cv2.morphologyEx(img, cv2.MORPH_GRADIENT, k)
```

```
# 결과 출력
merged = np.hstack((img, gradient))
cv2.imshow('gradient', merged)
cv2.waitKey(0)
cv2.destroyAllWindows()
```

[그림 6-24] [예제 6-16]의 실행 결과

[예제 6-16]은 모폴로지 그레이디언트 연산으로 경계 검출을 하고 있습니다.

[예제 6-17] 모폴로지 탑햇, 블랙햇 연산(morph_hat.py)

```
import cv2
import numpy as np

img = cv2.imread('../img/moon_gray.jpg')

# 구조화 요소 커널, 사각형(5 x 5) 생성
k = cv2.getStructuringElement(cv2.MORPH_RECT, (9,9))
# 탑햇 연산 적용
tophat = cv2.morphologyEx(img, cv2.MORPH_TOPHAT, k)
# 블랙햇 연산 적용
blackhat = cv2.morphologyEx(img, cv2.MORPH_BLACKHAT, k)

# 결과 출력
merged = np.hstack((img, tophat, blackhat))
cv2.imshow('tophat blackhat', merged)
cv2.waitKey(0)
cv2.destroyAllWindows()
```

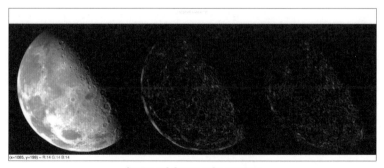

[그림 6-25] [예제 6-17]의 실행 결과

[예제 6-17]은 달을 찍은 사진에 탑햇과 블랙햇 연산을 순서대로 적용합니다. 탑햇은 달의 밝은 부분만 블랙햇은 어두운 부분만을 강조합니다.

6.4 이미지 피라미드

이미지 피라미드(image pyramids)는 영상의 크기를 단계적으로 축소 또는 확대해서 피라미드처럼 쌓아 놓는 것을 말합니다. 이렇게 하는 이유는 영상을 분석할 때 먼저 작은 이미지로 빠르게 훑어보고 다음 단계 크기의 영상으로 분석하는 식으로 정확도를 높이는 것이 효율적이기도 하고 영상의 크기에 따라 분석하는 내용이 다를 수 있기 때문이기도 합니다.

여기서 소개하는 이미지 피라미드는 개발자가 직접 사용하기보다는 이후 소개할 영상 인식이나 추적 등의 영상 분석이 필요할 때 내부적으로 활용하는 경우가 많은데, 이 책에서는 그 부분을 이해하는 데 도움이 되는 수준에서 다룹니다.

6.4.1 가우시안 피라미드

가우시안 필터를 적용한 후에 이미지 피라미드를 구현하는 것을 가우시안 피라미드라고 하고, 이와 관련해서 OpenCV는 다음과 같은 함수를 제공합니다.

- dst = cv2.pyrDown(src [, dst, dstsize, borderType])
- dst = cv2.pyrUp(src [, dst, dstsize, borderType])
  - src: 입력 영상, NumPy 배열
  - dst: 결과 영상
  - distsize: 결과 영상 크기
  - borderType: 외곽 보정 방식

cv2.pyrDown() 함수는 가우시안 필터를 적용하고 나서 모든 짝수 행과 열을 삭제해서 입력 영상의 $\frac{1}{4}$ 크기로 축소합니다. dstsize 인자로 원하는 결과 크기를 지정할 수 있는데, 아무 크기나 지정할 수는 없어서 사용하기 까다롭습니다.

cv2.pyrUp() 함수는 0으로 채워진 짝수 행과 열을 새롭게 삽입하고 나서 가우시안 필터로 컨볼루션을 수행해서 주변 픽셀과 비슷하게 만드는 방법으로 4배 확대합니다. 함수에 사용하는 인자는 cv2.pyrDown()과 같습니다.

[예제 6-18] 가우시안 이미지 피라미드(pyramid_gaussian.py)

```python
import cv2

img = cv2.imread('../img/girl.jpg')

# 가우시안 이미지 피라미드 축소
smaller = cv2.pyrDown(img) # img x 1/4
# 가우시안 이미지 피라미드 확대
bigger = cv2.pyrUp(img) # img x 4

# 결과 출력
cv2.imshow('img', img)
cv2.imshow('pyrDown', smaller)
cv2.imshow('pyrUp', bigger)
cv2.waitKey(0)
cv2.destroyAllWindows()
```

[그림 6-26] [예제 6-18]의 실행 결과

6.4.2 라플라시안 피라미드

cv2.pyUp() 함수는 4배로 확대할 때 없던 행과 열을 생성해서 가우시안 필터를 적용하므로 원래의 영상만큼 완벽하지 못합니다. 그래서 cv2.pyDown() 함수로 한 단계 작아진 영상을 cv2.pyUp() 함수로 확대해도 원래의 영상을 완벽히 복원할 수 없습니다.

원본 영상에서 cv2.pyUp()으로 확대한 영상을 빼면 그만큼이 바로 원본과 확대본의 차이가 되는데, 이것을 보관해 두었다가 확대 영상에 더하면 원본을 완벽히 복원할 수 있습니다.

원본과 cv2.pyUp() 함수를 적용한 영상의 차이를 단계별로 모아두는 것을 라플라시안 피라미드라고 합니다.

[예제 6-19] 라플라시안 피라미드로 영상 복원(pyramid_laplacian.py)

```python
import cv2
import numpy as np

img = cv2.imread('../img/taekwonv1.jpg')

# 원본 영상을 가우시안 피라미드로 축소
smaller = cv2.pyrDown(img)
# 축소한 영상을 가우시안 피라미드로 확대
bigger = cv2.pyrUp(smaller)

# 원본에서 확대한 영상 빼기
laplacian = cv2.subtract(img, bigger)
# 확대한 영상에 라플라시안 영상을 더해서 복원
restored = bigger + laplacian

# 결과 출력(원본 영상, 라플라시안, 확대 영상, 복원 영상)
merged = np.hstack((img, laplacian, bigger, restored))
cv2.imshow('Laplacian Pyramid', merged)
cv2.waitKey(0)
cv2.destroyAllWindows()
```

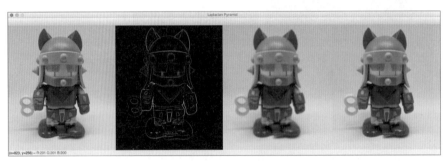

[그림 6-27] [예제 6-19]의 실행 결과

[예제 6-19]는 라플라시안 피라미드를 이용해서 축소했다가 확대한 영상을 원래대로 복원합니다. 실행 결과인 [그림 6-27]의 두 번째 영상이 라플라시안 피라미드 영상인데, 대부분은 0으로 채워져 있고 경계 부분만 남아있는 것을 알 수 있습니다. [그림 6-27]의 세 번째 영상은 축소했다가 확대해서 원본에 비해 흐릿한데 비해, 네 번째 영상은 여기에 라플라시안 피라미드를 더해서 원본과 같이 또렷하게 복원되었습니다. [그림 6-27]의 두 번째 그림에서 보듯이 라플라시안 피라미드는 영상의 복원의 목적 뿐만 아니라 경계 검출에도 활용할 수 있습니다.

6.5 실전 워크숍

6.5.1 모자이크 처리 2

5장의 실전 워크숍에서 특정 영역을 축소한 뒤 다시 확대하는 방식으로 모자이크 처리를 해보았는데, 이번에는 필터를 이용해서 선택 영역을 모자이크 처리해 보세요.

[그림 6-28] 모자이크 처리 예시

[힌트]

마우스로 선택한 영역만 평균 블러링 필터를 적용해서 모자이크 처리를 해보세요.

[풀이]

[예제 6-20] 블러링으로 모자이크 처리 풀이 결과

[예제 6-20] 블러링으로 모자이크 처리 풀이 결과(workshop_mosaic2.py)

```
import cv2

ksize = 30                                    # 블러 처리에 사용할 커널 크기
win_title = 'mosaic'                          # 창 제목
img = cv2.imread('../img/taekwonv1.jpg')      # 이미지 읽기

while True:
    x,y,w,h = cv2.selectROI(win_title, img, False)  # 관심영역 선택
    if w > 0 and h > 0:                           # 폭과 높이가 양수이면 ROI 선택 완료
        roi = img[y:y+h, x:x+w]                   # 관심영역 지정
        roi = cv2.blur(roi, (ksize, ksize))      # 블러(모자이크) 처리
```

```
        img[y:y+h, x:x+w] = roi              # 원본 이미지에 적용
        cv2.imshow(win_title, img)
    else:
        break
cv2.destroyAllWindows()
```

6.5.2 스케치 효과 카메라

카메라 영상을 스케치한 그림처럼 보여주는 카메라를 만들어 보세요. 스케치한 영상과 물감까지 칠한 영상 이렇게 2개가 나오게 해보세요.

[그림 6-29] 그림처럼 찍어주는 카메라 예시

[힌트]

스케치 영상을 만들려면 그레이 스케일로 바꾸어서 엣지를 얻어야 합니다. 엣지를 얻기 위해서는 cv2.Laplacian() 함수를 쓰는 것이 좋은데, 그 전에 잡음을 없애야 해서 cv2.GauusianBlur() 함수를 먼저 쓰는 것이 좋습니다. 엣지를 얻은 후 스레시홀드로 경계선 이외의 것들은 제거하고 반전하면 흰 도화지에 검은 펜으로 스케치한 효과를 얻을 수 있습니다. 선이 너무 흐리면 모폴로지 팽창 연산으로 강조해 주면 스케치 영상이 완성됩니다.

물감 그림 영상은 컬러 영상을 흐릿하게 만들어서 스케치 영상과 cv2.bitwise_and() 함수로 합성하면 완성됩니다. 컬러 영상을 흐릿하게 할 때는 평균 블러 cv2.blur()를 사용하면 좋습니다.

[풀이]

[예제 6-21] 스케치 효과 카메라 풀이

[예제 6-21] 스케치 효과 카메라 풀이(workshop_painting_cam.py)

```python
import cv2
import numpy as np

# 카메라 장치 연결
cap = cv2.VideoCapture(0)
while cap.isOpened():
    # 프레임 읽기
    ret, frame = cap.read()
    # 속도 향상을 위해 영상 크기를 절반으로 축소
    frame = cv2.resize(frame, None, fx=0.5, fy=0.5, \
                        interpolation=cv2.INTER_AREA)
    if cv2.waitKey(1) == 27: # esc 키로 종료
        break
    # 그레이 스케일로 변경
    img_gray = cv2.cvtColor(frame, cv2.COLOR_BGR2GRAY)
    # 잡음 제거를 위해 가우시안 블러 필터 적용 (라플라시안 필터 적용 전에 필수)
    img_gray = cv2.GaussianBlur(img_gray, (9,9), 0)
    # 라플라시안 필터로 엣지 검출
    edges = cv2.Laplacian(img_gray, -1, None, 5)
    # 스레시홀드로 경계 값만 남기고 제거하면서 화면 반전 (흰 바탕 검은 선)
    ret, sketch = cv2.threshold(edges, 70, 255, cv2.THRESH_BINARY_INV)

    # 경계선 강조를 위해 팽창 연산
    kernel = cv2.getStructuringElement(cv2.MORPH_CROSS, (3,3))
    sketch = cv2.erode(sketch, kernel)
    # 경계선을 자연스럽게 하기 위해 미디언 블러 필터 적용
    sketch = cv2.medianBlur(sketch, 5)
    # 그레이 스케일에서 BGR 컬러 스케일로 변경
    img_sketch = cv2.cvtColor(sketch, cv2.COLOR_GRAY2BGR)

    # 컬러 이미지 선명선을 없애기 위해 평균 블러 필터 적용
    img_paint = cv2.blur(frame, (10,10))
    # 컬러 영상과 스케치 영상과 합성
    img_paint = cv2.bitwise_an
cap.release()
cv2.destroyAllWindows()
```

사실 OpenCV 3에는 스케치 효과를 위한 전용 필터 함수가 추가되어 있습니다. 이 워크숍은 이 장에서 다룬 내용을 종합적으로 활용해 보기 위한 것이고 이보다 좀 더 효과적인 스케치 효과 영상을 얻으려면 다음의 OpenCV 관련 함수를 활용해 보는 것이 좋습니다.

- cv2.pencilSketch()

- cv2.stylization()

- cv2.detailEnhance()

- cv2.edgePreservingFilter()

7장

O　　　p　　　e　　　n　　　C　　　V

영상 분할

영상에서 객체를 인식하려면 배경과 전경을 분할해야 합니다. 이 장에서는 검출한 경계들에서 의미 있는 선들을 찾는 방법과 경계 안쪽과 바깥쪽을 구분하는 등 영상을 분할하는 방법에 대해서 알아봅니다.

7.1 컨투어

컨투어(contour)는 우리말로 등고선, 윤곽선, 외곽선 등으로 번역합니다. 지도에서 지형의 높이가 같은 영역을 하나의 선으로 표시하는 용도로 가장 많이 사용합니다.

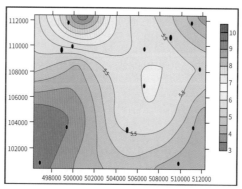

[그림 7-1] 지도에서 사용하는 등고선

영상에서는 같은 색상이나 밝기의 연속된 점을 찾아 잇는 곡선을 찾아내면 모양 분석과 객체 인식에 사용할 수 있는데, 이것을 컨투어라고 합니다. OpenCV는 컨투어와 관련해서 다음과 같은 함수를 제공합니다.

- contours, hierarchy = cv2.findContours(src, mode, method [, contours, hierarchy, offset])[-2:]
  - src: 입력 이미지, 바이너리 스케일, 검은색 배경 흰색 전경
  - mode: 컨투어 제공 방식 선택
    - cv2.RETR_EXTERNAL: 가장 바깥쪽 라인만 제공
    - cv2.RETR_LIST: 모든 라인을 계층 없이 제공
    - cv2.RETR_CCOMP: 모든 라인을 2계층으로 제공
    - cv2.RETR_TREE: 모든 라인의 모든 계층 정보를 트리 구조로 제공
  - method: 근사 값 방식 선택
    - cv2.CHAIN_APPROX_NONE: 근사 계산하지 않고 모든 좌표 제공
    - cv2.CHAIN_APPROX_SIMPLE: 컨투어 꼭짓점 좌표만 제공
    - cv2.CHAIN_APPROX_TC89_L1: Teh-Chin 알고리즘으로 좌표 개수 축소
    - cv2.CHAIN_APPROX_TC89_KCOS: Teh-Chin 알고리즘으로 좌표 개수 축소
  - contours: 검출한 컨투어 좌표, 파이썬 리스트
  - hierarchy: 컨투어 계층 정보
    - Next, Prev, FirstChild, Parent
      - -1: 해당 사항 없음
  - offset: ROI 등으로 인해 이동한 컨투어 좌표의 오프셋
- cv2.drawContours(img, contours, contourIdx, color, thickness)
  - img: 입력 영상
  - contours: 그림 그릴 컨투어 배열
  - contourIdx: 그림 그릴 컨투어 인덱스, -1: 모든 컨투어 표시
  - color: 색상 값
  - thickness: 선 두께, 0: 채우기

cv2.findContours() 함수는 src 인자에 검은색 배경에 흰색 전경으로 표현된 바이너리 이미지를 전달하면 컨투어에 해당하는 좌표를 갖는 NumPy 배열을 파이썬 리스트로 반환합니다. OpenCV 3.2 이전에는 이 함수에 전달한 원본 이미지가 변형되었으니 이전 버전을 쓴다면 원본을 따로 보관해야 합니다. mode는 반환 값으로 받을 contours에 영상의 모든 컨투어가 다 들어 있을지 아닐지를 선택하는 것입니다. cv2. RETR_EXTERNAL을 지정하면 컨투어 중에 가장 바깥쪽 컨투어만 담아서 반환하고, 그

나머지는 여러 컨투어를 담아서 반환합니다. method는 컨투어 좌표를 전부 받을지 여부를 결정합니다. cv2.CHAIN_APPROIX_NONE은 컨투어를 표시하기 위한 모든 좌표를 담아서 반환하고 나머지는 선분의 꼭짓점만 담거나 Teh-Chin 체인 근사 알고리즘[1]으로 좌표 개수를 줄여서 반환합니다. 결과 값인 hierarchy는 컨투어들 간 계층 구조에 대한 정보를 갖습니다.

cv2.findContours() 함수의 반환 값은 OpenCV의 버전에 따라 달라서 버전 간에 호환되는 코드를 작성하기 위해서는 함수의 반환 값 중 마지막 2개만 사용하도록 하는 [-2:]를 추가하는 것이 좋습니다.

cv2.findContours() 함수로 얻은 컨투어 좌표를 선으로 표시하고 싶을 때는 해당 좌표에 cv2.lines()나 cv2.polylines()와 같은 함수로 직접 그려도 되지만, OpenCV는 컨투어 연결선을 손쉽게 그릴 수 있게 cv2.drawContours() 함수를 제공합니다. 이 함수는 img 영상에 contours 배열에 있는 컨투어 중에 contourIdx에 해당하는 컨투어를 color 색상과 thickness 두께로 선으로 그립니다. 이때 contoursIdx 값이 음수인 경우 모든 컨투어 배열에 있는 모든 좌표를 선으로 표시합니다.

[예제 7-1] 컨투어 찾기와 그리기(cntr_find.py)

```python
import cv2
import numpy as np

img = cv2.imread('../img/shapes.png')
img2 = img.copy()

# 그레이 스케일로 변환 ---①
imgray = cv2.cvtColor(img, cv2.COLOR_BGR2GRAY)
# 스레시홀드로 바이너리 이미지로 만들어서 검은색 배경에 흰색 전경으로 반전 ---②
ret, imthres = cv2.threshold(imgray, 127, 255, cv2.THRESH_BINARY_INV)

# 가장 바깥쪽 컨투어에 대해 모든 좌표 반환 ---③
contour, hierarchy = cv2.findContours(imthres, cv2.RETR_EXTERNAL, \
                                        cv2.CHAIN_APPROX_NONE)[-2:]
# 가장 바깥쪽 컨투어에 대해 꼭짓점 좌표만 반환 ---④
contour2, hierarchy = cv2.findContours(imthres, cv2.RETR_EXTERNAL, \
                                        cv2.CHAIN_APPROX_SIMPLE)[-2:]
# 각 컨투어의 개수 출력 ---⑤
print('도형의 개수: %d(%d)'% (len(contour), len(contour2)))

# 모든 좌표를 갖는 컨투어 그리기, 초록색 ---⑥
cv2.drawContours(img, contour, -1, (0,255,0), 4)
# 꼭짓점 좌표만을 갖는 컨투어 그리기, 초록색 ---⑦
```

---

1 *http://www-prima.inrialpes.fr/perso/Tran/IEEE-PAMI/1989/Teh89-PAMI.pdf*

```
cv2.drawContours(img2, contour2, -1, (0,255,0), 4)

# 컨투어의 모든 좌표를 작은 파란색 점(원)으로 표시 ---⑧
for i in contour:
    for j in i:
        cv2.circle(img, tuple(j[0]), 1, (255,0,0), -1)

# 컨투어의 꼭짓점 좌표를 작은 파란색 점(원)으로 표시 ---⑨
for i in contour2:
    for j in i:
        cv2.circle(img2, tuple(j[0]), 1, (255,0,0), -1)

# 결과 출력
cv2.imshow('CHAIN_APPROX_NONE', img)
cv2.imshow('CHAIN_APPROX_SIMPLE', img2)
cv2.waitKey(0)
cv2.destroyAllWindows()
```

출력 결과

도형의 개수: 3(3)

[그림 7-2] [예제 7-1]의 실행 결과

[예제 7-1]은 세 도형의 컨투어를 구해서 그리는 예제입니다. 코드 ①과 ②는 원본 이미지를 그레이 스케일로 변환한 후에 스레시홀드로 바이너리 이미지로 만들면서 배경은 검은색, 전경은 흰색이 되게 반전합니다. 코드 ③과 ④는 각각 가장 바깥의 컨투어만 구하는데, 모든 좌표를 구하게도 하고 꼭짓점 좌표만을 구하게도 했습니다. 반환된 컨투어는 파이썬 리스트에 담겨 있으며, 그 길이는 서로 독립된 컨투어의 개수와 같습니다. 따라서 이 예제에서는 컨투어의 개수는 도형의 개수와 같고, 코드 ⑤는 그것을 출력합니다. 코드 ⑥과 ⑦은 컨투어를 각각 초록색 선으로 그립니다.

코드 ⑧과 ⑨는 초록색 선 위에 컨투어의 좌표마다 다시 파란색 원을 그립니다. 초록색 선으로 그린 것은 cv2.drawContours()를 이용한 것으로 컨투어가 모든 좌표를 갖든 꼭짓점 좌표만 갖든 간에 도형의 외곽을 완전히 그려내는 것을 알 수 있습니다. 하지만, 파란색 점으로 표시한 각 좌표의 점은 모든 좌표를 얻은 cv2.CHAIN_APPROX_

NONE의 경우는 초록색 선처럼 도형을 완전히 감싸지만 cv2.CHAIN_APPROX_SIMPLE로 꼭짓점 좌표만 얻은 것은 도형의 외곽을 완전히 감싸지 않습니다. 특히 사각형의 경우에는 단 4개의 꼭짓점 좌표로만 구성되어 있음을 알 수 있습니다.

[예제 7-2] 컨투어 계층 트리(cntr_hierarchy.py)

```python
import cv2
import numpy as np

# 영상 읽기
img = cv2.imread('../img/shapes_donut.png')
img2 = img.copy()
# 바이너리 이미지로 변환
imgray = cv2.cvtColor(img, cv2.COLOR_BGR2GRAY)
ret, imthres = cv2.threshold(imgray, 127, 255, cv2.THRESH_BINARY_INV)

# 가장 바깥 컨투어만 수집  ---①
contour, hierarchy = cv2.findContours(imthres, cv2.RETR_EXTERNAL, \
                                        cv2.CHAIN_APPROX_NONE)[-2:]
# 컨투어 개수와 계층 트리 출력 ---②
print(len(contour), hierarchy)

# 모든 컨투어를 트리 계층으로 수집 ---③
contour2, hierarchy = cv2.findContours(imthres, cv2.RETR_TREE, \
                                        cv2.CHAIN_APPROX_SIMPLE)[-2:]
# 컨투어 개수와 계층 트리 출력 ---④
print(len(contour2), hierarchy)

# 가장 바깥 컨투어만 그리기 ---⑤
cv2.drawContours(img, contour, -1, (0,255,0), 3)
# 모든 컨투어 그리기 ---⑥
for idx, cont in enumerate(contour2):
    # 랜덤한 컬러 추출 ---⑦
    color = [int(i) for i in np.random.randint(0,255, 3)]
    # 컨투어 인덱스마다 랜덤한 색상으로 그리기 ---⑧
    cv2.drawContours(img2, contour2, idx, color, 3)
    # 컨투어 첫 좌표에 인덱스 숫자 표시 ---⑨
    cv2.putText(img2, str(idx), tuple(cont[0][0]), cv2.FONT_HERSHEY_PLAIN, \
                                                            1, (0,0,255))

# 화면 출력
cv2.imshow('RETR_EXTERNAL', img)
cv2.imshow('RETR_TREE', img2)
cv2.waitKey(0)
cv2.destroyAllWindows()
```

출력 결과

```
3 [[[ 1 -1 -1 -1]
  [ 2  0 -1 -1]
  [-1  1 -1 -1]]]
```

```
6 [[[ 2 -1  1 -1]
   [-1 -1 -1  0]
   [ 4  0  3 -1]
   [-1 -1 -1  2]
   [-1  2  5 -1]
   [-1 -1 -1  4]]]
```

[그림 7-3] [예제 7-2]의 실행 결과

[예제 7-3]에서 사용한 영상은 도형 안에 도형과 같은 모양으로 뚫려 있습니다. 이때 컨투어를 찾을 때 코드 ①은 cv2.RETR_EXTERNAL을 이용해서 가장 바깥 컨투어만 수집했고, 코드 ③은 cv2.RETR_TREE를 써서 모든 컨투어를 계층 구조로 수집했습니다. 코드 ②와 ④는 각각의 컨투어 개수와 계층 구조를 담은 배열을 출력하였고 예제 코드 아래에 그 결과가 있습니다.

코드 ⑤에서 모든 컨투어를 그리기는 했지만 가장 바깥 컨투어만 수집했으므로 도형 안의 영역은 제외하고 도형 바깥 영역만 컨투어가 표시된 것을 알 수 있습니다. 코드 ⑥은 계층 구조로 모든 컨투어를 수집한 것을 각 인덱스에 따라 반복문을 수행합니다. 코드 ⑦에서 랜덤한 색상 값을 지정해서 코드 ⑧에서 컨투어 인덱스에 따라 랜덤 색상으로 그립니다. 코드 ⑨는 각 컨투어의 시작 좌표에 컨투어의 인덱스를 출력하게 했습니다.

[예제 7-2]의 코드 ④에서 출력한 hierarchy는 아래와 같은 의미입니다.

인덱스	다음(Next)	이전(Prev)	자식(First Child)	부모(Parent)
0	2	-1	1	-1
1	-1	-1	-1	0
2	4	0	3	-1
3	-1	-1	-1	2
4	-1	2	5	-1
5	-1	-1	-1	4

[표 7-1] [예제 7-2]의 컨투어 계층 정보

[예제 7-2]의 출력 결과를 정리한 [표 7-1]과 [그림 7-3]의 오른쪽 실행 결과를 보면 컨투어 인덱스 계층 구조를 설명하기 위한 값들을 가진 것을 알 수 있습니다. [표 7-1]의 6개의 컨투어 정보 중에 0번째 행은 [그림 7-3]의 첫 번째 삼각형 외곽선이고 다음 항목으로는 2번째를 가리키고 자식 항목으로는 1번째를 가리킵니다. 따라서 1번째 행은 삼각형 내부의 컨투어이고, 1번째 행의 부모는 0번째 행임을 나타내고 나머지 항목의 값은 모두 –1을 가지므로 의미 없음을 나타냅니다. 2번째 항목은 원의 바깥쪽 컨투어이고 자식으로는 3번째와 다음 항목으로는 4번째를 가리킵니다. 이와 같은 방법으로 각 컨투어의 외곽 요소와 자식 요소들을 순회하면서 컨투어 계층 정보를 활용할 수 있습니다. 계층적인 컨투어 정보에서 최외곽 컨투어만 골라내려면 부모 항목이 –1인 행만 찾으면 되고, 그것이 이 예제에서는 도형의 개수와 같습니다.

7.1.1 이미지 모멘트와 컨투어 속성

모멘트(moment)는 물리학에서 힘의 양을 기술할 때 사용하는 용어인데, 영상에서도 대상 물체의 양적인 속성을 표현할 때 모멘트라는 용어를 사용합니다. 이미지 모멘트는 컨투어를 이용해서 아래와 같은 공식으로 구합니다.

$$m_{p,q} = \sum_x \sum_y f(x,y) x^p y^q$$

위 모멘트 계산 공식은 컨투어가 둘러싸는 영역의 x, y 좌표의 픽셀 값과 좌표 인덱스의 p, q 차수를 곱한 것의 합을 구합니다. 이때 각 픽셀의 값은 바이너리 이미지이므로 0이 아닌 모든 값은 1로 계산하고 p, q의 차수는 0~3까지로 합니다. 예를 들어 $m_{0,0}$은 $f(x,y) x^0 y^0$의 합인데 모든 수의 0차수는 1이므로 컨투어가 감싸는 영역의 1로 표시된 픽셀 개수만큼 1로 곱해서 합산한 것으로 면적을 구하는 것과 같습니다. 그밖에 차수를 바꿔가며 모멘트를 계산하면 여러 가지 의미 있는 정보를 얻을 수 있습니다. 대표적인 것으로 $m_{0,1}$, $m_{1,0}$을 각각 $m_{0,0}$으로 나누면 평균 x, y 값을 구할 수 있는데, 그것이 컨투어 영역의 중심 좌표입니다.

0~3 차수 모멘트는 공간 모멘트라고 하며, 위치나 크기가 달라지면 그 값도 달라집니다. 위치가 변해도 값이 동일한 모멘트를 중심 모멘트라고 하며, 다음과 같은 식으로 계산합니다.

$$\mu_{p,q} = \sum_x \sum_y f(x,y)(x-\overline{x})^p(y-\overline{y})^q$$

$$\cdot \ \overline{x} = \frac{m_{10}}{m_{00}}$$

$$\cdot \ \overline{y} = \frac{m_{01}}{m_{00}}$$

중심 모멘트를 정규화하면 크기가 변해도 같은 값을 얻을 수 있고 공식은 아래와 같습니다.

$$nu_{p,q} = \frac{\mu_{p,q}}{m_{00}^{(\frac{p+q}{2}+1)}}$$

OpenCV는 모멘트 계산을 위해 cv2.moments() 함수를 제공합니다.

- moment = cv2.moments(contour)
  - contour: 모멘트 계산 대상 컨투어 좌표
  - moment: 결과 모멘트, 파이썬 딕셔너리
    - m00, m01, m10, m11, m02, m12, m20, m21, m03, m30: 공간 모멘트
    - mu20, mu11, mu02, mu30, mu21, mu12, mu03: 중심 모멘트
    - nu20, nu11, nu02, nu30, nu21, nu03: 정규화 중심 모멘트

OpenCV는 컨투어를 통해 얻는 정보 중에 넓이와 둘레 길이를 위해서 별도의 함수도 제공합니다.

- retval = cv2.contourArea(contour[, oriented=False]): 컨투어로 넓이 계산
  - contour: 넓이를 계산할 컨투어
  - oriented: 컨투어 방향 플래그
    - True: 컨투어 방향에 따라 음수 반환
    - False: 절대 값 반환
  - retval: 컨투어 영역의 넓이 값
- retval = cv2.arcLength(curve, closed): 컨투어로 둘레의 길이 계산
  - curve: 둘레 길이를 계산할 컨투어
  - closed: 닫힌 호인지 여부 플래그
  - retval: 컨투어의 둘레 길이 값

[예제 7-3] 모멘트를 이용한 중심점, 넓이, 둘레길이(contr_moment.py)

```python
import cv2
import numpy as np

img = cv2.imread("../img/shapes.png")
# 그레이 스케일 변환
imgray = cv2.cvtColor(img, cv2.COLOR_BGR2GRAY)
# 바이너리 스케일 변환
ret, th = cv2.threshold(imgray, 127, 255, cv2.THRESH_BINARY_INV)
# 컨투어 찾기
contours, hierachy = cv2.findContours(th, cv2.RETR_EXTERNAL, \
                                      cv2.CHAIN_APPROX_SIMPLE)[-2:]

# 각 도형의 컨투어에 대한 루프
for c in contours:
    # 모멘트 계산
    mmt = cv2.moments(c)
    # m10/m00, m01/m00 중심점 계산
    cx = int(mmt['m10']/mmt['m00'])
    cy = int(mmt['m01']/mmt['m00'])
    # 영역 넓이
    a = mmt['m00']
    # 영역 외곽선 길이
    l = cv2.arcLength(c, True)
    # 중심점에 노란색 점 그리기
    cv2.circle(img, (cx, cy), 5, (0, 255, 255), -1)
    # 중심점 근처에 넓이 그리기
    cv2.putText(img, "A:%.0f"%a, (cx, cy+20) , cv2.FONT_HERSHEY_PLAIN, \
                                                1, (0,0,255))
    # 컨투어 시작점에 길이 그리기
    cv2.putText(img, "L:%.2f"%l, tuple(c[0][0]), cv2.FONT_HERSHEY_PLAIN, \
                                                1, (255,0,0))
    # 함수로 컨투어 넓이 계산해서 출력
    print("area:%.2f"%cv2.contourArea(c, False))

# 결과 출력
cv2.imshow('center', img)
cv2.waitKey(0)
cv2.destroyAllWindows()
```

출력 결과

```
area:9870.00
area:12544.00
area:6216.00
```

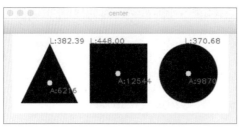

[그림 7-4] [예제 7-3]의 실행 결과

[예제 7-3]은 컨투어의 이미지 모멘트로 각 도형의 중심점, 넓이, 둘레 길이를 구해서 표시하고 있습니다. 이때 도형의 넓이는 m01/m00, m10/m00로 구한 것과 cv2.contourArea() 함수로 구한 것을 각각 결과 영상에 표시하고 콘솔에 출력했는데, 두 결과가 동일한 것을 확인할 수 있습니다.

OpenCV는 컨투어를 이용해서 해당 영역을 감싸는 여러 가지 도형 좌표를 계산하는 함수를 제공합니다.

- x,y,w,h = cv2.boundingRect(contour): 좌표를 감싸는 사각형 구하기
  - x, y: 사각형 왼쪽 상단 좌표
  - w, h: 폭, 높이
- rotateRect = cv2.minAreaRect(contour): 좌표를 감싸는 최소한의 사각형 계산
  - rotateRect: 회전한 사각형 좌표
    - center: 중심점(x, y)
    - size: 크기(w, h)
    - angle: 회전 각(양수: 시계 방향, 음수: 반시계 방향)
- vertex = cv2.boxPoints(rotateRect): rotateRect로부터 꼭짓점 좌표 계산
  - vertex: 4개의 꼭짓점 좌표, 소수점 포함, 정수 변환 필요
- center, radius = cv2.minEnclosingCircle(contour): 좌표를 감싸는 최소한의 동그라미 계산
  - center: 원점 좌표(x, y), 튜플
  - radius: 반지름
- area, triangle = cv2.minEnclosingTriangle(points): 좌표를 감싸는 최소한의 삼각형 계산
  - area: 넓이
  - triangle: 3개의 꼭짓점 좌표

- ellipse = cv2.fitEllipse(points): 좌표를 감싸는 최소한의 타원 계산
  - ellipse
    - center: 원점 좌표(x, y), 튜플
    - axes: 축의 길이(x축, y축), 튜플
    - angle: 회전 각도
- line = cv2.fitLine(points, distType, param, reps, aeps[, line]): 중심점을 통과하는 직선 계산
  - distType: 거리 계산 방식
    - cv2.DIST_L2, cv2.DIST_L1, cv2.DIST_L12, cv2.DIST_FAIR, cv2.DIST_WELSCH, cv2.DIST_HUBER
  - param: distType에 전달할 인자, 0 = 최적값 선택
  - reps: 반지름 정확도, 선과 원본 좌표의 거리, 0.01 권장
  - aeps: 각도 정확도, 0.01 권장
  - line
    - vx, vy: 정규화된 단위 벡터, $\frac{vy}{vx}$: 직선의 기울기, 튜플
    - x0, y0: 중심점 좌표, 튜플

아래의 [예제 7-4]는 이 함수들을 이용해서 번개 모양을 감싸는 다양한 도형을 표시합니다.

[예제 7-4] 컨투어를 감싸는 도형 그리기(cntr_bound_fit.py)

```
import cv2
import numpy as np

# 이미지를 읽어서 그레이 스케일 변환, 바이너리 스케일 변환
img = cv2.imread("../img/lightning.png")
imgray = cv2.cvtColor(img, cv2.COLOR_BGR2GRAY)
ret, th = cv2.threshold(imgray, 127,255,cv2.THRESH_BINARY_INV)

# 컨투어 찾기
contours, hr = cv2.findContours(th, cv2.RETR_EXTERNAL, \
                                cv2.CHAIN_APPROX_SIMPLE)[-2:]
contr = contours[0]

# 감싸는 사각형 표시(검은색)
x,y,w,h = cv2.boundingRect(contr)
cv2.rectangle(img, (x,y), (x+w, y+h), (0,0,0), 3)
```

```python
# 최소한의 사각형 표시(초록색)
rect = cv2.minAreaRect(contr)
box = cv2.boxPoints(rect)    # 중심점과 각도를 4개의 꼭짓점 좌표로 변환
box = np.int0(box)           # 정수로 변환
cv2.drawContours(img, [box], -1, (0,255,0), 3)

# 최소한의 원 표시(파란색)
(x,y), radius = cv2.minEnclosingCircle(contr)
cv2.circle(img, (int(x), int(y)), int(radius), (255,0,0), 2)

# 최소한의 삼각형 표시(분홍색)
ret, tri = cv2.minEnclosingTriangle(np.float32(contr))
cv2.polylines(img, [np.int32(tri)], True, (255,0,255), 2)

# 최소한의 타원 표시(노란색)
ellipse = cv2.fitEllipse(contr)
cv2.ellipse(img, ellipse, (0,255,255), 3)

# 중심점을 통과하는 직선 표시(빨간색)
[vx,vy,x,y] = cv2.fitLine(contr, cv2.DIST_L2,0,0.01,0.01)
cols,rows = img.shape[:2]
cv2.line(img,(0, int(0-x*(vy/vx) + y)), (cols-1, int((cols-x)*(vy/vx) + y)), \
(0,0,255),2)

# 결과 출력
cv2.imshow('Bound Fit shapes', img)
cv2.waitKey(0)
cv2.destroyAllWindows()
```

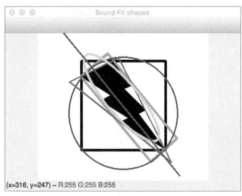

[그림 7-5] [예제 7-4]의 실행 결과

7.1.2 컨투어 단순화

실생활에서 얻는 영상은 대부분 물체가 정확히 표현되는 경우보다는 노이즈와 침식이 일어나는 경우가 더 많습니다. 그래서 컨투어도 정확한 컨투어보다는 오히려 부정확하게 단순화한 컨투어가 쓸모 있는 경우가 더 많은데, OpenCV는 오차범위 내근사 값으로 컨투어를 계산해 주는 함수를 제공합니다.

- approx = cv2.approxPolyDP(contour, epsilon, closed)
  - contour: 대상 컨투어 좌표
  - epsilon: 근사 값 정확도, 오차 범위
  - closed: 컨투어의 닫힘 여부
  - approx: 근사 계산한 컨투어 좌표

아래의 [예제 7-5]는 상처투성이 사각형에서 컨투어를 찾는 예제입니다.

[예제 7-5] 근사 컨투어(cntr_approximate.py)

```python
import cv2
import numpy as np

img = cv2.imread('../img/bad_rect.png')
img2 = img.copy()

# 그레이 스케일과 바이너리 스케일 변환
imgray = cv2.cvtColor(img, cv2.COLOR_BGR2GRAY)
ret, th = cv2.threshold(imgray, 127, 255, cv2.THRESH_BINARY)

# 컨투어 찾기 ---①
contours, hierachy = cv2.findContours(th, cv2.RETR_EXTERNAL, \
                                    cv2.CHAIN_APPROX_SIMPLE)[-2:]
contour = contours[0]
# 전체 둘레의 0.05로 오차 범위 지정 ---②
epsilon = 0.05 * cv2.arcLength(contour, True)
# 근사 컨투어 계산 ---③
approx = cv2.approxPolyDP(contour, epsilon, True)

# 각각 컨투어 선 그리기
cv2.drawContours(img, [contour], -1, (0,255,0), 3)
cv2.drawContours(img2, [approx], -1, (0,255,0), 3)

# 결과 출력
cv2.imshow('contour', img)
cv2.imshow('approx', img2)
cv2.waitKey()
cv2.destroyAllWindows()
```

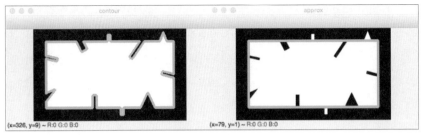

[그림 7-6] [예제 7-5]의 실행 결과

[예제 7-5]의 코드 ②는 cv2.arcLength() 함수로 원래의 컨투어의 둘레 길이를 구해서 그의 0.05만큼의 값으로 epsilon을 설정해서 코드 ③에서 근사 컨투어를 계산하는 데 사용합니다. [그림 7-6]의 좌측은 원래의 컨투어를 표시한 것이고 오른쪽은 근사 컨투어를 표시한 것인데, 들쭉날쭉한 상처를 무시한 사각형을 잘 찾아내고 있습니다.

컨투어를 단순화하는 또 다른 방법은 볼록 선체(convex hull)를 만드는 것입니다. 볼록 선체는 어느 한 부분도 오목하지 않은 상태를 말하는 것으로 대상 객체를 완전히 포함하므로 객체의 외곽 영역을 찾는 데 좋습니다. OpenCV는 볼록 선체와 관련해서 다음과 같은 함수를 제공합니다.

- hull = cv2.convexHull(points[, hull, clockwise, returnPoints]): 볼록 선체 찾기
  - points: 입력 컨투어
  - hull: 볼록 선체 결과
  - clockwise: 방향 지정(True: 시계 방향)
  - returnPoints: 결과 좌표 형식 선택
    - True: 볼록 선체 좌표 반환
    - False: 입력 컨투어 중에 볼록 선체에 해당하는 인덱스 반환
- retval = cv2.isContourConvex(contour): 볼록 선체 만족 여부 확인
  - retval: True인 경우 볼록 선체 만족
- defects = cv2.convexityDefects(contour, convexhull): 볼록 선체 결함 찾기
  - contour: 입력 컨투어
  - convexhull: 볼록 선체에 해당하는 컨투어의 인덱스
  - defects: 볼록 선체 결함이 있는 컨투어의 배열 인덱스, $N \times 1 \times 4$ 배열

- [start, end, farthest, distance]
  - start: 오목한 각이 시작되는 컨투어의 인덱스
  - end: 오목한 각이 끝나는 컨투어의 인덱스
  - farthest: 볼록 선체에서 가장 먼 오목한 지점의 컨투어 인덱스
  - distance: farthest와 볼록 선체와의 거리, 8비트 고정 소수점(distance/256.0)

[예제 7-6] 볼록 선체(cntr_convexhull.py)

```python
import cv2
import numpy as np

img = cv2.imread('../img/hand.jpg')
img2 = img.copy()
# 그레이 스케일 및 바이너리 스케일 변환 ---①
gray = cv2.cvtColor(img, cv2.COLOR_BGR2GRAY)
ret, th = cv2.threshold(gray, 127, 255, cv2.THRESH_BINARY_INV)

# 컨투어 찾기와 그리기 ---②
contours, heiarchy = cv2.findContours(th, cv2.RETR_EXTERNAL, \
                                        cv2.CHAIN_APPROX_SIMPLE)[-2:]
cntr = contours[0]
cv2.drawContours(img, [cntr], -1, (0, 255,0), 1)

# 볼록 선체 찾기(좌표 기준)와 그리기 ---③
hull = cv2.convexHull(cntr)
cv2.drawContours(img2, [hull], -1, (0,255,0), 1)
# 볼록 선체 만족 여부 확인 ---④
print(cv2.isContourConvex(cntr), cv2.isContourConvex(hull))

# 볼록 선체 찾기(인덱스 기준) ---⑤
hull2 = cv2.convexHull(cntr, returnPoints=False)
# 볼록 선체 결함 찾기 ---⑥
defects = cv2.convexityDefects(cntr, hull2)
# 볼록 선체 결함 순회
for i in range(defects.shape[0]):
    # 시작, 종료, 가장 먼 지점, 거리 ---⑦
    startP, endP, farthestP, distance = defects[i, 0]
    # 가장 먼 지점의 좌표 구하기 ---⑧
    farthest = tuple(cntr[farthestP][0])
    # 거리를 부동 소수점으로 변환
    dist = distance/256.0
    # 거리가 1보다 큰 경우
    if dist > 1 :
        # 빨간색 점 표시
        cv2.circle(img2, farthest, 3, (0,0,255), -1)
# 결과 이미지 표시
cv2.imshow('contour', img)
```

```
cv2.imshow('convex hull', img2)
cv2.waitKey(0)
cv2.destroyAllWindows()
```

출력 결과

False True

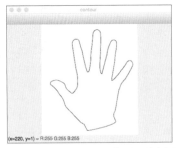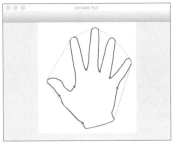

[그림 7-7] [예제 7-6]의 실행 결과

[예제 7-6]은 손 모양 그림의 컨투어와 볼록 선체를 각각 구해서 표시합니다. 코드 ②는 손 그림의 컨투어를 찾아서 표시하고, 코드 ③은 손 그림의 컨투어로 볼록 선체를 구해서 표시합니다. 코드 ④는 각각의 결과에 대해서 볼록 선체 여부를 확인해서 출력하는데, 실행 결과를 보면 컨투어와 볼록 선체 찾기 결과에 대해서 각각 False와 True를 출력합니다. 코드 ⑤는 볼록 선체의 결점을 찾기 위해 인덱스 기준의 볼록 선체를 다시 구합니다. cv2.convexityDefects() 함수의 두 번째 인자가 컨투어 인덱스 기준의 볼록 선체 값을 요구하기 때문입니다. 코드 ⑥에서 결함점을 찾았고 결과를 순회하면서 결점의 위치에 빨간색 점을 표시합니다. 결함점은 좌표 자체를 반환하지 않고 결점에 해당하는 컨투어의 인덱스를 반환하므로 코드 ⑧에서와 같이 결과 값을 다시 컨투어의 인덱스로 넣어 실제 좌표를 얻습니다. 이때 가장 먼 볼록 결점과 볼록 선체와의 거리는 8비트 고정 소수점 근사치로 표현되어 있어서 256으로 나누어 부동 소수점으로 바꾼 뒤 1보다 작은 거리는 무시하고 빨간색 점으로 표시합니다.

7.1.3 컨투어와 도형 매칭

서로 다른 물체의 컨투어를 비교하면 두 물체가 얼마나 비슷한 모양인지를 알아낼 수 있습니다. 이것을 하려면 앞서 설명한 위치, 크기 그리고 방향에 불변하는 휴 모멘트들을 이용한 복잡한 연산이 필요한데, OpenCV에서 제공하는 cv2.matchShapes() 함수를 이용하면 간단히 할 수 있습니다.

- retval = cv2.matchShapes(contour1, contour2, method, parameter): 두 개의 컨투어로 도형 매칭

  - contour1, contour2: 비교할 2개의 컨투어

  - method: 휴 모멘트 비교 알고리즘 선택 플래그

    - cv2.CONTOURS_MATCH_I1

    - cv2.CONTOURS_MATCH_I2

    - cv2.CONTOURS_MATCH_I3

  - parameter: 알고리즘에 전달을 위한 예비 인수, 현재 지원 안 됨(0으로 고정)

  - retval: 닮음 정도, 0 = 동일, 클수록 다름

cv2.matchShapes() 함수는 2개의 컨투어를 인자로 받아서 휴 모멘트 비교 알고리즘에 따라 비교한 결과를 소수점 있는 숫자로 반환합니다. 두 컨투어가 완전히 같으면 0(영)을 반환하고 그 닮음 정도가 다를수록 큰 수를 반환합니다. parameter 인자는 미래를 위해 예약해 놓은 인자라서 0과 같은 의미 없는 값을 전달하면 됩니다.

[예제 7-7] 도형 매칭으로 비슷한 도형 찾기(contr_matchShape.py)

```python
import cv2
import numpy as np

# 매칭을 위한 이미지 읽기
target = cv2.imread('../img/4star.jpg')  # 매칭 대상
shapes = cv2.imread('../img/shapestomatch.jpg')  # 여러 도형
# 그레이 스케일 변환
targetGray = cv2.cvtColor(target, cv2.COLOR_BGR2GRAY)
shapesGray = cv2.cvtColor(shapes, cv2.COLOR_BGR2GRAY)
# 바이너리 스케일 변환
ret, targetTh = cv2.threshold(targetGray, 127, 255, cv2.THRESH_BINARY_INV)
ret, shapesTh = cv2.threshold(shapesGray, 127, 255, cv2.THRESH_BINARY_INV)
# 컨투어 찾기
cntrs_target, _ = cv2.findContours(targetTh, cv2.RETR_EXTERNAL, \
                                    cv2.CHAIN_APPROX_SIMPLE)[-2:]
cntrs_shapes, _ = cv2.findContours(shapesTh, cv2.RETR_EXTERNAL, \
                                    cv2.CHAIN_APPROX_SIMPLE)[-2:]

# 각 도형과 매칭을 위한 반복문
matchs = []  # 컨투어와 매칭 점수를 보관할 리스트
for contr in cntrs_shapes:
    # 대상 도형과 여러 도형 중 하나와 매칭 실행 ---①
    match = cv2.matchShapes(cntrs_target[0], contr, cv2.CONTOURS_MATCH_I2, 0.0)
    # 해당 도형의 매칭 점수와 컨투어를 쌍으로 저장 ---②
    matchs.append( (match, contr) )
    # 해당 도형의 컨투어 시작 지점에 매칭 점수 표시 ---③
```

```
        cv2.putText(shapes, '%.2f'%match, tuple(contr[0][0]),\
                    cv2.FONT_HERSHEY_PLAIN, 1,(0,0,255),1 )
# 매칭 점수로 정렬 ---④
matchs.sort(key=lambda x : x[0])
# 가장 적은 매칭 점수를 얻는 도형의 컨투어에 선 그리기 ---⑤
cv2.drawContours(shapes, [matchs[0][1]], -1, (0,255,0), 3)
cv2.imshow('target', target)
cv2.imshow('Match Shape', shapes)
cv2.waitKey()
cv2.destroyAllWindows()
```

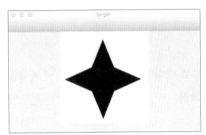 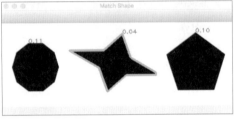

[그림 7-8] [예제 7-7]의 실행 결과

[예제 7-7]은 [그림 7-8]의 왼쪽에 있는 별 모양의 도형과 오른쪽에 있는 3개의 도형을 도형 매칭해서 가장 비슷한 도형을 찾습니다. 코드 ①에서 대상 도형과 3개의 도형의 컨투어에 대해서 반복해서 도형 매칭을 수행해서 매칭 결과와 각 도형의 컨투어를 쌍으로 matches에 저장합니다. 각 매칭 점수를 3개의 도형에 표시하고 코드 ④에서 3개의 매칭 결과를 정렬한 후에 코드 ⑤에서 첫 번째 요소만 꺼내서 컨투어를 표시하여 가장 매칭 점수가 낮은 도형을 돋보이게 했습니다.

7.2 허프 변환

허프 변환(Hough transform)은 영상에서 직선과 원 같은 간단한 모양을 식별합니다. 원래는 직선을 찾는 방법으로 시작했다가 다양한 모양을 인식하게 확장하였습니다. 여기서는 직선과 원을 검출하는 방법에 대해서 알아봅니다.

7.2.1 허프 선 변환

영상은 수많은 픽셀로 구성되는데, 수많은 픽셀 속에서 직선 관계를 갖는 픽셀들만 골라내는 것이 허프 선 변환의 핵심입니다. 바이너리 스케일로 경계를 검출한 영상에는 선으로 보여지는 여러 점이 있는데, 각 점마다 여러 개의 가상의 선을 그어서 그 선들 중 평면 원점과 직각을 이루는 선을 찾아 각도와 거리를 구해서 모든 점에게 동일하게 나타나는 선이 있다면, 그 점들은 그 선을 따라 직선의 형태를 띠는 것이라고 볼 수 있습니다.

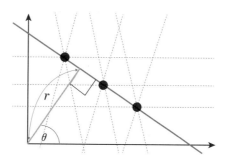

[그림 7-9] 허프 직선 검출의 예

[그림 7-9]에는 평면에 3개의 점이 있고, 각 점에는 여러 개의 가상의 선이 그려져 있지만 평면의 원점과 직각이 되는 선의 각도(θ, theta)와 길이(r)가 세 점 모두에서 같게 나타나는 것은 빨간색 선뿐인 것을 알 수 있습니다.

OpenCV는 [그림 7-9]에서의 빨간색 선을 찾아주는 함수로 cv2.HoughLines() 함수를 제공합니다.

- lines = cv2.HoughLines(img, rho, theta, threshold[, lines, srn=0, stn=0, min_theta, max_theta])
  - img: 입력 영상, 1채널 바이너리 스케일
  - rho: 거리 측정 해상도, 0~1
  - theta: 각도 측정 해상도, 라디안 단위(np.pi/0~180)
  - threshold: 직선으로 판단할 최소한의 동일 개수
    - 작은 값: 정확도 감소, 검출 개수 증가
    - 큰 값: 정확도 증가, 검출 개수 감소
  - lines: 검출 결과, $N \times 1 \times 2$ 배열(r, θ)
  - srn, stn: 멀티 스케일 허프 변환에 사용, 선 검출에서는 사용 안 함
  - min_theta, max_theta: 검출을 위해 사용할 최대, 최소 각도

이 함수는 경계 검출한 바이너리 스케일 영상을 입력으로 전달하면 r, θ를 값으로 갖는 $N \times 1$ 배열을 반환합니다. 이때 거리와 각도를 얼마나 세밀하게 계산할 것인지를 rho와 theta로 전달합니다. threshold 인자는 같은 선에 몇 개의 점이 등장해야 직선

으로 판달할지 그 최소한의 개수를 전달합니다. 선을 영상에 표시하기 위해서는 r, θ 를 이용해서 두 쌍의 좌표를 계산해야 합니다.

[예제 7-8] 허프 선 검출(hough_line.py)

```python
import cv2
import numpy as np

img = cv2.imread('../img/sudoku.jpg')
img2 = img.copy()
h, w = img.shape[:2]
# 그레이 스케일 변환 및 엣지 검출 ---①
imgray = cv2.cvtColor(img, cv2.COLOR_BGR2GRAY)
edges = cv2.Canny(imgray, 100, 200 )
# 허프 선 검출 ---②
lines = cv2.HoughLines(edges, 1, np.pi/180, 130)
for line in lines:     # 검출된 모든 선 순회
    r,theta = line[0]     # 거리와 각도
    tx, ty = np.cos(theta), np.sin(theta) # x, y축에 대한 삼각비
    x0, y0 = tx*r, ty*r #x, y 기준(절편) 좌표
    # 기준 좌표에 빨간색 점 그리기
    cv2.circle(img2, (int(abs(x0)), int(abs(y0))), 3, (0,0,255), -1)
    # 직선 방정식으로 그리기 위한 시작점, 끝점 계산
    x1, y1 = int(x0 + w*(-ty)), int(y0 + h * tx)
    x2, y2 = int(x0 - w*(-ty)), int(y0 - h * tx)
    # 선 그리기
    cv2.line(img2, (x1, y1), (x2, y2), (0,255,0), 1)

# 결과 출력
merged = np.hstack((img, img2))
cv2.imshow('hough line', merged)
cv2.waitKey()
cv2.destroyAllWindows()
```

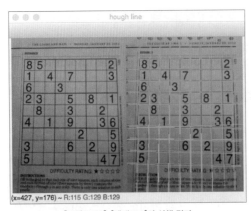

[그림 7-10] [예제 7-8]의 실행 결과

[예제 7-8]은 코드 ①에서 그레이 스케일로 변환해서 캐니 엣지로 경계를 검출한 후에 코드 ②에서 허프 선 검출을 적용합니다.

7.2.2 확률적 허프 선 변환

허프 선 검출은 모든 점에 대해서 수많은 선을 그어서 직선을 찾기 때문에 무척 많은 연산이 필요합니다. 이것을 개선한 것이 점진적 확률(progressive probabilistic) 허프 변환입니다. 이것은 모든 점을 고려하지 않고 무작위로 선정한 픽셀로 허프 변환을 수행해서 점점 그 수를 증가시켜 가는 방법입니다. OpenCV에서는 이 알고리즘을 구현한 cv2.HoughLinesP() 함수를 제공합니다.

- lines= cv2.HoughLinesP(img, rho, theta, threshold[, lines, minLineLength, maxLineGap])
  - minLineLength: 선으로 인정할 최소 길이
  - maxLineGap: 선으로 판단한 최대 간격
  - lines: 검출된 선 좌표, $N \times 1 \times 4$ 배열(x1, y1, x2, y2)
  - 이외의 인자는 cv2.HoughLines()와 동일

이 함수는 cv2.HoughLines()와 거의 비슷하지만, 검출한 선의 결과 값이 선의 시작과 끝 좌표라는 점과 선 검출 제약 조건으로 minLineLength, maxLineGap을 지정할 수 있는 점이 다릅니다. 이 함수는 cv2.HoughLines() 함수에 비해서 선 검출이 적게 되므로 엣지를 강하게 하고 threshold 값을 낮게 지정해야 합니다.

[예제 7-9] 확률 허프 변환으로 선 검출(hough_lineP.py)

```
import cv2
import numpy as np

img = cv2.imread('../img/sudoku.jpg')
img2 = img.copy()
# 그레이 스케일로 변환 및 엣지 검출 ---①
imgray = cv2.cvtColor(img, cv2.COLOR_BGR2GRAY)
edges = cv2.Canny(imgray, 50, 200 )

# 확률 허프 변환 적용 ---②
lines = cv2.HoughLinesP(edges, 1, np.pi/180, 10, None, 20, 2)
for line in lines:
    # 검출된 선 그리기 ---③
    x1, y1, x2, y2 = line[0]
    cv2.line(img, (x1,y1), (x2, y2), (0,255,0), 1)
```

```
cv2.imshow('Probability hough line', img)
cv2.waitKey()
cv2.destroyAllWindows()
```

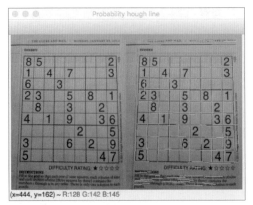

[그림 7-11] [예제 7-9]의 실행 결과

[예제 7-9]의 코드 ②에서 확률 허프 변환을 적용하고 그 결과를 코드 ③에서 출력하는데, 선의 시작과 끝 좌표가 함께 제공되어 선으로 표시하기가 편리합니다.

7.2.3 허프 원 변환

직교좌표를 극좌표로 바꾸면 (x, y) 좌표를 (r, θ) 좌표로 변환할 수 있으므로 허프 직선 변환의 알고리즘을 그대로 적용해서 원을 검출할 수 있습니다. 하지만 OpenCV는 메모리와 연산 속도를 이유로 이 방법으로 구현하지 않고 캐니 엣지를 수행하고 나서 소벨 필터를 적용해서 엣지의 경사도(gradient)를 누적하는 방법으로 구현했습니다. 그 함수가 cv2.HoughCircles()입니다.

- circles = cv2.HoughCircles(img, method, dp, minDist[, circles, param1, param2, minRadius, maxRadius])
  - img: 입력 영상, 1채널 배열
  - method: 검출 방식 선택, 현재 cv2.HOUGH_GRADIENT만 가능
    - cv2.HOUGH_STANDARD
    - cv2.HOUGH_PROBABILISTIC
    - cv2.HOUGH_MULTI_SCALE
    - cv2.HOUGH_GRADIENT
  - dp: 입력 영상과 경사 누적의 해상도 반비례율, 1: 입력과 동일, 값이 커질수록 부정확

- minDist: 원들 중심 간의 최소 거리, 0: 에러(동심원 검출 불가)
- circles: 검출 원 결과, $N \times 1 \times 3$ 부동 소수점 배열(x, y, 반지름)
- param1: 캐니 엣지에 전달할 스레시홀드 최대 값(최소 값은 최대 값의 2배 작은 값을 전달)
- param2: 경사도 누적 경계 값(값이 작을수록 잘못된 원 검출)
- minRadius, maxRadius: 원의 최소 반지름, 최대 반지름(0이면 영상의 크기)

[예제 7-10] 허프 원 검출(hough_circle.py)

```python
import cv2
import numpy as np

img = cv2.imread('../img/coins_spread1.jpg')
# 그레이 스케일 변환 ---①
gray = cv2.cvtColor(img, cv2.COLOR_BGR2GRAY)
# 노이즈 제거를 위한 가우시안 블러 ---②
blur = cv2.GaussianBlur(gray, (3,3), 0)
# 허프 원 변환 적용( dp=1.5, minDist=30, cany_max=200 ) ---③
circles = cv2.HoughCircles(blur, cv2.HOUGH_GRADIENT, 1.5, 30, None, 200)
if circles is not None:
    circles = np.uint16(np.around(circles))
    for i in circles[0,:]:
        # 원 둘레에 초록색 원 그리기
        cv2.circle(img,(i[0], i[1]), i[2], (0, 255, 0), 2)
        # 원 중심점에 빨간색 원 그리기
        cv2.circle(img, (i[0], i[1]), 2, (0,0,255), 5)

# 결과 출력
cv2.imshow('hough circle', img)
cv2.waitKey(0)
cv2.destroyAllWindows()
```

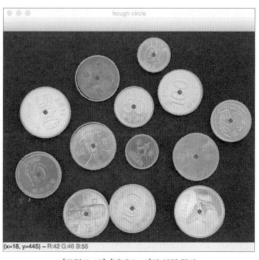

[그림 7-12] [예제 7-10]의 실행 결과

[예제 7-10]은 동전 사진에서 원을 검출합니다. 코드 ③에서 cv2.HoughCircles() 함수로 원을 검출하는데, 이 함수는 내부적으로 캐니 엣지를 사용하므로 노이즈를 제거하기 위해 코드 ②에서 가우시안 블러만 처리했고 엣지 검출은 따로 하지 않습니다. 대신에 함수에 캐니 엣지에 사용할 최대 스레시홀드 값을 전달해야 하는데, 그 값이 200입니다. 이 함수를 호출할 때 dp는 원본 영상과 경사도 누적도의 해상도를 조정하는데, 1로 했을 때 해상도가 동일하므로 가장 정확한 상태이고 값이 커질수록 부정확한 원을 검출할 수 있습니다. 이 값은 1에서 시작해서 조금씩 늘려서 경험적으로 찾아야 합니다. minDist 값은 중심점 간의 최소 거리를 의미하는 것으로 0을 넣을 수는 없습니다.

7.3 연속 영역 분할

외곽 경계를 이용해서 객체 영역을 분할하는 방법은 실생활에서 카메라로 찍은 영상에서는 경계선이 분명하지 않아 영역이 닫히지 않거나 그 반대로 겹치는 경우가 많아 문제를 해결하기 어려운 경우가 있습니다. 그래서 영상 분할에서는 연속된 영역을 찾아 분할하는 방법도 함께 사용합니다.

7.3.1 거리 변환

영상에서 물체의 영역을 정확히 파악하기 위한 방법으로 물체의 최중심점을 찾는 것이 중요한데, 그것을 사람이나 동물로 비유하면 뼈대와 같은 것으로 흔히 스켈레톤(skeleton)이라고 합니다. 스켈레톤을 검출하는 방법 중 하나가 주변 경계로부터 가장 멀리 떨어진 곳을 찾는 거리 변환입니다.

거리 변환(distance transform)은 바이너리 스케일 이미지를 대상으로 원본 이미지와 같은 크기의 배열에 픽셀 값이 0(영)인 위치에 0(영)으로 시작해서 멀어질 때마다 1씩 증가하는 방식으로 경계로부터 가장 먼 픽셀이 가장 큰 값을 갖게 하는 변환입니다.

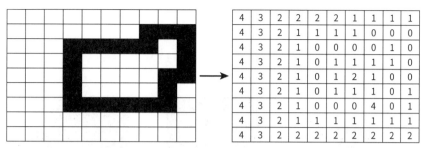

[그림 7-13] 거리 변환 알고리즘

이렇게 결과 변환 배열에서 가장 큰 값을 가진 곳이 경계로부터 가장 먼 픽셀임을 확인해서 경계가 다소 잘못 검출되어 있다 하더라도 거의 확실한 객체의 뼈대를 찾을 수 있습니다. OpenCV에는 거리 변환을 해주는 cv2.distanceTransform() 함수가 있습니다.

- cv2.distanceTransform(src, distanceType, maskSize)
  - src: 입력 영상, 바이너리 스케일
  - distanceType: 거리 계산 방식 선택
    - cv2.DIST_L2, cv2.DIST_L1, cv2.DIST_L12, cv2.DIST_FAIR, cv2.DIST_WELSCH, cv2.DIST_HUBER
  - maskSize: 거리 변환 커널 크기

다음의 [예제 7-11]은 사람의 전신 사진에서 스켈레톤을 찾습니다.

[예제 7-11] 거리 변환으로 전신 스켈레톤 찾기(distanceTrans.py)

```python
import cv2
import numpy as np

# 이미지를 읽어서 바이너리 스케일로 변환
img = cv2.imread('../img/full_body.jpg', cv2.IMREAD_GRAYSCALE)
_, biimg = cv2.threshold(img, 127, 255, cv2.THRESH_BINARY_INV)

# 거리 변환 ---①
dst = cv2.distanceTransform(biimg, cv2.DIST_L2, 5)
# 거리 값을 0~255 범위로 정규화 ---②
dst = (dst/(dst.max()-dst.min()) * 255).astype(np.uint8)
# 거리 값에 스레시홀드로 완전한 뼈대 찾기 ---③
skeleton = cv2.adaptiveThreshold(dst, 255, cv2.ADAPTIVE_THRESH_GAUSSIAN_C, \
                                    cv2.THRESH_BINARY, 7, -3)
# 결과 출력
cv2.imshow('origin', img)
cv2.imshow('dist', dst)
```

```
cv2.imshow('skel', skeleton)
cv2.waitKey(0)
cv2.destroyAllWindows()
```

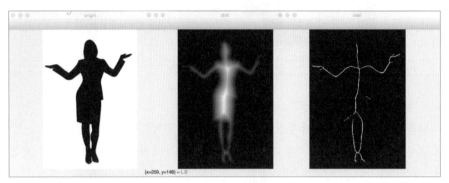

[그림 7-14] [예제 7-11]의 실행 결과

[예제 7-11]은 사람의 전신 사진을 바이너리 스케일로 바꿔서 코드 ①에서 거리 변환을 합니다. 거리 변환한 결과는 입력 영상의 픽셀 수가 아무리 크고 가장 먼 거리 값이라 하더라도 그 수는 작을 수밖에 없어서 영상에 표시하면 거의 표시가 되지 않습니다. 코드 ②에서는 거리 값을 0~255 범위로 재조정해서 출력하고 있습니다. 끝으로 뼈대 부분을 좀 더 부각하기 위해 거리 변환 결과에 cv2.adaptiveThreshold()를 적용해서 스켈레톤을 완성합니다.

7.3.2 연결 요소 레이블링

연결된 요소들끼리 분리하는 방법으로 레이블링(labeling)이라는 방법이 있습니다. 바이너리 스케일 이미지에서 픽셀 값이 0으로 끊어지지 않는 영역끼리 같은 값을 부여해서 분리하는 방법입니다.

[그림 7-15] 연결 요소 레이블링 개념도

OpenCV에서 이 기능을 제공하는 함수는 아래와 같습니다.

- retval, labels = cv2.connectedComponents(src[, labels, connectivity=8, ltype]): 연결 요소 레이블링과 개수 반환
  - src: 입력 영상, 바이너리 스케일 이미지
  - labels: 레이블링된 입력 영상과 같은 크기의 배열
  - connectivity: 연결성을 검사할 방향 개수(4, 8 중 선택)
  - ltype: 결과 레이블 배열 dtype
  - retval: 레이블 개수
- retval, labels, stats, centroids = cv2.connectedComponentsWithStats(src[, labels, stats, centroids, connectivity, ltype]): 레이블링과 각종 상태 정보 반환
  - stats: N × 5 행렬(N: 레이블 개수)
    - [x 좌표, y 좌표, 폭, 높이, 넓이]
  - centroids: 각 레이블의 중심점 좌표, N × 2 행렬(N: 레이블 개수)

위 두 함수는 레이블과 관련한 추가 정보를 제공하는 것 말고는 동일합니다.

[예제 7-12] 연결된 영역 레이블링(connected_label.py)

```python
import cv2
import numpy as np

# 이미지 읽기
img = cv2.imread('../img/shapes_donut.png')
# 결과 이미지 생성
img2 = np.zeros_like(img)
# 그레이 스케일과 바이너리 스케일 변환
gray = cv2.cvtColor(img, cv2.COLOR_BGR2GRAY)
_, th = cv2.threshold(gray, 127, 255, cv2.THRESH_BINARY)

# 연결된 요소 레이블링 적용 ---①
cnt, labels = cv2.connectedComponents(th)
#retval, labels, stats, cent = cv2.connectedComponentsWithStats(th) # ---②

# 레이블 개수만큼 순회
for i in range(cnt):
    # 레이블이 같은 영역에 랜덤한 색상 적용 ---③
    img2[labels==i] = [int(j) for j in np.random.randint(0,255, 3)]

# 결과 출력
cv2.imshow('origin', img)
```

```
cv2.imshow('labeled', img2)
cv2.waitKey(0)
cv2.destroyAllWindows()
```

[그림 7-16] [예제 7-12]의 실행 결과

[예제 7-12]는 같은 모양의 구멍이 있는 도형 그림을 바이너리 스케일로 변환해서 코드 ①에서 **cv2.connectedComponent()** 함수로 연결된 요소의 레이블링을 적용합니다. 코드 ③은 레이블의 개수만큼 순회하면서 같은 레이블을 갖는 픽셀을 랜덤하게 구한 동일한 색상으로 표시합니다. 주석으로 처리한 코드 ②를 사용해도 동일한 결과를 얻을 수 있고, stats를 이용하면 크기가 작은 레이블을 무시하는 등의 세밀한 작업도 할 수 있습니다.

7.3.3 색 채우기

파워포인트나 그림판 같은 그리기 도구에서 페이트 통 모양의 아이콘으로 채우기 효과를 써본 적이 한 번쯤은 있을 겁니다. 이렇게 하면 연속되는 영역에 같은 색상을 채워 넣을 수 있는데, OpenCV는 **cv2.floodFill()**이라는 함수로 이 기능을 제공합니다.

- retval, img, mask, rect = cv2.floodFill(img, mask, seed, newVal[, loDiff, upDiff, flags])
  - img: 입력 영상, 1 또는 3채널
  - mask: 입력 영상보다 2 × 2 픽셀이 더 큰 배열, 0이 아닌 영역을 만나면 채우기 중지
  - seed: 채우기 시작할 좌표
  - newVal: 채우기에 사용할 색상 값
  - loDiff, upDiff: 채우기 진행을 결정할 최소/최대 차이 값
  - flags: 채우기 방식 선택 플래그,
    - 4 또는 8 방향 채우기

- cv2.FLODDFILL_MASK_ONLY: img가 아닌 mask에만 채우기 적용
  - 채우기에 사용할 값을 8~16 비트에 포함시켜야 함
- cv2.FLOODFILL_FIXED_RANGE: 이웃 픽셀이 아닌 seed 픽셀과 비교
- retval: 채우기 한 픽셀의 개수
- rect: 채우기가 이뤄진 영역을 감싸는 사각형

이 함수는 일반적인 사용은 별로 어렵지 않은데 자세한 기능까지 사용하려면 좀 까다롭습니다. 이 함수는 img 영상의 seed 좌표에서부터 시작해서 newVal의 값으로 채우기를 시작합니다. 이때 이웃하는 픽셀에 채우기를 계속하려면 현재 픽셀이 이웃 픽셀의 loDiff를 뺀 값보다 크거나 같고 upDiff를 더한 값보다 작거나 같아야 합니다. 이것을 식으로 정리하면 다음과 같습니다. 이 값을 생략하면 seed와 같은 값을 갖는 이웃 픽셀만 채우기를 진행합니다.

$$src(x', y') - \text{loDiff} \leq src(x, y) \leq src(x', y') + \text{upDiff}$$

- $src(x, y)$: 현재 픽셀
- $src(x', y')$: 이웃 픽셀

하지만, 마지막 인자인 flags에 cv2.FLODFILL_FIXED_RAGE가 포함되어 있으면 이웃한 픽셀이 아니라 seed 픽셀과 비교합니다. 또 flags에 cv2.FLODDFILL_MASK_ONLY가 포함되어 있으면 img에 채우기를 하지 않고 mask에만 채우기를 하는데, 이때는 채우기에 사용할 값은 newVal이 아니라 flags의 8~16번째 비트의 값입니다. mask는 입력 영상보다 가로/세로 방향으로 2픽셀씩 더 커야 하고 0(영)이 아닌 값을 가진 영역을 만나면 채우기 조건을 만족하더라도 더 이상 채우기를 진행하지 않습니다. 따라서 경계를 검출한 바이너리 스케일 이미지를 mask로 사용하면 경계를 넘지 않게 할 수 있습니다.

flags는 채우기 방향을 4방향과 8방향으로 결정할 수도 있습니다. flags에 값을 설정하는 것이 좀 복잡한데, 예를 들어 8방향 채우기, 고정된 영역, 마스크만 255로 채우기를 설정하는 코드는 다음과 같습니다.

```
flags = 8 | cv2.FLODDFILL_MASK_ONLY | cv2FLOODFILL_FIXED_RANGE | (255<<8)
```

[예제 7-13] 마우스로 색 채우기(flood_fill.py)

```python
import cv2
import numpy as np

img = cv2.imread('../img/taekwonv1.jpg')
rows, cols = img.shape[:2]
# 마스크 생성, 원래 이미지보다 2픽셀 크게 ---①
mask = np.zeros((rows+2, cols+2), np.uint8)
# 채우기에 사용할 색 ---②
newVal = (255,255,255)
# 최소/최대 차이 값 ---③
loDiff, upDiff = (10,10,10), (10,10,10)

# 마우스 이벤트 처리 함수
def onMouse(event, x, y, flags, param):
    global mask, img
    if event == cv2.EVENT_LBUTTONDOWN:
        seed = (x,y)
        # 색 채우기 적용 ---④
        retval = cv2.floodFill(img, mask, seed, newVal, loDiff, upDiff)
        # 채우기 변경 결과 표시 ---⑤
        cv2.imshow('img', img)

# 화면 출력
cv2.imshow('img', img)
cv2.setMouseCallback('img', onMouse)
cv2.waitKey(0)
cv2.destroyAllWindows()
```

[그림 7-17] [예제 7-13]의 실행 결과

[예제 7-13]은 마우스로 영상의 특정 영역을 흰색으로 채우는 예제입니다. 코드 ①에서 채우기에 사용할 마스크를 생성합니다. 모두 영으로 채워져 있고 크기는 입력 영상보다 가로 세로 2씩 크게 만들어야 합니다. 코드 ②와 ③에서 채우기에 사용할 색

상을 흰색으로 하고 최소/최대 차이 값을 각각 10으로 했습니다. 마우스 이벤트가 발생하면 클릭한 좌표를 seed로 해서 코드 ④에서 채우기를 적용합니다. 입력 영상 자체가 변경되므로 반환 값은 따로 받지 않고 변경된 이미지를 코드 ⑤에서 새롭게 표시합니다.

7.3.4 워터셰드

워터셰드(watershed)는 우리말로 분수령 혹은 분수계라고 번역할 수 있는데, 공원 같은 곳에서 시원하게 물을 뿜는 분수가 아니라 강물이 한 줄기로 흐르다가 갈라지는 경계를 말합니다. 영상 처리에서 워터셰드는 경계를 찾는 방법 중 하나로 픽셀 값의 크기를 산과 골짜기 같은 높고 낮은 지형으로 보고 물을 채워서 그 물이 만나는 곳을 경계로 찾는 방식[2]입니다.

워터셰드는 앞서 살펴본 색 채우기(flood fill)와 비슷한 방식으로 연속된 영역을 찾는 것이라 볼 수 있는데, 이때 처음 찾을 지점인 seed를 하나가 아닌 여러 곳을 사용하고 이것을 마커라고 합니다. OpenCV는 마커 기반의 워터셰드 알고리즘을 cv2.watershed() 함수로 제공합니다.

- markers = cv2.watershed(img, markers)
  - img: 입력 영상
  - markers: 마커, 입력 영상과 크기가 같은 1차원 배열(int32)

markers는 입력 영상의 행과 열 크기가 같은 1차원 배열로 dtype=np.int32로 생성해야 합니다. markers의 값은 경계를 찾고자 하는 픽셀 영역은 0(영)을 갖게 하고 연결된 영역이 확실한 픽셀에 대해서는 동일한 양의 정수를 값으로 갖게 합니다. 예를 들면 배경은 1번, 전경은 2번 같은 식입니다. cv2.watershed() 함수는 markers에 0이 아닌 값들을 이용해서 같은 영역 모두를 같은 값으로 채우고 그 경계는 −1로 채워서 반환합니다. 반환된 마커를 이용해서 원본 영상의 연결된 나머지 영역과 경계를 찾을 수 있습니다.

다음의 [예제 7-14]는 왼쪽 마우스로 영상에 선을 그어서 같은 영역의 마커 값을 갖게 하고, 오른쪽 마우스로 워터셰드를 실행해서 전경과 배경 그 밖의 물체를 분리하는 예제입니다.

---

2 다음 URL을 참조해서 시각적 설명을 보충하세요. *http://cmm.ensmp.fr/~beucher/wtshed.html*

[예제 7-14] 마우스와 워터셰드로 배경 분리(watershed.py)

```python
import cv2
import numpy as np

img = cv2.imread('../img/taekwonv1.jpg')
rows, cols = img.shape[:2]
img_draw = img.copy()

# 마커 생성, 모든 요소는 0으로 초기화 ---①
marker = np.zeros((rows, cols), np.int32)
markerId = 1          # 마커 아이디는 1에서 시작
colors = []           # 마커를 선택한 픽셀의 색상 값을 저장할 공간
isDragging = False  # 드래그 여부 확인 변수

# 마우스 이벤트 처리 함수
def onMouse(event, x, y, flags, param):
    global img_draw, marker, markerId, isDragging
    if event == cv2.EVENT_LBUTTONDOWN:  # 왼쪽 마우스 버튼 다운, 드래그 시작
        isDragging = True
        # 각 마커의 아이디와 현 위치의 색상 값을 쌍으로 매핑해서 저장
        colors.append((markerId, img[y,x]))
    elif event == cv2.EVENT_MOUSEMOVE:  # 마우스 움직임
        if isDragging:                      # 드래그 진행 중
            # 마우스 좌표에 해당하는 마커의 좌표에 동일한 마커 아이디로 채워 넣기 ---②
            marker[y,x] = markerId
            # 마커를 표시한 곳을 빨간색 점으로 표시해서 출력
            cv2.circle(img_draw, (x,y), 3, (0,0,255), -1)
            cv2.imshow('watershed', img_draw)
    elif event == cv2.EVENT_LBUTTONUP:  # 왼쪽 마우스 버튼 업
        if isDragging:
            isDragging = False          # 드래그 중지
            # 다음 마커 선택을 위해 마커 아이디 증가 ---③
            markerId +=1
    elif event == cv2.EVENT_RBUTTONDOWN:  # 오른쪽 마우스 버튼 다운
        # 모아 놓은 마커를 이용해서 워터셰드 적용 ---④
        cv2.watershed(img, marker)
        # 마커에 -1로 표시된 경계를 초록색으로 표시 ---⑤
        img_draw[marker == -1] = (0,255,0)
        for mid, color in colors: # 선택한 마커 아이디 개수만큼 반복
            # 같은 마커 아이디 값을 갖는 영역을 마커를 선택한 색상으로 채우기 ---⑥
            img_draw[marker==mid] = color
        cv2.imshow('watershed', img_draw)  # 표시한 결과 출력

# 화면 출력
cv2.imshow('watershed', img)
cv2.setMouseCallback('watershed', onMouse)
cv2.waitKey(0)
cv2.destroyAllWindows()
```

[그림 7-18] [예제 7-14]의 실행 결과

[그림 7-18]의 왼쪽 사진은 왼쪽 마우스로 마커를 입력하는 모습입니다. 배경과 태권 브이 전신 이렇게 2번에 걸쳐서 마커를 선택했습니다. 오른쪽 마우스를 누르면 입력 한 마커로 워터셰드를 적용한 결과를 보여주는데, 그것이 오른쪽 사진입니다.

[예제 7-14]의 코드 ①에서 0(영)으로 채워진 마커를 생성합니다. 마커에 0으로 채 워진 곳이 워터셰드로 경계를 알고자 하는 영역입니다. 코드 ②에서 마우스가 움직 이면 움직인 영상의 좌표에 해당하는 마커 좌표에 현재의 마커 아이디를 채웁니다. 그러니까 선을 그린 픽셀에는 1 또는 2로 채워지게 되는 셈입니다. 이것의 의미는 앞 서 살펴본 '색 채우기(flood fill)'의 seed의 값이 여러 개인 것과 같습니다. 코드 ③은 하나의 선 그리기를 마쳤으면 다음 마커를 위해 마커 아이디를 1 증가시킵니다. 코 드 ④는 오른쪽 마우스를 누른 시점으로 워터셰드를 실행합니다. 그리고 나면 마커 는 1로 채워진 마커 공간이 워터셰드로 분리될 때까지 1로 채우는 식으로 연결된 공 간의 마커 값을 같게 하고 경계에 해당하는 영역만 –1로 채웁니다. 코드 ⑤는 –1로 채워진 마커와 같은 좌표의 영상 픽셀을 초록색으로 바꾸고 코드 ⑥은 미리 저장해 놓은 마커 아이디와 마커를 선택할 때의 픽셀 값을 이용해서 같은 마커 아이디 값을 갖는 영역을 같은 색으로 채웁니다.

워터셰드는 경계 검출이 어려운 경우 배경으로 확신할 수 있는 몇몇 픽셀과 전경 으로 확신할 수 있는 몇몇 픽셀로 경계를 찾을 수 있습니다. 전경으로 확신할 수 있 는 픽셀을 찾을 때는 앞서 살펴본 거리 변환을 이용할 수 있습니다.

7.3.5 그랩컷

그랩컷(grabcut)은 그래프 컷(graph cut)[3]을 기반으로 하는 알고리즘을 확장한 것으로 사용자가 전경으로 분리할 대상 객체가 있는 사각형 좌표를 주면 대상 객체와 배경의 색상 분포를 추정해서 동일한 레이블을 가진 연결된 영역에서 배경과 전경을 분리합니다.

OpenCV는 cv2.grabCut() 함수를 다음과 같이 제공합니다.

- mask, bgdModel, fgdModel = cv2.grabCut(img, mask, rect, bgdModel, fgdModel, iterCount[, mode])
  - img: 입력 영상
  - mask: 입력 영상과 크기가 같은 1채널 배열, 배경과 전경을 구분하는 값 저장
    - cv2.GC_BGD: 확실한 배경(0)
    - cv2.GC_FGD: 확실한 전경(1)
    - cv2.GC_PR_BGD: 아마도 배경(2)
    - cv2.GC_PR_FGD: 아마도 전경(3)
  - rect: 전경이 있을 것으로 추측되는 영역의 사각형 좌표, 튜플(x1, y1, x2, y2)
  - bgdModel, fgdModel: 함수 내에서 사용할 임시 배열 버퍼(재사용할 경우 수정하지 말 것)
  - iterCount: 반복 횟수
  - mode: 동작 방법
    - cv2.GC_INIT_WITH_RECT: rect에 지정한 좌표를 기준으로 그랩컷 수행
    - cv2.GC_INIT_WITH_MASK: mask에 지정한 값을 기준으로 그랩컷 수행
    - cv2.GC_EVAL: 재시도

이 함수를 사용하는 방법은 크게 두 가지입니다. 마지막 인자인 mode에 cv2.GC_INIT_WITH_RECT를 지정해서 호출하면 세 번째 인자인 rect에 있는 사각형 좌표를 가지고 전경과 배경을 분리해서 두 번째 인자인 mask에 0~1에 해당하는 값을 할당해서 반환합니다. 전달한 인자를 변경해서 반환하므로 반환 값을 굳이 받을 필요는 없습니다. 각 값의 의미는 0과 1은 확실한 배경과 전경을 의미하고 2와 3은 아마도 배경이거나 전경일 가능성이 크다는 것입니다. 1차적으로 배경과 전경이 구분되고 나면 사용자는 mask에 확실한 배경과 확실한 전경 값을 추가적으로 교정한 후에 mode

---

3 _https://en.wikipedia.org/wiki/Graph_cuts_in_computer_vision_

에 cv2.GC_INIT_WITH_MASK를 지정해서 다시 호출하면 좀 더 정확한 mask를 얻을 수 있습니다. bgdModel과 fgdModel은 함수가 내부적으로 연산에 사용하는 임시 배열로 다음번 호출에 이전 연산을 반영하기 위해 재사용해야 하므로 그 내용을 수정해서는 안 됩니다.

[예제 7-15]는 마우스로 분리할 객체가 있는 영역을 드래그해서 사각형을 그리면 1차적인 전경과 배경 분리가 일어납니다. 배경을 추가로 제거하고 싶을 때 원본 영상에 시프트키를 누르고 마우스로 검은색 선을 긋거나, 잘못 제거된 전경을 추가하고 싶을 때는 컨트롤(또는 커맨드) 키를 누르고 마우스로 흰색 선을 그으면 추가로 교정되는 예제입니다.

[예제 7-15] 마우스와 그랩컷으로 배경 분리(grabcut.py)

```python
import cv2
import numpy as np

img = cv2.imread('../img/taekwonv1.jpg')
img_draw = img.copy()
mask = np.zeros(img.shape[:2], dtype=np.uint8)  # 마스크 생성
rect = [0,0,0,0]    # 사각형 영역 좌표 초기화
mode = cv2.GC_EVAL   # 그랩컷 초기 모드
# 배경 및 전경 모델 버퍼
bgdmodel = np.zeros((1,65),np.float64)
fgdmodel = np.zeros((1,65),np.float64)


# 마우스 이벤트 처리 함수
def onMouse(event, x, y, flags, param):
    global mouse_mode, rect, mask, mode
    if event == cv2.EVENT_LBUTTONDOWN :   # 왼쪽 마우스 누름
        if flags <= 1:  # 아무 키도 안 눌렀으면
            mode = cv2.GC_INIT_WITH_RECT   # 드래그 시작, 사각형 모드 ---①
            rect[:2] = x, y  # 시작 좌표 저장
    # 마우스가 움직이고 왼쪽 버튼이 눌러진 상태
    elif event == cv2.EVENT_MOUSEMOVE and flags & cv2.EVENT_FLAG_LBUTTON :
        if mode == cv2.GC_INIT_WITH_RECT:   # 드래그 진행 중 ---②
            img_temp = img.copy()
            # 드래그 사각형 화면에 표시
            cv2.rectangle(img_temp, (rect[0], rect[1]), (x, y), (0,255,0), 2)
            cv2.imshow('img', img_temp)
        elif flags > 1:  # 키가 눌러진 상태
            mode = cv2.GC_INIT_WITH_MASK    # 마스크 모드 ---③
            if flags & cv2.EVENT_FLAG_CTRLKEY :# 컨트롤키, 분명한 전경
                # 흰색 점 화면에 표시
                cv2.circle(img_draw,(x,y),3, (255,255,255),-1)
                # 마스크에 GC_FGD로 채우기   ---④
                cv2.circle(mask,(x,y),3, cv2.GC_FGD,-1)
            if flags & cv2.EVENT_FLAG_SHIFTKEY : # 시프트 키, 분명한 배경
```

```
                  # 검은색 점 화면에 표시
                  cv2.circle(img_draw,(x,y),3, (0,0,0),-1)
                  # 마스크에 GC_BGD로 채우기   ---⑤
                  cv2.circle(mask,(x,y),3, cv2.GC_BGD,-1)
              cv2.imshow('img', img_draw)  # 그려진 모습을 화면에 출력
      elif event == cv2.EVENT_LBUTTONUP:  # 마우스 왼쪽 버튼을 뗀 상태
          if mode == cv2.GC_INIT_WITH_RECT :  # 사각형 그리기 종료
              rect[2:] =x, y  # 사각형 마지막 좌표 수집
              # 사각형을 그려서 화면에 출력
              cv2.rectangle(img_draw, (rect[0], rect[1]), (x, y), (255,0,0), 2)
              cv2.imshow('img', img_draw)
          # 그랩컷 적용
          cv2.grabCut(img, mask, tuple(rect), bgdmodel, fgdmodel, 1, mode)
          img2 = img.copy()
          # 마스크에 확실한 배경, 아마도 배경으로 표시된 영역을 0으로 채우기
          img2[(mask==cv2.GC_BGD) | (mask==cv2.GC_PR_BGD)] = 0
          cv2.imshow('grabcut', img2)  # 최종 결과 출력
          mode = cv2.GC_EVAL  # 그랩컷 모드 리셋
# 초기 화면 출력 및 마우스 이벤트 등록
cv2.imshow('img', img)
cv2.setMouseCallback('img', onMouse)
while True:
    if cv2.waitKey(0) & 0xFF == 27 : # esc
        break
cv2.destroyAllWindows()
```

[그림 7-19] [예제 7-15]의 실행 결과

[예제 7-15]는 마우스 이벤트를 처리하다 보니 코드가 길어지긴 했지만 실제로 핵심적인 부분은 코드 ⑧이 전부라고 할 수 있습니다. 이 예제에서 마우스 사용은 크게 세 가지 경우로, 첫째, 객체 영역을 드래그해서 사각형을 그리는 것이고, 둘째, 미처 지우지 못한 배경에서 지우고 싶은 부분을 검은색 선으로 그리는 것이고, 셋째, 전경인데 잘못 지워진 부분을 흰색 선으로 그리는 것입니다.

이때 첫 번째 사각형 영역을 선택하는 것은 처음 마우스 버튼을 누른 좌표와 마지막으로 마우스 버튼을 뗀 좌표를 구해서 cv2.grabCut()을 호출할 때 mode를 cv2.GC_INIT_WITH_RECT로 설정해서 호출하면 됩니다. 두 번째로 배경과 전경을 교정할 때는 시프트 키와 컨트롤 키를 누른 상태에서 마우스를 움직이면 그 좌표를 mask에 반영했다가 마우스 버튼을 떼는 시점에 cv2.grabCut()을 호출할 때 mode를 cv2.GC_INIT_WITH_MASK로 설정해서 호출하면 됩니다. 다만 시프트 키와 컨트롤 키에 따라 mask에 반영할 값이 cv2.GC_BGD 또는 cv2.GC_FGD가 됩니다.

코드 ①은 마우스를 누른 시점이고 이때 키보드를 아무것도 누르지 않았다면 mode를 cv2.GC_INIT_WITH_RECT로 설정하고 시작 좌표를 구합니다. 코드 ②는 마우스가 움직이는 동안 사각형이 그려지는 모습을 단순히 화면에 출력할 뿐입니다. 코드 ⑦에서 마우스를 뗀 지점의 좌표를 구해서 사각형을 표시하고 코드 ⑧에서 그랩컷을 적용하고 나서 mask의 내용 중에 배경으로 표시된 cv2.GC_BGD, cv2.GC_PR_BGD에 해당하는 좌표를 0(영)으로 채워서 배경을 제거합니다.

코드 ③은 키보드가 눌린 상태라면 mode를 cv2.GC_INIT_WITH_MASK로 설정하고 코드 ④와 ⑤에서 컨트롤 키와 시프트 키에 따라 분기해서 마우스가 움직인 좌표를 mask에 반영합니다. 마우스를 뗀 시점에 그랩컷을 적용하고 그 결과를 화면에 출력하는 것은 그 전과 같습니다.

[그림 7-19]의 왼쪽 사진은 객체 영역에 사각형을 표시한 모습과 배경으로 일부 제거되지 않은 부분을 검은색으로 표시하고 전경에서 제외된 부분을 흰색 선으로 표시해서 교정한 모습을 보여줍니다. 오른쪽 그림은 최종 결과입니다.

7.3.6 평균 이동 필터

영상의 일정한 반경 크기의 커널 윈도로 픽셀 값의 평균 값을 커널의 중심으로 바꿔서 이동하는 것을 반복하다 보면 그 주변에서 가장 밀집한 곳을 찾을 수 있습니다. 이런 방법으로 특정 공간 내의 분포의 피크(peak)를 찾는 방법을 평균 이동이라고 하는데, 이동을 시작한 지점에서 중지한 지점까지를 하나로 묶으면 연결된 영역을 찾을 수 있습니다. 같은 방법으로 가장 빈도가 많은 색상을 구해서 연결된 영역의 모든 픽셀 값으로 바꾸면 연결된 영역을 구분할 수 있는데, 그 결과를 영상으로 보면 마치 사람이 포스터를 그린 것과 비슷한 효과를 가져옵니다.

OpenCV는 cv2.pyrMeanShiftFiltering() 함수로 이 기능을 제공합니다.

- dst = cv2.pyrMeanShiftFiltering(src, sp, sr[, dst, maxLevel, termcrit])
  - src: 입력 영상
  - sp: 공간 윈도 반지름 크기
  - sr: 색상 윈도 반지름 크기
  - maxLevel: 이미지 피라미드 최대 레벨
  - termcrit: 반복 중지 요건
    - type=cv2.TERM_CRITERIA_MAX_ITER + cv2.TERM_CRITERIA_EPS: 중지 형식
      - cv2.TERM_CRITERIA_EPS: 정확도가 최소 정확도(epsilon)보다 작아지면 중지
      - cv2.TERM_CRITERIA_MAX_ITER: 최대 반복 횟수(max_iter)에 도달하면 중지
      - cv2.TERM_CRITERIA_COUNT: cv2.TERM_CRITERIA_MAX_ITER와 동일
    - max_iter=5: 최대 반복 횟수
    - epsilon=1: 최소 정확도

이 함수는 내부적으로 이미지 피라미드를 만들어 작은 영상의 평균 이동 결과를 큰 영상에 적용할 수 있어서 이름 앞에 pyr이 붙습니다. src 인자는 입력 영상이고 컬러와 그레이 스케일 모두 가능합니다. sp 인자는 평균 이동에 사용할 윈도 크기, 즉 몇 픽셀씩 묶어서 평균을 내어 이동할지를 지정합니다. sr은 색상 윈도 크기, 즉 색상 값의 차이 범위를 지정합니다. 평균을 계산할 때 값의 차이가 이 값의 범위 안에 있는 픽셀만을 대상으로 합니다. 따라서 sr 값이 너무 작으면 영역을 나누는데, 원본과 별차이가 없고 너무 크면 영역이 무너지는 결과가 나타납니다. maxLevel 인자는 그 값이 0보다 크면 그 값 단계만큼 작은 이미지 피라미드로 평균 이동해서 얻은 결과를 적용하므로 속도가 빨라지지만 영역과 색상이 거칠어집니다. termcrit은 더 이상 반복해도 의미가 없다고 판단하고 중지할 기준을 지정하는 인자입니다. 앞으로 다룰 함수 중에 반복적인 연산이 필요한 함수는 대부분 이 인자를 요구합니다.

[예제 7-16] 평균 이동 세그멘테이션 필터(mean_shift.py)

```
import cv2
import numpy as np

img = cv2.imread('../img/taekwonv1.jpg')
# 트랙바 이벤트 처리 함수
def onChange(x):
```

```
# sp, sr, level 선택 값 수집
sp = cv2.getTrackbarPos('sp', 'img')
sr = cv2.getTrackbarPos('sr', 'img')
lv = cv2.getTrackbarPos('lv', 'img')

# 평균 이동 필터 적용 ---①
mean = cv2.pyrMeanShiftFiltering(img, sp, sr, None, lv)
# 변환 이미지 출력
cv2.imshow('img', np.hstack((img, mean)))

# 초기 화면 출력
cv2.imshow('img', np.hstack((img, img)))
# 트랙바 이벤트 함수 연결
cv2.createTrackbar('sp', 'img', 0,100, onChange)
cv2.createTrackbar('sr', 'img', 0,100, onChange)
cv2.createTrackbar('lv', 'img', 0,5, onChange)
cv2.waitKey(0)
cv2.destroyAllWindows()
```

[그림 7-20] [예제 7-16]의 실행 결과

[예제 7-16]은 트랙바로 3개의 인자, 즉 sp, sr, maxLevel을 설정해서 평균 이동 필터를 적용하는 예제입니다. 코드가 복잡해 보이지만 실제 역할을 하는 부분은 코드 ① 한 줄뿐입니다.

7.4 실전 워크숍

7.4.1 도형 알아맞히기

5개의 도형이 들어 있는 영상에서 각각 도형의 이름을 알아맞히는 프로그램을 만들어 보세요.

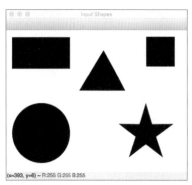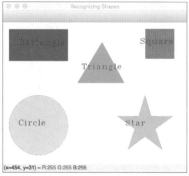

[그림 7-21] 도형 알아맞히기 사례

[그림 7-21]의 왼쪽 그림이 입력 영상이고 오른쪽 그림이 출력 영상입니다.

[사용 파일]

- img/5shapes.jpg

[힌트]

컨투어를 찾아 근사 값으로 단순화해서 꼭짓점의 개수를 세어 봅니다.

[풀이]

[예제 7-17] 도형 알아맞히기 워크숍

[예제 7-17] 도형 알아맞히기 워크숍(workshop_shape.py)

```
import cv2
import numpy as np

# 이미지를 읽어서 그레이 스케일 및 스레시홀드 변환
img = cv2.imread("../img/5shapes.jpg")
img2 = img.copy()
imgray = cv2.cvtColor(img, cv2.COLOR_BGR2GRAY)
ret, th = cv2.threshold(imgray, 127, 255, cv2.THRESH_BINARY_INV)

# 컨투어 찾기
contours, _ = cv2.findContours(th, cv2.RETR_EXTERNAL, \
                            cv2.CHAIN_APPROX_SIMPLE)[-2:]
```

```python
for contour in contours:
    # 각 컨투어에 근사 컨투어로 단순화
    approx = cv2.approxPolyDP(contour, 0.01*cv2.arcLength(contour, True), True)
    # 꼭짓점의 개수
    vertices = len(approx)
    print("vertices:", vertices)

    # 중심점 찾기
    mmt = cv2.moments(contour)
    cx,cy = int(mmt['m10']/mmt['m00']), int(mmt['m01']/mmt['m00'])

    name = "Unkown"
    if vertices == 3: # 꼭짓점 3개는 삼각형
        name = "Triangle"
        color = (0,255,0)
    elif vertices == 4: # 꼭짓점 4개는 사각형
        x,y,w,h = cv2.boundingRect(contour)
        if abs(w-h) <= 3:      # 폭과 높이의 차이가 3보다 작으면 정사각형
            name = 'Square'
            color = (0,125,255)
        else:                  # 폭과 높이의 차이가 3보다 크면 직사각형
            name = 'Rectangle'
            color = (0,0,255)
    elif vertices == 10:  # 꼭짓점 개수 10개는 별
        name = 'Star'
        color = (255,255,0)
    elif vertices >= 15: # 꼭짓점 10개 이상이면 원
        name = 'Circle'
        color = (0,255,255)
    # 컨투어 그리기
    cv2.drawContours(img2, [contour], -1, color, -1)
    # 도형 이름 출력
    cv2.putText(img2, name, (cx-50, cy), cv2.FONT_HERSHEY_COMPLEX_SMALL,\
                                        1, (100,100,100), 1)

cv2.imshow('Input Shapes', img)
cv2.imshow('Recognizing Shapes', img2)
cv2.waitKey(0)
cv2.destroyAllWindows()
```

7.4.2 문서 스캐너

이 책의 5.2절 "뒤틀기"의 [예제 5-8] "마우스와 원근 변환으로 문서 스캔 효과 내기"
에서는 문서의 4개의 꼭짓점을 사람이 마우스로 직접 찍어줘야 했습니다. 이번엔 같
은 영상을 사람이 마우스로 좌표를 찍어주지 않아도 자동으로 스캔 효과를 내는 프
로그램을 작성해 보세요.

[그림 7-22] 문서 스캐너 실행 예시

[사용 파일]

- img/paper.jpg

[힌트]

- [예제 5-8]에서 마우스로 입력받던 좌표를 경계 검출로 얻어보세요.
- 그레이 스케일로 바꿔서 가우시안 블러로 노이즈를 없애고 캐니 엣지로 경계를 검출합니다.
- 경계 검출한 영상을 findContour() 함수로 컨투어를 찾아서 그 영역이 가장 큰 컨투어를 골라서 approxPolyDP() 함수로 단순화한 뒤에 꼭짓점 4개를 구합니다.
- 꼭짓점 4개를 구한 다음의 절차는 [예제 5-8]과 같습니다.

[풀이]

- [예제 7-18] 문서 스캐너
- 진행 과정을 단계적으로 볼 수 있게 화면이 멈추므로 다음 단계로 진행하려면 Esc 키를 눌러야 합니다.

[예제 7-18] 문서 스캐너(workshop_paper_scan.py)

```python
import cv2
import numpy as np

win_name = 'scan'
# 이미지 읽기
img = cv2.imread("../img/paper.jpg")
cv2.imshow('original', img)
cv2.waitKey(0)
draw = img.copy()

# 그레이 스케일 변환 및 캐니 엣지
gray = cv2.cvtColor(img, cv2.COLOR_BGR2GRAY)
gray = cv2.GaussianBlur(gray, (3, 3), 0) # 가우시안 블러로 노이즈 제거
edged = cv2.Canny(gray, 75, 200)            # 캐니 엣지로 경계 검출
cv2.imshow(win_name, edged)
cv2.waitKey(0)

# 컨투어 찾기
cnts, _ = cv2.findContours(edged.copy(), cv2.RETR_EXTERNAL, \
                                cv2.CHAIN_APPROX_SIMPLE)[-2:]
# 모든 컨투어 그리기
cv2.drawContours(draw, cnts, -1, (0,255,0))
cv2.imshow(win_name, draw)
cv2.waitKey(0)

# 컨투어들 중에 영역 크기순으로 정렬
cnts = sorted(cnts, key = cv2.contourArea, reverse = True)[:5]
for c in cnts:
    # 영역이 가장 큰 컨투어부터 근사 컨투어 단순화
    peri = cv2.arcLength(c, True)   # 둘레 길이
    # 둘레 길이의 0.02 근사 값으로 근사화
    vertices = cv2.approxPolyDP(c, 0.02 * peri, True)
    if len(vertices) == 4: # 근사한 꼭짓점이 4개면 중지
        break
pts = vertices.reshape(4, 2) # N x 1 x 2 배열을 4 x 2 크기로 조정
for x,y in pts:
    cv2.circle(draw, (x,y), 10, (0,255,0), -1) # 좌표에 초록색 동그라미 표시
cv2.imshow(win_name, draw)
cv2.waitKey(0)
merged = np.hstack((img, draw))

#### 이하 [예제 5-8]과 동일 ####
# 좌표 4개 중 상하좌우 찾기
sm = pts.sum(axis=1)                    # 4쌍의 좌표 각각 x+y 계산
diff = np.diff(pts, axis = 1)           # 4쌍의 좌표 각각 x-y 계산

topLeft = pts[np.argmin(sm)]            # x+y가 가장 작은 값이 좌상단 좌표
bottomRight = pts[np.argmax(sm)]        # x+y가 가장 큰 값이 좌상단 좌표
topRight = pts[np.argmin(diff)]         # x-y가 가장 작은 것이 우상단 좌표
```

```
        bottomLeft = pts[np.argmax(diff)]     # x-y가 가장 큰 값이 좌하단 좌표

# 변환 전 4개 좌표
pts1 = np.float32([topLeft, topRight, bottomRight , bottomLeft])

# 변환 후 영상에 사용할 서류의 폭과 높이 계산
w1 = abs(bottomRight[0] - bottomLeft[0])      # 상단 좌우 좌표 간의 거리
w2 = abs(topRight[0] - topLeft[0])            # 하단 좌우 좌표 간의 거리
h1 = abs(topRight[1] - bottomRight[1])        # 우측 상하 좌표 간의 거리
h2 = abs(topLeft[1] - bottomLeft[1])          # 좌측 상하 좌표 간의 거리
width = max([w1, w2])                         # 두 좌우 거리 간의 최대 값이 서류의 폭
height = max([h1, h2])                        # 두 상하 거리 간의 최대 값이 서류의 높이

# 변환 후 4개의 좌표
pts2 = np.float32([[0,0], [width-1,0], [width-1,height-1], [0,height-1]])

# 변환행렬 계산
mtrx = cv2.getPerspectiveTransform(pts1, pts2)
# 원근 변환 적용
result = cv2.warpPerspective(img, mtrx, (width, height))
cv2.imshow(win_name, result)
cv2.waitKey(0)
cv2.destroyAllWindows()
```

7.4.3 동전 개수 세기

동전들이 있는 영상에서 동전을 하나씩 분리하면서 개수를 세는 프로그램을 만들어 보세요. [그림 7-23]의 왼쪽 사진에는 다닥다닥 붙어 있는 동전들이 있는데 이와 같은 사진을 입력 받아서 오른쪽 13개의 그림처럼 동전을 개별로 분리하면서 개수를 세는 프로그램을 만들어 보세요.

누구나 동전 모양이 잘 나오게 사진을 찍으려 노력하겠지만, 스튜디오에서처럼 깨끗한 사진을 찍을 수는 없을 겁니다. 이 사진은 책상에 검은색 천을 깔고 별다른 조명 없이 핸드폰으로 찍은 것이라서 단순한 엣지 검출과 컨투어 찾기로는 객체의 위치를 정확히 알아내기 어렵습니다. 게다가 동전들이 한데 모여 있어서 컨투어를 찾으면 서로 달라 붙은 덩어리 컨투어만 인식됩니다.

이 워크숍은 그동안의 워크숍 중에 가장 어렵고 복잡하지만 그동안 이 책에서 다룬 기초 내용과 이 장에서 다룬 여러 내용을 복습하고 연습하기에 아주 좋고 무엇보다 배경과 객체를 분리해내는 방법을 익히기에 아주 좋은 실험이 될 겁니다. 꼭 도전해 보세요.

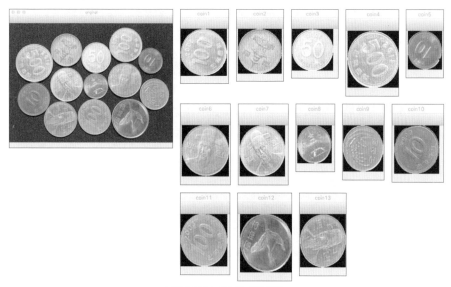

[그림 7-23] 동전 개수 세기 사례

[사용 파일]

• img/coins_connected.jpg

[힌트]

1. 그림 [7-23]의 왼쪽 사진은 다행히 배경이 비교적 단일한 색상이라서 배경과 전경의 구분이 명확합니다. 하지만 동전에는 각양각색의 문양이 새겨져 있어서 경계를 찾기도 힘들고 스레시홀드를 적용해도 노이즈가 너무 많습니다. pyrMeanShiftFiltering() 함수로 동전과 배경의 표면 색상을 평균화해서 흐릿하게 바꿉니다.

2. 이제 그레이 스케일로 바꿔서 가우시안 블러와 오츠 스레시홀드로 바이너리 이미지로 바꿉니다.

3. 여전히 동전들이 모여 있어서 각각의 동전의 경계를 분리하기엔 역부족입니다. distanceTransform() 함수로 각 동전과 배경으로부터의 거리를 측정합니다. 그러면 각 동전의 중심점은 그 주변 영역에서 가장 높은 거리 값을 갖게 됩니다.

4. 거리 값에 팽창 연산을 이용해서 그 주변 영역에서 가장 높은 값, 즉 로컬 최대 값을 찾습니다. dilate() 함수로 팽창을 적용하면 커널 크기 내에서 가장 큰 값으로 커널을 채우므로 최대 값을 제외하고는 팽창의 대상이 되는 모든 픽셀은 주변의 최대 값으로 변하게 됩니다. 팽창 결과와 원래의 거리 값 배열을 비교해

서 서로 같은 픽셀이 있다면 그게 바로 지역 최대 값을 갖는 픽셀입니다. 그 픽셀만 255로 하고 나머지는 0으로 해서 로컬 최대 값을 갖는 배열을 만듭니다.

5. 지역 최대 값은 분명하게 동전 안에 있는 한 개의 또는 몇몇의 점이므로 색 채우기의 좋은 시드값이 됩니다. 1번 과정에서 만든 평균 시프트 영상을 금방 구한 지역 최대 값을 시드 값으로 해서 floodFill()로 색 채우기를 합니다.

6. 색 채우기를 한 영상을 다시 가우시안 블러와 오츠 스레시홀드로 이진화 영상을 생성해서 다시 거리 변환을 하고 거리 값을 0~255 범위로 환산해서 최대 값의 30%를 경계 값으로 스레시홀드해서 동전의 중심 지역을 확실한 전경 지역으로 확보합니다. 이 영역에서 전체 거리 값을 30%만 선택했으므로 각 동전은 경계가 떨어져 있게 됩니다. (3번 과정에서 얻은 거리 값으로 하지 않는 이유는 노이즈가 있는 경우 거리 값에 큰 영향을 주므로 최대 값만 구한 다음 다시 노이즈를 없애고 거리 값을 구하는 것입니다.)

7. 6번 과정의 거리 값을 반전해서 다시 거리 변환한 후 30%를 경계 값으로 스레시홀드해서 확실한 배경 값을 확보합니다.

8. 확실한 배경에서 확실한 전경을 빼면 전경과 배경이 불확실한 영역을 확보할 수 있습니다.

9. 동전마다 연결된 영역이 끊어진 확실한 전경 값을 connectComponents() 함수로 레이블링합니다.

10. 레이블 결과에 확실한 전경이 아닌 영역은 모두 0으로 설정되어 있을 텐데 1씩 증가시키고 나서 확실한 배경을 이용해서 배경 영역만 추가로 레이블링을 완성하고 알 수 없는 영역을 0으로 레이블링합니다.

11. 10번 과정의 완성된 레이블을 마커로 전달해서 알 수 없는 영역을 구분해 내기 위한 watershed() 함수로 워터셰드를 적용합니다.

12. 워터셰드로 레이블링이 완료된 마커를 이용하여 마스크를 생성해서 원하는 영역만 추출하고 findContours() 함수와 boundingRect() 함수로 동전을 감싸는 사각형 영역을 찾아 동전 영역만 따로 떼어내어 출력합니다.

[풀이]

[예제 7-19] 동전 개수 세기 워크숍 풀이

동전을 검출하는 방식은 여러 가지이고 [예제 7-19]가 완벽한 정답이 될 수는 없으며, 더 효율적인 해법이 있을 수 있습니다. 이 워크숍의 풀이는 동전 검출에만 목

적을 두지 않고 이 장에서 알아본 여러 가지 단편적인 접근을 종합적으로 활용해
보는 데 의미를 두고 있습니다.

[예제 7-19] 동전 개수 세기 워크숍 풀이(workshop_coin_count.py)

```python
import cv2
import numpy as np

# 이미지 읽기
img = cv2.imread('../img/coins_connected.jpg')
rows, cols = img.shape[:2]
cv2.imshow('original', img)


# 동전 표면을 흐릿하게 피라미드 평균 시프트 적용
mean = cv2.pyrMeanShiftFiltering(img, 20, 50)
cv2.imshow('mean', mean)
# 바이너리 이미지 변환
gray = cv2.cvtColor(mean, cv2.COLOR_BGR2GRAY)
gray = cv2.GaussianBlur(gray, (3,3), 0)

_, thresh = cv2.threshold(gray, 0, 255, cv2.THRESH_BINARY | cv2.THRESH_OTSU)
cv2.imshow('thresh', thresh)
# 거리 변환
dst = cv2.distanceTransform(thresh, cv2.DIST_L2, 3)
# 거리 값을 0~255로 변환
dst = ( dst / (dst.max() - dst.min()) * 255 ).astype(np.uint8)
cv2.imshow('dst', dst)

# 거리 변환 결과에서 로컬 최대 값 구하기
## 팽창 적용(동전 크기 정도의 구조화 요소 필요)
localMx = cv2.dilate(dst, np.ones((50,50), np.uint8))
## 로컬 최대 값을 저장할 배열 생성
lm = np.zeros((rows, cols), np.uint8)
## 팽창 적용 전 이미지와 같은 픽셀이 로컬 최대 값이므로 255로 설정
lm[(localMx==dst) & (dst != 0)] = 255
cv2.imshow('localMx', lm)

# 로컬 최대 값으로 색 채우기
## 로컬 최대 값이 있는 좌표 구하기
seeds = np.where(lm ==255)
seed = np.stack( (seeds[1], seeds[0]), axis=-1)
## 색 채우기를 위한 채우기 마스크 생성
fill_mask = np.zeros((rows+2, cols+2), np.uint8)
for x,y in seed:
    ## 로컬 최대 값을 시드로 해서 평균 시프트 영상에 색 채우기
    ret = cv2.floodFill(mean, fill_mask, (x,y), (255,255,255), \
                        (10,10,10), (10,10,10))
cv2.imshow('floodFill', mean)
```

```python
# 색 채우기를 적용한 영상에 다시 거리 변환 적용
gray = cv2.cvtColor(mean, cv2.COLOR_BGR2GRAY)
gray = cv2.GaussianBlur(gray, (5,5), 0)

ret, thresh = cv2.threshold(gray, 0, 255, cv2.THRESH_BINARY | cv2.THRESH_OTSU)
dst = cv2.distanceTransform(thresh, cv2.DIST_L2, 5)
dst = ( (dst / (dst.max() - dst.min())) * 255 ).astype(np.uint8)
cv2.imshow('dst2', dst)

# 거리 변환 결과 값의 절반 이상을 차지한 영역은 확실한 전경으로 설정
ret, sure_fg = cv2.threshold(dst, 0.5*dst.max(), 255,0)
cv2.imshow('sure_fg', sure_fg)

# 거리 변환 결과를 반전해서 확실한 배경 찾기
_, bg_th = cv2.threshold(dst, 0.3*dst.max(), 255, cv2.THRESH_BINARY_INV)
bg_dst = cv2.distanceTransform(bg_th, cv2.DIST_L2, 5)
bg_dst = ( (bg_dst / (bg_dst.max() - bg_dst.min())) * 255 ).astype(np.uint8)
ret, sure_bg = cv2.threshold(bg_dst, 0.3*bg_dst.max(), 255,cv2.THRESH_BINARY)
cv2.imshow('sure_bg', sure_bg)


# 불확실한 영역 설정: 확실한 배경을 반전해서 확실한 전경을 빼기
ret, inv_sure_bg = cv2.threshold(sure_bg, 127, 255,cv2.THRESH_BINARY_INV)
unkown = cv2.subtract(inv_sure_bg, sure_fg)
cv2.imshow('unkown', unkown)

# 연결된 요소 레이블링
_, markers = cv2.connectedComponents(sure_fg)

# 레이블링을 1씩 증가시키고 레이블을 알 수 없는 영역을 0번 레이블로 설정
markers = markers+1
markers[unkown ==255] = 0
print("워터세드 전:", np.unique(markers))
colors = []
marker_show = np.zeros_like(img)
for mid in np.unique(markers):  # 선택한 마커 아이디 개수만큼 반복
    color = [int(j) for j in np.random.randint(0,255, 3)]
    colors.append((mid, color))
    marker_show[markers==mid] = color
    coords = np.where(markers==mid)
    x, y = coords[1][0], coords[0][0]
    cv2.putText(marker_show, str(mid), (x+20, y+20), cv2.FONT_HERSHEY_PLAIN, \
                                            2, (255,255,255))
cv2.imshow('before', marker_show)

# 레이블링이 완성된 마커로 워터세드 적용
markers = cv2.watershed(img, markers)
print("워터세드 후:", np.unique(markers))

for mid, color in colors:  # 선택한 마커 아이디 개수만큼 반복
    marker_show[markers==mid] = color
```

```python
        coords = np.where(markers==mid)
        if coords[0].size <= 0 :
            continue
        x, y = coords[1][0], coords[0][0]
        cv2.putText(marker_show, str(mid), (x+20, y+20), cv2.FONT_HERSHEY_PLAIN, \
                                                    2, (255,255,255))
marker_show[markers==-1] = (0,255,0)
cv2.imshow('watershed marker', marker_show)

img[markers==-1] = (0,255,0)
cv2.imshow('watershed', img)

# 동전 추출을 위한 마스킹 생성
mask = np.zeros((rows, cols), np.uint8)
# 배경 마스크 생성
mask[markers!=1] = 255
# 배경 지우기
nobg = cv2.bitwise_and(img, img, mask=mask)
# 동전만 있는 라벨 생성 (배경(1), 경계(-1) 없는)
coin_label = [l for l in np.unique(markers) if (l != 1 and l !=-1)]
# 동전 라벨을 순회하면서 동전 영역만 추출
for i, label in enumerate(coin_label):
    mask[:,:] = 0
    # 해당 동전 추출 마스크 생성
    mask[markers ==label] = 255
    # 동전 영역만 마스크로 추출
    coins = cv2.bitwise_and(img, img, mask=mask)
    # 동전 하나만 있는 곳에서 최외곽 컨투어 추출
    contour, _ = cv2.findContours(mask, cv2.RETR_EXTERNAL,\
                                  cv2.CHAIN_APPROX_NONE)[-2:]
    # 동전을 감싸는 사각형 좌표
    x,y,w,h = cv2.boundingRect(contour[0])
    # 동전 영역만 추출해서 출력
    coin = coins[y:y+h, x:x+w]
    cv2.imshow('coin%d'%(i+1), coin)
    cv2.imwrite('../img/coin_test/coin%d.jpg'%(i+1), coin)
cv2.waitKey()
cv2.destroyAllWindows()
```

8장

영상 매칭과 추적

영상 매칭(matching)이란 서로 다른 두 영상을 비교해서 영상 속 객체가 같은 것인지 알아내거나 여러 영상 중에서 짝이 맞는 영상을 찾아내는 것을 말합니다. 영상 매칭으로 객체를 인식하는 방법은 영상에서 의미 있다고 판단하는 특징들을 적절한 숫자로 변환하고 그 숫자들을 비교해서 얼마나 비슷한지 판단하는 것입니다. 영상의 특징으로 대표할 수 있는 숫자를 특징 벡터 또는 특징 디스크립터라고 하는데, 이것을 찾아내는 것은 무척 어렵고 대단한 일입니다. 이 장에서는 영상에서 특징 디스크립터를 찾아내는 방법과 두 영상을 매칭해서 영상 속에 찾고자 하는 객체가 있는지 알아내는 방법 그리고 동영상에서 움직이는 물체를 지속적으로 추적하는 방법에 대해 알아봅니다.

8.1 비슷한 그림 찾기

사람들은 맨 처음 화투나 카드 놀이를 접할 때 패의 이름이나 값어치도 모르고 그저 자기가 가진 패와 똑같지는 않지만, 왠지 비슷한 것 같은 그림을 찾아 짝 맞추기를 하면서 놀이를 배워 나갑니다. 영상 속 객체를 인식하는 방법 중 하나가 바로 화투 놀이처럼 비슷한 그림을 찾아내는 것입니다. 새로운 영상이 입력되면 이미 알고 있던 영상들 중에서 가장 비슷한 영상을 찾아 그 영상에 있는 객체로 판단하는 것입니다. 비슷한 그림을 찾기 위해 사용하는 기술은 여러 가지가 있는데, 그중 비교적 단순하고 간단한 것부터 알아봅니다.

8.1.1 평균 해시 매칭

쉽고 간단한 만큼 실효성은 떨어지지만 비슷한 그림을 찾는 원리를 이해하는 데 평균 해시 매칭(average hash matching)만큼 좋은 것은 없을 것입니다. 평균 해시는 어떤 영상이든 동일한 크기의 하나의 숫자로 변환되는데, 이때 숫자를 얻기 위해 평균 값을 이용한다는 뜻입니다. 평균을 얻기 전에 영상을 가로 세로 비율과 무관하게 특정한 크기로 축소합니다. 그 다음, 픽셀 전체의 평균 값을 구해서 각 픽셀의 값이 평균보다 작으면 0, 크면 1로 바꿉니다. 그런 다음, 0 또는 1로만 구성된 각 픽셀 값을 1행 1열로 변환하는데, 한 줄로 늘어선 0과 1의 숫자들은 한 개의 2진수 숫자로 볼 수 있습니다. 모든 영상의 크기를 같은 크기로 축소했기 때문에 모든 2진수의 비트 개수도 항상 같게 됩니다. 2진수 숫자가 너무 길어서 보기 불편하면 필요에 따라 10진수나 16진수 등으로 변환해서 사용할 수 있습니다. 다음의 [예제 8-1]은 권총 영상을 16 × 16 크기의 평균 해시로 변환하는 과정을 코드로 나타냅니다.

[예제 8-1] 권총을 평균 해시로 변환(avg_hash.py)

```python
import cv2

# 영상을 읽어서 그레이 스케일로 변환
img = cv2.imread('../img/pistol.jpg')
gray = cv2.cvtColor(img, cv2.COLOR_BGR2GRAY)

# 16 x 16 크기로 축소
gray = cv2.resize(gray, (16, 16))
# 영상의 평균 값 구하기
avg = gray.mean()
# 평균 값을 기준으로 0과 1로 변환
bin = 1 * (gray > avg)
print(bin)

# 2진수 문자열을 16진수 문자열로 변환
dhash = []
for row in bin.tolist():
    s = ''.join([str(i) for i in row])
    dhash.append('%02x'%(int(s,2)))
dhash = ''.join(dhash)
print(dhash)

cv2.imshow('pistol', img)
cv2.waitKey(0)
```

[예제 8-1]의 출력 결과는 아래와 같습니다.

출력 결과

```
[[1 1 1 1 1 1 1 1 1 1 1 1 1 1 1 1]
 [1 0 0 0 0 0 0 0 0 0 0 0 0 0 0 0]
 [1 0 0 0 0 0 0 0 0 0 0 0 0 0 0 0]
 [1 0 0 0 0 0 0 0 0 0 0 0 0 0 0 0]
 [1 0 0 0 0 0 0 0 0 0 0 0 0 0 0 0]
 [1 0 0 0 0 0 0 1 0 0 1 1 1 1 1 1]
 [1 1 0 0 0 0 0 1 1 1 1 1 1 1 1 1]
 [1 1 0 0 0 0 0 1 1 1 1 1 1 1 1 1]
 [1 1 0 0 0 0 0 0 0 1 1 1 1 1 1 1]
 [1 1 0 0 0 0 1 1 1 1 1 1 1 1 1 1]
 [1 1 0 0 0 1 1 1 1 1 1 1 1 1 1 1]
 [1 1 0 0 0 1 1 1 1 1 1 1 1 1 1 1]
 [1 0 0 0 0 1 1 1 1 1 1 1 1 1 1 1]
 [1 0 0 0 0 1 1 1 1 1 1 1 1 1 1 1]
 [1 0 0 0 0 1 1 1 1 1 1 1 1 1 1 1]
 [1 1 0 0 0 1 1 1 1 1 1 1 1 1 1 1]]
```

ffff8000800080008000813fc1ffc1ffc07fc3ffc7ffc7ff87ff87ff87ffc7ff

[그림 8-1] [예제 8-1]의 실행 결과

[예제 8-1]의 실행 결과로 콘솔에 출력된 0과 1의 숫자를 보면 0으로 구성된 숫자들의 모양이 [그림 8-1]의 권총과 비슷합니다.

이제 이렇게 얻은 평균 해시를 다른 영상의 것과 비교해서 얼마나 비슷한지를 알아내야 합니다. 비슷한 정도를, 그러니까 유사도를 측정하기 위한 방법으로는 두 값의 거리를 측정해서 그 거리가 가까우면 비슷한 것으로 판단하는 방법을 쓰는데, 두 값의 거리를 측정하는 방법에는 여러 가지가 있습니다. 그중 가장 대표적으로 널리 쓰이는 유클리드 거리(Euclidian distance)와 해밍 거리(Hamming distance)의 기본 개념을 알아보겠습니다.

유클리드 거리는 두 값의 차이로 거리를 계산합니다. 예를 들어 5와 비교할 값으로 8과 3이 있다면 5와 3의 유클리드 거리는 2이고, 5와 8의 유클리드 거리는 3입니다. 따라서 5와 더 비슷한 수는 3이라고 판단합니다.

해밍 거리는 두 값의 길이가 같아야 계산할 수 있습니다. 두 수의 같은 자리의 값이 서로 다른 것이 몇 개인지를 나타내는 것이 해밍 거리이기 때문입니다. 예를 들어 12345와 비교할 값으로 12354와 92345가 있을 때 12345와 12354의 마지막 두 자리 54가 45와 다르므로 해밍 거리는 2이고, 12345와 92345의 맨 처음 자리 1과 9 하나만 다르므로 해밍 거리는 1입니다. 따라서 12345와 더 비슷한 숫자는 12354보다 92345라고 판단합니다.

유클리드 거리는 높은 자릿수가 다를수록 더 큰 거리로 인식하는 반면, 해밍 거리는 각 자릿수의 차이의 개수로만 비교하므로 앞서 얻은 영상의 평균 해시 값을 비교하는 데는 유클리드 거리보다는 해밍 거리로 측정하는 것이 더 적합합니다. 이처럼 숫자 2개를 비교할 때 그 수가 갖는 특징에 따라 어떤 방법으로 측정하는 것이 좋은지 판단해야 합니다. 유클리드 거리와 해밍 거리의 계산 방식에는 이와 같은 기본 개념을 바탕으로 상황에 따라 숫자의 특성을 더 잘 살릴 수 있는 여러 가지 추가적인 연산 방법이 있습니다.

이제 앞서 얻은 권총 영상의 평균 해시를 다른 영상들의 평균 해시와 해밍 거리로 비교하여 거리가 가깝게 측정된 영상들 중에 정말 권총 영상이 있는지 확인하면 됩니다. 그런데 그러려면 다양한 물체를 찍은 수많은 영상이 필요합니다. 미국의 캘리포니아 공대에서 101가지 물체를 담은 영상들을 이미지셋으로 제공하는데 아래 URL에서 다운로드할 수 있습니다.

- 다운로드 페이지: *http://www.vision.caltech.edu/Image_Datasets/Caltech101/ #Download*
- 다운로드 링크 주소: *http://www.vision.caltech.edu/Image_Datasets/Caltech101/101_ ObjectCategories.tar.gz*

이 이미지는 라이선스 문제로 독자들이 직접 다운로드해야 합니다. 다운로드한 파일을 압축 해제하여 예제의 img 디렉터리 안의 101_ObjectCategories라는 디렉터리에 저장하세요. 101_ObjectCategories 안에는 101가지 사물 이름으로 된 디렉터리가 있고 그 안에는 해당 사물이 담긴 사진들이 있습니다. 사진의 개수는 모두 9144개입니다. 이제 1만 장에 가까운 사진들 중에서 앞서 다룬 권총 영상과 비슷한 영상을 찾아보는 예제를 만들어 봅니다.

[예제 8-2] 사물 영상 중에서 권총 영상 찾기(avg_hash_matching.py)

```python
import cv2
import numpy as np
import glob

# 영상 읽기 및 표시
img = cv2.imread('../img/pistol.jpg')
cv2.imshow('query', img)

# 비교할 영상들이 있는 경로
search_dir = '../img/101_ObjectCategories'

# 이미지를 16 x 16 크기의 평균 해시로 변환
def img2hash(img):
    gray = cv2.cvtColor(img, cv2.COLOR_BGR2GRAY)
    gray = cv2.resize(gray, (16, 16))
    avg = gray.mean()
    bi = 1 * (gray > avg)
    return bi

# 해밍 거리 측정 함수
def hamming_distance(a, b):
    a = a.reshape(1,-1)
    b = b.reshape(1,-1)
    # 같은 자리의 값이 서로 다른 것들의 합
    distance = (a !=b).sum()
    return distance

# 권총 영상의 해시 구하기
query_hash = img2hash(img)

# 이미지 데이터셋 디렉터리의 모든 영상 파일 경로
img_path = glob.glob(search_dir+'/**/*.jpg')
for path in img_path:
    # 데이터셋 영상 한 개를 읽어서 표시
    img = cv2.imread(path)
    cv2.imshow('searching...', img)
    cv2.waitKey(5)
    # 데이터셋 영상 한 개의 해시
    a_hash = img2hash(img)
    # 해밍 거리 산출
    dst = hamming_distance(query_hash, a_hash)
    if dst/256 < 0.25:   # 해밍 거리 25% 이내만 출력
        print(path, dst/256)
        cv2.imshow(path, img)
cv2.destroyWindow('searching...')
cv2.waitKey(0)
cv2.destroyAllWindows()
```

출력 결과

```
../img/101_ObjectCategories/revolver/image_0033.jpg 0.2421875
../img/101_ObjectCategories/revolver/image_0019.jpg 0.23828125
../img/101_ObjectCategories/revolver/image_0031.jpg 0.21875
../img/101_ObjectCategories/revolver/image_0018.jpg 0.1953125
../img/101_ObjectCategories/revolver/image_0034.jpg 0.23046875
../img/101_ObjectCategories/revolver/image_0021.jpg 0.171875
../img/101_ObjectCategories/revolver/image_0037.jpg 0.2421875
../img/101_ObjectCategories/revolver/image_0023.jpg 0.21875
../img/101_ObjectCategories/revolver/image_0022.jpg 0.21484375
../img/101_ObjectCategories/revolver/image_0081.jpg 0.23046875
../img/101_ObjectCategories/revolver/image_0068.jpg 0.24609375
../img/101_ObjectCategories/revolver/image_0064.jpg 0.18359375
../img/101_ObjectCategories/revolver/image_0072.jpg 0.203125
../img/101_ObjectCategories/revolver/image_0001.jpg 0.2421875
../img/101_ObjectCategories/revolver/image_0015.jpg 0.24609375
../img/101_ObjectCategories/revolver/image_0017.jpg 0.23828125
../img/101_ObjectCategories/binocular/image_0011.jpg 0.23828125
../img/101_ObjectCategories/BACKGROUND_Google/image_0398.jpg 0.234375
../img/101_ObjectCategories/Faces_easy/image_0419.jpg 0.2421875
```

[그림 8-2] [예제 8-2]의 실행 결과

[예제 8-2]를 실행하면 제목이 'query'인 창에는 찾으려는 권총 사진이 표시되고 제목이 'seaching...'인 창에는 비교 중인 영상들이 빠르게 바뀌면서 표시되다가 권총 영상과 해밍 거리가 25% 이내에 있는 영상만 그 파일의 이름으로 새 창을 띄워 따로 표시합니다. 실행 결과로 검색된 영상들은 대부분이 권총인 것을 알 수 있습니다. 물론 망원경과 사람의 얼굴처럼 몇몇 틀린 영상도 검출되었지만 영상에 권총 모양과 비슷한 부분을 포함하고 있기 때문입니다.

[예제 8-2]는 실무에 사용할 만큼 충분히 좋은 결과를 가져오지는 못합니다. 이 예제는 앞으로 다룰 다양한 매칭의 절차를 매우 명확하게 보여주므로 학습 차원에서 알아보는 것으로 의미를 두겠습니다.

앞으로 다룰 매칭 절차와 [예제 8-2]의 관계를 미리 간단하게 살펴보면, [예제 8-2]에서는 찾고자 하는 영상의 특징을 평균 해시라는 숫자 하나로 변환했는데, 이와 같은 과정을 특징 검출이라고 합니다. 이 예제에서는 영상 전체의 특징을 하나의 숫자로 변환했지만, 회전, 크기, 방향 등에 영향이 없으면서 정확도를 높이려면 특징을 잘 나타내는 여러 개의 지점을 찾아 그 특징을 잘 표현하고 서술할 수 있는 여러 개의 숫자들로 변환해야 하는데, 이것을 키 포인트(key point)와 특징 디스크립터(feature descriptor)라고 합니다. 또 이 예제는 두 해시 값의 해밍 거리로 영상 간의 특징을 비교해서 유사도를 측정했는데, 이 과정을 매칭(matching)이라고 합니다. 특징점의 개수와 서술하는 방식에 따라 매칭하는 방법도 다양한데, 이 장의 나머지 부분에서 대부분 이런 절차를 수행하는 방법에 대해 알아봅니다.

8.1.2 템플릿 매칭

템플릿 매칭(template matching)은 어떤 물체가 있는 영상을 준비해 두고 그 물체가 포함되어 있을 것이라고 예상할 수 있는 입력 영상과 비교해서 물체가 매칭되는 위치를 찾는 것입니다. 이때 미리 준비해 둔 영상을 템플릿 영상이라고 하며, 이것을 입력 영상에서 찾는 것이므로 템플릿 영상은 입력 영상보다 그 크기가 항상 작아야 합니다. OpenCV는 템플릿 매칭과 관련해서 다음과 같은 함수를 제공합니다.

- result = cv.matchTemplate(img, templ, method[, result, mask])
  - img: 입력 영상
  - templ: 템플릿 영상
  - method: 매칭 메서드
    - cv2.TM_SQDIFF: 제곱 차이 매칭, 완벽 매칭: 0, 나쁜 매칭: 큰 값
      - $R(x, y) = \sum_{x', y'} (T(x', y') - I(x + x', y + y'))^2$
    - cv2.TM_SQDIFF_NORMED: 제곱 차이 매칭의 정규화
    - cv2.TM_CCORR: 상관관계 매칭, 완벽 매칭: 큰 값, 나쁜 매칭: 0
      - $R(x, y) = \sum_{x', y'} (T(x', y') \cdot I(x + x', y + y'))^2$

- cv2.TM_CCORR_NORMED: 상관관계 매칭의 정규화
- cv2.TM_CCOEFF: 상관계수 매칭, 완벽 매칭: 1, 나쁜 매칭: −1

  - $R(x, y) = \sum_{x', y'} (T'(x', y') \cdot I'(x + x', y + y'))^2$

    $T'(x', y') = T(x', y') - 1/(w \cdot h) \cdot \sum_{x'', y''} T(x'', y'')$

    $I'(x + x', y + y') = I(x + x', y + y') - 1/(w \cdot h) \cdot \sum_{x'', y''} I(x + x'', y + y'')$

- cv2.TM_CCOEFF_NORMED: 상관계수 매칭의 정규화
- result: 매칭 결과, $(W - w + 1) \times (H - h + 1)$ 크기의 2차원 배열
  - W, H: img의 열과 행
  - w, h: tmpl의 열과 행
- mask: TM_SQDIFF, TM_CCORR_NORMED인 경우 사용할 마스크
- minVal, maxVal, minLoc, maxLoc = cv2.minMaxLoc(src[, mask])
  - src: 입력 1채널 배열
  - minVal, maxVal: 배열 전체에서 최소 값, 최대 값
  - minLoc, maxLoc: 최소 값과 최대 값의 좌표(x, y)

cv2.matchTemplate() 함수는 입력 영상 img에서 templ 인자의 영상을 슬라이딩하면서 주어진 메서드에 따라 매칭을 수행합니다. 이 함수는 유클리드 거리를 변형한 형태의 제곱 차, 상관관계, 상관계수 매칭이라는 세 가지 메서드와 각각의 메서드를 정규화한 세 가지 메서드, 모두 여섯 가지 메서드를 제공합니다.

cv2.TM_SQDIFF는 0인 경우 완벽 매칭을 뜻하고 값이 커질수록 나쁜 매칭을 뜻합니다. cv2.TM_CCORR는 0인 경우 나쁜 매칭을 뜻하고 값이 커질수록 좋은 매칭을 뜻합니다. cv2.TM_CCOEFF는 완벽 매칭은 1, 나쁜 매칭은 −1, 연관관계가 없는 경우 0의 값을 갖습니다. 세 가지 매칭 메서드에 각각 정규화 계수를 나눈 cv2.TM_SQDIFF_NORMED, cv2.TM_CCORR_NORMED, cv2.TM_CCOEFF_NORMED가 있습니다. 이 함수의 결과는 img의 크기에서 templ 크기를 뺀 것에 1만큼 큰 2차원 배열을 result로 얻는데, 이 배열의 최대, 최소 값을 구하면 원하는 최선의 매칭값과 매칭점을 찾을 수 있습니다. 이것을 손쉽게 도와주는 함수가 cv2.minMaxLoc()입니다. 이 함수는 최대 값과 최소 값은 물론 최소 값과 최대 값의 (x, y) 좌표를 각각 반환합니다. [예제 8-3]은 템플릿 매칭으로 원하는 객체의 위치를 찾습니다.

[예제 8-3] 템플릿 매칭으로 객체 위치 검출(template_matching.py)

```python
import cv2
import numpy as np

# 입력 이미지와 템플릿 이미지 읽기
img = cv2.imread('../img/figures.jpg')
template = cv2.imread('../img/taekwonv1.jpg')
th, tw = template.shape[:2]
cv2.imshow('template', template)

# 세 가지 매칭 메서드 순회
methods = ['cv2.TM_CCOEFF_NORMED', 'cv2.TM_CCORR_NORMED', \
                            'cv2.TM_SQDIFF_NORMED']
for i, method_name in enumerate(methods):
    img_draw = img.copy()
    method = eval(method_name)
    # 템플릿 매칭
    res = cv2.matchTemplate(img, template, method)
    # 최대, 최소 값과 그 좌표 구하기
    min_val, max_val, min_loc, max_loc = cv2.minMaxLoc(res)
    print(method_name, min_val, max_val, min_loc, max_loc)

    # TM_SQDIFF의 경우 최소 값이 좋은 매칭, 나머지는 그 반대
    if method in [cv2.TM_SQDIFF, cv2.TM_SQDIFF_NORMED]:
        top_left = min_loc
        match_val = min_val
    else:
        top_left = max_loc
        match_val = max_val
    # 매칭 좌표를 구해서 사각형 표시
    bottom_right = (top_left[0] + tw, top_left[1] + th)
    cv2.rectangle(img_draw, top_left, bottom_right, (0,0,255),2)
    # 매칭 포인트 표시
    cv2.putText(img_draw, str(match_val), top_left, \
                cv2.FONT_HERSHEY_PLAIN, 2,(0,255,0), 1, cv2.LINE_AA)
    cv2.imshow(method_name, img_draw)
cv2.waitKey(0)
cv2.destroyAllWindows()
```

출력 결과

```
cv2.TM_CCOEFF_NORMED -0.17781560122966766 0.5126562714576721 (42, 0) (208, 43)
cv2.TM_CCORR_NORMED 0.8271383047103882 0.9236084818840027 (85, 6) (208, 43)
cv2.TM_SQDIFF_NORMED 0.1706070452928543 0.36892083287239075 (208, 43) (86, 7)
```

[그림 8-3] [예제 8-3]의 실행 결과

[예제 8-3]은 정규화된 세 가지 매칭 메서드만을 이용해서 템플릿 매칭을 각각 수행합니다. [그림 8-3]의 왼쪽 위 첫 번째 영상이 템플릿 영상이고 나머지 영상이 결과 영상입니다. 모든 매칭 메서드로 템플릿의 위치를 찾아내고 있습니다.

템플릿 매칭은 크기, 방향, 회전 등의 변화에는 잘 검출되지 않고 속도가 느리다는 단점이 있습니다.

8.2 영상의 특징과 키 포인트

지금까지 다룬 특징 추출과 매칭 방법은 영상 전체를 전역적으로 반영하는 방법입니다. 전역적 매칭은 비교하려는 두 영상의 내용이 거의 대부분 비슷해야 하며, 다른 물체에 가려지거나 회전이나 방향, 크기 변화가 있으면 효과가 없습니다. 그래서 영상에서 여러 개의 지역적 특징을 표현할 수 있는 방법이 필요합니다.

8.2.1 코너 특징 검출

사람은 영상 속 내용을 판단할 때 주로 픽셀의 변화가 심한 곳에 중점적으로 관심을 둡니다. 그중에서도 엣지와 엣지가 만나는 코너(corner)에 가장 큰 관심을 두게 됩니다.

[그림 8-4] 코너 특징

[그림 8-4]는 어떤 건물을 담은 영상의 여섯 지점을 A부터 F까지 따로 떼어 이름을 붙였습니다. A와 B는 하늘과 건물 벽 어딘가인 것을 알 수는 있겠지만 정확히 어느 영역인지는 알 수 없습니다. C와 D는 건물의 끝부분인 것을 알 수는 있지만, 마찬가지로 정확히 어느 영역인지 알 수 없습니다. 하지만 E와 F는 건물의 지붕 끝 모퉁이 부분이라는 것을 정확히 알 수 있습니다. 이처럼 사람도 퍼즐 조각을 맞출 때나 객체를 인식할 때 코너 부분에 의존하는 것을 알 수 있는데, 엣지와 엣지가 만나는 코너는 영상의 특징을 아주 잘 표현하는 요소이기 때문입니다.

코너를 검출하기 위한 방법으로는 크리스 해리스(Chris Harris)의 논문[1]에서 처음 소개된 해리스 코너 검출(Harris corner detection)이 원조격입니다. 해리스 코너 검출은 소벨(Sobel) 미분으로 엣지를 검출하면서 엣지의 경사도 변화량을 측정하여 변화량이 X축과 Y축 모든 방향으로 크게 변화하는 것을 코너로 판단합니다.

---

1 *http://www.bmva.org/bmvc/1988/avc-88-023.pdf*

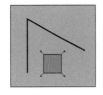 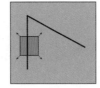 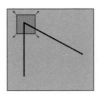

[그림 8-5] 해리스 코너 검출

OpenCV는 해리스 코너 검출을 위해 아래와 같은 함수를 제공합니다.

- dst = cv.cornerHarris(src, blockSize, ksize, k[, dst, borderType])
  - src: 입력 영상, 그레이 스케일
  - blockSize: 이웃 픽셀 범위
  - ksize: 소벨 미분 커널 크기
  - k: 코너 검출 상수, 경험적 상수(0.04~0.06)
  - dst: 코너 검출 결과
    - src와 같은 크기의 1채널 배열, 변화량의 값, 지역 최대 값이 코너점을 의미
  - borderType: 외곽 영역 보정 형식

[예제 8-4] 해리스 코너 검출(corner_harris.py)

```python
import cv2
import numpy as np

img = cv2.imread('../img/house.jpg')
gray = cv2.cvtColor(img, cv2.COLOR_BGR2GRAY)

# 해리스 코너 검출 ---①
corner = cv2.cornerHarris(gray, 2, 3, 0.04)
# 변화량 결과의 최대 값 10% 이상의 좌표 구하기 ---②
coord = np.where(corner > 0.1* corner.max())
coord = np.stack((coord[1], coord[0]), axis=-1)

# 코너 좌표에 동그리미 그리기 ---③
for x, y in coord:
    cv2.circle(img, (x,y), 5, (0,0,255), 1, cv2.LINE_AA)

# 변화량을 영상으로 표현하기 위해서 0~255로 정규화
corner_norm = cv2.normalize(corner, None, 0, 255, cv2.NORM_MINMAX, cv2.CV_8U)
# 화면에 출력
corner_norm = cv2.cvtColor(corner_norm, cv2.COLOR_GRAY2BGR)
merged = np.hstack((corner_norm, img))
cv2.imshow('Harris Corner', merged)
cv2.waitKey()
cv2.destroyAllWindows()
```

[그림 8-6] [예제 8-4]의 실행 결과

[예제 8-4]의 코드 ①에서 코너 검출을 실행하고 그 결과에서 최대 값의 10% 이상인 좌표에만 빨간색 동그라미로 표시하였습니다. cv2.cornerHarris() 함수의 결과는 입력 영상과 같은 크기의 1차원 배열로 지역 최대 값이 코너를 의미합니다. 코드 ②에서는 전역 최대 값의 10%보다 큰 값의 좌표를 구해서 코드 ③에서 동그라미로 표시합니다. [그림 8-6]의 왼쪽 그림은 코너 검출 결과를 255로 노멀라이즈해서 영상으로 표시한 것입니다. 오른쪽 그림의 동그라미로 표시된 코너 지점이 가장 밝은 것을 알 수 있습니다.

시(Shi)와 토마시(Tomasi)는 논문[2]을 통해 해리스 코너 검출을 개선한 알고리즘을 발표했는데, 이 방법으로 검출한 코너는 객체 추적에 좋은 특징이 된다고 해서 OpenCV는 cv2.goodFeaturesToTrack()이라는 이름의 함수를 제공합니다.

- corners = cv2.goodFeaturesToTrack(img, maxCorners, qualityLevel, minDistance[, corners, mask, blockSize, useHarrisDetector, k])
  - img: 입력 영상
  - maxCorners: 얻고 싶은 코너 개수, 강한 것 순
  - qualityLevel: 코너로 판단할 스레시홀드 값
  - minDistance: 코너 간 최소 거리
  - mask: 검출에 제외할 마스크
  - blockSize=3: 코너 주변 영역의 크기
  - useHarrisDetector=False: 코너 검출 방법 선택
    - True = 해리스 코너 검출 방법, False = 시와 토마시 검출 방법

2 _http://www.ai.mit.edu/courses/6.891/handouts/shi94good.pdf_

- k: 해리스 코너 검출 방법에 사용할 k 계수

- corners: 코너 검출 좌표 결과, N × 1 × 2 크기의 배열, 실수 값이므로 정수로 변형 필요

[예제 8-5] 시-토마시 코너 검출(corner_goodFeature.py)

```python
import cv2
import numpy as np

img = cv2.imread('../img/house.jpg')
gray = cv2.cvtColor(img, cv2.COLOR_BGR2GRAY)

# 시-토마스의 코너 검출 메서드
corners = cv2.goodFeaturesToTrack(gray, 80, 0.01, 10)
# 실수 좌표를 정수 좌표로 변환
corners = np.int32(corners)

# 좌표에 동그라미 표시
for corner in corners:
    x, y = corner[0]
    cv2.circle(img, (x, y), 5, (0,0,255), 1, cv2.LINE_AA)

cv2.imshow('Corners', img)
cv2.waitKey()
cv2.destroyAllWindows()
```

[그림 8-7] [예제 8-5]의 실행 결과

cv2.goodFeaturesToTrack() 함수는 useHarrisDetector 인자에 True 값을 전달하면 해리스 코너 검출 방법을 사용하고 그렇지 않으면 시-토마시의 코너 검출 방법을 사용합니다. 결과 값은 검출된 코너의 좌표 개수만큼 1 × 2 크기로 구성되어 있어서 코너의 좌표를 알기 쉽습니다. 다만 좌표 값이 실수 값으로 되어 있으므로 픽셀 좌표로 쓰려면 정수형으로 변환해야 합니다.

8.2.2 키 포인트와 특징 검출기

영상에서 특징점을 찾아내는 알고리즘은 무척 다양합니다. 그리고 각각의 특징점은 픽셀의 좌표 이외에도 표현할 수 있는 정보가 많습니다. OpenCV는 여러 특징점 검출 알고리즘 중 어떤 것을 사용하든 간에 동일한 코드로 특징점을 검출할 수 있게 하려고 각 알고리즘 구현 클래스가 추상 클래스를 상속받는 방법으로 인터페이스를 통일했습니다.

OpenCV는 모든 특징 검출기를 cv2.Feature2D 클래스를 상속받아 구현했으며, 이 것으로부터 추출된 특징점은 cv2.KeyPoint라는 객체에 담아 표현합니다. OpenCV 3.4에서 cv2.Feature2D를 상속받아 구현된 특징 검출기는 모두 12가지이며, 목록은 아래의 문서 URL에서 확인할 수 있습니다.

- *https://docs.opencv.org/3.4.1/d0/d13/classcv_1_1Feature2D.html*

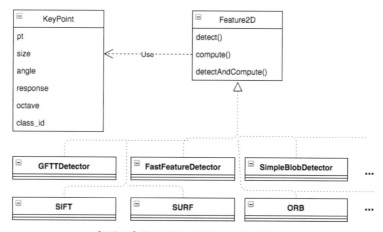

[그림 8-8] 특징 검출기 인터페이스 클래스 다이어그램

[그림 8-8]은 특징 검출기 인터페이스 다이어그램으로, 12가지 구현 클래스 중에 이 책에서 다루는 6가지만을 보여주고 있습니다. cv2.Feature2D를 상속받은 특징 검출기는 detect() 함수를 구현하고 있고 이 함수는 특징점의 좌표와 추가 정보를 담은 cv2.KeyPoint 객체를 리스트에 담아 반환합니다. 다음은 검출하는 함수와 키 포인트 객체의 구조입니다.

- keypoints = detector.detect(img [, mask]): 키 포인트 검출 함수
  - img: 입력 영상, 바이너리 스케일
  - mask: 검출 제외 마스크
  - keypoints: 특징점 검출 결과, KeyPoint의 리스트
- KeyPoint: 특징점 정보를 담는 객체
  - pt: 키 포인트(x, y) 좌표, float 타입으로 정수로 변환 필요
  - size: 의미 있는 키 포인트 이웃의 반지름
  - angle: 특징점 방향(시계방향, -1 = 의미 없음)
  - response: 특징점 반응 강도(추출기에 따라 다름)
  - octave: 발견된 이미지 피라미드 계층
  - class_id: 키 포인트가 속한 객체 ID

키 포인트의 속성 중에 특징점의 좌표 정보인 pt 속성은 항상 값을 갖지만 나머지 속성은 사용하는 검출기에 따라 채워지지 않는 경우도 있습니다.

검출한 키 포인트를 영상에 표시하고 싶을 때는 앞선 예제의 cv2.circle() 함수로 pt의 좌표와 size 값을 표시할 수도 있습니다. 하지만 OpenCV는 키 포인트를 영상에 표시해 주는 전용 함수를 아래와 같이 제공합니다.

- outImg = cv2.drawKeypoints(img, keypoints, outImg[, color[, flags]])
  - img: 입력 이미지
  - keypoints: 표시할 키 포인트 리스트
  - outImg: 키 포인트가 그려진 결과 이미지
  - color: 표시할 색상(기본 값: 랜덤)

- flags: 표시 방법 선택 플래그
  - cv2.DRAW_MATCHES_FLAGS_DEFAULT: 좌표 중심에 동그라미만 그림(기본 값)
  - cv2.DRAW_MATCHES_FLAGS_DRAW_RICH_KEYPOINTS: 동그라미의 크기를 size와 angle을 반영해서 그림

8.2.3 GFTTDetector

GFTTDetector는 앞서 살펴본 cv2.goodFeaturesToTrack() 함수로 구현된 특징 검출기입니다. 검출기 생성 방법만 아래와 같이 다르고 검출하는 데 사용하는 함수는 cv2.Feature2D의 detect() 함수와 같습니다.

- detector = cv2.GFTTDetector_create([, maxCorners[, qualityLevel, minDistance, blockSize, useHarrisDetector, k])
  - 인자의 모든 내용은 cv2.goodFeaturesToTrack()과 동일

이 검출기로 검출한 키 포인트는 pt 속성의 좌표 이외의 모든 속성 값이 비어 있습니다.

[예제 8-6] GFTTDetector로 키 포인트 검출(kpt_gftt.py)

```python
import cv2
import numpy as np

img = cv2.imread("../img/house.jpg")
gray = cv2.cvtColor(img, cv2.COLOR_BGR2GRAY)

# Good feature to trac 검출기 생성 ---①
gftt = cv2.GFTTDetector_create()
# 키 포인트 검출 ---②
keypoints = gftt.detect(gray, None)
# 키 포인트 그리기 ---③
img_draw = cv2.drawKeypoints(img, keypoints, None)

# 결과 출력 ---④
cv2.imshow('GFTTDectector', img_draw)
cv2.waitKey(0)
cv2.destrolyAllWindows()
```

[그림 8-9] [예제 8-6]의 실행 결과

[예제 8-6]은 GFTTDetector로 검출한 키 포인트를 영상에 그려서 출력합니다. 코드 ①은 cv2.GFTTDetector_create() 함수로 디폴트 값 그대로 시-토마시 알고리즘을 사용하는 검출기를 생성하고, 코드 ②에서 키 포인트를 검출해서 코드 ③에서 영상에 그림을 그립니다.

8.2.4 FAST

FAST(Feature from Accelerated Segment Test)는 이름에서 알 수 있듯이, 속도를 개선한 알고리즘입니다. 2006년 에드워드 로스텐(Edward Rosten)과 톰 드러먼드(Tom Drummond)의 논문[3]에 소개된 이 알고리즘은 코너를 검출할 때 미분 연산으로 엣지 검출을 하지 않고 픽셀을 중심으로 특정 개수의 픽셀로 원을 그려서 그 안의 픽셀들이 중심 픽셀 값보다 임계 값 이상 밝거나 어두운 것이 특정 개수 이상 연속되면 코너로 판단합니다.

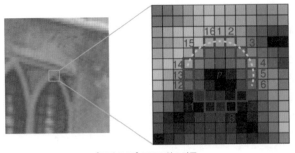

[그림 8-10] FAST 알고리즘

---

3 *https://www.edwardrosten.com/work/rosten_2006_machine.pdf*

OpenCV에서 제공하는 FAST 알고리즘 함수는 다음과 같습니다.

- detector = cv2.FastFeatureDetector_create([threshold[, nonmaxSuppression, type])
  - threshold=10: 코너 판단 임계 값
  - nonmaxSuppression = True: 최대 점수가 아닌 코너 억제
  - type: 엣지 검출 패턴
    - cv2.FastFeatureDetector_TYPE_9_16: 16개 중 9개 연속(기본 값)
    - cv2.FastFeatureDetector_TYPE_7_12: 12개 중 7개 연속
    - cv2.FastFeatureDetector_TYPE_5_8: 8개 중 5개 연속

[예제 8-7] FAST로 키 포인트 검출(kpt_fast.py)

```python
import cv2
import numpy as np

img = cv2.imread('../img/house.jpg')
gray = cv2.cvtColor(img, cv2.COLOR_BGR2GRAY)

# FASt 특징 검출기 생성
fast = cv2.FastFeatureDetector_create(50)
# 키 포인트 검출
keypoints = fast.detect(gray, None)
# 키 포인트 그리기
img = cv2.drawKeypoints(img, keypoints, None)
# 결과 출력
cv2.imshow('FAST', img)
cv2.waitKey()
cv2.destroyAllWindows()
```

[그림 8-11] [예제 8-7]의 실행 결과

8.2.5 SimpleBlobDetector

BLOB(Binary Large Object)는 바이너리 스케일 이미지의 연결된 픽셀 그룹을 말하는 것으로, 자잘한 객체는 노이즈로 판단하고 특정 크기 이상의 큰 객체에만 관심을 두는 방법입니다. BLOB는 코너를 이용한 특징 검출과는 방식이 다르지만 영상의 특징을 표현하기 좋은 또 하나의 방법입니다. OpenCV는 BLOB를 검출할 수 있는 여러 가지 알고리즘 중 하나를 아래와 같이 제공합니다.

- detector = cv2.SimpleBlobDetector_create([parameters]): BLOB 검출기 생성자
    - paramters: BLOB 검출 필터 인자 객체
- cv2.SimpleBlobDetector_Params()
    - minThreshold, maxThreshold, thresholdStep: BLOB를 생성하기 위한 경계 값 (minThreshold에서 maxThreshold를 넘지 않을 때까지 thresholdStep만큼 증가)
    - minRepeatability: BLOB에 참여하기 위한 연속된 경계 값의 개수
    - minDistBetweenBlobs: 두 BLOB를 하나의 BLOB로 간주한 거리
    - filterByArea: 면적 필터 옵션
    - minArea, maxArea: min~max 범위의 면적만 BLOB로 검출
    - filterByCircularity: 원형 비율 필터 옵션
    - minCircularity, maxCircularity: min~max 범위의 원형 비율만 BLOB로 검출
    - filterByColor: 밝기를 이용한 필터 옵션
    - blobColor: 0 = 검은색 BLOB 검출, 255 = 흰색 BLOB 검출
    - filterByConvexity: 볼록 비율 필터 옵션
    - minConvexity, maxConvexity: min~max 범위의 볼록 비율만 BLOB로 검출
    - filterByInertia: 관성 비율 필터 옵션
    - minInertiaRatio, maxInertiaRatio: min~max 범위의 관성 비율만 BLOB로 검출

SimpleBlobDetector는 단순히 객체 생성 함수를 호출하여 사용할 수도 있지만, BLOB 검출 필터 인자 객체에 여러 가지 옵션을 전달해서 원하는 BLOB만 골라서 검출할 수도 있습니다.

[예제 8-8] **SimpleBlobDetector 검출기(kpt_blob.py)**

```python
import cv2
import numpy as np

img = cv2.imread("../img/house.jpg")
gray = cv2.cvtColor(img, cv2.COLOR_BGR2GRAY)

# SimpleBlobDetector 생성
detector = cv2.SimpleBlobDetector_create()
# 키 포인트 검출
keypoints = detector.detect(gray)
# 키 포인트를 빨간색으로 표시
img = cv2.drawKeypoints(img, keypoints, None, (0,0,255),\
                        flags=cv2.DRAW_MATCHES_FLAGS_DRAW_RICH_KEYPOINTS)

cv2.imshow("Blob", img)
cv2.waitKey(0)
```

[그림 8-12] [예제 8-8]의 실행 결과

[예제 8-8]은 SimpleBlobDetector를 기본 값으로 생성해서 BLOB를 검출하고 있습니다. [그림 8-12]를 보면 BLOB로 검출된 창문 몇 개에 빨간색 동그라미가 그려진 것을 볼 수 있습니다.

[예제 8-9] **필터 옵션으로 생성한 SimpleBlobDetector 검출기(kpt_blob_param.py)**

```python
import cv2
import numpy as np

img = cv2.imread("../img/house.jpg")
gray = cv2.cvtColor(img, cv2.COLOR_BGR2GRAY)
```

```
# BLOB 검출 필터 파라미터 생성
params = cv2.SimpleBlobDetector_Params()

# 경계 값 조정
params.minThreshold = 10
params.maxThreshold = 240
params.thresholdStep = 5
# 면적 필터를 켜고 최소 값 지정
params.filterByArea = True
params.minArea = 200

# 컬러, 볼록 비율, 원형 비율 필터 옵션 끄기
params.filterByColor = False
params.filterByConvexity = False
params.filterByInertia = False
params.filterByCircularity = False

# 필터 파라미터로 BLOB 검출기 생성
detector = cv2.SimpleBlobDetector_create(params)
# 키 포인트 검출
keypoints = detector.detect(gray)
# 키 포인트 그리기
img_draw = cv2.drawKeypoints(img, keypoints, None, None,\
                             cv2.DRAW_MATCHES_FLAGS_DRAW_RICH_KEYPOINTS)
# 결과 출력
cv2.imshow("Blob with Params", img_draw)
cv2.waitKey(0)
```

[그림 8-13] [예제 8-9]의 실행 결과

[예제 8-9]는 SimpleBlobDetector 객체를 필터 옵션 객체를 이용해서 생성합니다. 파라미터는 경계 값을 넓게 적용하고, 원형, 볼록, 색상 필터를 모두 끄고 검출하여 이전에 기본으로 생성한 검출기보다 많은 BLOB를 검출하는 모습을 보여주고 있습니다. 필요하다면 필터 값을 조정해서 원하는 모양과 크기의 BLOB를 검출할 수 있습니다.

8.3 디스크립터 추출기

8.3.1 특징 디스크립터와 추출기

키 포인트는 영상의 특징이 있는 픽셀의 좌표와 그 주변 픽셀과의 관계에 대한 정보를 가집니다. 그중 가장 대표적인 것이 size와 angle 속성으로, 코너 특징인 경우 엣지의 경사도 규모와 방향을 나타냅니다. 특징을 나타내는 값을 매칭에 사용하기 위해서는 회전, 크기, 방향 등에 영향이 없어야 하는데, 이를 위해 특징 디스크립터(feature descriptor)가 필요합니다. 특징 디스크립터는 키 포인트 주변 픽셀을 일정한 크기의 블록으로 나누어 각 블록에 속한 픽셀의 그레이디언트 히스토그램을 계산한 것으로, 키 포인트 주위의 밝기, 색상, 방향, 크기 등의 정보를 표현한 것입니다. 특징 디스크립터는 추출하는 알고리즘에 따라 내용, 모양 그리고 크기가 각각 다를 수 있지만, 일반적으로는 키 포인트에 적용하는 주변 블록의 크기에 8방향의 경사도를 표현하는 형태인 경우가 많습니다. 예를 들어 4 × 4 크기의 블록인 경우 한 개의 키 포인트당 4 × 4 × 8 = 128개의 값으로 구성됩니다.

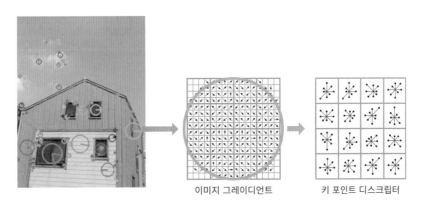

이미지 그레이디언트 　　키 포인트 디스크립터

[그림 8-14] 키 포인트와 특징 디스크립터

특징 디스크립터를 계산하기 위한 알고리즘은 여러 가지가 있는데, OpenCV는 특징 디스크립터를 추출하기 위한 방법으로 통일된 인터페이스를 제공하기 위해 특징 검출기와 같은 cv2.Feature2D 클래스를 상속받아 구현하였고 이때 사용하는 함수는 아래의 두 함수입니다.

- keypoints, descriptors = detector.compute(image, keypoints[, descriptors]): 키 포인트를 전달하면 특징 디스크립터를 계산해서 반환
- keypoints, descriptors = detector.detectAndCompute(image, mask[, descriptors, useProvidedKeypoints]): 키 포인트 검출과 특징 디스크립터 계산을 한번에 수행
  - image: 입력 영상
  - keypoints: 디스크립터 계산을 위해 사용할 키 포인트
  - descriptors: 계산된 디스크립터
  - mask: 키 포인트 검출에 사용할 마스크
  - useProvidedKeypoints: True인 경우 키 포인트 검출을 수행하지 않음(사용 안 함)

cv2.Feature2D를 상속받은 몇몇 특징 검출기는 detect() 함수만 구현되어 있고 compute()와 detectAndCompute() 함수는 구현되어 있지 않은 경우도 있고 그 반대의 경우도 있습니다.

앞서 다룬 특징 검출기 GFTTDetector와 SimpleBlobDetector는 compute()와 detectAndCompute()가 구현되어 있지 않습니다.

앞으로 다룰 여러 가지 디스크립터 추출기는 키 포인트를 얻기 위한 detect() 함수와 키 포인트로 디스크립터를 얻기 위한 compute() 함수가 모두 구현되어 있으므로 각각의 함수를 사용하지 않고 detectAndComput() 함수를 사용하는 것이 편리합니다.

8.3.2 SIFT

SIFT(Scale-Invariant Feature Transform)[4]는 이미지 피라미드를 이용해서 크기 변화에 따른 특징 검출의 문제를 해결한 알고리즘입니다. 이 알고리즘은 특허권이 있어 상업적 사용에는 제약이 있으며, OpenCV는 엑스트라(contrib) 모듈에만 포함되어 있습니다.

---

4 *http://www.cs.ubc.ca/~lowe/papers/ijcv04.pdf*

OpenCV에서 제공하는 SIFT 객체 생성자는 아래와 같습니다.

- detector = cv2.xfeatures2d.SIFT_create([, nfeatures[, nOctaveLayers[, contrastThreshold[, edgeThreshold[, sigma]]]]])
  - nfeatures: 검출 최대 특징 수
  - nOctaveLayers: 이미지 피라미드에 사용할 계층 수
  - contrastThreshold: 필터링할 빈약한 특징 문턱 값
  - edgeThreshold: 필터링할 엣지 문턱 값
  - sigma: 이미지 피라미드 0 계층에서 사용할 가우시안 필터의 시그마 값

[예제 8-10] SIFT로 키 포인트 및 디스크립터 추출(desc_sift.py)

```python
import cv2
import numpy as np

img = cv2.imread('../img/house.jpg')
gray = cv2.cvtColor(img, cv2.COLOR_BGR2GRAY)

# SIFT 추출기 생성
sift = cv2.xfeatures2d.SIFT_create()
# 키 포인트 검출과 서술자 계산
keypoints, descriptor = sift.detectAndCompute(gray, None)
print('keypoint:',len(keypoints), 'descriptor:', descriptor.shape)
print(descriptor)

# 키 포인트 그리기
img_draw = cv2.drawKeypoints(img, keypoints, None, \
                        flags=cv2.DRAW_MATCHES_FLAGS_DRAW_RICH_KEYPOINTS)
# 결과 출력
cv2.imshow('SIFT', img_draw)
cv2.waitKey()
cv2.destroyAllWindows()
```

출력 결과

```
keypoint: 413 descriptor: (413, 128)
[[  1.   1.   1. ...   0.   0.   1.]
 [  8.  24.   0. ...   1.   0.   4.]
 [  0.   0.   0. ...   0.   0.   2.]
 ...
 [  1.   8.  71. ...  73. 127.   3.]
 [ 35.   2.   7. ...   0.   0.   9.]
 [ 36.  34.   3. ...   0.   0.   1.]]
```

[그림 8-15] [예제 8-10]의 실행 결과

[예제 8-10]은 SIFT를 이용한 키 포인트와 디스크립터를 계산해서 결과 화면에 표시하고 디스크립터의 크기와 일부 데이터를 출력합니다. 413개의 키 포인트가 검출되었고 키 포인트 1개당 128개의 특징 벡터 값을 사용하는 것을 알 수 있습니다.

8.3.3 SURF

SIFT는 크기 변화에 따른 특징 검출 문제를 해결하기 위해 이미지 피라미드를 사용하므로 속도가 느린 단점이 있습니다. SURF(Speeded Up Robust Features)[5]는 이미지 피라미드 대신 필터의 커널 크기를 바꾸는 방식으로 성능을 개선한 알고리즘입니다. 또한 SURF는 특허권이 있어 상업적 이용에 제한이 있으며, OpenCV 엑스트라(contrib) 모듈에도 포함되어 있지 않습니다. 이 기능을 사용하기 위해서는 소스 코드를 직접 빌드하면서 OPENCV_ENABLE_NONFREE=ON 옵션을 지정해야 합니다.

OpenCV에서 제공하는 생성자 함수는 다음과 같습니다.

- detector = cv2.xfeatures2d.SURF_create([hessianThreshold, nOctaves, nOctaveLayers, extended, upright])
  - hessianThreshold: 특징 추출 경계 값(100)
  - nOctaves: 이미지 피라미드 계층 수(3)
  - extended: 디스크립터 생성 플래그(False), True: 128개, False: 64개
  - upright: 방향 계산 플래그(False), True: 방향 무시, False: 방향 적용

---

5 *http://www.vision.ee.ethz.ch/~surf/eccv06.pdf*

다음 [예제 8-11]은 opencv-contrib-python 3.4.2 버전을 설치하면 실행할 수 있습니다.

[예제 8-11] SURF로 키 포인트 및 디스크립터 추출(desc_surf.py)

```python
import cv2
import numpy as np

img = cv2.imread('../img/house.jpg')
gray = cv2.cvtColor(img, cv2.COLOR_BGR2GRAY)

# SURF 추출기 생성(경계: 1000, 피라미드: 3, 서술자 확장: True, 방향 적용: True)
surf = cv2.xfeatures2d.SURF_create(1000, 3, extended=True, upright=True)
# 키 포인트 검출 및 서술자 계산
keypoints, desc = surf.detectAndCompute(gray, None)
print(desc.shape, desc)
# 키 포인트 이미지에 그리기
img_draw = cv2.drawKeypoints(img, keypoints, None, \
                             flags=cv2.DRAW_MATCHES_FLAGS_DRAW_RICH_KEYPOINTS)

cv2.imshow('SURF', img_draw)
cv2.waitKey()
cv2.destroyAllWindows()
```

출력 결과

```
(104, 128) [[ 8.9575542e-06  1.1387886e-04  5.4353541e-03 ...  2.7555387e-04
  -4.0347214e-04  5.8019441e-04]
 [-1.4177833e-03  1.6081914e-03 -3.4388101e-03 ...  3.1197767e-03
  -9.3057271e-05  1.8120641e-04]
 [ 5.7166762e-04  6.1247620e-04  3.0916829e-03 ...  8.3260617e-05
   7.0488331e-04  7.0711551e-04]
 ...
 [ 3.3458029e-05  9.8160228e-05 -1.7219771e-03 ...  5.5976934e-04
   0.0000000e+00  0.0000000e+00]
 [ 3.4581321e-05  1.8877203e-04 -9.6354092e-04 ...  6.7573005e-06
  -5.9476617e-05  7.8633682e-05]
 [ 1.4399580e-05  5.8301219e-05 -1.3863634e-04 ...  5.2285664e-05
  -6.1131141e-04  6.3628476e-04]]
```

[그림 8-16] [예제 8-11]의 실행 결과

8.3.4 ORB

ORB(Oriented and Rotated BRIEF)는 특징 검출을 지원하지 않는 디스크립터 추출기인 BRIEF(Binary Robust Independent Elementary features)에 방향과 회전을 고려하도록 개선한 알고리즘입니다. 에단 루블리(Ethan Rublee) 등의 논문[6]에서 소개된 이 알고리즘은 특징 검출 알고리즘으로 FAST를 사용하고 회전과 방향을 고려하지 않은 디스크립터 알고리즘인 BRIEF를 개선하고 회전과 방향에 영향을 받지 않으면서도 속도가 빨라서 특허 때문에 사용에 제약이 많은 SIFT와 SURF의 좋은 대안으로 사용됩니다.

OpenCV의 ORB 구현은 아래와 같습니다.

- dectector = cv.ORB_create([nfeatures, scaleFactor, nlevels, edgeThreshold, firstLevel, WTA_K, scoreType, patchSize, fastThreshold])
  - nfeatures = 500: 검출할 최대 특징 수
  - scaleFactor = 1.2: 이미지 피라미드 비율
  - nlevels = 8: 이미지 피라미드 계층 수
  - edgeThreshold = 31: 검색에서 제외할 테두리 크기, patchSize와 맞출 것
  - firstLevel = 0: 최초 이미지 피라미드 계층 단계
  - WTA_K = 2: 임의 좌표 생성 수
  - scoreType: 키 포인트 검출에 사용할 방식

---

6 *http://www.willowgarage.com/sites/default/files/orb_final.pdf*

- cv2.ORB_HARRIS_SCORE: 해리스 코너 검출(기본 값)
- cv2.ORB_FAST_SCORE: FAST 코너 검출
- patchSize = 31: 디스크립터의 패치 크기
- fastThreshold = 20: FAST에 사용할 임계 값

scoreType 인자는 cv2.ORB_HARRIS_SCORE가 기본 값인데, FAST 알고리즘으로 검출한 코너를 해리스 코너 검출 알고리즘으로 다시 점수를 매겨서 최상의 특징점을 검출하므로 속도가 느릴 수 있습니다. 이때는 cv2.ORB_FAST_SCORE를 지정하면 속도를 높일 수 있으나 잘못된 특징점이 검출될 수 있습니다.

[예제 8-12] ORB로 키 포인트 및 디스크립터 추출(desc_orb.py)

```
import cv2
import numpy as np

img = cv2.imread('../img/house.jpg')
gray = cv2.cvtColor(img, cv2.COLOR_BGR2GRAY)

# ORB 추출기 생성
orb = cv2.ORB_create()
# 키 포인트 검출과 서술자 계산
keypoints, descriptor = orb.detectAndCompute(img, None)
# 키 포인트 그리기
img_draw = cv2.drawKeypoints(img, keypoints, None, \
                            flags=cv2.DRAW_MATCHES_FLAGS_DRAW_RICH_KEYPOINTS)
# 결과 출력
cv2.imshow('ORB', img_draw)
cv2.waitKey()
cv2.destroyAllWindows()
```

[그림 8-17] [예제 8-12]의 실행 결과

8.4 특징 매칭

특징 매칭(feature matching)이란 서로 다른 두 영상에서 구한 키 포인트와 특징 디스크립터들을 각각 비교해서 그 거리가 비슷한 것끼리 짝짓는 것을 말합니다. 짝지어진 특징점들 중에 거리가 유의미한 것들을 모아서 대칭점으로 표시하면 그 개수에 따라 두 영상이 얼마나 비슷한지 측정할 수 있고 충분히 비슷한 영상이라면 비슷한 모양의 영역을 찾아낼 수도 있습니다. 특징 매칭은 파노라마 사진 생성, 이미지 검색, 등록한 객체 인식 등 다양하게 응용할 수 있습니다.

8.4.1 특징 매칭 인터페이스

OpenCV는 특징 매칭에 사용하는 여러 가지 알고리즘을 통일된 인터페이스로 제공하기 위해 모든 특징 매칭 알고리즘을 추상 클래스인 cv2.DescriptorMatcher를 상속받아 구현했습니다. 그리고 매칭 결과의 구조와 모양을 통일하기 위해 모든 매칭 결과는 cv2.DMatch 객체에 담아 반환합니다.

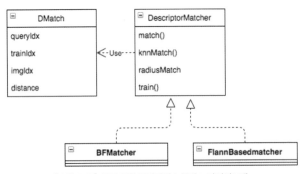

[그림 8-18] 특징 매칭 인터페이스 클래스 다이어그램

특징 매칭을 위해 제공하는 OpenCV 인터페이스 함수는 다음과 같습니다.

- matcher = cv2.DescriptorMatcher_create(matcherType): 매칭기 생성자
  - matcherType: 생성할 구현 클래스의 알고리즘, 문자열
    - "BruteForce": NORM_L2를 사용하는 BFMatcher
    - "BruteForce-L1": NORM_L1을 사용하는 BFMatcher
    - "BruteForce-Hamming": NORM_HAMMING을 사용하는 BFMatcher
    - "BruteForce-Hamming(2)": NORM_HAMMING2를 사용하는 BFMatcher
    - "FlannBased": NORM_L2를 사용하는 FlannBasedMatcher

- matches = matcher.match(queryDescriptors, trainDescriptors[, mask]): 1개의 최적 매칭
  - queryDescriptors: 특징 디스크립터 배열, 매칭의 기준이 될 디스크립터
  - trainDescriptors: 특징 디스크립터 배열, 매칭의 대상이 될 디스크립터
  - mask: 매칭 진행 여부 마스크
  - matches: 매칭 결과, DMatch 객체의 리스트
- matches = matcher.knnMatch(queryDescriptors, trainDescriptors, k[, mask[, compactResult]]): k개의 가장 근접한 매칭
  - k: 매칭할 근접 이웃 개수
  - compactResult=False: True: 매칭이 없는 경우 매칭 결과에 불포함
- matches = matcher.radiusMatch(queryDescriptors, trainDescriptors, maxDistance[, mask, compactResult]): maxDistance 이내의 거리 매칭
  - maxDistance: 매칭 대상 거리
- DMatch: 매칭 결과를 표현하는 객체
  - queryIdx: queryDescriptor의 인덱스
  - trainIdx: trainDescriptor의 인덱스
  - imgIdx: trainDescriptor의 이미지 인덱스
  - distance: 유사도 거리
- cv2.drawMatches(img1, kp1, img2, kp2, matches, flags): 매칭점을 영상에 표시
  - img1, kp1: queryDescirptor의 영상과 키 포인트
  - img2, kp2: trainDescirptor의 영상과 키 포인트
  - matches: 매칭 결과
  - flags: 매칭점 그리기 옵션
    - cv2.DRAW_MATCHES_FLAGS_DEFAULT: 결과 이미지 새로 생성(기본 값)
    - cv2.DRAW_MATCHES_FLAGS_DRAW_OVER_OUTIMG: 결과 이미지 새로 생성 안 함
    - cv2.DRAW_MATCHES_FLAGS_DRAW_RICH_KEYPOINTS: 키 포인트 크기와 방향도 그리기
    - cv2.DRAW_MATCHES_FLAGS_NOT_DRAW_SINGLE_POINTS: 한쪽만 있는 매칭 결과 그리기 제외

OpenCV 3.4에서 제공하는 특징 매칭기는 BFMatcher와 FLannBasedMatcher인데, 매칭 객체를 생성하기 위해 해당 클래스의 생성자를 직접 호출해도 되지만 cv2.

DescriptorMatcher_create()에 원하는 매칭 알고리즘과 거리 계산 알고리즘을 나타내는 문자열을 전달해서 생성할 수도 있습니다.

매칭기 객체는 두 개의 디스크립터를 이용해서 매칭해 주는 3개의 함수, 즉 match(), knnMatch(), radiusMatch()가 있습니다. 3개의 함수 모두 첫 번째 인자인 queryDescriptor를 기준으로 두 번째 인자인 trainDescriptor에 맞는 매칭을 찾습니다.

match() 함수는 queryDescriptor 한 개당 최적 매칭을 이루는 trainDescriptor 한 개를 찾아 결과에 반영합니다. 경우에 따라 queryDescriptor와 trainDescriptor 간에 최적 매칭을 찾지 못하는 경우도 있어서 결과 매칭의 개수는 queryDescriptor의 개수보다 적을 수 있습니다.

knnMatch() 함수는 queryDescriptor 한 개당 k 인자에 전달한 최근접 이웃 개수만큼 trainDescriptor에서 찾아 결과 매칭에 반영합니다. k의 값에 따라 결과 매칭의 각 행에 거리 값이 작은 순서대로 리스트에 추가합니다. compactResult에 False가 전달되면 매칭 결과를 찾지 못해도 결과 매칭에 queryDescriptor의 ID를 보관하는 행을 추가하고 True를 전달하면 아무것도 추가하지 않습니다.

radiusMatch() 함수는 queryDescriptor에서 maxDistance 이내에 있는 trainDescriptor를 찾아 결과 매칭에 반영합니다.

매칭 결과는 DMatch 객체의 리스트로 반환하는데, 이 객체의 queryIdx와 trainIdx로 두 영상의 어느 지점이 매칭되었는지 알 수 있으며, distance로 얼마나 가까운 거리인지 알 수 있습니다.

매칭 결과를 시각적으로 나타내기 위해서는 두 영상을 하나로 합쳐서 두 매칭점의 좌표를 선으로 연결하는 작업이 필요한데, cv2.drawMatches() 함수는 이 작업을 대신해줍니다.

8.4.2 BFMatcher

Brute-Force 매칭기는 queryDescriptor와 trainDescriptor를 일일이 전수조사해서 매칭하는 알고리즘으로 OpenCV는 cv2.BFMatcher 클래스로 제공합니다. 이 클래스에서 객체를 생성하려면 추상 클래스의 생성 함수인 cv2.DescriptorMatcher_create()로도 가능하지만, 구현 클래스에서 직접 생성할 수도 있다.

- matcher = cv.BFMatcher_create([normType[, crossCheck])
  - normType: 거리 측정 알고리즘

    - cv2.NORM_L1: $\sum_i abs(a_i - b_i)$
    - cv2.NORM_L2: $[\sum_i (a_i - b_i)^2]^{1/2}$, 기본 값
    - cv2.NORM_L2SQR: $\sum_i (a_i - b_i)^2$
    - cv2.NORM_HAMMING: $\sum_i (a_i == b_i)?1:0$
    - cv2.NORM_HAMMING2: $\sum_{i(even)} [(a_i == b_i) \&\& (a_{i+1} == b_{i+1})]?1:0$
  - crossCheck=False: 상호 매칭이 있는 것만 반영

거리 측정 알고리즘은 세 가지 유클리드 거리와 두 가지 해밍 거리 중에 선택할 수 있는데, SIFT와 SURF로 추출한 디스크립터의 경우 NORM_L1, NORM_L2가 적합하고 ORB는 NORM_HAMMING가 적합하며, NORM_HAMMING2는 ORB의 WTA_K가 3이나 4인 경우에 적합합니다. crossCheck를 True로 설정하면 양쪽 디스크립터 모두에게서 매칭이 완성된 것만 반영하므로 불필요한 매칭을 줄일 수 있지만 그만큼 속도가 느려집니다.

[예제 8-13] BFMatcher와 SIFT로 매칭(match_bf_sift.py)

```
import cv2, numpy as np

img1 = cv2.imread('../img/taekwonv1.jpg')
img2 = cv2.imread('../img/figures.jpg')
gray1 = cv2.cvtColor(img1, cv2.COLOR_BGR2GRAY)
gray2 = cv2.cvtColor(img2, cv2.COLOR_BGR2GRAY)

# SIFT 디스크립터 추출기 생성 ---①
detector = cv2.xfeatures2d.SIFT_create()
# 각 영상에 대해 키 포인트와 디스크립터 추출 ---②
kp1, desc1 = detector.detectAndCompute(gray1, None)
kp2, desc2 = detector.detectAndCompute(gray2, None)

# BFMatcher 생성, L1 거리, 상호 체크 ---③
matcher = cv2.BFMatcher(cv2.NORM_L1, crossCheck=True)
# 매칭 계산 ---④
matches = matcher.match(desc1, desc2)
# 매칭 결과 그리기 ---⑤
res = cv2.drawMatches(img1, kp1, img2, kp2, matches, None, \
                    flags=cv2.DRAW_MATCHES_FLAGS_NOT_DRAW_SINGLE_POINTS)
# 결과 출력
```

```
cv2.imshow('BFMatcher + SIFT', res)
cv2.waitKey()
cv2.destroyAllWindows()
```

[그림 8-19] [예제 8-13]의 실행 결과

[예제 8-13]의 코드 ①에서 SIFT 추출기를 생성하고 코드 ②에서 두 영상의 키 포인트와 디스크립터를 각각 추출합니다. 코드 ③에서 BFMatcher 객체를 생성하면서 L1 거리 알고리즘과 상호 체크 옵션을 지정합니다. 코드 ④에서 두 영상의 디스크립터로 매칭 계산을 하고 코드 ⑤에서 매칭 결과를 영상에 각각 표시합니다. [예제 8-13]은 전형적인 매칭의 절차를 보여주고 있으며, 코드 ①에서 특징 추출기를 선택하는 부분과 코드 ③에서 매칭기 객체를 생성하는 부분만 다를 뿐, 어떤 알고리즘을 사용하든 매칭의 절차를 구현하는 코드는 비슷합니다.

다음 예제는 SURF와 ORB로 얻은 디스크립터를 BFMatcher로 매칭하는 코드로, [예제 8-14]와 [예제 8-15]에서 연달아 보여줍니다. [예제 8-14]는 앞서 설명한 대로 특허권을 이유로 실행에 제한이 있으며, opencv-contrib-python 3.4.2 버전을 설치하거나 소스 코드를 새롭게 빌드해야만 실행이 가능합니다.

[예제 8-14] BFMatcher와 SURF로 매칭(match_bf_surf.py)

```
import cv2
import numpy as np

img1 = cv2.imread('../img/taekwonv1.jpg')
img2 = cv2.imread('../img/figures.jpg')
gray1 = cv2.cvtColor(img1, cv2.COLOR_BGR2GRAY)
gray2 = cv2.cvtColor(img2, cv2.COLOR_BGR2GRAY)

# SURF 디스크립터 추출기 생성
detector = cv2.xfeatures2d.SURF_create()
```

```
kp1, desc1 = detector.detectAndCompute(gray1, None)
kp2, desc2 = detector.detectAndCompute(gray2, None)

# BFMatcher 생성, L2 거리, 상호 체크
matcher = cv2.BFMatcher(cv2.NORM_L2, crossCheck=True)
# 매칭 계산
matches = matcher.match(desc1, desc2)
# 매칭 결과 그리기
res = cv2.drawMatches(img1, kp1, img2, kp2, matches, None, \
                      flags=cv2.DRAW_MATCHES_FLAGS_NOT_DRAW_SINGLE_POINTS)

cv2.imshow('BF + SURF', res)
cv2.waitKey()
cv2.destroyAllWindows()
```

[그림 8-20] [예제 8-14]의 실행 결과

[예제 8-15] **BFMatcher와 ORB로 매칭(match_bf_orb.py)**

```
import cv2, numpy as np

img1 = cv2.imread('../img/taekwonv1.jpg')
img2 = cv2.imread('../img/figures.jpg')
gray1 = cv2.cvtColor(img1, cv2.COLOR_BGR2GRAY)
gray2 = cv2.cvtColor(img2, cv2.COLOR_BGR2GRAY)

# ORB 디스크립터 추출기 생성
detector = cv2.ORB_create()
# 각 영상에 대해 키 포인트와 디스크립터 추출
kp1, desc1 = detector.detectAndCompute(gray1, None)
kp2, desc2 = detector.detectAndCompute(gray2, None)

# BFMatcher 생성, 해밍 거리, 상호 체크
matcher = cv2.BFMatcher(cv2.NORM_HAMMING, crossCheck=True)
# 매칭 계산
matches = matcher.match(desc1, desc2)
# 매칭 결과 그리기
```

```
res = cv2.drawMatches(img1, kp1, img2, kp2, matches, None, \
                      flags=cv2.DRAW_MATCHES_FLAGS_NOT_DRAW_SINGLE_POINTS)

cv2.imshow('BFMatcher + ORB', res)
cv2.waitKey()
cv2.destroyAllWindows()
```

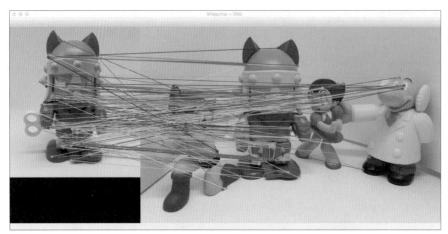

[그림 8-21] [예제 8-15]의 실행 결과

8.4.3 FLANN

BFMatcher는 특징 디스크립터를 전수 조사하므로 매칭에 사용할 영상이 큰 경우 속도가 느려지는데 이때 FLANN을 사용할 수 있습니다. FLANN(Fast Library for Approximate Nearest Neighbors Matching)은 모든 특징 디스크립터를 비교하기보다는 가장 가까운 이웃의 근사 값으로 매칭을 합니다. FLANN은 이웃을 찾기 위한 다양한 알고리즘을 포함하고 있는데, 알고리즘을 선택하기 위해서 인덱스 파라미터와 검색 파라미터를 전달해야 합니다.

OpenCV는 cv2.FlannBasedMatcher 클래스로 FLANN을 구현했는데 C++ API에는 인덱스 파라미터와 검색 파라미터를 클래스로 선언해서 객체에 적절한 값을 설정해서 전달하면 됩니다. 그런데 파이썬 API로 바인딩하는 과정에서 관련 클래스와 플래그 상수 선언이 모두 빠져 있어서 객체의 멤버 변수에 할당하는 대신 파이썬 딕셔너리 객체의 키와 값으로 입력해서 생성자에 각각 전달해야 합니다. 딕셔너리 객체를 설정할 때 키가 누락되거나 잘못되면 동작에 오류가 발생하여 사용하기가 무척 번거롭습니다. 다음은 cv2.FlannBasedMatcher 객체 생성자 함수의 인자 목록으로, 딕셔너리 객체의 키로 사용해야 합니다.

- matcher = cv2.FlannBasedMatcher([indexParams[, searchParams]])
  - indexParams: 인덱스 파라미터, 딕셔너리
    - algorithm: 알고리즘 선택 키, 선택한 키에 따라 종속 키 결정
      - FLANN_INDEX_LINEAR = 0: 선형 인덱싱, BFMatcher와 동일
      - FLANN_INDEX_KDTREE = 1: KD-트리 인덱싱
        - trees = 4: 트리 개수(16을 권장)
      - FLANN_INDEX_KMEANS = 2: K 평균 트리 인덱싱
        - branching = 32: 트리 분기 계수
        - iterations = 11: 반복 수
        - centers_init = 0: 초기 중심점 방식
          - FLANN_CENTERS_RANDOM = 0
          - FLANN_CENTERS_GONZALES = 1
          - FLANN_CENTERS_KMEANSPP = 2
          - FLANN_CENTERS_GROUPWISE = 3
      - FLANN_INDEX_COMPOSITE = 3: KD 트리, K 평균 혼합 인덱싱
        - trees = 4: 트리 개수
        - branching = 32: 트리 분기 계수
        - iterations = 11: 반복 수
        - centers_init = 0: 초기 중심점 방식
      - FLANN_INDEX_LSH = 6: LSH 인덱싱
        - table_number: 해시 테이블 수
        - key_size: 키 비트 크기
        - multi_probe_level: 인접 버킷 검색
      - FLANN_INDEX_AUTOTUNED = 255: 자동 인덱스
        - target_precision = 0.9: 검색 백분율
        - build_weight = 0.01: 속도 우선순위
        - memory_weight = 0.0: 메모리 우선순위
        - sample_fraction = 0.1: 샘플 비율
  - searchParams: 검색 파라미터, 디셔너리 객체
    - checks = 32: 검색할 후보 수
    - eps = 0.0: 사용 안 함
    - sorted = True: 정렬해서 반환

인덱스 파라미터에 값을 조금만 잘못 지정해도 매칭에 실패하고 오류가 발생하므로 FLANN 매칭을 이용하기 위해 인덱스 파라미터를 지정하는 것은 무척 까다로운 일입니다. 그래서 OpenCV 튜토리얼 문서에서는 아래와 같이 인덱스 파라미터를 위한 설정을 권장하고 있습니다.

〈SIFT나 SURF를 사용하는 경우〉

```
FLANN_INDEX_KDTREE = 1
index_params = dict(algorithm=FLANN_INDEX_KDTREE, trees=5)
```

〈ORB를 사용하는 경우〉

```
FLANN_INDEX_LSH = 6
index_params= dict(algorithm = FLANN_INDEX_LSH,
                   table_number = 6,
                   key_size = 12,
                   multi_probe_level = 1)
```

아래의 [예제 8-16], [예제 8-17], [예제 8-18]은 순서대로 SIFT, SURF, ORB 검출기에서 추출한 디스크립터를 권장 인덱스 파라미터를 이용해서 생성한 cv2.FlannBasedMatcher로 매칭하는 예제입니다. 전체적인 절차는 앞서 살펴본 BFMatcher의 매칭 예제와 같습니다.

[예제 8-16] FLANNMatcher와 SIFT로 매칭(match_flann_sift.py)

```
import cv2, numpy as np

img1 = cv2.imread('../img/taekwonv1.jpg')
img2 = cv2.imread('../img/figures.jpg')
gray1 = cv2.cvtColor(img1, cv2.COLOR_BGR2GRAY)
gray2 = cv2.cvtColor(img2, cv2.COLOR_BGR2GRAY)

# SIFT 생성
detector = cv2.xfeatures2d.SIFT_create()
# 키 포인트와 디스크립터 추출
kp1, desc1 = detector.detectAndCompute(gray1, None)
kp2, desc2 = detector.detectAndCompute(gray2, None)

# 인덱스 파라미터와 검색 파라미터 설정
FLANN_INDEX_KDTREE = 1
index_params = dict(algorithm=FLANN_INDEX_KDTREE, trees=5)
search_params = dict(checks=50)

# FlannMatcher 생성
matcher = cv2.FlannBasedMatcher(index_params, search_params)
```

```
# 매칭 계산
matches = matcher.match(desc1, desc2)
# 매칭 그리기
res = cv2.drawMatches(img1, kp1, img2, kp2, matches, None, \
                      flags=cv2.DRAW_MATCHES_FLAGS_NOT_DRAW_SINGLE_POINTS)

cv2.imshow('Flann + SIFT', res)
cv2.waitKey()
cv2.destroyAllWindows()
```

[그림 8-22] [예제 8-16]의 실행 결과

다음 [예제 8-17]은 앞서 설명한 대로 특허권을 이유로 실행에 제한이 있으며, opencv-contrib-python 3.4.2 버전을 설치하거나 소스 코드를 새롭게 빌드해야만 실행이 가능합니다.

[예제 8-17] FLANNMatcher와 SURF로 매칭(match_flann_surf.py)

```
import cv2, numpy as np

img1 = cv2.imread('../img/taekwonv1.jpg')
img2 = cv2.imread('../img/figures.jpg')
gray1 = cv2.cvtColor(img1, cv2.COLOR_BGR2GRAY)
gray2 = cv2.cvtColor(img2, cv2.COLOR_BGR2GRAY)

# SURF 생성
detector = cv2.xfeatures2d.SURF_create()
# 키 포인트와 디스크립터 추출
kp1, desc1 = detector.detectAndCompute(gray1, None)
kp2, desc2 = detector.detectAndCompute(gray2, None)

# 인덱스 파라미터와 검색 파라미터 설정
FLANN_INDEX_KDTREE = 1
```

```
index_params = dict(algorithm=FLANN_INDEX_KDTREE, trees=5)
search_params = dict(checks=50)

# FlannMatcher 생성
matcher = cv2.FlannBasedMatcher(index_params, search_params)
# 매칭 계산
matches = matcher.match(desc1, desc2)
# 매칭 그리기
res = cv2.drawMatches(img1, kp1, img2, kp2, matches, None, \
                      flags=cv2.DRAW_MATCHES_FLAGS_NOT_DRAW_SINGLE_POINTS)

cv2.imshow('Flann + SURF', res)
cv2.waitKey()
cv2.destroyAllWindows()
```

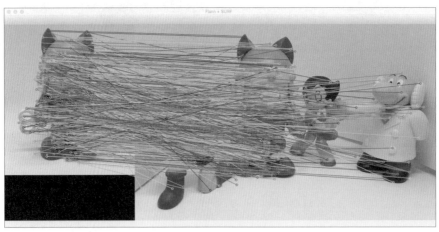

[그림 8-23] [예제 8-17]의 실행 결과

[예제 8-18] FLANNMatcher와 ORB로 매칭(match_flann_orb.py)

```
import cv2, numpy as np

img1 = cv2.imread('../img/taekwonv1.jpg')
img2 = cv2.imread('../img/figures.jpg')
gray1 = cv2.cvtColor(img1, cv2.COLOR_BGR2GRAY)
gray2 = cv2.cvtColor(img2, cv2.COLOR_BGR2GRAY)

# ORB 추출기 생성
detector = cv2.ORB_create()
# 키 포인트와 디스크립터 추출
kp1, desc1 = detector.detectAndCompute(gray1, None)
kp2, desc2 = detector.detectAndCompute(gray2, None)

# 인덱스 파라미터 설정
FLANN_INDEX_LSH = 6
index_params= dict(algorithm = FLANN_INDEX_LSH,
```

```
                        table_number = 6,
                        key_size = 12,
                        multi_probe_level = 1)
# 검색 파라미터 설정
search_params=dict(checks=32)
# FlannMatcher 생성
matcher = cv2.FlannBasedMatcher(index_params, search_params)
# 매칭 계산 ---④
matches = matcher.match(desc1, desc2)
# 매칭 그리기
res = cv2.drawMatches(img1, kp1, img2, kp2, matches, None, \
                    flags=cv2.DRAW_MATCHES_FLAGS_NOT_DRAW_SINGLE_POINTS)
# 결과 출력
cv2.imshow('Flann + ORB', res)
cv2.waitKey()
cv2.destroyAllWindows()
```

[그림 8-24] [예제 8-18]의 실행 결과

8.4.4 좋은 매칭점 찾기

앞서 살펴본 매칭 결과는 어떤 디스크립터 추출 알고리즘과 매칭 알고리즘을 선택했든 간에 잘못된 매칭 정보를 너무 많이 포함하는 것을 알 수 있습니다. 그래서 매칭 결과에서 쓸모 없는 매칭점은 버리고 좋은 매칭점만을 골라내는 작업이 필요합니다. 만약 좋은 매칭점만 골라냈더니 남아 있는 매칭점이 몇 개 없다면 두 영상 간에 연관 관계가 없다고 판단해야 합니다.

cv2.DescriptorMatcher 추상 클래스에는 매칭을 위한 세 가지 함수가 있는데, 그중에 지정된 거리 이내의 매칭점만을 반환하는 radiusMatch() 함수는 maxDistance 값을 조정하는 것 말고는 의미가 없으므로 제외시키고, match()와 knnMatch() 함수에 의한 결과 매칭점들 중에서 좋은 매칭점을 찾는 방법에 대해 알아봅니다.

match() 함수는 디스크립터 하나당 한 개의 매칭을 반환하므로 매칭점마다 어떤 것은 거리 값이 작고 어떤 것은 크고 하는 식으로 뒤섞여 있습니다. 이때에는 가장 작은 거리 값과 큰 거리 값의 상위 몇 퍼센트만을 골라서 좋은 매칭점으로 분류할 수 있습니다.

[예제 8-19] match 함수로부터 좋은 매칭점 찾기(match_good.py)

```python
import cv2, numpy as np

img1 = cv2.imread('../img/taekwonv1.jpg')
img2 = cv2.imread('../img/figures.jpg')
gray1 = cv2.cvtColor(img1, cv2.COLOR_BGR2GRAY)
gray2 = cv2.cvtColor(img2, cv2.COLOR_BGR2GRAY)

# ORB로 디스크립터 추출 ---①
detector = cv2.ORB_create()
kp1, desc1 = detector.detectAndCompute(gray1, None)
kp2, desc2 = detector.detectAndCompute(gray2, None)
# BF-Hamming으로 매칭 ---②
matcher = cv2.BFMatcher(cv2.NORM_HAMMING, crossCheck=True)
matches = matcher.match(desc1, desc2)

# 매칭 결과를 거리 기준 오름차순으로 정렬 ---③
matches = sorted(matches, key=lambda x:x.distance)
# 최소 거리 값과 최대 거리 값 확보 ---④
min_dist, max_dist = matches[0].distance, matches[-1].distance
# 최소 거리의 20% 지점을 임계점으로 설정 ---⑤
ratio = 0.2
good_thresh = (max_dist - min_dist) * ratio + min_dist
# 임계점보다 작은 매칭점만 좋은 매칭점으로 분류 ---⑥
good_matches = [m for m in matches if m.distance < good_thresh]
print('matches:%d/%d, min:%.2f, max:%.2f, thresh:%.2f' \
        %(len(good_matches),len(matches), min_dist, max_dist, good_thresh))
# 좋은 매칭점만 그리기 ---⑦
res = cv2.drawMatches(img1, kp1, img2, kp2, good_matches, None, \
                        flags=cv2.DRAW_MATCHES_FLAGS_NOT_DRAW_SINGLE_POINTS)
# 결과 출력
cv2.imshow('Good Match', res)
cv2.waitKey()
cv2.destroyAllWindows()
```

출력 결과

```
matches:30/239, min:25.00, max:92.00, thresh:38.40
```

[그림 8-25] [예제 8-19]의 실행 결과

[예제 8-19]의 코드 ①과 ②는 ORB로 디스크립터를 추출하고 BF-Hamming 매칭기로 매칭을 계산하는 코드입니다. 코드 ③에서 매칭 결과를 distance를 기준으로 정렬하고 나서 맨 처음 것을 최소 거리, 맨 마지막 것을 최대 거리로 설정하고, 코드 ⑤에서 최대와 최소 두 지점의 20% 지점을 임계점으로 설정합니다. 코드 ⑥에서 앞서구한 임계점보다 작은 거리의 매칭점만을 good_matches에 따로 보관하고 코드 ⑦에서 영상에 그립니다.

실행 결과 최소 거리는 25, 최대 거리는 92에서 상위 20%인 임계값 38보다 거리가작은 것만 모아서 총 239개의 매칭점 중에 30개의 좋은 매칭점을 얻었고 대부분의매칭이 잘 이루어진 것을 알 수 있습니다.

knnMatch() 함수로 얻은 매칭은 디스크립터당 k개의 최근접 이웃 매칭점을 더 가까운 순서대로 반환합니다. k개의 이웃하는 매칭점들 중 거리가 가까운 것은 좋은매칭점이고 거리가 먼 것은 나쁜 매칭점일 가능성이 큽니다. 이웃 간의 거리 차이가일정 범위 이내인 것만 골라내면 좋은 매칭점을 얻을 수 있습니다.

[예제 8-20] knnMatch 함수로부터 좋은 매칭점 찾기(match_good_knn.py)

```python
import cv2, numpy as np

img1 = cv2.imread('../img/taekwonv1.jpg')
img2 = cv2.imread('../img/figures.jpg')
gray1 = cv2.cvtColor(img1, cv2.COLOR_BGR2GRAY)
gray2 = cv2.cvtColor(img2, cv2.COLOR_BGR2GRAY)

# ORB로 디스크립터 추출 ---①
detector = cv2.ORB_create()
```

```
kp1, desc1 = detector.detectAndCompute(gray1, None)
kp2, desc2 = detector.detectAndCompute(gray2, None)
# BF-Hamming 생성 ---②
matcher = cv2.BFMatcher(cv2.NORM_HAMMING2)
# knnMatch, k=2 ---③
matches = matcher.knnMatch(desc1, desc2, 2)

# 첫 번째 이웃 거리가 두 번째 이웃 거리의 75% 이내인 것만 추출---⑤
ratio = 0.75
good_matches = [first for first,second in matches \
                if first.distance < second.distance * ratio]
print('matches:%d/%d' %(len(good_matches),len(matches)))

# 좋은 매칭만 그리기
res = cv2.drawMatches(img1, kp1, img2, kp2, good_matches, None, \
                    flags=cv2.DRAW_MATCHES_FLAGS_NOT_DRAW_SINGLE_POINTS)
# 결과 출력
cv2.imshow('Matching', res)
cv2.waitKey()
cv2.destroyAllWindows()
```

출력 결과

matches:26/500

[그림 8-26] [예제 8-20]의 실행 결과

[예제 8-20]의 코드 ①과 ②에서 ORB로 디스크립터를 추출하고 BF-Hamming 매칭
기를 생성하고, 코드 ③에서 knnMatch()에 k값을 2로 설정해서 매칭을 계산합니다.
코드 ⑤에서 2개의 이웃하는 매칭점의 거리 중에 앞에 것의 거리가 뒤에 것의 거리
의 75% 이내인 것만 모아서 good_matches에 보관해서 출력합니다.

실행 결과 총 500개의 매칭점 중에 26개의 좋은 매칭점을 찾았고 모두 잘 매칭되는 것을 알 수 있습니다.

8.4.5 매칭 영역 원근 변환

좋은 매칭점으로만 구성된 매칭점 좌표들로 두 영상 간의 원근 변환행렬을 구하면 찾는 물체가 영상 어디에 있는지 표시할 수 있습니다. 이 과정에서 좋은 매칭점 중에 원근 변환행렬에 들어 맞지 않는 매칭점을 구분할 수 있어서 나쁜 매칭점을 또 한번 제거할 수 있습니다.

여러 개의 매칭쌍으로 원근 변환행렬을 근사해서 찾아주는 함수는 cv2.findHomography()이고, 원래의 좌표들을 변환행렬로 원근 변환해 주는 함수는 cv2.perspectiveTransform()입니다.

- mtrx, mask = cv.findHomography(srcPoints, dstPoints[, method[, ransacReprojThreshold[, mask[, maxIters[, confidence]]]]])
  - srcPoints: 원본 좌표 배열
  - dstPoints: 결과 좌표 배열
  - method = 0: 근사 계산 알고리즘 선택
    - 0: 모든 점으로 최소 제곱 오차 계산
    - cv2.RANSAC
    - cv2.LMEDS
    - cv2.RHO
  - ransacReprojThreshold = 3: 정상치 거리 임계 값(RANSAC, RHO인 경우)
  - maxIters = 2000: 근사 계산 반복 횟수
  - confidence = 0.995: 신뢰도(0~1)
  - mtrx: 결과 변환행렬
  - mask: 정상치 판별 결과, N × 1행 배열(0: 비정상치, 1: 정상치)
- dst = cv.perspectiveTransform(src, m[, dst])
  - src: 입력 좌표 배열
  - m: 변환행렬
  - dst: 출력 좌표 배열

이 두 함수는 5.2절 "뒤틀기"에서 다룬 cv2.getPerspectiveTransform()과 cv2.warp Perspective() 함수와 비슷합니다. cv2.getPerspectiveTransform()은 4개의 점으로 정확한 원근 변환행렬을 반환하지만, cv2.findHomography()는 여러 개의 점으로 근사 계산한 원근 변환행렬을 반환합니다. 그리고 cv2.warpPerspective가 주어진 변환행렬로 입력 이미지의 픽셀 위치를 이동시킨다면 cv2.perspectiveTransform()은 이동할 새로운 좌표 배열을 반환합니다.

cv2.findHomography() 함수를 사용하려면 method 인자로 근사 계산을 위한 알고리즘을 선택해야 합니다. 기본 값(0)으로 두면 입력한 모든 좌표를 최소 제곱법[7]으로 근사 계산을 합니다. 이 계산은 모든 입력점을 만족하는 근사 결과이므로 매칭점에 잘못된 매칭점이 포함되어 있는 경우 오차가 클 수 있습니다.

cv2.RANSAC은 RANSAC(Random Sample Consensus) 알고리즘[8]을 사용합니다. RANSAC은 모든 입력점을 사용하지 않고 임의의 점들을 선정해서 만족도를 구하는 것을 반복해서 만족도가 가장 크게 선정된 점들만으로 근사 계산합니다. 이렇게 선정된 점을 정상치(inlier)로 분류하고 그 외의 점들을 이상치(outlier)로 분류해서 노이즈로 판단합니다. 이때 이상치를 구분하는 임계 값으로 ransacReprojThreshold 인자 값을 사용합니다. 변환행렬과 함께 반환하는 mask에는 입력 좌표와 같은 인덱스에 정상치는 1, 비정상치는 0으로 표시해서 나쁜 매칭점으로 분리하는 데 사용합니다.

cv2.LMEDS는 LMedS(Least Median of Squares)[9] 알고리즘으로 제곱의 최소 중간값을 사용합니다. 이 방법은 추가 파라미터를 요구하지 않아 사용하기 편리하지만, 정상치가 50% 이상 있는 경우에만 정상적으로 동작합니다.

cv2.RHO는 RANSAC을 개선한 PROSAC(Progressive Sample Consensus)[10] 알고리즘을 사용합니다. 이 방식은 이상치가 많은 경우 더 빠릅니다.

[예제 8-21]은 좋은 매칭점들로 원근 변환행렬을 구한 다음 원본 영상의 좌표를 원근 변환하고 결과 영상에 표시해서 찾으려는 객체가 어디에 있는지 알 수 있게 합니다.

---

7 *https://ko.wikipedia.org/wiki/최소제곱법*
8 *https://en.wikipedia.org/wiki/Random_sample_consensus*
9 *http://web.ipac.caltech.edu/staff/fmasci/home/astro_refs/LeastMedianOfSquares.pdf*
10 *http://cmp.felk.cvut.cz/~matas/papers/chum-prosac-cvpr05.pdf*

[예제 8-21] 매칭점 원근 변환으로 영역 찾기(match_homography.py)

```python
import cv2, numpy as np

img1 = cv2.imread('../img/taekwonv1.jpg')
img2 = cv2.imread('../img/figures.jpg')
gray1 = cv2.cvtColor(img1, cv2.COLOR_BGR2GRAY)
gray2 = cv2.cvtColor(img2, cv2.COLOR_BGR2GRAY)

# ORB, BF-Hamming로 knnMatch ---①
detector = cv2.ORB_create()
kp1, desc1 = detector.detectAndCompute(gray1, None)
kp2, desc2 = detector.detectAndCompute(gray2, None)
matcher = cv2.BFMatcher(cv2.NORM_HAMMING2)
matches = matcher.knnMatch(desc1, desc2, 2)

# 이웃 거리의 75%로 좋은 매칭점 추출---②
ratio = 0.75
good_matches = [first for first,second in matches \
                if first.distance < second.distance * ratio]
print('good matches:%d/%d' %(len(good_matches),len(matches)))

# 좋은 매칭점의 queryIdx로 원본 영상의 좌표 구하기 ---③
src_pts = np.float32([ kp1[m.queryIdx].pt for m in good_matches ])
# 좋은 매칭점의 trainIdx로 대상 영상의 좌표 구하기 ---④
dst_pts = np.float32([ kp2[m.trainIdx].pt for m in good_matches ])
# 원근 변환행렬 구하기 ---⑤
mtrx, mask = cv2.findHomography(src_pts, dst_pts)
# 원본 영상 크기로 변환 영역 좌표 생성 ---⑥
h,w, = img1.shape[:2]
pts = np.float32([ [[0,0]],[[0,h-1]],[[w-1,h-1]],[[w-1,0]] ])
# 원본 영상 좌표를 원근 변환 ---⑦
dst = cv2.perspectiveTransform(pts,mtrx)
# 변환 좌표 영역을 대상 영상에 그리기 ---⑧
img2 = cv2.polylines(img2,[np.int32(dst)],True,255,3, cv2.LINE_AA)

# 좋은 매칭을 그려서 출력
res = cv2.drawMatches(img1, kp1, img2, kp2, good_matches, None, \
                      flags=cv2.DRAW_MATCHES_FLAGS_NOT_DRAW_SINGLE_POINTS)
cv2.imshow('Matching Homography', res)
cv2.waitKey()
cv2.destroyAllWindows()
```

[그림 8-27] [예제 8-21]의 실행 결과

[예제 8-21]의 코드 ③과 ④에서 good_matches에 있는 매칭점과 같은 자리에 있는 키 포인트 객체에서 각 영상의 매칭점 좌표를 구합니다. 이렇게 구한 좌표로 코드 ⑤에서 findHomography()로 원근 변환행렬을 얻어 내고, 코드 ⑥에서 원본 영상의 크기와 같은 좌표를 얻어낸 다음, 코드 ⑦에서 원근 변환을 적용해서 코드 ⑧에서 선으로 표시합니다.

[예제 8-21]은 추출한 좋은 매칭점들 중에 잘못된 매칭점이 포함되어 있지 않으므로 findHomography() 함수의 근사 계산 방법을 기본 값으로 했습니다. 하지만 대부분의 경우 좋은 매칭점을 골라내도 그 속에는 잘못된 매칭점이 섞여 있을 수 있으므로 근사 계산 알고리즘을 사용하는 것이 좋으며, 이때 결과 값 mask로 정상치와 이상치를 분별해 주므로 잘못된 매칭점을 제거할 수 있습니다.

[예제 8-22]는 매칭기를 통해 얻은 모든 매칭점을 RANSAC 원근 변환 근사 계산으로 잘못된 매칭을 가려냅니다.

[예제 8-22] RANSAC 원근 변환 근사 계산으로 나쁜 매칭 제거(match_homography_accuracy.py)

```python
import cv2, numpy as np

img1 = cv2.imread('../img/taekwonv1.jpg')
img2 = cv2.imread('../img/figures2.jpg')
gray1 = cv2.cvtColor(img1, cv2.COLOR_BGR2GRAY)
gray2 = cv2.cvtColor(img2, cv2.COLOR_BGR2GRAY)

# ORB, BF-Hamming로 knnMatch ---①
detector = cv2.ORB_create()
kp1, desc1 = detector.detectAndCompute(gray1, None)
kp2, desc2 = detector.detectAndCompute(gray2, None)
```

```
matcher = cv2.BFMatcher(cv2.NORM_HAMMING, crossCheck=True)
matches = matcher.match(desc1, desc2)

# 매칭 결과를 거리 기준 오름차순으로 정렬 ---②
matches = sorted(matches, key=lambda x:x.distance)
# 모든 매칭점 그리기 ---③
res1 = cv2.drawMatches(img1, kp1, img2, kp2, matches, None, \
                    flags=cv2.DRAW_MATCHES_FLAGS_NOT_DRAW_SINGLE_POINTS)

# 매칭점으로 원근 변환 및 영역 표시 ---④
src_pts = np.float32([ kp1[m.queryIdx].pt for m in matches ])
dst_pts = np.float32([ kp2[m.trainIdx].pt for m in matches ])
# RANSAC으로 변환행렬 근사 계산 ---⑤
mtrx, mask = cv2.findHomography(src_pts, dst_pts, cv2.RANSAC, 5.0)
h,w = img1.shape[:2]
pts = np.float32([ [[0,0]],[[0,h-1]],[[w-1,h-1]],[[w-1,0]] ])
dst = cv2.perspectiveTransform(pts,mtrx)
img2 = cv2.polylines(img2,[np.int32(dst)],True,255,3, cv2.LINE_AA)

# 정상치 매칭만 그리기 ---⑥
matchesMask = mask.ravel().tolist()
res2 = cv2.drawMatches(img1, kp1, img2, kp2, matches, None, \
                    matchesMask = matchesMask,
                    flags=cv2.DRAW_MATCHES_FLAGS_NOT_DRAW_SINGLE_POINTS)
# 모든 매칭점과 정상치 비율 ---⑦
accuracy=float(mask.sum()) / mask.size
print("accuracy: %d/%d(%.2f%%)"% (mask.sum(), mask.size, accuracy))

# 결과 출력
cv2.imshow('Matching-All', res1)
cv2.imshow('Matching-Inlier ', res2)
cv2.waitKey()
cv2.destroyAllWindows()
```

출력 결과

```
accuracy: 35/253(0.14%)
```

[그림 8-28] [예제 8-22]의 실행 결과

[예제 8-22]의 코드 ⑤에서 변환행렬을 구할 때 RANSAC을 사용했고 그 결과인 mask
를 매칭점 그리기 마스크로 사용합니다. mask는 입력 매칭점과 같은 길이의 배열이
고 같은 자리의 매칭점이 정상치면 1을, 이상치면 0을 가지므로 그 자체를 리스트로
변환해서 매칭점 그리기 함수의 마스크로 사용할 수 있습니다. 코드 ⑦은 마스크의
1의 값을 합산해서 정상치의 개수를 구합니다.

[예제 8-22]의 실행 결과 253개의 전체 매칭점 중에 근사 계산에서 정상치로 판단
한 매칭점은 35입니다. 정상치 매칭점 개수 자체만으로도 그 수가 많을수록 원본 영
상과의 정확도가 높다고 볼 수 있고 전체 매칭점 수와의 비율이 높으면 더 확실하다
고 볼 수 있습니다.

이 예제는 모든 매칭점을 원근 변환 근사 계산에 사용했지만 입력 매칭점이 너무
많으면 속도가 느려질 수 있으니 좋은 매칭점을 먼저 선별한 후 나쁜 매칭점을 제거
하는 것이 속도면에서 유리할 수 있습니다.

[예제 8-23] 카메라로 객체 매칭(match_camera.py)

```python
import cv2, numpy as np

img1 = None
win_name = 'Camera Matching'
MIN_MATCH = 10
# ORB 검출기 생성
detector = cv2.ORB_create(1000)
# Flann 추출기 생성
FLANN_INDEX_LSH = 6
index_params= dict(algorithm = FLANN_INDEX_LSH,
                   table_number = 6,
                   key_size = 12,
                   multi_probe_level = 1)
search_params=dict(checks=32)
matcher = cv2.FlannBasedMatcher(index_params, search_params)
# 카메라 캡처 연결 및 프레임 크기 축소
cap = cv2.VideoCapture(0)
cap.set(cv2.CAP_PROP_FRAME_WIDTH, 640)
cap.set(cv2.CAP_PROP_FRAME_HEIGHT, 480)

while cap.isOpened():
    ret, frame = cap.read()
    if img1 is None:  # 등록된 이미지 없음, 매칭 과정 없이 카메라 영상을 곧바로 출력
        res = frame
    else:                   # 등록된 이미지가 있는 경우, 매칭 시작
        img2 = frame
        gray1 = cv2.cvtColor(img1, cv2.COLOR_BGR2GRAY)
        gray2 = cv2.cvtColor(img2, cv2.COLOR_BGR2GRAY)
        # 키 포인트와 디스크립터 추출
        kp1, desc1 = detector.detectAndCompute(gray1, None)
        kp2, desc2 = detector.detectAndCompute(gray2, None)
        # k=2로 knnMatch
        matches = matcher.knnMatch(desc1, desc2, 2)
        # 이웃 거리의 75%로 좋은 매칭점 추출
        ratio = 0.75
        good_matches = [m[0] for m in matches \
                if len(m) == 2 and m[0].distance < m[1].distance * ratio]
        print('good matches:%d/%d' %(len(good_matches),len(matches)))
        # 모든 매칭점을 그리지 못하게 마스크를 0으로 채움
        matchesMask = np.zeros(len(good_matches)).tolist()
        # 좋은 매칭점이 최소 개수 이상인 경우
        if len(good_matches) > MIN_MATCH:
            # 좋은 매칭점으로 원본과 대상 영상의 좌표 구하기
            src_pts = np.float32([ kp1[m.queryIdx].pt for m in good_matches ])
            dst_pts = np.float32([ kp2[m.trainIdx].pt for m in good_matches ])
            # 원근 변환행렬 구하기
            mtrx, mask = cv2.findHomography(src_pts, dst_pts, cv2.RANSAC, 5.0)
            accuracy=float(mask.sum()) / mask.size
            print("accuracy: %d/%d(%.2f%%)"% (mask.sum(), mask.size, accuracy))
            if mask.sum() > MIN_MATCH:  # 정상치 매칭점이 최소 개수 이상인 경우
```

```
                     # 이상점 매칭점만 그리게 마스크 설정
                     matchesMask = mask.ravel().tolist()
                     # 원본 영상 좌표로 원근 변환 후 영역 표시
                     h,w, = img1.shape[:2]
                     pts = np.float32([ [[0,0]],[[0,h-1]],[[w-1,h-1]],[[w-1,0]] ])
                     dst = cv2.perspectiveTransform(pts,mtrx)
                     img2 = cv2.polylines(img2,[np.int32(dst)],True,255,3, cv2.LINE_AA)
                 # 마스크로 매칭점 그리기
                 res = cv2.drawMatches(img1, kp1, img2, kp2, good_matches, None, \
                                 matchesMask=matchesMask,
                                 flags=cv2.DRAW_MATCHES_FLAGS_NOT_DRAW_SINGLE_POINTS)
         # 결과 출력
         cv2.imshow(win_name, res)
         key = cv2.waitKey(1)
         if key == 27:      # Esc, 종료
                 break
         elif key == ord(' '): # 스페이스바를 누르면 ROI로 img1 설정
             x,y,w,h = cv2.selectROI(win_name, frame, False)
             if w and h:
                 img1 = frame[y:y+h, x:x+w]
else:
    print("can't open camera.")
cap.release()
cv2.destroyAllWindows()
```

[그림 8-29] [예제 8-23]의 실행 결과

[예제 8-23]을 실행시키면 카메라 영상이 출력되는데 인식할 물체를 보기 좋게 들고 스페이스바를 누르면 영상이 정지됩니다. 이때 [그림 8-29]의 왼쪽 첫 사진처럼 마우스를 이용해서 인식할 객체 영역을 선택하고 다시 스페이스바를 누르면 객체가 등록되고 카메라 영상이 다시 시작됩니다. 그러면 [그림 8-29]의 가운데와 오른쪽 영상처럼 등록한 객체와 카메라 속 물체가 실시간 매칭되면서 영역을 표시합니다. 글씨나 독특한 문양이 있는 객체는 인식률이 훨씬 높으니 실험에 참고하기 바랍니다.

[예제 8-23]은 특징 검출기로 ORB를 사용했고 매칭기 객체로는 FLANN을 사용했으며, 카메라 입력을 제외하고는 기존 예제와 크게 다르지 않습니다.

8.5 객체 추적

한번 지정한 객체의 위치를 연속된 영상 프레임에서 지속적으로 찾아내는 것을 객체 추적이라고 합니다. 야구나 축구 같은 스포츠 경기를 관람하다 보면 우리의 시선은 공과 선수를 따라다니게 되는데, 한번 어떤 선수나 공을 찾아 인식하고 나면 그 다음부터는 그 움직임을 따라 수월하게 우리의 시선도 따라가는 것을 알 수 있습니다. 그런데 어쩌다가 선수나 공을 시선에서 놓치면 한참을 여기저기 두리번거리다가 선수나 공을 찾고 그러고 나면 다시 시선을 따라가기가 수월해지는 식입니다.

앞서 알아본 매칭이나 앞으로 알아볼 머신러닝 기법으로도 매 장면에서 원하는 객체를 찾아낼 수 있습니다. 그런데 굳이 추적이 필요한 이유가 무엇일까요? 무엇보다도 사람이 그렇듯 컴퓨터도 객체 검출이나 인식은 많은 자원을 필요로 하고 속도가 느리기 때문에 상대적으로 빠르고 단순한 객체 추적 방법이 필요합니다. 또 객체 추적은 객체 검출이나 인식에 실패했을 때 좋은 대안이 됩니다. 예를 들면 CCTV에서 범인의 얼굴을 인식했는데 범인이 뒤돌아서 걸어가면 인식되지 않습니다. 이런 경우에도 지속적인 추적이 가능해야 합니다. 게다가 객체 추적은 시간 흐름에 따라 객체를 식별할 수 있습니다. 매 장면을 하나의 영상으로 분석하는 객체 인식 알고리즘은 시간의 흐름에 따른 객체의 유일성을 알 수 없지만 장면과 장면의 흐름에 기반하는 객체 추적 기법은 이전 장면의 객체와 다음 장면의 객체가 서로 같고 다르다는 것을 알 수 있습니다.

객체 추적을 위한 알고리즘과 OpenCV의 구현은 너무 방대해서 이 책에서 모두 다룰 수는 없습니다. 이 장에서는 기본적인 객체 추적 알고리즘 몇 가지와 그에 따른 OpenCV 구현 함수 그리고 아주 쉽게 사용할 수 있도록 OpenCV 3.x 버전부터 엑스트라(conbrib) 모듈에 새롭게 추가된 Tracking API를 알아봅니다.

8.5.1 동영상 배경 제거

객체의 움직임을 판단하기 가장 쉬운 방법은 배경만 있는 영상에서 객체가 있는 영상을 빼면 됩니다. 그런데 주변환경이 계속해서 변하는 실세계에서 배경만 있는 영상을 찾기는 거의 불가능합니다. OpenCV는 동영상에서 배경을 제거하는 다양한 알고리즘을 하나의 인터페이스로 통일하기 위해서 **cv2.BackgroundSubtractor** 추상 클래스를 만들고 이것을 상속받은 10가지 알고리즘 구현 클래스를 제공합니다. 관련 클래스 목록은 다음 URL에서 살펴볼 수 있습니다.

- *https://docs.opencv.org/3.4.1/d7/df6/classcv_1_1BackgroundSubtractor.html*

다음은 cv2.BackgroundSubtractor에 선언된 공통 인터페이스 함수입니다.

- fgmask = bgsubtractor.apply(image[, fgmask[, learningRate]])
  - image: 입력 영상
  - fgmask: 전경 마스크
  - learningRate = -1: 배경 훈련 속도(0~1, -1: 자동)
- backgroundImage = bgsubtractor.getBackgroundImage([, backgroundImage])
  - backgroundImage: 훈련용 배경 이미지

이제 OpenCV에서 제공하는 두 가지 알고리즘 구현 객체 생성 함수를 살펴봅니다.

- cv2.bgsegm.createBackgroundSubtractorMOG([history, nmixtures, background Ratio, noiseSigma)
  - history = 200: 히스토리 길이
  - nmixtures = 5: 가우시안 믹스처의 개수
  - backgroundRatio = 0.7: 배경 비율
  - noiseSigma = 0: 노이즈 강도(0 = 자동)

2001년 카듀트라쿠퐁(KadewTraKuPong)과 보우덴(Bowden)이 논문[11]에서 소개한 KB 알고리즘을 OpenCV는 cv2.bgsegm.createBackgroundSubtractorMOG() 함수로 구현했습니다. 이 함수는 알고리즘에서 요구하는 여러 가지 복잡한 설정값을 인자로 전달해야 하는데, 다행히도 기본 값이 세팅되어 있어서 추가적인 튜닝이 필요하지 않는 이상 apply() 함수의 호출만으로 결과를 얻을 수 있습니다. 이 함수는 OpenCV 엑스트라(contrib) 모듈에 포함되어 있습니다.

[예제 8-24] BackgroundSubtractorMOG로 배경 제거(track_bgsub_mog.py)

```
import numpy as np, cv2

cap = cv2.VideoCapture('../img/walking.avi')
fps = cap.get(cv2.CAP_PROP_FPS)  # 프레임 수 구하기
delay = int(1000/fps)

# 배경 제거 객체 생성 --- ①
fgbg = cv2.bgsegm.createBackgroundSubtractorMOG()
```

---

11 *http://personal.ee.surrey.ac.uk/Personal/R.Bowden/publications/avbs01/avbs01.pdf*

```
while cap.isOpened():
    ret, frame = cap.read()
    if not ret:
        break
    # 배경 제거 마스크 계산 --- ②
    fgmask = fgbg.apply(frame)
    cv2.imshow('frame',fgmask)
    cv2.imshow('bg', fgbg.getBackgroundImage())
    if cv2.waitKey(1) & 0xff == 27:
        break
cap.release()
cv2.destroyAllWindows()
```

[그림 8-30] [예제 8-24]의 실행 결과

[예제 8-24]의 코드 ①에서 객체를 생성하고 코드 ②에서 apply() 함수를 호출하는 것만으로 배경이 제거된 전경 마스크를 얻을 수 있습니다.

또 다른 배경 제거 객체 생성 함수는 cv2.createBackgroundSubtractorMOG2()입니다.

- retval = cv2.createBackgroundSubtractorMOG2([, history[, varThreshold[, detectShadows]]])

  - history = 500: 히스토리 개수
  - varThreshold = 16: 분산 임계 값
  - detectShadows = True: 그림자 표시

지브코비치 알고리즘[12,13]을 구현한 BackgroundSubtractorMOG2는 각 픽셀의 적절한
가우시안 분포 값을 선택하므로 빛에 대한 변화가 많은 장면에 적합합니다.

[예제 8-25] BackgroundSubtractorMOG2 배경 제거(track_bgsub_mog2.py)

```python
import numpy as np, cv2

cap = cv2.VideoCapture('../img/walking.avi')
fps = cap.get(cv2.CAP_PROP_FPS)   # 프레임 수 구하기
delay = int(1000/fps)
# 배경 제거 객체 생성 --- ①
fgbg = cv2.createBackgroundSubtractorMOG2()
while cap.isOpened():
    ret, frame = cap.read()
    if not ret:
        break
    # 배경 제거 마스크 계산
    fgmask = fgbg.apply(frame)
    cv2.imshow('frame',frame)
    cv2.imshow('bgsub',fgmask)
    if cv2.waitKey(delay) & 0xff == 27:
        break
cap.release()
cv2.destroyAllWindows()
```

[그림 8-31] [예제 8-25]의 실행 결과

[예제 8-25]는 코드 ①의 객체 생성 함수만 다를 뿐 [예제 8-24]와 똑같습니다. 실행
결과인 [그림 8-31]에는 그림자까지 표시된 것을 볼 수 있습니다.

---

12 http://www.zoranz.net/Publications/zivkovic2004ICPR.pdf
13 http://www.zoranz.net/Publications/zivkovicPRL2006.pdf

8.5.2 옵티컬 플로

옵티컬 플로(optical flow)는 이전 장면과 다음 장면 사이의 픽셀이 이동한 방향과 거리에 대한 분포입니다. 이것은 영상 속 물체가 어느 방향으로 얼마만큼 움직였는 지를 알 수 있으므로 움직임 자체에 대한 인식은 물론 여기에 추가적인 연산을 가하면 움직임을 예측할 수도 있습니다.

옵티컬 플로는 계산하는 방식에 따라 크게 두 가지로 나뉩니다. 일부 픽셀만을 계산하는 희소(sparse) 옵티컬 플로와 영상 전체 픽셀을 모두 계산하는 밀집(dense) 옵티컬 플로입니다.

여기서는 희소 방식의 루카스-카나데(Lucas-Kanade) 알고리즘을 구현한 cv2.calcOpticalFlowPyrLK() 함수와 밀집 방식의 군나르 파너백(Gunnar Farneback) 알고리즘을 구현한 cv2.calcOpticalFlowFarneback()을 알아봅니다.

- nextPts, status,err = cv2.calcOpticalFlowPyrLK(prevImg, nextImg, prevPts, nextPts[, status, err, winSize, maxLevel, criteria, flags, minEigThreshold])
  - prevImg: 이전 프레임 영상
  - nextImg: 다음 프레임 영상
  - prevPts: 이전 프레임의 코너 특징점, cv2.goodFeaturesToTrack()으로 검출
  - nextPts: 다음 프레임에서 이동한 코너 특징점
  - status: 결과 상태 벡터, nextPts와 같은 길이, 대응점이 있으면 1, 없으면 0
  - err: 결과 에러 벡터, 대응점 간의 오차
  - winSize=(21,21): 각 이미지 피라미드의 검색 윈도 크기
  - maxLevel=3: 이미지 피라미드 계층 수
  - criteria=(COUNT+EPS, 30, 0.01): 반복 탐색 중지 요건
    - type
      - cv2.TERM_CRITERIA_EPS: 정확도가 epsilon보다 작으면
      - cv2.TERM_CRITERIA_MAX_ITER: max_iter 횟수를 채우면
      - cv2.TERM_CRITERIA_COUNT: MAX_ITER와 동일
    - max_iter: 최대 반복 횟수
    - epsilon: 최소 정확도

- flags=0: 연산 모드
  - 0: prevPts를 nextPts의 초기 값으로 사용
  - cv2.OPTFLOW_USE_INITIAL_FLOW: nextPts의 값을 초기 값으로 사용
  - cv2.OPTFLOW_LK_GET_MIN_EIGENVALS: 오차를 최소 고유 값으로 계산
- minEigThreshold=1e-4: 대응점 계산에 사용할 최소 임계 고유값

cv2.calcOpticalFlowPyrLK() 함수는 픽셀 전체를 계산하지 않고 8.2절 "영상의 특징과 키 포인트"에서 다룬 cv2.goodFeaturesToTrack() 함수로 얻은 코너 특징점만 가지고 계산합니다. prevImg와 nextImg에 각각 이전 이후 프레임을 전달하고 prevPts에 이전 프레임에서 검출한 코너 특징점을 전달하면 그 코너점이 이후 프레임의 어디로 이동했는지 찾아서 nextPts로 반환합니다. 이때 두 코너점이 서로 대응하는지 여부를 status에 1과 0으로 표시해서 함께 반환합니다. 이 함수는 작은 윈도를 사용하므로 큰 움직임을 계산하지 못하는 문제가 있는데, 이를 보완하기 위해서 이미지 피라미드를 사용합니다. maxLevel에 0을 지정하면 이미지 피라미드를 사용하지 않습니다.

[예제 8-26] calcOpticalFlowPyrLK 추적(track_opticalLK.py)

```python
import numpy as np, cv2

cap = cv2.VideoCapture('../img/walking.avi')
fps = cap.get(cv2.CAP_PROP_FPS) # 프레임 수 구하기
delay = int(1000/fps)
# 추적 경로를 그리기 위한 랜덤 색상
color = np.random.randint(0,255,(200,3))
lines = None  # 추적 선을 그릴 이미지 저장 변수
prevImg = None  # 이전 프레임 저장 변수
# calcOpticalFlowPyrLK 중지 요건 설정
termcriteria =  (cv2.TERM_CRITERIA_EPS | cv2.TERM_CRITERIA_COUNT, 10, 0.03)

while cap.isOpened():
    ret,frame = cap.read()
    if not ret:
        break
    img_draw = frame.copy()
    gray = cv2.cvtColor(frame, cv2.COLOR_BGR2GRAY)
    # 최초 프레임의 경우
    if prevImg is None:
        prevImg = gray
        # 추적선을 그릴 이미지를 프레임 크기에 맞게 생성
        lines = np.zeros_like(frame)
```

```
            # 추적 시작을 위한 코너 검출 ---①
            prevPt = cv2.goodFeaturesToTrack(prevImg, 200, 0.01, 10)
        else:
            nextImg = gray
            # 옵티컬 플로로 다음 프레임의 코너점 찾기 ---②
            nextPt, status, err = cv2.calcOpticalFlowPyrLK(prevImg, nextImg, \
                                        prevPt, None, criteria=termcriteria)
            # 대응점이 있는 코너, 움직인 코너 선별 ---③
            prevMv = prevPt[status==1]
            nextMv = nextPt[status==1]
            for i,(p, n) in enumerate(zip(prevMv, nextMv)):
                px,py = p.ravel().astype(np.int32)
                nx,ny = n.ravel().astype(np.int32)
                # 이전 코너와 새로운 코너에 선 그리기 ---④
                cv2.line(lines, (px, py), (nx,ny), color[i].tolist(), 2)
                # 새로운 코너에 점 그리기
                cv2.circle(img_draw, (nx,ny), 2, color[i].tolist(), -1)
            # 누적된 추적 선을 출력 이미지에 합성
            img_draw = cv2.add(img_draw, lines)
            # 다음 프레임을 위한 프레임과 코너점 이월
            prevImg = nextImg
            prevPt = nextMv.reshape(-1,1,2)

    cv2.imshow('OpticalFlow-LK', img_draw)
    key = cv2.waitKey(delay)
    if key == 27 : # Esc: 종료
        break
    elif key == 8: # Backspace: 추적 이력 지우기
        prevImg = None
cv2.destroyAllWindows()
cap.release()
```

[그림 8-32] [예제 8-26]의 실행 결과

[예제 8-26]의 코드 ①에서 이전 프레임의 코너를 검출합니다. 코드 ②에서 calc OpticalFlowPyrLK() 함수로 옵티컬 플로로 이동한 다음 프레임의 코너 특징점을 찾습니다. 이들 중에 대응이 잘 된 것을 코드 ③에서 선별해서 코드 ④에서 선과 점으로 표시합니다. 이때 추적선은 매 장면마다 누적해서 보여줘야 하므로 텅빈 이미지에 선을 그린 다음에 원본 영상과 합성하는 방법을 사용했습니다. 이 예제를 실행하는 동안 키보드의 백스페이스키를 누르면 추적 이력을 지우고 새롭게 추적을 시작합니다.

다음은 밀집 옵티컬 플로 방식인 cv2.calcOpticalFlowFarneback()을 알아봅니다.

- flow = cv2.calcOpticalFlowFarneback(prev, next, flow, pyr_scale, levels, winsize, iterations, poly_n, poly_sigma, flags)
  - prev, next: 이전, 이후 프레임
  - flow: 옵티컬 플로 계산 결과, 입력과 동일한 크기의 각 픽셀이 이동한 거리
  - pyr_scale: 이미지 피라미드 스케일
  - levels: 이미지 피라미드 개수
  - winsize: 평균 윈도 크기
  - iterations: 각 피라미드에서 반복할 횟수
  - poly_n: 다항식 근사를 위한 이웃 크기, 5 또는 7
  - poly_sigma: 다항식 근사에서 사용할 가우시안 시그마
    - poly_n=5일 때는 1.1, poly_n=7일 때는 1.5
  - flags: 연산 모드
    - cv2.OPTFLOW_USE_INITIAL_FLOW: flow 값을 초기 값으로 사용
    - cv2.OPTFLOW_FARNEBACK_GAUSSIAN: 박스 필터 대신 가우시안 필터 사용

밀집 옵티컬 플로는 영상 전체의 픽셀로 계산하므로 추적할 특징점을 따로 전달할 필요가 없지만 속도가 느리다는 단점이 있습니다.

[예제 8-27] calcOpticalFlowFarneback 추적(track_optical_farneback.py)

```python
import cv2, numpy as np

# 플로 결과 그리기 ---①
def drawFlow(img,flow,step=16):
  h,w = img.shape[:2]
  # 16픽셀 간격의 그리드 인덱스 구하기
  idx_y,idx_x = np.mgrid[step/2:h:step,step/2:w:step].astype(np.int)
  indices =  np.stack( (idx_x,idx_y), axis =-1).reshape(-1,2)

  for x,y in indices:    # 인덱스 순회
    # 각 그리드 인덱스 위치에 점 그리기
    cv2.circle(img, (x,y), 1, (0,255,0), -1)
    # 각 그리드 인덱스에 해당하는 플로 결과 값(이동 거리)
    dx,dy = flow[y, x].astype(np.int)
    # 각 그리드 인덱스 위치에서 이동한 거리만큼 선 그리기
    cv2.line(img, (x,y), (x+dx, y+dy), (0,255, 0),2, cv2.LINE_AA )


prev = None # 이전 프레임 저장 변수

cap = cv2.VideoCapture('../img/walking.avi')
fps = cap.get(cv2.CAP_PROP_FPS) # 프레임 수 구하기
delay = int(1000/fps)

while cap.isOpened():
  ret,frame = cap.read()
  if not ret: break
  gray = cv2.cvtColor(frame,cv2.COLOR_BGR2GRAY)
  # 최초 프레임의 경우
  if prev is None:
    prev = gray # 첫 이전 프레임
  else:
    # 이전, 이후 프레임으로 옵티컬 플로 계산 ---②
    flow = cv2.calcOpticalFlowFarneback(prev,gray,None,\
            0.5,3,15,3,5,1.1,cv2.OPTFLOW_FARNEBACK_GAUSSIAN)
    # 계산 결과 그리기, 선언한 함수 호출 ---③
    drawFlow(frame,flow)
    # 다음 프레임을 위해 이월
    prev = gray

  cv2.imshow('OpticalFlow-Farneback', frame)
  if cv2.waitKey(delay) == 27:
      break
cap.release()
cv2.destroyAllWindows()
```

[그림 8-33] [예제 8-27]의 실행 결과

[예제 8-27]의 코드 ②에서 옵티컬 플로를 계산합니다. 계산 결과인 flow는 입력 영상과 같은 크기의 NumPy 배열로 각 요소는 해당 위치의 픽셀이 이동한 거리를 (x, y) 꼴로 가집니다. 이것을 코드 ③에서 따로 선언해 둔 함수에 전달해서 그리기를 합니다. 코드 ①에 선언한 drawFlow 함수는 영상에 16픽셀 간격의 격자 모양으로 점을 그리고 각 점에 해당하는 픽셀이 이동한 거리만큼 선을 표시하여 시각화합니다. 실행 결과인 [그림 8-33]과 [그림 8-32]를 비교해 보면 특징점만을 이용한 희소 옵티컬 플로는 특징점의 움직임만을 관찰하는 반면, 밀집 옵티컬 플로는 영상 전체의 픽셀을 관찰하는 것을 알 수 있습니다.

8.5.3 MeanShift 추적

MeanShift 추적은 대상 객체의 색상 정보로 추적하는 방법으로 7.3.6절 "평균이동 필터"에서 이미 다룬 개념인 평균 이동 알고리즘으로 객체의 색상을 추적합니다. MeanShift 추적은 아래와 같이 3단계 절차를 통해 이뤄집니다.

1. 추적 대상을 선정해서 HSV 컬러 스페이스의 H 값 히스토그램 계산
2. 전체 영상의 히스토그램(HSV 컬러 스페이스의 H 값) 계산 결과로 역투영
3. 역투영 결과에서 이동한 객체를 MeanShift로 추적

우선 영상에서 추적할 대상 좌표를 구해야 합니다. 최초의 추적 대상 좌표는 사람의 손으로 지정하거나 객체 인식을 통해 구해야 합니다. 그런 다음, 추적 대상 영역의 히스토그램을 계산하는데, 흔히 HSV 컬러 스페이스로 변환한 후 H(Hue) 값만을 사용해서 히스토그램을 계산합니다. 이렇게 구한 히스토그램은 대상 객체의 색상 정보만을 가지게 됩니다. 추적 대상이 지정되었으니 매 장면마다 객체를 추적하기 위해 영상 전체를 HSV 컬러 스페이스로 변환해서 H 값의 히스토그램을 계산하고 대상 객체의 히스토그램과 역투영(back projection)을 합니다. 역투영은 4.5절 "히스토그램"에서 다뤘습니다. 역투영은 전체 영상의 색상 정보와 대상 객체의 색상 정보의 비율을 0~255 구간으로 노멀라이즈한 것으로, 그 결과는 추적 대상 객체의 색상 값과 비슷한 영역의 픽셀들만 큰 값을 갖습니다. 역투영한 결과에서 최초 객체를 지정한 좌표를 기준으로 평균 이동을 하면 이동한 객체의 중심점을 찾을 수 있게 됩니다.

OpenCV에는 히스토그램 역투영 결과에서 평균 이동으로 대상 객체의 위치를 찾아주는 함수로 cv2.meanShift()가 있습니다.

- retval, window = cv2.meanShift(probImage, window, criteria)
  - probImage: 검색할 히스토그램의 역투영 결과
  - window: 검색 시작 위치, 검색 결과 위치(x, y, w, h)
  - criteria: 검색 중지 요건, 튜플 객체로 전달
    - type
      - cv2.TERM_CRITERIA_EPS: 정확도가 epsilon보다 작으면
      - cv2.TERM_CRITERIA_MAX_ITER: max_iter 횟수를 채우면
      - cv2.TERM_CRITERIA_COUNT: MAX_ITER와 동일
    - max_iter: 최대 반복 횟수
    - epsilon: 최소 정확도
  - retval: 수렴한 반복 횟수

cv2.meanShift() 함수는 probImage 인자에 추적할 객체가 역투영된 히스토그램을 전달하고 window에 초기 추적 위치를 (x,y,w,h) 꼴로 전달하면 반복 시도한 횟수와 함께 새로운 객체의 위치를 (x,y,w,h) 꼴로 반환합니다. criteria 인자에는 검색 중지 조건을 전달합니다.

[예제 8-28] MeanShift 객체 추적(track_meanshift_cam.py)

```python
import numpy as np, cv2

roi_hist = None         # 추적 객체 히스토그램 저장 변수
win_name = 'MeanShift Tracking'
termination =  (cv2.TERM_CRITERIA_EPS | cv2.TERM_CRITERIA_COUNT, 10, 1)

cap = cv2.VideoCapture(0)
cap.set(cv2.CAP_PROP_FRAME_WIDTH, 640)
cap.set(cv2.CAP_PROP_FRAME_HEIGHT, 480)
while cap.isOpened():
    ret, frame = cap.read()
    img_draw = frame.copy()

    if roi_hist is not None:  # 추적 대상 객체 히스토그램 등록됨
        # 전체 영상 hsv 컬러로 변환 ---①
        hsv = cv2.cvtColor(frame, cv2.COLOR_BGR2HSV)
        # 전체 영상 히스토그램과 roi 히스토그램 역투영 ---②
        dst = cv2.calcBackProject([hsv], [0], roi_hist, [0,180], 1)
        # 역투영 결과와 초기 추적 위치로 평균 이동 추적 ---③
        ret, (x,y,w,h) = cv2.meanShift(dst, (x,y,w,h), termination)
        # 새로운 위치에 사각형 표시 ---④
        cv2.rectangle(img_draw, (x,y), (x+w, y+h), (0,255,0), 2)
        # 컬러 영상과 역투영 영상을 통합해서 출력
        result = np.hstack((img_draw, cv2.cvtColor(dst, cv2.COLOR_GRAY2BGR)))
    else:  # 추적 대상 객체 히스토그램 등록 안 됨
        cv2.putText(img_draw, "Hit the Space to set target to track", \
                (10,30),cv2.FONT_HERSHEY_SIMPLEX, 1, (0,0,255), 1, cv2.LINE_AA)
        result = img_draw

    cv2.imshow(win_name, result)
    key = cv2.waitKey(1) & 0xff
    if  key == 27: # Esc
        break
    elif key == ord(' '): # 스페이스바, ROI 설정
        x,y,w,h = cv2.selectROI(win_name, frame, False)
        if w and h :      # ROI가 제대로 설정됨
            # 초기 추적 대상 위치로 roi 설정 --- ⑤
            roi = frame[y:y+h, x:x+w]
            # roi를 HSV 컬러로 변경 ---⑥
            roi = cv2.cvtColor(roi, cv2.COLOR_BGR2HSV)
            mask = None
            # roi에 대한 히스토그램 계산 ---⑦
            roi_hist = cv2.calcHist([roi], [0], mask, [180], [0,180])
            cv2.normalize(roi_hist, roi_hist, 0, 255, cv2.NORM_MINMAX)
        else:                     # ROI 설정 안 됨
            roi_hist = None
else:
    print('no camera!')
cap.release()
cv2.destroyAllWindows()
```

[그림 8-34] [예제 8-28]의 실행 결과

[예제 8-28]은 스페이스바를 눌러 영상을 멈추고 마우스로 추적할 객체를 지정하면 코드 ⑤에서 선택한 영역을 ROI로 설정하고, 코드 ⑥에서 HSV 컬러로 변환한 다음, 코드 ⑦에서 히스토그램을 계산합니다. 여기서는 색상에 해당하는 H(Hue) 값만을 대상으로 했습니다. 그 다음 코드 ①에서 전체 영상을 HSV 컬러로 변환하고 코드 ②에서 히스토그램 역투영합니다. 역투영 결과는 결과 영상 오른쪽에 나란히 표시했는데 [그림 8-34]의 추적 영상의 오른쪽을 보면 선택한 물체 영역만 매우 밝은 값을 갖는 것을 알 수 있습니다. 이렇게 역투영된 결과 영상에 대해서 마우스로 지정한 영역 주변의 가장 높은 값을 갖는 곳을 코드 ③의 meanShift() 함수로 검색해서 그 좌표를 반환합니다.

MeanShift 추적은 색상을 기반으로 하므로 추적하려는 객체의 색상이 주변과 비슷하거나 여러 가지 색상으로 이루어진 경우 효과를 보기 어렵고 객체의 크기와 방향과는 상관없이 항상 같은 윈도를 반환하는 단점이 있습니다.

8.5.4 CamShift 추적

CamShift(Continuously Adaptive MeanShift) 추적은 MeanShift 추적의 문제점인 고정된 윈도 크기와 방향을 개선한 것으로 윈도 크기와 방향을 재설정합니다. 추적을 위한 사전 작업과 절차는 MeanShift 추적과 동일하고 평균 중심점을 찾는 함수만 다릅니다.

- retval, window = cv2.CamShift(probImage, window, criteria)
  - 모든 인자와 반환 값은 MeanShift와 동일

[예제 8-29] CamShift 객체 추적(track_camshift_cam.py)

```python
import numpy as np, cv2

roi_hist = None         # 추적 객체 히스토그램 저장 변수
win_name = 'Camshift Tracking'
termination =  (cv2.TERM_CRITERIA_EPS | cv2.TERM_CRITERIA_COUNT, 10, 1)

cap = cv2.VideoCapture(0)
cap.set(cv2.CAP_PROP_FRAME_WIDTH, 640)
cap.set(cv2.CAP_PROP_FRAME_HEIGHT, 480)
while cap.isOpened():
    ret, frame = cap.read()
    img_draw = frame.copy()

    if roi_hist is not None:  # 추적 대상 객체 히스토그램 등록됨
        # 전체 영상 hsv 컬러로 변환
        hsv = cv2.cvtColor(frame, cv2.COLOR_BGR2HSV)
        # 전체 영상 히스토그램과 roi 히스토그램 역투영
        dst = cv2.calcBackProject([hsv], [0], roi_hist, [0,180], 1)
        # 역투영 결과와 초기 추적 위치로 평균 이동 추적 ---①
        ret, (x,y,w,h) = cv2.CamShift(dst, (x,y,w,h), termination)
        # 새로운 위치에 사각형 표시
        cv2.rectangle(img_draw, (x,y), (x+w, y+h), (0,255,0), 2)
        # 컬러 영상과 역투영 영상을 통합해서 출력
        result = np.hstack((img_draw, cv2.cvtColor(dst, cv2.COLOR_GRAY2BGR)))
    else:  # 추적 대상 객체 히스토그램 등록 안 됨
        cv2.putText(img_draw, "Hit the Space to set target to track", \
                (10,30),cv2.FONT_HERSHEY_SIMPLEX, 1, (0,0,255), 1, cv2.LINE_AA)
        result = img_draw

    cv2.imshow(win_name, result)
    key = cv2.waitKey(1) & 0xff
    if  key == 27: # Esc
        break
    elif key == ord(' '): # 스페이스바, ROI 설정
        x,y,w,h = cv2.selectROI(win_name, frame, False)
        if w and h :    # ROI가 제대로 설정됨
            # 초기 추적 대상 위치로 roi 설정
            roi = frame[y:y+h, x:x+w]
            # roi를 HSV 컬러로 변경
            roi = cv2.cvtColor(roi, cv2.COLOR_BGR2HSV)
            mask = None
            # roi에 대한 히스토그램 계산
            roi_hist = cv2.calcHist([roi], [0], mask, [180], [0,180])
            cv2.normalize(roi_hist, roi_hist, 0, 255, cv2.NORM_MINMAX)
```

```
        else:                        # ROI 설정 안 됨
            roi_hist = None
    else:
        print('no camera!')
cap.release()
cv2.destroyAllWindows()
```

[그림 8-35] [예제 8-29]의 실행 결과

[예제 8-29]는 코드 ①에서 **cv2.CamShift()** 함수를 사용한 것 말고는 [예제 8-28]과 똑같습니다. 실행 결과인 [그림 8-35]를 보면 처음 객체를 선택하는 왼쪽 사진은 바나나가 가로 방향으로 있지만, 오른쪽 추적 중인 사진은 방향이 세로로 인식되고 그 크기에도 적응하는 것을 알 수 있습니다.

8.6 실전 워크숍

8.6.1 파노라마 사진 생성기

핸드폰으로 사진을 여러 장 찍으면 하나의 파노라마 사진으로 만들어주는 앱을 본 적이 있을 겁니다. 이번에는 매칭 기술을 응용하여 파노라마 사진 생성기를 만들어 보겠습니다.

[그림 8-36] 따로 찍은 2장의 사진

[그림 8-37] 생성한 파노라마 사진

[힌트]

따로 찍은 2장의 사진 중에 좌측과 우측에 연결할 순서를 정하고 각각 특징점과 디스크립터를 구하여 매칭기로 좌측 사진을 기준으로 우측 사진을 매칭한 다음, 원근 변환행렬을 구하여 cv2.warpPerspective() 함수로 원근 변환합니다. 이때 결과 영상 크기를 지정할 때 2개의 영상을 더한 크기를 지정하여 그 결과의 좌측 빈 영역에 좌측 원본 사진을 합성합니다.

[풀이]

[예제 8-30] 파노라마 사진 생성기

[예제 8-30] 파노라마 사진 생성기(workshop_panorama.py)

```python
import cv2, numpy as np

# 왼쪽/오른쪽 사진 읽기
imgL = cv2.imread('../img/restaurant1.jpg') # train
imgR = cv2.imread('../img/restaurant2.jpg') # query
hl, wl = imgL.shape[:2]
hr, wr = imgR.shape[:2]
```

```
grayL = cv2.cvtColor(imgL, cv2.COLOR_BGR2GRAY)
grayR = cv2.cvtColor(imgR, cv2.COLOR_BGR2GRAY)

# SIFT 특징 검출기 생성 및 특징점 검출
descriptor = cv2.xfeatures2d.SIFT_create()
(kpsL, featuresL) = descriptor.detectAndCompute(imgL, None)
(kpsR, featuresR) = descriptor.detectAndCompute(imgR, None)
# BF 매칭기 생성 및 knn 매칭
matcher = cv2.DescriptorMatcher_create("BruteForce")
matches = matcher.knnMatch(featuresR, featuresL, 2)

# 좋은 매칭점 선별
good_matches = []
for m in matches:
    if len(m) == 2 and m[0].distance < m[1].distance * 0.75:
        good_matches.append(( m[0].trainIdx, m[0].queryIdx))

# 좋은 매칭점이 4개 이상인 원근 변환행렬 구하기
if len(good_matches) > 4:
    ptsL = np.float32([kpsL[i].pt for (i, _) in good_matches])
    ptsR = np.float32([kpsR[i].pt for (_, i) in good_matches])
    mtrx, status = cv2.findHomography(ptsR,ptsL, cv2.RANSAC, 4.0)
    # 원근 변환행렬로 오른쪽 사진을 원근 변환, 결과 이미지 크기는 사진 2장 크기
    panorama = cv2.warpPerspective(imgR, mtrx, (wr + wl, hr))
    # 왼쪽 사진을 원근 변환한 왼쪽 영역에 합성
    panorama[0:hl, 0:wl] = imgL
else:
    panorama = imgL
cv2.imshow("Image Left", imgL)
cv2.imshow("Image Right", imgR)
cv2.imshow("Panorama", panorama)
cv2.waitKey(0)
```

8.6.2 책 표지 검색기

스마트폰 카메라로 꽃이나 식물을 찍으면 이름을 찾아주는 앱이 있는데, 이번에는
이것처럼 책 표지를 찍으면 책을 찾아주는 프로그램을 만들어 보세요.

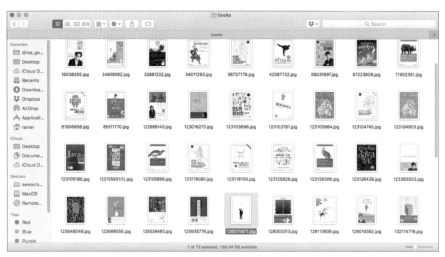

[그림 8-38] book 디렉터리에 있는 100여 권의 책 표지 이미지

[그림 8-38]처럼 이 책에서 예제와 함께 제공하는 이미지 디렉터리 안에 있는 'books'
디렉터리에는 100여 권의 국내 서적 표지 사진[14]이 들어 있습니다.

[그림 8-39] 책 표지 검색기를 실행한 모습

프로그램을 실행하면 [그림 8-39]처럼 카메라의 영상이 표시되고 책을 위치시킬 하
얀색 사각형을 표시하게 합니다. 사각형 안에 맞춰서 책 표지를 위치시키고 스페이
스바를 눌러 사진을 찍으면 검색을 시작합니다. 검색할 사진은 [그림 8-40]처럼 사각
형 내의 영상만 보여주고 검색하는 동안 사용자가 지루하지 않게 검색 중인 영상을
빠르게 보여주는 것도 좋겠습니다.

14 사진 출처: *http://www.yes24.com*

[그림 8-40] 검색할 책 표지와 검색 결과

검색이 완료되면 그중에 가장 정확도가 높은 결과를 [그림 8-40]의 오른쪽 사진처럼 정확도를 표시해서 출력합니다.

[힌트]

- 카메라 영상에 사각 영역을 표시하고 스페이스바를 누르면 사각 영역만 ROI로 설정해서 검색 이미지로 만들고 특징점과 디스크립터를 검출합니다.
- ./img/books 디렉터리 안에 있는 각 파일을 검색 이미지와 매칭해서 좋은 매칭 점의 개수와 정상치 비율을 딕셔너리에 저장합니다.
- 디렉터리 내의 모든 표지에 대해서 매칭이 끝나면 정상치 비율이 가장 높은 순 으로 결과를 출력합니다.

[풀이]

- [예제 8-31] 책 표지 검색기

[예제 8-31] 책 표지 검색기(workshop_booKsearcher.py)

```python
import cv2 , glob, numpy as np

# 검색 설정 변수
ratio = 0.7
MIN_MATCH = 10
# ORB 특징 검출기 생성
detector = cv2.ORB_create()
# Flann 매칭기 객체 생성
FLANN_INDEX_LSH = 6
index_params= dict(algorithm = FLANN_INDEX_LSH,
                    table_number = 6,
                    key_size = 12,
                    multi_probe_level = 1)
search_params=dict(checks=32)
matcher = cv2.FlannBasedMatcher(index_params, search_params)
```

```python
# 책 표지 검색 함수
def serch(img):
    gray1 = cv2.cvtColor(img, cv2.COLOR_BGR2GRAY)
    kp1, desc1 = detector.detectAndCompute(gray1, None)

    results = {}
    # 책 커버 보관 디렉터리 경로
    cover_paths = glob.glob('../img/books/*.*')
    for cover_path in cover_paths:
        cover = cv2.imread(cover_path)
        cv2.imshow('Searching...', cover) # 검색 중인 책 표지 표시
        cv2.waitKey(5)
        gray2 = cv2.cvtColor(cover, cv2.COLOR_BGR2GRAY)
        kp2, desc2 = detector.detectAndCompute(gray2, None) # 특징점 검출
        matches = matcher.knnMatch(desc1, desc2, 2) # 특징점 매칭
        # 좋은 매칭 선별
        good_matches = [m[0] for m in matches \
                        if len(m) == 2 and m[0].distance < m[1].distance * ratio]
        if len(good_matches) > MIN_MATCH:
            # 좋은 매칭점으로 원본과 대상 영상의 좌표 구하기
            src_pts = np.float32([ kp1[m.queryIdx].pt for m in good_matches ])
            dst_pts = np.float32([ kp2[m.trainIdx].pt for m in good_matches ])
            # 원근 변환행렬 구하기
            mtrx, mask = cv2.findHomography(src_pts, dst_pts, cv2.RANSAC, 5.0)
            # 원근 변환 결과에서 정상치 비율 계산
            accuracy=float(mask.sum()) / mask.size
            results[cover_path] = accuracy
    cv2.destroyWindow('Searching...')
    if len(results) > 0:
        results = sorted([(v,k) for (k,v) in results.items() \
                         if v > 0], reverse=True)
    return results

cap = cv2.VideoCapture(0)
qImg = None
while cap.isOpened():
    ret, frame = cap.read()
    if not ret:
        print('No Frame!')
        break
    h, w = frame.shape[:2]
    # 화면에 책을 인식할 영역 표시
    left = w // 3
    right = (w // 3) * 2
    top = (h // 2) - (h // 3)
    bottom = (h // 2) + (h // 3)
    cv2.rectangle(frame, (left,top), (right,bottom), (255,255,255), 3)

    # 거울처럼 보기 좋게 화면 뒤집어 보이기
    flip = cv2.flip(frame,1)
    cv2.imshow('Book Searcher', flip)
```

```
        key = cv2.waitKey(10)
        if key == ord(' '): # 스페이스바를 눌러서 사진 찍기
            qImg = frame[top:bottom , left:right]
            cv2.imshow('query', qImg)
            break
        elif key == 27 : # Esc
            break
    else:
        print('No Camera!!')
    cap.release()

    if qImg is not None:
        gray = cv2.cvtColor(qImg, cv2.COLOR_BGR2GRAY)
        results = serch(qImg)
        if len(results) == 0 :
            print("No matched book cover found.")
        else:
            for( i, (accuracy, cover_path)) in enumerate(results):
                print(i, cover_path, accuracy)
                if i==0:
                    cover = cv2.imread(cover_path)
                    cv2.putText(cover, ("Accuracy:%.2f%%"%(accuracy*100)), (10,100), \
                                cv2.FONT_HERSHEY_SIMPLEX, 1, (0,255,0), 2, cv2.LINE_AA)
            cv2.imshow('Result', cover)
    cv2.waitKey()
    cv2.destroyAllWindows()
```

출력 결과

```
0 ../img/books/corver54.jpg 0.8703703703703703
1 ../img/books/186412068.jpg 0.38095238095238093
2 ../img/books/181832811.jpg 0.36363636363636365
3 ../img/books/128113609.jpg 0.36363636363636365
4 ../img/books/123118100.jpg 0.36363636363636365
```

이 워크숍은 등록된 사진을 출력하는 것으로 그쳤지만, 추가적인 데이터베이스가 있다면 책의 제목, 저자, 출판사, 가격 등의 정보도 함께 출력할 수 있을 겁니다.

9장

머신러닝

머신러닝은 컴퓨터로 문제를 해결하는 방법 중에 최근 들어 가장 인기 있는 방법입니다. 그만큼 새로운 연구가 많고 성장이 빠른 분야입니다. 머신러닝은 컴퓨터 비전뿐만 아니라 다양한 분야에서 사용되고 있어 OpenCV보다 빠르게 연구 결과를 반영하고 정교하게 만들어진 라이브러리가 많습니다. 따라서 OpenCV에 구현된 머신러닝만을 고집하는 것보다 전문적인 머신러닝 프레임워크를 활용하는 것도 좋습니다.

　이 책은 OpenCV란 주제를 다루고 있으므로 머신러닝의 전체적인 내용을 살펴볼 수는 없습니다. 따라서 머신러닝의 대표적인 알고리즘 몇 가지를 OpenCV에 구현된 API와 함께 살펴보고, 앞서 다뤘던 특징 디스크립터 등을 어떻게 머신러닝에 활용하는지를 알아보는 데 목적을 둡니다.

9.1 OpenCV와 머신러닝

OpenCV는 컴퓨터 비전 라이브러리지만 최근 들어 머신러닝이 컴퓨터 비전 분야에 폭넓게 사용되면서, 기본적인 머신러닝 알고리즘은 물론 새로운 연구 결과도 빠르게 추가되고 있습니다. 이 절에서는 머신러닝을 간단히 설명한 후, OpenCV에 구현된 머신러닝 기능으로는 어떤 것이 있는지 알아봅니다.

9.1.1 머신러닝

머신러닝(machine learning)은 인공지능(artificial intelligence)의 한 분야로 어떤 알고리즘으로 데이터를 분석해서 그것을 바탕으로 새로운 데이터를 판단 또는 예측하는 것을 말합니다. 데이터를 분석하기 위해서는 데이터들의 특징이 잘 묘사된 숫자들을 추출해야 하는데, 그 숫자를 변수, 벡터(vector), 피처(feature) 등의 용어로 부르고 그 과정을 특징 벡터화 또는 특징 추출한다고 표현합니다. 예를 들어 사람에게는 나이, 이름, 주소, 성별, 키, 몸무게, 국적 등의 여러 가지 정보가 있는데, 이들 중 관심 있는 정보만을 추출하는 것을 의미합니다. 신체적인 특징을 가장 잘 표현하는 데이터는 키, 몸무게, 성별 정도가 있습니다. 영상에서는 앞서 다룬 특징 디스크립터가 좋은 특징 벡터입니다. 이렇게 추출된 특징 벡터를 어떤 알고리즘으로 분석하면, 사용하는 알고리즘에 따라 회귀, 분류, 군집화라는 형태의 결과를 얻을 수 있습니다.

예를 들어, 수많은 사람의 몸무게와 키 데이터를 분석한 다음에 어떤 한 사람의 몸무게만 가지고 그 사람의 키를 예측하는 경우, 그것은 회귀(regression)에 해당합니다. 수많은 사람의 몸무게와 키 그리고 성별 데이터를 분석한 다음에 어떤 한 사람의 몸무게와 키 정보만 가지고 그 사람의 성별을 예측하는 것은 분류(classify)에 해당합니다. 마지막으로 몸무게와 키에 따라 운동 선수의 체급을 나눌 때는 군집화(clustering)에 해당합니다.

[그림 9-1] 머신러닝 종류

머신러닝은 데이터를 제공하는 방법에 따라 지도학습(supervised learning)과 비지도학습(unsupervised learning)으로 나눌 수 있습니다. 분석할 데이터를 제공할 때 각 데이터의 분류 항목, 다시 말해서 정답을 함께 제공하는 방식은 지도학습이고, 그 반대는 비지도학습에 해당합니다.

어떤 사람의 몸무게로 키를 예측하려고 하는데 그 전에 여러 사람들의 몸무게에 따른 키 정보로 학습했다면 지도학습이고, 몸무게와 키로 성별을 예측하려고 하는데 그 전에 여러 사람의 몸무게와 키, 그에 따른 성별 데이터로 학습했다면 이 또한 지도학습입니다. 하지만 키와 몸무게 정보들로만 학습하고 라이트급인지 헤비급인지 알려주지 않고 체급으로 적절히 나누라고 한다면 그것은 비지도학습입니다. 따라서 회귀와 분류는 지도학습, 군집화는 비지도학습에 해당한다고 볼 수 있습니다.

9.1.2 OpenCV와 머신러닝

OpenCV는 최근 머신러닝의 발전과 사용이 활발해짐에 따라 'ml'(Machine Learning의 머릿글자)이라는 별도의 모듈을 구성해서 다양한 머신러닝 알고리즘을 통일된 인터페이스로 제공하고 있습니다. ml 모듈에는 상위 레벨 함수도 있는데, 마치 응용프로그램을 쓰듯이 알고리즘의 원리를 신경 쓰지 않고도 객체를 검출할 수 있습니다.

OpenCV에 구현된 머신러닝 알고리즘 중에는 아주 오래전부터 사용해 오던 레거시(legacy) 알고리즘들도 있는데, 이들은 기존의 호환성을 위해 ml 패키지에 포함되지도 않고 통일된 인터페이스를 따르지도 않습니다.

대표적인 레거시 알고리즘은 k-means 클러스터 알고리즘과 마할라노비스 거리 알고리즘입니다.

- `cv2.kmeans()`
- `cv2.Mahalanobis()`

위의 두 함수는 아주 오래전부터 사용해왔기 때문에 ml 모듈로 옮기지 못하고 원래의 자리를 고수하고 있으며 통일된 인터페이스를 제공하지 않습니다.

그 밖의 머신러닝 알고리즘은 통일된 인터페이스 구조를 위해 ml 모듈로 따로 구성해서 StatModel 추상 클래스를 상속받아 구현했습니다. 이 클래스에 구현된 대표적인 함수는 아래와 같습니다.

- `cv2.ml.StatModel`
  - `retval = train(samples, layout, responses)`: 훈련
  - `retval, results = predict(samples[, results, flags])`: 예측

- samples: 학습 데이터
- layout: 학습 데이터의 형태 지정 플래그
  - cv2.ml.ROW_SAMPLE: 행으로 구성된 데이터
  - cv2.ml.cOL_SAMPLE: 열로 구성된 데이터
- responses: 샘플 데이터의 레이블
- save(filename): 훈련된 모델 객체를 파일로 저장
  - filename: 저장할 파일 이름
- obj = cv2.ml.StatModel.load(filename): 훈련해서 저장한 모델 객체 읽기
  - filename: 파일 이름
  - obj: 저장했던 객체

이 인터페이스를 상속한 모든 알고리즘 객체에는 train(), predict() 함수가 있고 한
번 훈련한 객체를 저장했다가 다시 읽어 올 수 있는 save(), load() 함수도 있습니다.
하지만, 알고리즘의 특성상 predict()로 결과를 얻기 힘든 경우 별도의 함수를 제공
하기도 하고, 몇몇 알고리즘 클래스에는 save()와 load()의 구현이 누락되어 있는 경
우도 있습니다.

OpenCV 3.4.1을 기준으로 StatModel을 상속받아 구현한 알고리즘 클래스는 다음
과 같습니다.

- 회귀
  - cv2.ml.LogisticRegression
- 베이즈 분류기
  - cv2.ml.NormalBayesClassifier
- 트리
  - cv2.ml.DTrees
  - cv2.ml.Boost
  - cv2.ml.RTrees
- 기대값 최대화
  - cv2.ml.EM
- 최근접 이웃
  - cv2.ml.KNearest

- 서포트 벡터 머신
  - cv2.ml.SVM
- 인공신경망
  - cv2.ml.ANN_MLP

OpenCV는 개발자가 머신러닝 학습 알고리즘을 몰라도 일반 사용자가 응용프로그램을 사용하듯이 객체를 검출할 수 있도록 다음과 같이 상위 레벨 API를 제공합니다.

- cv2.CascadeClassifier
- cv2.dpm_DPMDetector

이와 같은 객체 검출기는 이미 훈련된 데이터를 제공해 주므로 내부적으로 어떻게 동작하는지 알지 못해도 원하는 객체를 손쉽게 검출할 수도 있고 필요하다면 사용자가 추가로 훈련을 시켜서 자신만의 객체 검출기를 만들 수도 있습니다.

이 장에서는 OpenCV에서 제공하는 머신러닝 기능 중에 주요한 몇몇 알고리즘만을 선택해서 알아봅니다.

9.2 k-means 클러스터

k-means 클러스터는 OpenCV에 구현되어 있는 대표적인 레거시 알고리즘입니다. 이것은 뒤섞여 있는 데이터를 원하는 개수의 그룹으로 묶는 비지도학습 군집화 알고리즘입니다. 이 알고리즘은 7장에서 다룬 평균 이동 필터와 8장에서 다룬 MeanShift 추적에서 내부적으로 사용하는 알고리즘과 이론적으로 같다고 볼 수 있습니다.

9.2.1 k-means 알고리즘

입력 데이터를 원하는 개수의 그룹으로 묶기 위해 평균을 이용하는 이 알고리즘은 데이터를 2개의 그룹으로 묶는다고 가정하면 대략 아래와 같은 절차를 따릅니다.

1. 랜덤하게 두 점을 골라 2개의 중앙점(C1, C2)을 선정
2. 두 중앙점에서 나머지 모든 점의 거리를 계산
3. 각각의 점이 C1에 가까우면 빨강 그룹, C2에 가까우면 파랑 그룹으로 묶기
4. 각 그룹의 평균 값을 계산해서 그 값을 새로운 중앙점으로 선정
5. 중앙점의 위치가 바뀌지 않고 고정될 때까지 2~4번 과정을 반복

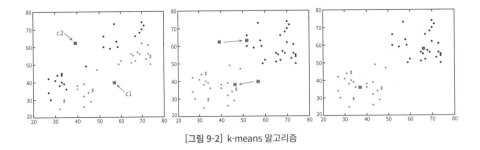

[그림 9-2] k-means 알고리즘

이렇게 해서 최종적으로 얻은 중앙점은 각 그룹에 속하는 데이터들과의 거리의 합이 가장 작은 점을 의미하는 것으로 아래와 같은 수식으로 표현할 수 있습니다.

$$min[J = \sum_{AllRed} distance(C1, Red) + \sum_{AllBlue} distance(C1, Blue)]$$

이와 같은 기본적인 개념을 바탕으로 초기 중앙점 선택 방법을 비롯해서 반복 횟수를 줄여 속도를 높이기 위한 다양한 개선된 알고리즘이 있습니다. OpenCV가 이 알고리즘을 구현한 함수는 아래와 같습니다.

- retval, bestlabels, centers = cv2.kmeans(data, K, bestLabels, criteria, attempts, flags)
  - data: 처리 대상 데이터, dtype=np.float32, $N \times 1$ 형태
  - K: 원하는 묶음 개수
  - bestLabels: 결과 데이터
  - criteria: 반복 종료 요건, tuple(type, max_iter, epsilon)
  - attempts: 매번 다른 초기 레이블로 실행할 횟수
  - flags: 초기 중앙점 선정 방법
    - cv2.KMEASNS_PP_CENTERS
    - cv2.KMEASNS_RANDOM_CENTERS
    - cv2.KMEASNS_USE_INITIAL_LABELS
  - retval: 중앙점과 각 데이터의 거리의 합의 제곱
  - bestLabels: 결과 레이블(0, 1, …)
  - centers: 각 묶음의 중앙점, 배열

data에 군집화할 데이터를 전달하고 K에 원하는 묶음의 개수를 전달하면 centers에 각 묶음의 중심 좌표를 배열로 반환합니다. 이 함수를 사용하는 간단한 사례를 살펴보겠습니다.

[예제 9-1] 랜덤한 수 군집화(k-means_random.py)

```python
import numpy as np, cv2
import matplotlib.pyplot as plt

# 0~150 임의의 두 수, 25개 ---①
a = np.random.randint(0,150,(25,2))
# 128~255 임의의 두 수, 25개 ---②
b = np.random.randint(128, 255,(25,2))
# a, b를 병합 ---③
data = np.vstack((a,b)).astype(np.float32)
# 반복 중지 요건 ---④
criteria = (cv2.TERM_CRITERIA_EPS + cv2.TERM_CRITERIA_MAX_ITER, 10, 1.0)
# 평균 클러스터링 적용 ---⑤
ret,label,center=cv2.kmeans(data,2,None,criteria,10,cv2.KMEANS_RANDOM_CENTERS)
# label에 따라 결과 분류 ---⑥
red = data[label.ravel()==0]
blue = data[label.ravel()==1]

# plot에 결과 출력 ---⑦
plt.scatter(red[:,0],red[:,1], c='r')
plt.scatter(blue[:,0],blue[:,1], c='b')
# 각 그룹의 중앙점 출력 ---⑧
plt.scatter(center[0,0],center[0,1], s=100, c='r', marker='s')
plt.scatter(center[1,0],center[1,1], s=100, c='b', marker='s')
plt.show()
```

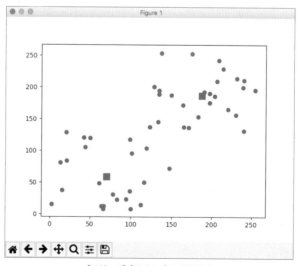

[그림 9-3] [예제 9-1]의 실행 결과

[예제 9-1]의 코드 ①과 ②에서 각각 25 × 2의 랜덤 수를 생성하고, 코드 ③에서 이를 병합해서 data에 저장합니다. 이때 각 데이터는 평균을 구해야 해서 소수점 이하 값을 가질 수 있어야 하므로 반드시 np.float32 타입으로 변환해야 합니다. 실험에 사용할 랜덤한 수는 0~150 구간과 128~255 구간으로 중간에 겹치는 구간을 두어 완벽히 두 개의 부류로 나누기 어렵게 배치하였습니다. 이것을 코드 ⑤에서 cv2.kmeans() 함수로 두 개의 묶음으로 군집화한 결과는 [그림 9-3]처럼 비교적 잘 구분해 내고 있습니다. 실행 결과인 label은 입력 데이터인 data와 길이가 같고 K 값을 2로 전달하여 2개의 묶음으로 나누기를 요청했으므로 label의 각 요소는 0과 1을 값으로 가져서 같은 자리의 data 요소가 어느 묶음으로 나뉘는지를 알려줍니다. 코드 ⑥에서 label의 값에 따라 data를 red와 blue로 나눕니다. label은 N × 1 모양이고 data는 N × 2이므로 1차원으로 변환해서 팬시 인덱싱을 합니다. 코드 ⑦에서 각 결과를 출력합니다. 코드 ⑧은 각 그룹의 중앙점을 표시하고 있는데, center의 0행은 red, 1행은 blue의 중앙점입니다.

이번엔 같은 알고리즘으로 조금 더 현실적인 예제를 다뤄 보겠습니다. 3채널 컬러 영상은 하나의 색상을 위해 24비트(8 x 3)가 필요하고 16,777,216가지 색상을 표현할 수 있습니다. 하지만, 대부분의 컬러 영상에는 모든 색을 사용하지도 않고 많은 픽셀들의 색상 값이 비슷하므로 미세한 차이의 색상을 그룹 지어서 같은 색상으로 처리하면 용량을 줄일 수 있습니다. [예제 9-2]는 16만 가지 색상의 컬러 영상을 16가지 색상으로 표현하는 예제입니다.

[예제 9-2] 16컬러 군집화(k-means_color.py)

```python
import numpy as np
import cv2

K = 16  # 군집화 개수(16컬러)
img = cv2.imread('../img/taekwonv1.jpg')
# 군집화를 위한 데이터 구조와 형식 변환
data = img.reshape((-1,3)).astype(np.float32)
# 반복 중지 요건
criteria = (cv2.TERM_CRITERIA_EPS + cv2.TERM_CRITERIA_MAX_ITER, 10, 1.0)
# 평균 클러스터링 적용
ret,label,center=cv2.kmeans(data,K,None,criteria,10,cv2.KMEANS_RANDOM_CENTERS)
# 중심 값을 정수형으로 변환 ---①
center = np.uint8(center)
print(center)
# 각 레이블에 해당하는 중심 값으로 픽셀 값 선택 ---②
res = center[label.flatten()]
# 원본 영상의 형태로 변환
res = res.reshape((img.shape))
```

```
# 결과 출력
merged = np.hstack((img, res))
cv2.imshow('KMeans Color',merged)
cv2.waitKey(0)
cv2.destroyAllWindows()
```

[그림 9-4] [예제 9-2]의 실행 결과

출력 결과

```
[[  9 139 179]
 [ 10 106 134]
 [ 74  76 184]
 [126  71  29]
 [155 152 143]
 [171  99  27]
 [142 118  75]
 [ 55  23   8]
 [189 191 190]
 [ 75  61  53]
 [204 142  63]
 [ 19  17 149]
 [ 99  48  17]
 [209 212 213]
 [ 90 109 101]
 [ 42 181 200]]
```

[예제 9-2]의 코드 ①에서 얻은 결과를 출력해 보면 16가지 BGR 색상으로 구성된 것을 알 수 있습니다. 이것은 일종의 팔레트 역할을 하게 되고, 코드 ②에서 얻은 레이블로 각 픽셀이 선택해야 할 색상 값을 가져가게 됩니다. 코드 ①에서 각 평균 중심

값은 소수점 이하를 갖게 되므로 반드시 색상 값으로 사용할 수 있도록 정수로 변환해야 합니다. [그림 9-4]의 실행 결과 영상을 보면 원본의 색상 묘사보다는 거칠어졌지만, 16가지 색상만으로 원본의 색상을 비슷하게 표현하는 것을 알 수 있습니다.

9.2.2 숫자 손글씨 군집화

손으로 쓴 숫자를 컴퓨터로 인식하게 하는 것은 프로그래밍에서 "Hello World"를 출력하는 것처럼 컴퓨터 비전에서는 자주 나오는 주제입니다. MNIST[1]는 손글씨 숫자 데이터셋으로 숫자 인식 예제에 사용하기 아주 좋은 이미지를 제공합니다.

[그림 9-5] MNIST 숫자 손글씨 이미지

MNIST 이미지는 앞으로 다룰 대부분의 머신러닝 알고리즘 실험에 사용할 것이라서 공통적으로 사용할 함수를 모듈로 먼저 만드는 게 좋겠습니다. 우리가 사용할 MNIST 이미지는 손으로 쓰여진 0~9 숫자를 숫자당 500자씩 담고 있습니다. 이미지 안에 있는 글자는 모두 5,000자이고, 각 글자 하나는 20 × 20 픽셀로 구성되어 있습니다. 다시 말해서 글자 하나가 400개의 픽셀로 구성되어 있고 그런 게 5,000개 있으니까 5,000 × 400개의 숫자를 다뤄야 합니다. [예제 9-3]은 숫자 전부를 5,000 × 400 형태로 반환하거나 훈련 데이터 4,500개와 테스트 데이터 500개로 나눠서 반환하는 함수를 구현하고, 사용자가 직접 쓴 손글씨 숫자를 같은 크기로 변환하는 함수를 미리 구현합니다.

---

1 *http://yann.lecun.com/exdb/mnist/*

[예제 9-3] MNIST 손글씨 숫자 이미지셋 공통 모듈(mnist.py)

```python
import numpy as np, cv2

data = None    # 이미지 데이터셋
k = list(range(10))   # [0,1,2,3,4,5,6,7,8,9] 레이블 셋

# 이미지 데이터를 읽어들이는 함수 ---①
def load():
    global data
    # 0~9 각각 500(5 x 100)개, 총 5000(50 x 100)개, 한 숫자당 400(20 x 20)픽셀
    image = cv2.imread('../img/digits.png')
    gray = cv2.cvtColor(image, cv2.COLOR_BGR2GRAY)
    # 숫자 한 개(20 x 20)씩 구분하기 위해 행별(50)로 나누고 열별(100)로 나누기
    cells = [np.hsplit(row,100) for row in np.vsplit(gray,50)]
    # 리스트를 NumPy 배열로 변환(50 x 100 x 20 x 20)
    data = np.array(cells)

# 모든 숫자 데이터 반환 ---②
def getData(reshape=True):
    if data is None: load()   # 이미지 읽기 확인
    # 모든 데이터를 N x 400 형태로 변환
    if reshape:
        full = data.reshape(-1, 400).astype(np.float32)  # 5000 x 400
    else:
        full = data
    labels = np.repeat(k,500).reshape(-1,1)   # 각 숫자당 500번 반복(10 x 500)
    return (full, labels)

# 훈련용 데이터 반환 ---③
def getTrain(reshape=True):
    if data is None: load()   # 이미지 읽기 확인
    # 50 x 100 중에 90열만 훈련 데이터로 사용
    train = data[:,:90]
    if reshape:
        # 훈련 데이터를 N X 400으로 변환
        train = train.reshape(-1,400).astype(np.float32)   # 4500 x 400
    # 레이블 생성
    train_labels = np.repeat(k,450).reshape(-1,1)   # 각 숫자당 45번 반복(10 x 450)
    return (train, train_labels)

# 테스트용 데이터 반환 ---④
def getTest(reshape=True):
    if data is None: load()
    # 50 x 100 중에 마지막 10열만 훈련 데이터로 사용
    test = data[:,90:100]
    # 테스트 데이터를 N x 400으로 변환
    if reshape:
        test = test.reshape(-1,400).astype(np.float32)   # 500 x 400
    test_labels = np.repeat(k,50).reshape(-1,1)
```

```
        return (test, test_labels)


# 손글씨 숫자 한 개를 20 x 20으로 변환한 후에 1 x 400 형태로 변환 ---⑤
def digit2data(src, reshape=True):
    h, w = src.shape[:2]
    square = src
    # 정사각형 형태로 만들기
    if h > w:
        pad = (h - w)//2
        square = np.zeros((h, h), dtype=np.uint8)
        square[:, pad:pad+w] = src
    elif w > h :
        pad = (w - h)//2
        square = np.zeros((w, w), dtype=np.uint8)
        square[pad:pad+h, :] = src
    # 0으로 채워진 20 x 20 이미지 생성
    px20 = np.zeros((20,20), np.uint8)
    # 원본을 16 x 16으로 축소해서 테두리 2픽셀 확보
    px20[2:18, 2:18] = cv2.resize(square, (16,16), interpolation=cv2.INTER_AREA)
    if reshape:
        # 1 x 400 형태로 변환
        px20 = px20.reshape((1,400)).astype(np.float32)
    return px20
```

[예제 9-3]은 5개의 함수로 구성되어 있습니다. 코드 ①의 load()는 'digits.png' 이미지를 읽어서 20×20 크기의 숫자를 담은 50×100 NumPy 배열로 만드는 역할을 합니다. 이 함수는 나머지 함수에 의해서 이미지를 로드하려고 할 때 호출됩니다. 코드 ②의 getData() 함수는 로드된 모든 이미지를 $5,000 \times 400$ 형태로 바꿉니다. 5,000개의 행 중에 0~499행은 숫자 0, 500~999행은 숫자 1과 같은 식으로 숫자 9까지 각각 500개가 순차적으로 자리하게 됩니다. 그리고 각 자리에 있는 숫자가 어떤 숫자인지를 가리키는 label 데이터를 5000×1로 만들어서 함께 반환합니다.

코드 ③의 getTrain() 함수는 전체 데이터 중에 각 숫자를 450개씩 총 4500개만 훈련용 데이터와 같은 순서의 레이블 배열을 반환하고, 코드 ④의 getTest() 함수는 각 숫자당 50개씩 500개의 테스트용 데이터, 그리고 같은 순서의 레이블 배열을 반환합니다.

코드 ⑤의 digit2data() 함수는 사용자가 직접 쓴 손글씨 하나를 MNIST 이미지 한 개의 숫자와 같은 형태로 만드는 함수이며, 입력 이미지가 어떤 크기이든 20×20 크기의 이미지로 만드는데, MNIST 숫자 한 개는 20픽셀 중에 16픽셀에만 숫자가 위치하고 테두리 2픽셀씩은 여백으로 두고 있으므로 그와 같은 꼴로 변환하여 1×400 데이터로 반환합니다. 각 함수들은 reshape 인자를 True 값을 기본 값으로 선언해서 만약 False를 전달하면 각 숫자를 20 × 20으로 이미지 그대로의 형태로 반환하게 했습니다.

이제 [예제 9-3]에서 만든 모듈을 이용해서 MNIST 손글씨 숫자를 10개의 그룹으로 분류해 봅니다.

[예제 9-4] k-means로 MNIST 손글씨 숫자 군집화(k-means_handwritten.py)

```
import cv2, numpy as np
import matplotlib.pyplot as plt
import mnist

# 공통 모듈로부터 MINST 전체 이미지 데이터 읽기 ---①
data, _ = mnist.getData()
# 중지 요건
criteria = (cv2.TERM_CRITERIA_EPS + cv2.TERM_CRITERIA_MAX_ITER, 10, 1.0)
# 평균 클러스터링 적용, 10개의 그룹으로 묶음 ---②
ret,label,center=cv2.kmeans(data,10,None,criteria,10,cv2.KMEANS_RANDOM_CENTERS)
# 중앙점 이미지 출력
for i in range(10):
    # 각 중앙점 값으로 이미지 생성 ---③
    cent_img = center[i].reshape(20,20).astype(np.uint8)
    plt.subplot(2,5, i+1)
    plt.imshow(cent_img, 'gray')
    plt.xticks([]);plt.yticks([])
plt.show()
```

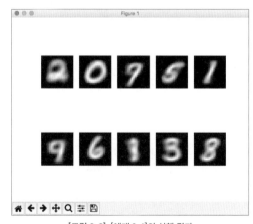

[그림 9-6] [예제 9-4]의 실행 결과

[예제 9-4]의 코드 ①에서 앞서 미리 만들어 놓은 mnist.py 모듈의 getData() 함수로 MNIST 손글씨 숫자 데이터를 읽어들여서 코드 ②에서 10개의 그룹으로 군집화합니다. 코드 ③은 그 결과의 중앙점을 다시 20 × 20 크기의 이미지로 만들어서 출력합니다. 결과 이미지를 보면 신기하게도 각 중앙점 데이터가 0부터 9까지의 숫자와 비

숫한 모양을 띠는 것을 알 수 있습니다. k-means 군집화 알고리즘은 비지도학습이므로 어떤 묶음이 어떤 숫자인지를 알 수는 없지만, 비슷한 특징을 갖는 데이터끼리 묶이고 그 중간점 데이터는 각 그룹의 대표성을 잘 나타내는 것을 알 수 있습니다.

9.3 k-NN

k-NN(k-Nearest Neighbor)은 최근접 이웃 알고리즘이라고 불리며, 지도학습 방식 중에 분류(classify)에 해당하는 알고리즘입니다. 이 알고리즘은 8장에서 다룬 매칭 함수 중 knnMatch() 함수에서 내부적으로 사용하기도 합니다. OpenCV는 이 알고리즘을 cv2.ml.StatModel 추상 클래스를 상속받아 구현함으로써 통일된 인터페이스를 제공합니다.

9.3.1 k-NN 알고리즘

k-NN 알고리즘은 학습 데이터가 어떤 부류에 해당하는지 알고 있을 때 새로운 데이터를 주면 이것이 어느 부류에 해당하는지 예측합니다. 예측해야 하는 새로운 점과 가장 가까운 이웃이 어느 부류로 분류되는지에 따라 새로운 점을 분류하는 방식입니다. 이때 가장 가까운 이웃의 범위를 K 값으로 조정할 수 있습니다.

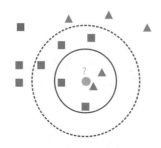

[그림 9-7] k-NN 알고리즘

[그림 9-7]처럼 빨간색 삼각형과 파란색 사각형이 있을 때 새롭게 초록색 동그라미가 주어지면 k-NN 알고리즘은 가장 가까운 점이 빨간색 삼각형이므로 초록색 동그라미를 빨간색 삼각형으로 분류하는데, 실선과 점선으로 그려진 범위를 K 값으로 설정할 수 있고 가까운 거리와 먼 거리에 따라 가중치를 부여할 수 있습니다. [그림 9-7]의 K 값을 높여서 범위를 넓히면 결과는 파란색 사각형의 개수가 많으므로 초록색 동그라미는 파란색 사각형으로 분류하게 됩니다.

OpenCV의 k-NN 알고리즘은 cv2.ml.StatModel을 상속받았으므로 train()과 predict() 함수와 같은 통일된 인터페이스를 사용할 수 있습니다. 하지만, predict() 함수는 예측 결과만을 반환하고 가까운 이웃에 관련한 정보를 제공할 수 있는 구조가 아니므로 findNearest() 함수를 추가로 제공합니다.

- knn = cv2.ml.KNearest_create(): k-NN 알고리즘 객체 생성
- retval, results, neighborResponses, dist = knn.findNearest(samples, k): 예측
  - samples: 입력 데이터
  - k: 이웃 범위 지정을 위한 K(K는 1보다 큰 값)
  - results: 입력 데이터에 대한 예측 결과, 입력 데이터와 같은 크기의 배열
  - negighborResponses: K 범위 내에 있는 이웃 데이터
  - dist: 입력 데이터와 이웃 데이터와의 거리
  - retval: 예측 결과 데이터, 입력 데이터가 1개인 경우

k-NN 알고리즘 함수를 사용하는 간단한 예제를 살펴보겠습니다.

[예제 9-5] k-NN 난수 분류(kNN_random.py)

```python
import cv2, numpy as np, matplotlib.pyplot as plt

# 0~200 사이의 무작위 수 50x2개 데이터 생성 ---①
red = np.random.randint(0, 110, (25,2)).astype(np.float32)
blue = np.random.randint(90, 200, (25, 2)).astype(np.float32)
trainData = np.vstack((red, blue))

# 50x1개 레이블 생성 ---②
labels = np.zeros((50,1), dtype=np.float32) # 0:빨간색 삼각형
labels[25:] = 1                             # 1:파란색 사각형

# red, blue로 분류해서 표시
plt.scatter(red[:,0], red[:,1], 80, 'r', '^') # 빨간색 삼각형
plt.scatter(blue[:,0], blue[:,1], 80, 'b', 's') # 파란색 사각형

# 0 ~ 200 사이의 1개의 새로운 무작위 수 생성 ---③
newcomer = np.random.randint(0,200,(1,2)).astype(np.float32)
plt.scatter(newcomer[:,0],newcomer[:,1],80,'g','o') # 초록색 원

# KNearest 알고리즘 객체 생성 ---④
knn = cv2.ml.KNearest_create()
# train, 행 단위 샘플 ---⑤
knn.train(trainData, cv2.ml.ROW_SAMPLE, labels)
# 예측 ---⑥
```

```
# ret, results = knn.predict(newcomer)
ret, results, neighbours, dist = knn.findNearest(newcomer, 3) # K=3
# 결과 출력
print('ret:%s, result:%s, negibours:%s, distance:%s' \
%(ret,results, neighbours, dist))
plt.annotate('red' if ret==0.0 else 'blue', xy=newcomer[0], \
xytext=(newcomer[0]+1))
plt.show()
```

출력 결과

```
ret:0.0, result:[[0.]], negibours:[[0. 0. 0.]], distance:[[125. 320. 433.]]
```

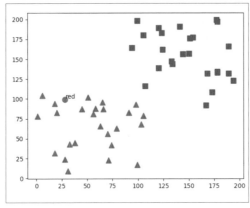

[그림 9-8] [예제 9-5]의 실행 결과

[예제 9-5]의 코드 ①에서 25 × 2 크기의 무작위 수 2개를 각각 red와 blue로 생성하고, 코드 ②에서 각각 0과 1로 레이블을 만들어서 코드 ③에서 빨간색 삼각형과 파란색 사각형으로 분류해서 표시합니다. 코드 ④에서 k-NN 알고리즘으로 분류할 새로운 난수를 준비합니다. 코드 ⑤에서 k-NN 알고리즘 객체를 생성합니다. 여기서 생성한 객체는 cv2.ml.StatModel 인터페이스를 따르기 때문에 train(), predict()와 같은 통일된 함수를 사용할 수 있습니다. 코드 ⑥에서 미리 준비해 둔 학습 데이터와 각 학습 데이터가 어떻게 분류되는지를 알리는 레이블을 train() 함수에 전달해서 학습을 시킵니다. 이때 학습 데이터가 행 단위인지 열 단위인지 알려 줘야 하는데, 행 단위라는 것을 나타내는 cv2.ml.ROW_SAMPLE을 전달합니다. 학습이 끝난 후에 코드 ⑦에서 새로운 난수를 어떻게 분류할지 예측합니다. 이때 predict() 함수를 사용할 수 있지만, k-NN 알고리즘은 예측에 사용한 최근접 이웃에 대한 정보를 추가로 제공하는 findNearest() 함수를 사용하는 것이 더 좋습니다. 이 함수에 예측하고자 하는 데이터와 비교할 이웃 범위를 나타내는 K 값을 전달합니다. ret는 예측 결과를

나타내는데, 만약 newcomer가 배열이라면 각 자리에 해당하는 예측 결과는 results에 배열 형태로 얻을 수 있습니다. 이 예제는 ret와 results의 첫 번째 요소의 값이 같습니다. neighbours는 K 범위 내에 있던 학습 데이터를 나타내고, distance는 각 학습 데이터와의 거리를 나타냅니다. [예제 9-5]의 출력 결과를 보면 newcomer의 가장 가까운 이웃은 거리순으로 빨강, 빨강, 빨강이고 이웃들과의 거리는 125, 320, 433인 것을 알 수 있습니다. 그래서 newcomer는 빨강으로 분류되었습니다.

k-NN 알고리즘으로 조금 더 현실적인 실험을 해보겠습니다. [예제 9-6]은 영화 속 장면에서 발차기 장면과 키스 장면의 횟수로 액션 영화인지 멜로 영화인지 장르를 분류하는 예제입니다.

[예제 9-6] k-NN 영화 장르 분류(kNN-movie.py)

```python
import cv2
import numpy as np
import matplotlib.pyplot as plt

# 0~99 사이의 랜덤 값 25 × 2 ---①
trainData = np.random.randint(0,100,(25,2)).astype(np.float32)
# trainDatat[0]:kick, trainData[1]:kiss, kick > kiss ? 1 : 0 ---②
responses = (trainData[:, 0] >trainData[:,1]).astype(np.float32)
# 0: action, 1: romantic ---③
action = trainData[responses==0]
romantic = trainData[responses==1]
# action은 파란색 삼각형, romantic은 빨간색 동그라미로 표시 ---④
plt.scatter(action[:,0],action[:,1], 80, 'b', '^', label='action')
plt.scatter(romantic[:,0],romantic[:,1], 80, 'r', 'o',label="romantic")
# 새로운 데이터 생성, 0~99 랜덤 수 1 × 2, 초록색 사각형으로 표시 ---⑤
newcomer = np.random.randint(0,100,(1,2)).astype(np.float32)
plt.scatter(newcomer[:,0],newcomer[:,1],200,'g','s', label="new")

# Knearest 알고리즘 생성 및 훈련 ---⑥
knn = cv2.ml.KNearest_create()
knn.train(trainData, cv2.ml.ROW_SAMPLE, responses)
# 결과 예측 ---⑦
ret, results, neighbours, dist = knn.findNearest(newcomer, 3)#K=3
print("ret:%s, result:%s, neighbours:%s, dist:%s" \
    %(ret, results, neighbours, dist))
# 새로운 결과에 화살표로 표시
anno_x, anno_y = newcomer.ravel()
label = "action" if results == 0 else "romantic"
plt.annotate(label, xy=(anno_x + 1, anno_y+1), \
            xytext=(anno_x+5, anno_y+10), arrowprops={'color':'black'})
plt.xlabel('kiss');plt.ylabel('kick')
plt.legend(loc="upper right")
plt.show()
```

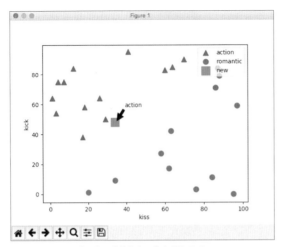

[그림 9-9] [예제 9-6]의 실행 결과

[예제 9-6]의 코드 ①에서 랜덤한 수 2개를 갖는 25쌍의 데이터를 생성합니다. 이때 0 번째는 발차기 횟수를 의미하고, 1번째는 키스 횟수를 의미하는 것으로 합니다. 코 드 ②에서 발차기 횟수가 키스 횟수보다 큰 것을 1, 그렇지 않은 것을 0으로 지정하 는데, 1은 액션 영화이고 0은 멜로 영화를 뜻합니다. 코드 ③에서 훈련 데이터를 분 류하고 코드 ④에서 플롯에 표시합니다. 코드 ⑤에서 새로운 영화 데이터를 랜덤 수 로 얻어서 코드 ⑥에서 생성한 k-NN 알고리즘 객체로 훈련한 후에 코드 ⑦에서 예 측해서 그 결과를 표시합니다.

9.3.2 손글씨 인식

MNIST 데이터를 k-NN 알고리즘으로 훈련해서 숫자를 인식하게 해봅니다. 훈련 데 이터는 앞서 준비해 둔 mnist 모듈(mnist.py)의 함수들로 읽어옵니다.

[예제 9-7] knn으로 MNIST 손글씨 숫자 학습(kNN_mnist.py)

```python
import numpy as np, cv2
import mnist

# 훈련 데이터와 테스트 데이터 가져오기 ---①
train, train_labels = mnist.getTrain()
test, test_labels = mnist.getTest()
# knn 객체 생성 및 훈련 ---②
knn = cv2.ml.KNearest_create()
knn.train(train, cv2.ml.ROW_SAMPLE, train_labels)
# k 값을 1~10까지 변경하면서 예측 ---③
for k in range(1, 11):
    # 결과 예측 ---④
```

```
ret, result, neighbors, distance = knn.findNearest(test, k=k)
# 정확도 계산 및 출력 ---⑤
correct = np.sum(result == test_labels)
accuracy = correct / result.size * 100.0
print("K:%d, Accuracy :%.2f%%(%d/%d)" % (k, accuracy, correct, result.size) )
```

출력 결과

```
K:1, Accuracy :95.40%(477/500)
K:2, Accuracy :94.40%(472/500)
K:3, Accuracy :95.00%(475/500)
K:4, Accuracy :94.40%(472/500)
K:5, Accuracy :94.20%(471/500)
K:6, Accuracy :94.20%(471/500)
K:7, Accuracy :94.40%(472/500)
K:8, Accuracy :93.60%(468/500)
K:9, Accuracy :93.40%(467/500)
K:10, Accuracy :93.00%(465/500)
```

[예제 9-7]의 코드 ①에서 mnist.getTrain()과 mnist.getTest() 함수로 4,500개의 훈련용 데이터셋과 500개의 테스트용 데이터셋을 정답인 레이블과 함께 읽어옵니다. 코드 ②에서 k-NN 알고리즘 객체를 생성한 다음 학습 데이터로 훈련시킵니다. 코드 ④에서 테스트용 데이터셋으로 예측하고 코드 ⑤에서 예측한 데이터가 얼마나 정확한지 확인합니다. 예측할 데이터 test가 500개이므로 예측 결과인 result도 500개의 배열로 구성됩니다. 정답에 해당하는 test_labels도 500개이므로 result와 비교하면 각각 데이터가 맞았는지 알 수 있습니다. 각각의 결과는 True 또는 False 값을 갖게 되는데, True가 숫자 1로 평가되므로 이들을 모두 누적하면 정답을 맞힌 개수가 됩니다. 이것을 전체 개수로 나누어 백분율로 나타내면 정확도로 표현할 수 있습니다.

이때 k 값에 따라 정확도가 얼마나 달라지는지 확인하려고 코드 ③에서 k 값을 1~10까지 바꾸면서 예측을 반복합니다. [예제 9-7]의 출력 결과 k가 1일 때 가장 높은 95.4%의 정확도를 보였고 k가 3일 때 다시 정확도가 올라갔다가 이후 정확도는 계속 떨어지는 것을 알 수 있습니다. 그래서 실제로 사람이 쓴 숫자 글씨를 인식하려면 k 값을 1로 하는 것이 가장 좋겠다고 판단할 수 있습니다.

[예제 9-8]은 필자가 실제로 쓴 숫자를 인식하는 예제입니다.

[예제 9-8] 손글씨 숫자 인식(kNN_handwritten.py)

```python
import numpy as np, cv2
import mnist

# 훈련 데이터 가져오기 ---①
train, train_labels = mnist.getData()
# knn 객체 생성 및 학습 ---②
knn = cv2.ml.KNearest_create()
knn.train(train, cv2.ml.ROW_SAMPLE, train_labels)

# 인식시킬 손글씨 이미지 읽기 ---③
image = cv2.imread('../img/4027.png')
cv2.imshow("image", image)
cv2.waitKey(0)

# 그레이 스케일 변환과 스레시홀드 ---④
gray = cv2.cvtColor(image,cv2.COLOR_BGR2GRAY)
gray = cv2.GaussianBlur(gray, (5, 5), 0)
_, gray = cv2.threshold(gray, 127, 255, cv2.THRESH_BINARY_INV)
# 최외곽 컨투어만 찾기 ---⑤
contours, _ = cv2.findContours(gray, cv2.RETR_EXTERNAL, \
                                cv2.CHAIN_APPROX_SIMPLE)[-2:]
# 모든 컨투어 순회 ---⑥
for c in contours:
    # 컨투어를 감싸는 외접 사각형으로 숫자 영역 좌표 구하기 ---⑦
    (x, y, w, h) = cv2.boundingRect(c)
    # 외접 사각형의 크기가 너무 작은 것은 제외 ---⑧
    if w >= 5 and h >= 25:
        # 숫자 영역만 roi로 확보하고 사각형 그리기 ---⑨
        roi = gray[y:y + h, x:x + w]
        cv2.rectangle(image, (x, y), (x + w, y + h), (0, 255, 0), 1)
        # 테스트 데이터 형식으로 변환 ---⑩
        data = mnist.digit2data(roi)
        # 결과를 예측해서 이미지에 표시 ---⑪
        ret, result, neighbours, dist = knn.findNearest(data, k=1)
        cv2.putText(image, "%d"%ret, (x , y + 155), \
                    cv2.FONT_HERSHEY_DUPLEX, 2, (255, 0, 0), 2)
        cv2.imshow("image", image)
        cv2.waitKey(0)
cv2.destroyAllWindows()
```

[그림 9-10] [예제 9-8]의 실행 결과

[예제 9-8]은 MNIST 숫자 데이터셋으로 훈련한 k-NN 알고리즘으로 사용자가 직접 쓴 손글씨 숫자를 인식합니다. 코드 ①에서 앞서 준비해 둔 mnist 모듈의 getData() 함수로 훈련 데이터와 레이블을 읽어옵니다. 코드 ②에서 k-NN 알고리즘 객체를 생성하고 학습시킵니다. 코드 ③에서는 필자가 마우스로 4027이라고 쓴 숫자 이미지를 읽어옵니다. 독자가 직접 쓴 숫자를 인식하고 싶다면 그림판 같은 프로그램에서 숫자를 마우스로 약간 두껍게 그려서 그 이미지를 대신 사용하면 됩니다. 인식할 숫자가 그려진 이미지를 화면에 표시하고 키보드 아무 키나 누르면 다음 단계로 진행됩니다. 코드 ④에서 그레이 스케일로 변환하고 스레시홀드를 거쳐 코드 ⑤에서 최외곽 컨투어를 구합니다. 코드 ⑥에서 모든 컨투어를 하나씩 순회하면서 코드 ⑦에서 외접 사각형 영역을 찾아 숫자가 있을 영역의 좌표를 구합니다. 코드 ⑧은 숫자 영역이 턱 없이 작으면 잘못된 영역으로 판단하고 제외합니다. 코드 ⑨는 얻어진 좌표를 기반으로 ROI를 확보하고 초록색 사각형을 표시합니다.

코드 ⑩은 mnist 모듈에서 미리 준비해 둔 digit2data() 함수로 ROI를 MNIST 숫자 한 개와 동일한 규격의 데이터로 만듭니다. 코드 ⑪에서 k 값을 1로 설정해서 예측하고 원본 이미지에 표시합니다.

[그림 9-10]은 필자가 쓴 숫자 4027의 인식 결과입니다.

아마 어떤 독자는 [예제 9-7]에서 학습한 결과를 저장했다가 [예제 9-8]에서 학습한 객체를 다시 로드해서 숫자 인식에만 사용하면 더 좋을 거라고 생각할지도 모르겠습니다. 하지만 OpenCV는 k-NN 알고리즘 구현 클래스에 save() 함수는 구현했지만, load() 함수를 구현에서 누락시키는 바람에 그렇게 할 수 없습니다. 그도 그럴 것이 k-NN 알고리즘은 train() 함수에서 하는 일이 거의 없고 predict() 또는 findNearest() 함수에서 실제로 입력한 데이터와 학습 데이터 간의 거리를 측정해서 가장 가까운 이웃을 찾아야 하므로 미리 학습해 둔 객체를 저장했다가 로딩하는 것은 거의 의미가 없다고 볼 수 있습니다.

9.4 SVM과 HOG

SVM(Support Vector Machine)은 훈련 데이터를 기반으로 두 가지 부류로 분류하는 대표적인 분류 알고리즘입니다. 앞서 살펴본 k-NN 알고리즘은 predict()를 호출하는 시점에 각 요소들 간의 거리 계산이 시작되지만, SVM은 train() 함수에 학습 데이터와 레이블을 전달하면 각 부류를 구분하는 선을 찾아 그 선을 만족하는 방정식을 구하고 나서 predict() 함수에 예측 데이터를 전달하면 이미 구해 놓은 방정식을 적용해서 어떤 부류인지 예측합니다. 이 방정식을 모델(model)이라고 하고 한번 구한 모델을 계속해서 재활용할 수 있습니다.

픽셀 데이터 그 자체를 훈련 데이터로 사용하기도 하지만 픽셀 데이터에서 여러 가지 특징 디스크립터를 추출해서 훈련 데이터로 사용할 수도 있는데, 객체의 지역적 특성이 아닌 전체적인 특성을 표현하는 HOG(Histogram of Oriented Gradient) 디스크립터를 사용하면 객체의 형체를 일반화할 수 있어서 상태나 자세가 조금씩 다른 객체를 인식하는 데 SVM과 HOG를 함께 사용하는 경우가 많습니다.

9.4.1 SVM 알고리즘

SVM(Support Vector Machine)은 두 그룹으로 나뉜 학습 데이터를 받아서 두 그룹의 영역을 나누는 선을 찾습니다. 학습 데이터에 이미 각 데이터가 어느 그룹에 속하는지 레이블을 함께 제공하므로 [그림 9-11]의 (a)처럼 데이터들은 이미 두 그룹으로 나뉘어져 있습니다. 이때 각 영역의 중심에서 가장 멀고 경계면을 접하고 있는 점을 서포트 벡터(support vector)라고 합니다. [그림 9-11]의 (b)에서 채워진 파란색 동그라미와 빨간색 사각형이 서포트 벡터입니다. 각 영역의 서포트 벡터를 지나는 선을 서포트 평면(support plane)이라고 하고 그 선은 무수히 많습니다. 그들 중에 서로의 거리가 가장 먼 선이 지나는 면을 결정 평면(decision boundary)이라고 하고, SVM은 궁극적으로 이 선을 찾는 알고리즘입니다.

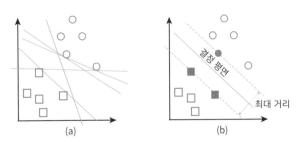

[그림 9-11] SVM 알고리즘

OpenCV는 이와 같은 내용을 토대로 SVM을 활용할 수 있는 함수를 아래와 같이 제공합니다.

- `svm = cv2.ml.SVM_create()`: SVM 알고리즘 객체 생성
- `svm = cv2.ml.SVM_load(file)`: 저장한 SVM 객체를 읽어서 생성
  - `file`: 저장한 파일 경로(xml 또는 yml)
- `svm.setType(type)`: SVM 알고리즘 타입 선택
  - `C_SVC`: C 파라미터를 이용한 다중 서포트 벡터 분류기
  - `NU_SVC`: Nu 파라미터를 이용한 다중 서포트 벡터 분류기(SVC)
  - `ONE_CLASS`: 단일 분류기
  - `EPS_SVR`: 엡실론 서포트 벡터 회귀
  - `NU_SVR`: Nu 서포트 벡터 회귀
- `svm.setKernel(kernelType=LINEAR)`: 커널 타입 선택
  - `CUSTOM`: 사용자 정의 커널
  - `LINEAR`: 선형 커널
  - `POLY`: 다항식 커널
  - `RBF`: 방사형 기저 함수(radial basis function) 커널
  - `SIGMOID`: 시그모이드(sigmoid) 함수 커널
  - `CHI2`: 카이제곱 커널
  - `INTER`: 히스토그램 교차점 커널
- `svm.setC(val)`: C_SVC, EPS_SVR의 C 파라미터 설정
- `svm.setNu(val)`: NU_SVC, NU_SVR의 Nu 파라미터 설정
- `svm.setP(val)`: EPS_SVR의 P 파라미터 설정
- `svm.setGamma(val)`: 커널의 감마 값 설정
- `svm.setCoef0(val)`: 커널의 coeff0 값 설정
- `svm.setDegree(val)`: 커널의 degree 값 설정
- `svm.trainAuto(trainData, layout, label)`: 자동으로 파라미터 설정 및 학습 훈련

SVM은 `svm.setType()` 함수로 확장 알고리즘을 선택할 수 있습니다. `C_SVC`와 `NU_SVC`는 분류 알고리즘이고 `EPS_SVR`과 `NU_SVR`은 회귀 알고리즘이며, `ONE_CLASS`는 단일 분류기입니다.

C_SVC와 NU_SVC의 SVC는 Support Vector Classifier의 머릿 글자로 서포트 벡터로 구현한 분류기라는 의미입니다. 여러 가지 이유로 [그림 9-12]처럼 분류가 잘못되거나 서포트 벡터가 상대편 경계면에 너무 가까운 경우 이것을 특이점이라고 하는데, C_SVC는 setC() 함수에 전달하는 C 파라미터로 특이점이 있을 수 있는 거리를 조정할 수 있게 합니다. C 파라미터는 작은 정수에서 매우 큰 정수까지 학습 데이터에 따라 달라질 수 있습니다.

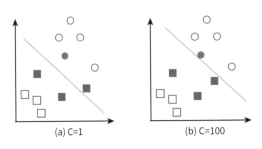

(a) C=1   (b) C=100

[그림 9-12] C 파라미터로 특이점 제어

NU_SVC는 숫자로 표현하는 C 파라미터 대신에 퍼센트를 표현하는 Nu 파라미터를 setNu() 함수로 전달하고 값은 0.0~1.0 사이의 값만 사용할 수 있습니다.

EPS_SVR과 NU_SVR은 분류가 아닌 값 그 자체를 예측하는 회귀 알고리즘입니다. EPS_SVR은 setP() 함수에 P 파라미터 값을 전달해서 거리 계산의 비용을 판단합니다.

현실의 데이터는 항상 직선으로 분류할 수 있는 것은 아닙니다. [그림 9-13]처럼 데이터를 직선으로 나눌 수 없고 곡선이나 원형으로 나누어야 할 때는 커널 함수를 써서 데이터의 차원을 바꾸면 처리가 쉬워집니다. setKernel() 함수에 어떤 커널 함수를 사용할지를 지정할 수 있습니다.

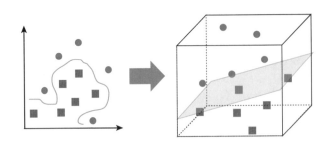

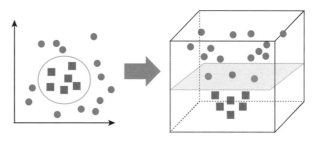

[그림 9-13] 커널 함수 적용으로 차원 변환

SVM 알고리즘을 쓰려면 지금까지 설명한 여러 가지 복잡한 파라미터를 적절히 설정해야 좋은 결과를 얻을 수 있는데, 이것은 결코 쉬운 일이 아닙니다. 다행히 모든 파라미터 세팅을 알아서 해주는 trainAuto() 함수가 있습니다. trainAuto() 함수는 사용이 편리하긴 하지만 파라미터를 직접 설정하고 나서 train() 함수를 호출하는 것에 비해 훈련 시간이 훨씬 오래 걸린다는 단점이 있습니다.

SVM 객체는 save() 함수와 cv2.ml.SVM_load() 함수가 구현되어 있어서 훈련된 SVM 객체를 저장했다가 다시 읽어들여서 훈련 과정 없이 예측에 사용할 수 있습니다. [예제 9-9]는 SVM API를 사용하는 간략한 예제입니다.

[예제 9-9] SVM 난수 분류(svm_random.py)

```python
import cv2
import numpy as np
import matplotlib.pylab as plt

# 0~158 구간 임의의 수 25 x 2 생성 ---①
a = np.random.randint(0,158,(25,2))
# 98~255 구간 임의의 수 25 x 2 생성 ---②
b = np.random.randint(98, 255,(25,2))
# a, b를 병합, 50 x 2의 임의의 수 생성 ---③
trainData = np.vstack((a, b)).astype(np.float32)
# 0으로 채워진 50개 배열 생성 ---④
responses = np.zeros((50,1), np.int32)
# 25~50까지 1로 변경 ---⑤
responses[25:] = 1

# 0과 같은 자리의 학습 데이터는 빨간색 삼각형으로 분류 및 표시 ---⑥
red = trainData[responses.ravel()==0]
plt.scatter(red[:,0],red[:,1],80,'r','^')
# 1과 같은 자리의 학습 데이터는 파란색 사각형으로 분류 및 표시 ---⑦
blue = trainData[responses.ravel()==1]
plt.scatter(blue[:,0],blue[:,1],80,'b','s')
# 0~255 구간의 새로운 임의의 수 생성 및 초록색 원으로 표시 ---⑧
newcomer = np.random.randint(0,255,(1,2)).astype(np.float32)
plt.scatter(newcomer[:,0],newcomer[:,1],80,'g','o')
```

```
# SVM 알고리즘 객체 생성 및 훈련---⑨
svm = cv2.ml.SVM_create()
svm.trainAuto(trainData, cv2.ml.ROW_SAMPLE, responses)
# svm_random.xml로 저장 ---⑩
svm.save('./svm_random.xml')
# 저장한 모델을 다시 읽기 ---⑪
svm2  = cv2.ml.SVM_load('./svm_random.xml')
# 새로운 임의의 수 예측 ---⑫
ret, results = svm2.predict(newcomer)
# 결과 표시 ---⑬
plt.annotate('red' if results[0]==0 else 'blue', xy=newcomer[0],
xytext=(newcomer[0]+1))
print("return:%s, results:%s"%(ret, results))
plt.show()
```

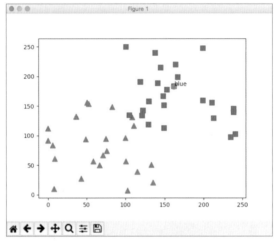

[그림 9-14] [예제 9-9]의 실행 결과

[예제 9-9]의 코드 ①과 ②에서 각각 25개의 난수를 생성하는데 약간 겹치는 구간이 있게 0~158, 98~255 구간으로 생성하고 나서 코드 ③에서 이 둘을 합쳐서 50개의 난수를 만들어 냅니다. 코드 ④에서는 레이블로 사용할 50개의 0으로 채워진 배열을 만들고, 코드 ⑤에서 그중 25번째 이후의 모든 요소를 1로 채워서 절반씩 0과 1이 채워지게 합니다. 코드 ⑥과 ⑦에서 각각의 레이블에 맞는 순번의 학습 데이터를 red와 blue로 분류하고 표시합니다. 코드 ⑧에서 예측에 사용할 새로운 난수를 발생하고 초록색 원으로 표시합니다. 코드 ⑨에서 SVM 알고리즘 객체를 생성하고 trainAuto() 함수를 써서 훈련합니다. 코드 ⑩과 ⑪은 학습한 모델 객체를 파일로 저장했다가 다시 읽어들이는 모습을 보여줍니다. 코드 ⑫에서 새로운 난수를 예측하고 그 결과를 코드 ⑬에서 표시합니다. [그림 9-14]는 파란색으로 예측한 모습입니다.

9.4.2 HOG 디스크립터

HOG(Histogram of Oriented Gradient)는 보행자 검출을 목적으로 만들어진 특징 디스크립터 중 하나로 엣지의 기울기 방향과 규모를 히스토그램으로 나타낸 것입니다. SIFT, SURF, ORB 등과 같은 특징 디스크립터들은 특징점 하나하나에 대해서 서술하고 있어서 객체의 지역적 특성을 표현하는 데는 뛰어나지만, 전체적인 모양을 특징으로 표현하기는 어렵습니다. 그에 반해서, HOG는 지역적인 특징보다는 전체적인 모양을 표현하기에 적합합니다. HOG는 대상 객체의 상태나 자세가 약간 다르더라도 그 특징을 일반화해서 같은 객체로 인식하는 것이 특징입니다.

[그림 9-15] 이미지에서 윈도 추출

HOG 디스크립터를 만들기 위해서는 우선 전체 이미지에서 인식하고자 하는 영역을 잘라내야 합니다. 이것을 윈도(window)라고 하며, 그 크기는 인식할 객체의 크기를 담을 수 있는 정도여야 합니다. 객체가 너무 작거나 크면 확대하거나 축소해야 하지만 원래의 비율을 유지해야 합니다. 보행자를 검출할 때는 사람이 세로로 긴 형태라서 보통 64 × 128 크기로 하는 것이 일반적입니다. 잘라낸 영역을 소벨 필터를 이용해서 엣지의 기울기 gx, gy를 구하고, 기울기의 방향(direction)과 크기(magnitude)를 계산합니다. 이 과정을 코드로 간략히 나타내면 아래와 같습니다.

```
img = cv2.imread('img.png')
img = np.float(img)

gx = cv.Sobel(img, cv.CV_32F, 1, 0)
gy = cv.Sobel(img, cv.CV_32F, 0, 1)
magnitude, angle = cv.cartToPolar(gx, gy)
```

이제 이렇게 얻은 엣지의 경사도에 대해서 히스토그램을 계산합니다. 이때 윈도 전체를 하나의 히스토그램으로 계산하는 것이 아니라 작은 영역으로 다시 나누어서 히스토그램을 계산하는데, 이 영역을 셀(cell)이라고 합니다. 셀의 크기는 경험적으로 구해야 하지만, 보행자 검출에서는 흔히 8 × 8 크기의 셀로 나눕니다. 한 셀의 엣지 기울기 값으로 히스토그램을 계산하는 데 기울기의 방향을 계급(bin)으로 하고 기울기의 크기를 값으로 누적하는 방식입니다. 이때 계급은 180도를 20도씩 구간을 나뉘어 9개의 계급을 사용하는 것이 일반적인데, 360도가 아닌 180도인 이유는 기울기는 양수와 음수가 같은 방향을 나타내기 때문입니다.

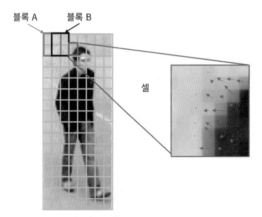

[그림 9-16] HOG 디스크립터

히스토그램 계산을 마치고 나면 다시 노멀라이즈 과정을 거칩니다. 엣지 기울기는 전체 밝기에 민감하므로 주변 픽셀과의 차이를 고려해서 민감성을 제거하는 과정입니다. 노멀라이즈를 위해서는 다시 한번 윈도를 잘게 나누는데, 이것을 블록(block)이라고 합니다. 블록의 크기는 흔히 셀 크기의 2배로 하는 것이 일반적입니다. 8 × 8 크기의 셀인 경우 블록의 크기는 16 × 16으로 볼 수 있고 36 × 1 크기의 벡터로 표현할 수 있습니다. 각 블록은 셀들을 순차적으로 이동하면서 노멀라이즈하는데, 이때 겹치는 부분을 블록 스트라이드(block stride)라고 합니다. 64 × 128 윈도에 16 × 16 크기의 블록이 8 × 8만큼 겹치면서 계산할 경우, 경우의 수는 7 × 15 = 105입니다. 따라서 최종적인 HOG 디스크립터의 크기는 105 × 36 = 3780이 됩니다.

디스크립터 벡터의 크기를 구하는 공식을 수식으로 정리하면 아래와 같습니다.

$$\text{HOGSize} = \text{nbins} \times \frac{\text{blockSize}_x \cdot \text{blockSize}_y}{\text{cellSize}_x \cdot \text{cellSize}_y} \times \frac{(\text{winSize}_x - \text{stride}_x)(\text{winSize}_y - \text{stride}_y)}{(\text{blockSize}_x - \text{stride}_x)(\text{blockSize}_y - \text{stride}_y)}$$

[그림 9-17] HOG 디스크립터 시각화

이렇게 해서 얻은 HOG 디스크립터를 시각화하면 [그림 9-17] 같은 모습을 띠게 되고, 이것만으로도 대략의 객체의 모습을 알아볼 수 있습니다. OpenCV는 HOG 디스크립터를 계산하기 위해 이와 같은 절차를 구현해 놓은 API를 제공합니다.

- desciptor = cv2.HOGDescriptor(winSize, blockSize, blockStride, cellSize, nbins): HOG 디스크립터 추출기 생성
  - winSize: 윈도 크기, HOG 추출 영역
  - blockSize: 블록 크기, 정규화 영역
  - blockStride: 정규화 블록 겹침 크기
  - cellSize: 셀 크기, 히스토그램 계산 영역
  - nbins: 히스토그램 계급 수
  - descriptor: HOG 특징 디스트립터 추출기
- hog = descriptor.compute(img): HOG 계산
  - img: 계산 대상 이미지
  - hog: HOG 특징 디스크립터 결과

앞서 설명한 윈도 크기, 블록 크기, 블록 스트라이드 크기, 셀 크기와 계급 수를 cv2.HOGDescriptor() 함수에 전달해서 HOG 디스크립터를 계산해 주는 추출기 객체를 생성할 수 있으며, 그 객체의 compute() 함수에 이미지를 전달하면 HOG 특징 디스크립터를 반환합니다.

보행자 인식을 직접 해보기 전에 [예제 9-10]에서는 MNIST 손글씨 숫자를 HOG 디스크립터로 표현해서 SVM으로 학습하는 과정을 알아봅니다.

[예제 9-10] MNIST 손글씨 HOG-SVM 학습(svm_mnist_hog_train.py)

```python
import cv2
import numpy as np
import mnist
import time

affine_flags = cv2.WARP_INVERSE_MAP|cv2.INTER_LINEAR
# 기울어진 숫자를 바로 세우기 위한 함수 ---①
def deskew(img):
    m = cv2.moments(img)
    if abs(m['mu02']) < 1e-2:
        return img.copy()
    skew = m['mu11']/m['mu02']
    M = np.float32([[1, skew, -0.5*20*skew], [0, 1, 0]])
    img = cv2.warpAffine(img,M,(20, 20),flags=affine_flags)
    return img

# HOGDescriptor를 위한 파라미터 설정 및 생성 ---②
winSize = (20,20)
blockSize = (10,10)
blockStride = (5,5)
cellSize = (5,5)
nbins = 9
hogDesc = cv2.HOGDescriptor(winSize,blockSize,blockStride,cellSize,nbins)

if __name__ =='__main__':
    # MNIST 이미지에서 학습용 이미지와 테스트용 이미지 가져오기 ---③
    train_data, train_label  = mnist.getTrain(reshape=False)
    test_data, test_label = mnist.getTest(reshape=False)
    # 학습 이미지 글씨 바로 세우기 ---④
    deskewed = [list(map(deskew,row)) for row in train_data]
    # 학습 이미지 HOG 계산 ---⑤
    hogdata = [list(map(hogDesc.compute,row)) for row in deskewed]
    train_data = np.float32(hogdata)
    print('SVM training started...train data:', train_data.shape)
    # 학습용 HOG 데이터 재배열 ---⑥
    train_data = train_data.reshape(-1,train_data.shape[2])
    # SVM 알고리즘 객체 생성 및 훈련 ---⑦
    svm = cv2.ml.SVM_create()
    startT = time.time()
    svm.trainAuto(train_data, cv2.ml.ROW_SAMPLE, train_label)
    endT = time.time() - startT
    print('SVM training complete. %.2f Min'%(endT/60))
    # 훈련된 결과 모델 저장 ---⑧
    svm.save('svm_mnist.xml')

    # 테스트 이미지 글씨 바로 세우기 및 HOG 계산---⑨
    deskewed = [list(map(deskew,row)) for row in test_data]
    hogdata = [list(map(hogDesc.compute,row)) for row in deskewed]
    test_data = np.float32(hogdata)
```

```
# 테스트용 HOG 데이터 재배열 ---⑩
test_data = test_data.reshape(-1,test_data.shape[2])
# 테스트 데이터 결과 예측 ---⑪
ret, result = svm.predict(test_data)
# 예측 결과와 테스트 레이블이 맞은 개수 합산 및 정확도 출력
correct = (result==test_label).sum()
print('Accuracy: %.2f%%'%(correct*100.0/result.size))
```

출력 결과

```
SVM training started...train data: (50, 90, 324, 1)
SVM training complete. 13.55 Min
Accuracy: 98.80%
```

[예제 9-10]은 MNIST 손글씨 숫자를 HOG 디스크립터로 표현해서 이것을 SVM으로 훈련하는 예제입니다. 코드 ①의 deskew() 함수는 숫자 하나의 모멘트를 계산해서 중심점을 기준으로 기울어진 숫자를 바로 세웁니다. HOG는 회전에 불변하는 디스크립터가 아니므로 손글씨가 기울어진 경우 바로 세워서 학습하기 위한 함수입니다. 코드 ②에서 앞으로 사용할 HOGDescriptor 객체를 생성하기 위한 각종 파라미터를 설정합니다. winSize는 숫자 글씨 하나가 20 × 20 픽셀로 구성되어 있고 그 안에 숫자가 모두 채워지므로 (20,20)으로 설정합니다. 윈도 자체가 워낙 작기 때문에 blockSize는 winSize의 절반인 (10,10)으로 하고 cellSize는 blockSize의 절반인 (5,5)로 지정하고 blockStride는 그 결과에 따라 (5,5)로 지정합니다.

코드 ③에서 앞서 준비해 둔 mnist.py 모듈로 학습 데이터와 레이블 그리고 테스트 데이터와 레이블을 가져옵니다. 이때 reshape=False 값을 전달해서 20 × 20 형태의 이미지 모양을 유지하게 했습니다.

코드 ①에서 미리 선언해 둔 함수 deskew()를 코드 ④에서 map() 함수를 이용해서 각각의 숫자 이미지에 매핑하여 호출하게 합니다. 그 다음 앞서 생성해 둔 hogDesc 객체의 compute() 함수를 바로 세워진 각각의 숫자 이미지에 매핑하여 호출합니다. 코드 ⑥은 생성된 각 이미지의 HOG 디스크립터 크기로 재배열해서 학습 데이터를 준비합니다. HOG 디스크립터의 벡터 크기는 앞서 알아본 계산 공식에 따라 계산하면 324가 됩니다.

$$9 \times \frac{10 \cdot 10}{5 \cdot 5} \times \frac{(20-5)(20-5)}{(10-5)(10-5)} = 9 \times \frac{100}{25} \times \frac{15 \cdot 15}{5 \cdot 5} = 9 \times 4 \times \frac{225}{25} = 324$$

SVM에 전달할 벡터는 324가 하나의 숫자 이미지를 표현해야 하므로 코드 ⑥에서 재배열해야 하는데 HOG 디스크립터의 크기 값이 반드시 필요하고 이 크기 값은 train_data.shape[2]를 통해서도 알 수 있습니다. 이제 준비된 데이터를 훈련할 SVM 객체를 코드 ⑦에서 생성하고 훈련 결과는 나중에 재사용할 수 있도록 svm_mnist.xml로 저장하였습니다. 코드 ⑨와 ⑩에서는 나머지 테스트용 이미지를 바로 세우고 HOG 디스크립터를 계산한 뒤 재배열합니다. 코드 ⑪에서 예측하고 그 결과를 출력합니다.

테스트 결과는 98.80%로 만족스러울 만한 결과를 보여줍니다. 이처럼 학습이 필요한 코드는 실행하는 데 시간이 오래 걸립니다. CPU 속도와 코어의 개수에 따라 다르겠지만 필자의 컴퓨터에서는 14분 정도가 걸렸습니다.

[예제 9-11] HOG-SVM으로 손글씨 숫자 인식(svm_handwritten.py)

```python
import cv2
import numpy as np
import mnist
import svm_mnist_hog_train


# 훈련해서 저장한 SVM 객체 읽기 ---①
svm = cv2.ml.SVM_load('./svm_mnist.xml')
# 인식할 손글씨 이미지 읽기 ---②
image = cv2.imread('../img/4027.png')
cv2.imshow("image", image)
cv2.waitKey(0)

# 인식할 이미지를 그레이 스케일로 변환 및 스레시홀드 적용 ---③
gray = cv2.cvtColor(image,cv2.COLOR_BGR2GRAY)
gray = cv2.GaussianBlur(gray, (5, 5), 0)
_, gray = cv2.threshold(gray, 127, 255, cv2.THRESH_BINARY_INV)

# 최외곽 컨투어만 찾기 ---④
img, contours, _ = cv2.findContours(gray, cv2.RETR_EXTERNAL, \
                                    cv2.CHAIN_APPROX_SIMPLE)
for c in contours:
    # 컨투어를 감싸는 외접 사각형 구하기 ---⑤
    (x, y, w, h) = cv2.boundingRect(c)
    # 외접 사각형의 크기가 너무 작은 것은 제외 ---⑥
    if w >= 5 and h >= 25:
        # 숫자 영역만 roi로 확보하고 사각형 그리기 ---⑦
        roi = gray[y:y + h, x:x + w]
        cv2.rectangle(image, (x, y), (x + w, y + h), (0, 255, 0), 1)
        # 테스트 데이터 형식으로 변환 ---⑧
        px20 = mnist.digit2data(roi, False)
        # 기울어진 숫자를 바로 세우기 ---⑨
        deskewed = svm_mnist_hog_train.deskew(px20)
        # 인식할 숫자에 대한 HOG 디스크립터 계산 ---⑩
        hogdata = svm_mnist_hog_train.hogDesc.compute(deskewed)
        testData = np.float32(hogdata).reshape(-1, hogdata.shape[0])
```

```
# 결과를 예측해서 표시 ---⑪
ret, result = svm.predict(testData)
cv2.putText(image, "%d"%result[0], (x , y + 155), \
            cv2.FONT_HERSHEY_COMPLEX, 2, (255, 0, 0), 2)
cv2.imshow("image", image)
cv2.waitKey(0)
cv2.destroyAllWindows()
```

[그림 9-18] [예제 9-11]의 실행 결과

[예제 9-11]은 [예제 9-10]에서 훈련한 객체를 이용해서 필자가 직접 쓴 손글씨 숫자를 인식하는 예제입니다. 코드 ①에서 훈련된 SVM 객체를 저장한 svm_mnist.xml 파일에서 모델을 로드해서 객체를 준비합니다. 코드 ②는 필자가 직접 쓴 손글씨 이미지를 읽습니다. 코드 ③에서 그레이 스케일로 변환하고 스레시홀드를 적용한 다음, 코드 ④에서 최외곽 컨투어를 찾아서 손글씨로 쓴 숫자를 하나씩 찾아냅니다. 코드 ⑤에서 컨투어의 외접 사각형을 찾은 다음 글씨 영역만을 찾아서 코드 ⑦에서 해당 영역을 ROI로 설정합니다. 코드 ⑧에서는 미리 준비해 둔 mnist 모듈을 이용해서 ROI 영역을 20 × 20 픽셀 크기로 만듭니다. 코드 ⑨에서 기울어진 숫자로 바로 세우고 코드 ⑩에서 훈련에서 사용했던 HOGDescriptor 객체를 이용해서 HOG 디스크립터를 계산합니다. 코드 ⑪은 예측을 실행해서 그 결과를 손글씨 숫자 영역에 표시합니다. 실행 결과인 [그림 9-18]은 4개의 숫자를 모두 잘 인식한 것을 보여줍니다.

9.4.3 보행자 인식

HOG와 SVM을 이용해서 보행자를 인식하는 것은 간단하지만은 않습니다. 우선 방대한 보행자 영상을 구해서 훈련을 해야 하는데, 앞서 [예제 9-10]에서 MNIST 손글씨를 학습하는 데도 무척 긴 시간과 컴퓨팅 파워가 필요했습니다. 보행자 영상은 MNIST 영상보다 크고 복잡하므로 더 오랜 시간과 컴퓨팅 파워가 필요합니다. 또한, 객체 인식에서는 항상 고려되어야 하는 것이 학습한 객체와 인식하려는 객체의 크기 변화와 회전이 발생했는가입니다. 보행자의 경우 항상 서 있는 자세이므로 회전에 대한 부분은 고려하지 않는다 하더라도 영상에 따라 크기가 달라지는 것은 어쩔 수가 없습니다. 그래서 윈도 크기를 달리하면서 검출 작업을 반복해야 합니다.

OpenCV는 이와 같은 불편을 해소하기 위해 보행자 인식을 위한 미리 훈련된 API를 제공합니다. cv2.HOGDescriptor 클래스는 단순히 HOG 디스크립터를 계산해 줄 뿐만 아니라 훈련된 SVM 모델을 전달받아 객체 인식을 할 수 있습니다. 또한 이미 훈련된 SVM 모델을 제공하기도 합니다.

- svmdetector = cv2.HOGDescriptor_getDefaultPeopleDetector(): 64×128 윈도 크기로 훈련된 모델
- svmdetector = cv2.HOGDescriptor_getDaimlerPeopleDetector(): 48×96 윈도 크기로 훈련된 모델
- desciptor = cv2.HOGDescriptor(winSize, blockSize, blockStride, cellSize, nbins): HOG 생성
- descriptor.setSVMDetector(svmdetector): 훈련된 SVM 모델 설정
- rects, weights = descriptor.detectMultiScale(img): 객체 검출
  - img: 검출하고자 하는 이미지
  - rects: 검출된 결과 영역 좌표 $N \times 4$(x, y, w, h)
  - weights: 검출된 결과 계수 $N \times 1$

[예제 9-12] HOG-SVM 보행자 검출(svm_hog_pedestrian.py)

```python
import cv2

# default 디텍터를 위한 HOG 객체 생성 및 설정 ---①
hogdef = cv2.HOGDescriptor()
hogdef.setSVMDetector(cv2.HOGDescriptor_getDefaultPeopleDetector())

# daimler 디텍터를 위한 HOG 객체 생성 및 설정 ---②
hogdaim  = cv2.HOGDescriptor((48,96), (16,16), (8,8), (8,8), 9)
hogdaim.setSVMDetector(cv2.HOGDescriptor_getDaimlerPeopleDetector())

cap = cv2.VideoCapture('../img/walking.avi')
mode = True   # 모드 변환을 위한 플래그 변수
print('Toggle Space-bar to change mode.')
while cap.isOpened():
    ret, img = cap.read()
    if ret :
        if mode:
            # default 디텍터로 보행자 검출
```

```
            found, _ = hogdef.detectMultiScale(img)
            for (x,y,w,h) in found:
                cv2.rectangle(img, (x,y), (x+w, y+h), (0,255,255))
        else:
            # daimler 디텍터로 보행자 검출
            found, _ = hogdaim.detectMultiScale(img)
            for (x,y,w,h) in found:
                cv2.rectangle(img, (x,y), (x+w, y+h), (0,255,0))
        cv2.putText(img, 'Detector:%s'%('Default' if mode else 'Daimler'), \
                (10,50), cv2.FONT_HERSHEY_DUPLEX,1, (0,255,0),1)
        cv2.imshow('frame', img)
        key = cv2.waitKey(1)
        if key == 27:
            break
        elif key == ord(' '):
            mode = not mode
    else:
        break
cap.release()
cv2.destroyAllWindows()
```

[그림 9-19] HOG-SVM 보행자 인식

[예제 9-12]의 코드 ①에서는 HOGDescriptor_getDefaultPeopleDetector() 함수에 의해서 제공되는 64×128 크기의 윈도로 훈련된 모델을 이용하는데, HOGDescritptor() 생성자의 기본 값도 이와 같으므로 디폴트 생성자로 생성해서 사용합니다. 코드 ② 에서는 HOGDescriptor_getDaimlerPeopleDetector() 함수가 제공하는 48×96 크기의 윈도로 훈련된 모델을 쓰기 때문에 생성자도 이에 맞게 설정합니다. 이 예제는 키보드의 스페이스바를 한 번 누를 때마다 디폴트 보행자 검출기와 다임러 보행자 검출기를 바꾸어 사용하게 했습니다. 실행 결과인 [그림 9-19]의 왼쪽이 기본 검출기를 사용한 결과인데, 불필요한 검출이 적은 대신 멀리 있는 작은 보행자는 검출하지

못하는 것을 알 수 있습니다. 오른쪽 그림은 다임러 검출기를 사용한 결과인데, 작은 보행자뿐만 아니라 삼각대와 건물 그림자도 보행자로 인식하는 것을 알 수 있습니다.

9.5 BOW

BOW(Bag of Words)는 우리 말로는 단어 주머니라고도 하는데, 원래 문서 분류에 사용하던 알고리즘인데 컴퓨터 비전 분야에서 이 아이디어를 가져다 쓰고 있습니다. 문서를 분류하려고 할 때 컴퓨터로 문서의 문맥을 이해하고 분류하는 것은 매우 어려우므로 문맥이 아닌 문서에 등장하는 낱말의 빈도를 세서 자주 나타나는 낱말로 문서 카테고리를 구분하는 원리입니다. 영상 분야에서는 낱말 대신 특징 디스크립터를 사용하는 것이 일반적입니다.

9.5.1 BOW 알고리즘과 객체 인식

BOW 알고리즘은 문서에 어떤 낱말이 자주 나타나는지에 따라 분류한다고 했는데, 간단한 예를 들어 설명해 보겠습니다. 어떤 문서에 훈련, 사격, 작전, 조준, 폭파와 같은 낱말이 자주 나온다면 아마도 군사와 관련된 문서일 것이고, 수술, 환자, 감염, 상처, 약물, 치료 등의 낱말이 자주 나온다면 의료와 관련된 문서일 것입니다. BOW 는 분류하고자 하는 모든 분야의 특징으로 볼 수 있는 낱말들을 미리 조사해서 사전을 만들고 이미 분류되어 있는 문서들마다 사전에 등록된 단어가 얼마나 자주 나오는지를 히스토그램으로 만들어서 분류 항목별 학습 데이터를 만듭니다. 그러고 나서 예측하고자 하는 문서의 낱말 히스토그램이 이미 학습된 히스토그램들 중 어디에 분류되는지를 찾아 예측합니다.

컴퓨터 비전 분야에서는 낱말 대신 SIFT, SURF와 같은 특징 디스크립터를 사용한다는 차이만 있을 뿐 같은 절차를 따릅니다. 영상에 있는 비행기와 모터사이클을 분류한다고 가정하고 설명해 보겠습니다. 먼저 여러 장의 비행기 사진과 모터사이클 사진을 구해서 SIFT와 같은 특징 디스크립터를 계산해서 하나의 저장 공간에 차곡차곡 모아둡니다. 그 다음 마구잡이로 뒤섞여 있는 수많은 비행기와 모터사이클의 특징 디스크립터를 k-means 클러스터 알고리즘으로 군집화합니다. 왜냐하면 하나의 이미지에서 뽑아낸 특징점과 디스크립터만 해도 수백에서 수천 개가 되기 때문에 그들 중에 각 특징점을 대표할 수 있는 특징 디스크립터를 뽑아내서 대표성을 갖는 디스크립터만 사용하는 것입니다. 앞서 9.2절의 k-means 클러스터의 MNIST 손글씨 군집화의 사례에서 본 것처럼 각 부류의 중심점은 그 부류를 대표할 만한 특징을 갖습니다. 이때 클러스터의 개수는 경험적으로 얻어야 합니다. 이렇게 군집화한 결과를 이제 시각 사전으로 사용할 수 있습니다.

그 다음 이제 각각의 비행기와 모터사이클 사진에 대해서 시각 사전을 만들 때와 같은 특징 디스크립터를 계산해서 시각 사전에 등록된 특징 디스크립터와 매칭되는 것이 얼마나 되는지 히스토그램을 작성하고 레이블을 만들어 짝지어 준비합니다.

대부분의 비행기 이미지의 히스토그램에는 주날개, 꼬리날개, 유선형 동체, 조종석, 프로펠러 등을 나타내는 특징 디스크립터의 빈도가 높게 나타날 것이고, 모터사이클 이미지의 히스토그램은 바퀴, 바퀴살, 핸들, 안장, 연료통, 배기구 등을 나타내는 특징 디스크립터의 빈도가 높을 것입니다.

이렇게 준비한 각 이미지의 히스토그램과 레이블로 SVM과 같은 분류 알고리즘에게 학습 데이터의 입력으로 주고 훈련시킵니다. 이제 예측할 새로운 이미지를 읽어서 시각 사전을 만들 때와 같은 특징 디스크립터를 계산해서 사전에 등록된 특징점과의 매칭 히스토그램으로 SVM에 예측을 시킵니다. 결국 새로운 이미지가 비행기에 자주 나타나는 특징점들을 많이 가지면 비행기로 분류되고 그 반대면 모터사이클로 분류되는 것입니다.

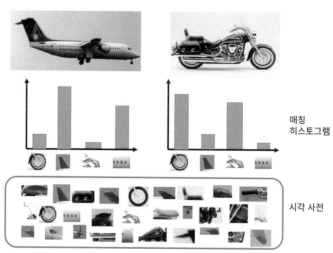

매칭
히스토그램

시각 사전

[그림 9-20] BOW 알고리즘

BOW 알고리즘을 구현하기 위해서는 k-means 클러스터, SIFT와 같은 특징 디스크립터 추출기, BF와 같은 특징점 매칭기가 필요하고 매칭점에 대한 히스토그램을 계산하는 구현이 필요합니다. OpenCV는 필요한 객체를 생성해서 전달해 주기만 하면 세부적인 과정은 알아서 처리해 주는 BOW 관련 API를 다음과 같이 제공합니다.

- trainer = cv2.BOWTrainer: BOW 알고리즘 추상 클래스
- trainer.add(descriptors): 특징 디스크립터 추가
  - descriptors: 특징 디스크립터(SIFT, SURF, ORB 등)
- dictionary = trainer.cluster(): 군집화해서 사전 생성
  - dictionary: 시각 사전
- trainer = cv2.BOWKMeansTrainer(clusterCount): k-means 클러스터로 구현된 클래스
  - clusterCount: 군집화할 클러스터 개수
- extractor = cv2.BOWImgDescriptorExtractor(dextractor, dmatcher): 매칭점으로 히스토그램을 계산하는 클래스 생성자
  - dextractor: DesctiptorExtractor를 상속한 특징 검출기
  - dmatcher: DesctiptorMatcher를 상속한 특징 매칭기
- extractor.setVocabulary(dictionary): 사전 객체 설정
  - dictionary: BOWTrainer로 생성한 사전 객체
- histogram = extractor.compute(img, keypoint): 이미지와 사전의 매칭점으로 히스토그램 계산
  - img: 계산할 이미지
  - keypoint: 이미지에서 추출한 키 포인트
  - histogram: 이미지와 사전의 매칭점 히스토그램

[예제 9-13]은 BOW 관련 API로 비행기와 모터사이클을 분류하는 예제입니다.

[예제 9-13] BOW와 SVM으로 비행기와 모터사이클 인식(bow_plane_bike_train.py)

```python
import cv2
import numpy as np
import os, glob, time

# 각종 변수 선언---①
startT = time.time()                       # 소요시간 측정을 위한 시간 저장
categories = ['airplanes', 'Motorbikes' ]  # 카테고리 이름
```

```
dictionary_size = 50                            # 사전 크기, 클러스터 개수
base_path = "../img/101_ObjectCategories/"      # 학습 이미지 기본 경로
dict_file = './plane_bike_dict.npy'             # 사전 객체를 저장할 파일 이름
svm_model_file = './plane_bike_svm.xml'         # SVM 모델 객체를 저장할 파일 이름

# 추출기와 BOW 객체 생성 --- ②
detector = cv2.xfeatures2d.SIFT_create()        # 추출기로 SIFT 생성
matcher = cv2.BFMatcher(cv2.NORM_L2)            # 매칭기로 BF 생성
bowTrainer = cv2.BOWKMeansTrainer(dictionary_size) # KMeans로 구현된 BOWTrainer 생성
bowExtractor = cv2.BOWImgDescriptorExtractor(detector, matcher) # BOW 추출기 생성

# 특징 디스크립터를 KMeansTrainer에 추가 --- ③
train_paths = []                                # 훈련에 사용할 모든 이미지 경로
train_labels = []                               # 학습 데이터 레이블
print('Adding descriptor to BOWTrainer...')
for idx, category in enumerate(categories): # 카테고리 순회
    dir_path = base_path + category
    img_paths = glob.glob(dir_path +'/*.jpg')
    img_len = len(img_paths)
    for i, img_path in enumerate(img_paths): # 카테고리 내의 모든 이미지 파일 순회
        train_paths.append(img_path)
        train_labels.append(idx)                # 학습 데이터 레이블, 0 또는 1
        img = cv2.imread(img_path)
        gray = cv2.cvtColor(img, cv2.COLOR_BGR2GRAY)
        # 특징점과 특징 디스크립터 추출 및 bowTrainer에 추가 --- ④
        kpt, desc= detector.detectAndCompute(gray, None)
        bowTrainer.add(desc)
        print('\t%s %d/%d(%.2f%%)' \
            %(category,i+1, img_len, (i+1)/img_len*100), end='\r')
    print()
print('Adding descriptor completed...')

# KMeans 클러스터로 군집화하여 시각 사전 생성 및 저장 --- ⑤
print('Starting Dictionary clustering(%d)... \
    It will take several time...'%dictionary_size)
dictionary = bowTrainer.cluster() # 군집화로 시각 사전 생성
np.save(dict_file, dictionary)      # 시각 사전 데이터(NumPy)를 파일로 저장
print('Dictionary Clustering completed...dictionary shape:',dictionary.shape)

# 시각 사전과 모든 이미지의 매칭점으로 히스토그램 계산 --- ⑥
bowExtractor.setVocabulary(dictionary)          # bowExtractor에 시각 사전 세팅
train_desc = []                                 # 학습 데이터
for i, path in enumerate(train_paths):          # 모든 학습 대상 이미지 순회
    img = cv2.imread(path)                       # 이미지 읽기
    gray = cv2.cvtColor(img, cv2.COLOR_BGR2GRAY)
    # 매칭점에 대한 히스토그램 계산 --- ⑦
    hist = bowExtractor.compute(gray, detector.detect(gray))
    train_desc.extend(hist)
    print('Compute histogram training set...(%.2f%%)'\
                %((i+1)/len(train_paths)*100),end='\r')
```

```
print("\nsvm items", len(train_desc), len(train_desc[0]))

# 히스토그램을 학습 데이터로 SVM 훈련 및 모델 저장---⑧
print('svm training...')
svm = cv2.ml.SVM_create()
svm.trainAuto(np.array(train_desc), cv2.ml.ROW_SAMPLE, np.array(train_labels))
svm.save(svm_model_file)
print('svm training completed.')
print('Training Elapsed: %s'\
        %time.strftime('%H:%M:%S', time.gmtime(time.time()-startT)))

# 원래의 이미지로 테스트 --- ⑨
print("Accuracy(Self)")
for label, dir_name in enumerate(categories):
    labels = []
    results = []
    img_paths = glob.glob(base_path + '/'+dir_name +'/*.*')
    for img_path in img_paths:
        labels.append(label)
        img = cv2.imread(img_path)
        gray = cv2.cvtColor(img, cv2.COLOR_BGR2GRAY)
        feature = bowExtractor.compute(gray, detector.detect(gray))
        ret, result = svm.predict(feature)
        resp = result[0][0]
        results.append(resp)

    labels = np.array(labels)
    results = np.array(results)
    err = (labels != results)
    err_mean = err.mean()
    print('\t%s: %.2f %%' % (dir_name, (1 - err_mean)*100))
```

출력 결과

```
Adding descriptor to BOWTrainer...
 airplanes 800/800(100.00%)
 Motorbikes 798/798(100.00%)
Adding descriptor completed...
Starting Dictionary clustering(50)...It will take several time...
Dictionary Clustering completed...dictionary shape: (50, 128)
Compute histogram training set...(100.00%)
svm items 1598 50
svm training...
svm training completed.
Training Elapsed: 00:10:38
Accuracy(Self):
 airplanes: 94.12 %
 Motorbikes: 95.49 %
```

[예제 9-13]은 BOW와 SVM으로 비행기와 모터사이클을 인식하도록 훈련하는 예제입니다. 코드 ①에서 base_path에 훈련에 사용할 비행기와 모터사이클 사진이 저장된 경로를 지정합니다. 학습에 사용할 이미지는 8장에서 이미 사용했던 101가지 사물 이미지 중에 가장 개수가 많은 두 가지로 정했습니다. categories에 저장한 airplanes과 Motorbikes는 해당 디렉터리의 이름과 같습니다. 학습에 사용할 이미지는 적어도 약 500개 이상 필요합니다. 코드 ②에서는 특징 추출기로 SIFT와 특징 매칭기로 BF를 각각 생성해서 BOWImgDescriptorExtractor()에 전달하고 BOWKMeansTrainer()도 생성해서 준비합니다. 이때 dictionary_size는 50개로 지정했는데, 이것은 실습을 위한 최소한의 개수입니다. 사전의 크기는 경험적으로 알아내야 하지만, 비교적 더 큰 수를 지정하면 인식률이 좋아질 수 있습니다.

코드 ③에서 비행기와 모터사이클 디렉터리에 있는 모든 이미지를 읽어서 SIFT로 특징 디스크립터를 추출한 후에 BOWKMeansTrainer에 추가합니다. 이 작업의 실질적인 작업은 코드 ④에서 이루어집니다. 학습 데이터와 같은 수의 레이블을 train_labels에 함께 준비합니다. 이제 BOWKMeansTrainer에는 수많은 비행기와 모터사이클의 특징 디스크립터가 뒤섞여 저장되어 있습니다.

코드 ⑤에서는 주어진 사전 개수로 군집화해서 dictionary에 저장합니다. 이 객체는 나중에 객체 인식을 위해 필요하므로 파일로 저장해 둡니다. 이 과정은 학습에 사용하는 이미지의 크기와 개수, 그리고 사전의 크기에 따라 더 오래 걸릴 수 있습니다. 이제 dictionary에는 비행기와 모터사이클의 평균적인 특징을 나타내는 50개의 디스크립터가 있습니다.

코드 ⑥에서는 모든 비행기와 모터사이클의 이미지를 순회하면서 각 이미지와 dictionary 간의 매칭점을 찾고 그 히스토그램을 계산합니다. 코드 ⑦이 핵심적인 부분입니다. 이 히스토그램을 모아 놓은 train_desc가 앞으로 훈련에 사용할 실질적인 학습 데이터가 됩니다.

코드 ⑧에서 SVM 객체를 생성해서 준비한 학습 데이터와 레이블로 훈련을 시킵니다. 훈련 결과는 테스트를 위해서 파일로 따로 저장해 둡니다.

코드 ⑨에서는 훈련한 자신의 데이터로 예측해서 정확도를 구해 출력하고 있습니다. 원래 테스트를 위해서는 별도의 데이터셋을 준비해야 하지만 클러스터 수가 50개로 너무 적어서 어차피 높은 인식률을 기대하기 어려우므로 이 예제는 자신이 학습한 데이터로 정확도를 측정했습니다. 그런데도 정확도는 100%가 안 되는 이유는 시각 사전의 크기가 너무 작기 때문입니다. 사전의 크기를 50개로 실행해도 필자가 사용하는 맥북 에어 모델 컴퓨터에서는 10분이 넘게 걸렸습니다. 높은 인식률을 원한다면 사전의 크기를 최소 1,000~4,000 정도로 수정해서 시도해 보면 되지만, 성능이 좋은 PC나 클라우드 컴퓨터를 이용할 것을 권장합니다.

[예제 9-14]는 [예제 9-13]에서 훈련된 결과를 가지고 학습에 사용하지 않은 비행기와 모터사이클 이미지의 인식을 시도합니다.

[예제 9-14] BOW-SVM으로 비행기와 모터사이클 인식(bow_plane_bike_test.py)

```python
import cv2
import numpy as np

categories = ['airplanes', 'Motorbikes' ]
dict_file = './plane_bike_dict.npy'
svm_model_file = './plane_bike_svm.xml'

# 테스트할 이미지 경로 --- ①
imgs = ['../img/aircraft.jpg','../img/jetstar.jpg',
        '../img/motorcycle.jpg', '../img/motorbike.jpg']

# 특징 추출기(SIFT) 생성 --- ②
detector = cv2.xfeatures2d.SIFT_create()
# BOW 추출기 생성 및 사전 로딩 --- ③
bowextractor = cv2.BOWImgDescriptorExtractor(detector, \
                                    cv2.BFMatcher(cv2.NORM_L2))
bowextractor.setVocabulary(np.load(dict_file))
# 훈련된 모델을 읽어서 SVM 객체 생성 --- ④
svm  = cv2.ml.SVM_load(svm_model_file)

# 4개의 이미지 테스트
for i, path in enumerate(imgs):
    img = cv2.imread(path)
    gray = cv2.cvtColor(img, cv2.COLOR_BGR2GRAY)
    # 테스트 이미지에서 BOW 히스토그램 추출 --- ⑤
    hist = bowextractor.compute(gray, detector.detect(gray))
    # SVM 예측 --- ⑥
    ret, result = svm.predict(hist)
    # 결과 표시
    name = categories[int(result[0][0])]
    txt, base = cv2.getTextSize(name, cv2.FONT_HERSHEY_PLAIN, 2, 3)
    x,y = 10, 50
    cv2.rectangle(img, (x,y-base-txt[1]), (x+txt[0], y+txt[1]), (30,30,30), -1)
    cv2.putText(img, name, (x,y), cv2.FONT_HERSHEY_PLAIN, \
                                2, (0,255,0), 2, cv2.LINE_AA)
    cv2.imshow(path, img)
cv2.waitKey(0)
cv2.destroyAllWindows()
```

[그림 9-21] [예제 9-14]의 실행 결과

[예제 9-14]의 코드 ①에서 학습에 사용하지 않은 4개의 비행기와 모터사이클 이미지의 경로를 준비합니다. 코드 ②와 ③에서는 테스트할 이미지의 특징 디스크립터와 사전과의 매칭 히스토그램을 계산할 특징 추출기와 BOW 추출기를 생성해서 저장해 둔 사전 파일을 읽어서 세팅합니다. 코드 ④는 훈련된 SVM 모델을 파일로부터 읽어들여서 객체를 생성합니다. 그 다음 테스트할 이미지를 하나씩 읽어서 코드 ⑤에서 BOW 히스토그램을 추출한 결과로 코드 ⑥에서 SVM으로 예측하고 그 결과를 출력합니다. 실행 결과를 보면 다행히도 비행기와 모터사이클을 잘 인식한 것을 알 수 있습니다.

앞서 언급한 것처럼 [예제 9-13]에서 학습한 과정에서 실습을 최대한 간결하게 하기 위해서 시각 사전의 크기를 너무 작게 잡아서 어쩌면 다른 이미지를 사용하면 인식이 잘 되지 않을 수도 있습니다. 필자는 클라우드에 2.2GHz CPU 64개 코어 가상 머신을 따로 준비해서 [예제 9-13]의 사전 크기를 4,000개로 변경해서 훈련시켜 보았습니다. 훈련 후 출력 결과는 다음과 같습니다. 보시다시피 소요시간은 34분 이상 걸렸습니다. 훈련 결과 사전 파일과 SVM 모델 파일은 각각 plane_bike_dict_4000.npy와 plane_bike_svm_4000.xml로 저장해서 예제 파일들과 함께 포함하였습니다.

[예제 9-14]를 이 파일로 바꾸어 인식하면 훨씬 더 좋은 인식률을 확인할 수 있을 것 입니다.

출력 결과

```
Adding descriptor to BOWTrainer...
        airplanes 800/800(100.00%)
        Motorbikes 798/798(100.00%)
Adding descriptor completed...
Starting Dictionary clustering(4000)...It will take several time...
Dictionary Clustering completed...dictionary shape: (4000, 128)
Compute histogram training set...(100.00%)
svm items 1598 4000
svm training...
svm training completed.
Training Elapsed: 00:34:10
Accuracy(Self):
        airplanes: 99.88 %
        Motorbikes: 100.00 %
```

9.6 캐스케이드 분류기

캐스케이드 분류기(cascade classifier)는 개발자가 직접 머신러닝 학습 알고리즘을 사용하지 않고도 객체를 검출할 수 있도록 OpenCV가 제공하는 대표적인 상위 레벨 API입니다. 캐스케이드 분류기는 트리 기반 부스트된 거절 캐스케이드[2] 개념을 기초로 하며 얼굴 인식을 목적으로 했다가 이후 그 목적을 일반화해서 얼굴 말고도 대부분의 물체(강체) 인식이 가능합니다.

OpenCV에서 처음으로 구현할 때는 알프레드 하르(Alfred Haar)[3]가 처음 제안한 하르 웨이블릿(Haar wavelet)[4]이라는 피처만 지원하여 하르 캐스케이드(Haar cascade)로 더 많이 알려져 있었지만, 이후 대각선 피처와 로컬 바이너리 패턴(LBP)[5]을 추가 확장하여 이제는 다른 피처를 직접 작성해서 사용할 수도 있습니다. 이를 위해 opencv_traincascade 등의 번들 프로그램을 함께 제공하기도 합니다.

---

2 인식하고 싶은 대상이 포함된 영상(positive)과 포함되지 않는 영상(negative)을 훈련 데이터로 사용하고, 결정 트리 알고리즘을 기반으로 하는 훈련이 잘 안 되는 약한 알고리즘을 단계적으로 여러 개 연결해서 보완한 형태의 분류 알고리즘입니다.

3 *https://en.wikipedia.org/wiki/Alfréd_Haar*

4 *https://en.wikipedia.org/wiki/Haar_wavelet*

5 *https://en.wikipedia.org/wiki/Local_binary_patterns*

9.6.1 하르 캐스케이드 얼굴 검출

OpenCV는 캐스케이드 분류기에 사용할 수 있는 훈련된 검출기를 xml 파일 형태로 제공합니다. 이 파일은 OpenCV 저장소의 'data' 디렉터리 안에 피처에 따라 디렉터리로 나누어져 있습니다. 브라우저로 확인해 보려면 아래의 URL을 이용하면 됩니다. 이들 중에 'haarcascade'는 얼굴 검출을 목적으로 만들어져 가장 좋은 얼굴 인식률을 보이고 있습니다.

• *https://github.com/opencv/opencv/tree/master/data*

OpenCV는 훈련된 검출기를 이용해서 객체를 검출하기 위한 캐스케이드 분류기 API를 아래와 같이 제공합니다.

• classifier = cv2.CascadeClassifier([filename]): 캐스케이드 분류기 생성자
  • filename: 검출기 저장 파일 경로
  • classifier: 캐스케이드 분류기 객체
• rect = classifier.detectMultiScale(img, scaleFactor, minNeighbors[, flags, minSize, maxSize)
  • img: 입력 이미지
  • scaleFactor: 이미지 확대 크기에 제한, 1.3~1.5(큰 값: 인식 기회 증가, 속도 감소)
  • minNeighbors: 요구되는 이웃 수(큰 값: 품질 증가, 검출 개수 감소)
  • flags: 구식 API를 위한 것, 지금은 사용 안 함
  • minSize, maxSize: 해당 사이즈 영역을 넘으면 검출 무시
  • rect: 검출된 영역 좌표(x, y, w, h)

[예제 9-15]는 캐스케이드 분류기와 미리 제공되는 하르 캐스케이드 검출기를 이용해서 얼굴과 눈을 검출하는 예제입니다.

[예제 9-15] 캐스케이드 분류기로 얼굴과 눈 검출(haar_face.py)

```python
import numpy as np
import cv2

# 얼굴 검출을 위한 캐스케이드 분류기 생성 --- ①
```

```
face_cascade = cv2.CascadeClassifier('./data/haarcascade_frontalface_default.xml')
# 눈 검출을 위한 캐스케이드 분류기 생성 ---②
eye_cascade = cv2.CascadeClassifier('./data/haarcascade_eye.xml')
# 검출할 이미지를 읽고 그레이 스케일로 변환 ---③
img = cv2.imread('../img/children.jpg')
gray = cv2.cvtColor(img, cv2.COLOR_BGR2GRAY)
# 얼굴 검출 ---④
faces = face_cascade.detectMultiScale(gray)
# 검출된 얼굴 순회 ---⑤
for (x,y,w,h) in faces:
    # 검출된 얼굴에 사각형 표시 ---⑥
    cv2.rectangle(img,(x,y),(x+w,y+h),(255,0,0),2)
    # 얼굴 영역을 ROI로 설정 ---⑦
    roi = gray[y:y+h, x:x+w]
    # ROI에서 눈 검출 ---⑧
    eyes = eye_cascade.detectMultiScale(roi)
    # 검출된 눈에 사각형 표 ---⑨
    for (ex,ey,ew,eh) in eyes:
        cv2.rectangle(img[y:y+h, x:x+w],(ex,ey),(ex+ew,ey+eh),(0,255,0),2)
# 결과 출력
cv2.imshow('img',img)
cv2.waitKey(0)
cv2.destroyAllWindows()
```

[그림 9-22] [예제 9-15]의 실행 결과

[예제 9-15]의 코드 ①에서는 haarcascade_frontalface_default.xml 파일로 캐스케이드 분류기를 생성하는데, 이것은 얼굴 검출을 위해 훈련된 검출기입니다. 코드 ②는 눈 검출을 위해 훈련된 검출기로 캐스케이드 분류기를 생성합니다.

코드 ④에서 사랑스런 아이들 두 명이 있는 이미지를 전달해서 detectMultiScale()
함수를 호출합니다. 이 함수는 주어진 훈련 검출기에 따라 검출된 영역들을 x,y,w,h
형식의 좌표를 담은 배열을 반환합니다. 코드 ⑥에서 각각의 영역에 파란색 사각형
을 표시합니다. 코드 ⑦에서는 얼굴이 검출된 이 영역을 ROI로 설정하고 나서 코드
⑧에서 ROI에서 눈을 검출합니다. 얼굴 바깥에 눈이 있는 경우는 없으므로 검출된
얼굴 안에서 눈을 검출하는 것입니다. 코드 ⑨는 검출된 눈에 초록색 사각형을 표시
합니다.

[예제 9-16]은 [예제 9-15]의 얼굴과 눈 검출 예제를 카메라를 통해서 실행하게 수
정하였습니다.

[예제 9-16] 카메라로 얼굴과 눈 검출(haar_face_cam.py)

```python
import cv2

# 얼굴과 검출을 위한 캐스케이드 분류기 생성
face_cascade = cv2.CascadeClassifier('./data/haarcascade_frontalface_default.
xml')
eye_cascade = cv2.CascadeClassifier('./data/haarcascade_eye.xml')

# 카메라 캡처 활성화
cap = cv2.VideoCapture(0)
while cap.isOpened():
    ret, img = cap.read()  # 프레임 읽기
    if ret:
        gray = cv2.cvtColor(img, cv2.COLOR_BGR2GRAY)
        # 얼굴 검출
        faces = face_cascade.detectMultiScale(gray, scaleFactor=1.3, \
                                        minNeighbors=5, minSize=(80,80))
        for(x,y,w,h) in faces:
            cv2.rectangle(img, (x,y), (x+w, y+h), (0, 255,0),2)
            roi = gray[y:y+h, x:x+w]
            # 눈 검출
            eyes = eye_cascade.detectMultiScale(roi)
            for i, (ex, ey, ew, eh) in enumerate(eyes):
                if i >= 2:
                    break
                cv2.rectangle(img[y:y+h, x:x+w], (ex,ey), (ex+ew, ey+eh), \
                            (255,0,0),2)
        cv2.imshow('face detect', img)
    else:
        break
    if cv2.waitKey(5) == 27:
        break
cv2.destroyAllWindows()
```

[그림 9-23] [예제 9-16]의 실행 결과

9.6.2 LBPH 얼굴 인식

영상에서 얼굴을 검출하는 것에서 한걸음 더 나아간다면 그 얼굴이 누구인지를 알
아내는 것입니다. 누구의 얼굴인지 인식하기 위한 일반적인 절차는 크게 3단계로 볼
수 있습니다. 먼저 인식하고자 하는 사람의 얼굴 사진을 최대한 많이 수집하는 것입
니다. 그 다음 이것을 학습 데이터셋으로 해서 눈, 코, 입 같은 얼굴의 주요 부위를
위주로 피처를 분석해서 학습 모델을 만듭니다. 마지막으로 인식하고자 하는 얼굴을
학습한 모델로 예측해서 누구의 얼굴인지 분류하고 정확도를 표시합니다.

　OpenCV는 3 버전에서부터 엑스트라 모듈로 face 모듈을 추가하고 다음과 같은
세 가지 얼굴 인식기를 제공하기 시작했습니다.

* EigenfaceRecognizer

* FisherFaceRecognizer

* LBPHFaceRecognizer

이 장에서는 그중 LBPHFaceRecognizer로 얼굴 인식에 대해서 알아봅니다. LBPHFace
Recognizer는 로컬 바이너리 패턴 히스토그램(local binary pattern histogram)으로
얼굴을 인식합니다. LBP 또는 LBPH라고 불리는 이 특징 디스크립터는 공간적 관계
를 유지하면서 지역적 특징을 추출합니다. LBP는 얼굴 이미지를 3 × 3 픽셀 크기의
셀로 나누고 셀 중심의 픽셀과 이웃하는 8방향의 픽셀을 비교해서 중심 픽셀의 값이
이웃 픽셀 값보다 크면 0 아니면 1로 표시하는 8자리 이진수를 만듭니다. 모든 셀의

8비트 숫자로 히스토그램을 계산하면 256차원의 특징 벡터가 만들어지고 이것을 분류기의 학습 데이터로 사용해서 사용자의 얼굴을 분류합니다.

OpenCV에서 제공하는 모든 얼굴 검출기는 cv2.face.FaceRecognizer를 상속받아 구현하여 통일된 인터페이스를 제공합니다. LBPHFaceRecognizer 클래스도 이 추상 클래스를 상속받아 구현되었습니다.

- cv2.face.FaceRecognizer: 얼굴 인식기 추상 클래스
  - train(datas, labels): 학습 데이터로 훈련
    - datas: 학습에 사용할 이미지의 배열
    - labels: 학습 데이터 레이블
  - label, confidence = predict(img): 예측
    - label: 예측한 분류 결과 레이블
    - confidence: 예측한 레이블에 대한 정확도(거리)
  - read(file): 훈련된 모델을 파일에서 읽기
  - write(file): 훈련된 모델을 파일로 쓰기
    - file: 모델 저장 파일
- recognizer = cv2.face.LBPHFaceRecognizer_create(radius, neighbors, grid_x, grid_y, threshold): LBP 얼굴 인식기 생성
  - radius=1: LBP 패턴을 계산할 반경
  - neighbors=8: 값을 계산할 이웃 개수
  - grid_x=8: x 방향 셀의 크기
  - grid_y=8: y 방향 셀의 크기
  - threshold=DBL_MAX: 예측 값에 적용할 스레시홀드

얼굴 인식을 위한 세 가지 예제를 준비했습니다. [예제 9-17]은 카메라로 인식할 사람의 사진을 찍어 학습 데이터를 수집합니다. [예제 9-18]은 촬영된 사진으로 LBP 얼굴 인식기를 훈련시키고, [예제 9-19]는 훈련된 인식기로 얼굴을 인식합니다.

[예제 9-17] LBP 얼굴 인식을 위한 샘플 수집(lbp_face1_collect.py)

```
import cv2
import numpy as np
import os

# 변수 설정 ---①
base_dir = './faces/'    # 사진을 저장할 디렉터리 경로
```

```python
target_cnt = 400        # 수집할 사진 개수
cnt = 0                 # 사진 촬영 수

# 얼굴 검출 분류기 생성 --- ②
face_classifier = cv2.CascadeClassifier(\
                    './data/haarcascade_frontalface_default.xml')

# 사용자 이름과 번호를 입력받아 디렉터리 생성 ---③
name = input("Insert User Name(Only Alphabet):")
id = input("Insert User Id(Non-Duplicate number):")
dir = os.path.join(base_dir, name+'_'+ id)
if not os.path.exists(dir):
    os.mkdir(dir)

# 카메라 캡처
cap = cv2.VideoCapture(0)
while cap.isOpened():
    ret, frame = cap.read()
    if ret:
        img = frame.copy()
        gray = cv2.cvtColor(img,cv2.COLOR_BGR2GRAY)
        # 얼굴 검출 --- ④
        faces = face_classifier.detectMultiScale(gray, 1.3, 5)
        if len(faces) == 1:
            (x,y,w,h) = faces[0]
            # 얼굴 영역 표시 및 파일 저장 ---⑤
            cv2.rectangle(frame, (x,y), (x+w, y+h), (0,255,0), 1)
            face = gray[y:y+h, x:x+w]
            face = cv2.resize(face, (200, 200))
            file_name_path = os.path.join(dir,  str(cnt) + '.jpg')
            cv2.imwrite(file_name_path, face)
            cv2.putText(frame, str(cnt), (x, y), cv2.FONT_HERSHEY_COMPLEX, \
                        1, (0,255,0), 2)
            cnt+=1
        else:
            # 얼굴 검출이 없거나 1이상인 경우 오류 표시 ---⑥
            if len(faces) == 0 :
                msg = "no face."
            elif len(faces) > 1:
                msg = "too many face."
            cv2.putText(frame, msg, (10, 50), cv2.FONT_HERSHEY_DUPLEX, \
                        1, (0,0,255))
        cv2.imshow('face record', frame)
        if cv2.waitKey(1) == 27 or cnt == target_cnt:
            break
cap.release()
cv2.destroyAllWindows()
print("Collecting Samples Completed.")
```

출력 결과

```
Insert User Name(Only Alphabet):LeeSewoo
Insert User Id(Non-Duplicate number):0
Collecting Samples Completed.
```

[예제 9-17]의 코드 ①에서 사진을 저장할 경로와 촬영할 사진의 개수 등의 변수를 설정하고 코드 ②에서 하르 캐스케이드 얼굴 검출기를 생성합니다. 코드 ③에서 사용자로부터 사용자의 이름과 아이디를 숫자로 입력받아 '이름_아이디' 형식으로 디렉터리를 생성합니다. 코드 ④에서 얼굴을 검출해서 코드 ⑤에서 얼굴 영역만 오려내서 200×200 픽셀 크기로 축소한 다음 jpg 형식으로 저장합니다. 촬영된 사진의 개수는 얼굴 영역을 표시한 곳에 숫자로 출력됩니다. 사진을 촬영하는 동안 사용자는 다양한 자세와 표정을 지어서 훈련 데이터를 다양화하는 것이 좋습니다. 코드 ⑥은 카메라에 얼굴이 검출되지 않거나 2명 이상이 검출되면 저장하지 않고 오류 메시지를 출력합니다. 지정된 개수의 사진 샘플이 모두 수집되면 프로그램은 종료됩니다.

[그림 9-24]는 필자가 촬영한 샘플 사진의 예입니다.

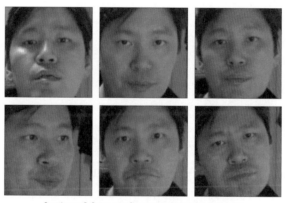

[그림 9-24] [예제 9-17]에 의해 촬영된 사진 샘플의 예

[예제 9-18] LBP 얼굴 인식기 훈련(lbp_face2_train.py)

```python
import cv2
import numpy as np
import os, glob

# 변수 설정 --- ①
base_dir = './faces'
train_data, train_labels = [], []
```

```
dirs = [d for d in glob.glob(base_dir+"/*") if os.path.isdir(d)]
print('Collecting train data set:')
for dir in dirs:
    # name_id 형식에서 id를 분리 ---②
    id = dir.split('_')[1]
    files = glob.glob(dir+'/*.jpg')
    print('\t path:%s, %dfiles'%(dir, len(files)))
    for file in files:
        img = cv2.imread(file, cv2.IMREAD_GRAYSCALE)
        # 이미지는 train_data, 아이디는 train_lables에 저장 ---③
        train_data.append(np.asarray(img, dtype=np.uint8))
        train_labels.append(int(id))

# NumPy 배열로 변환 ---④
train_data = np.asarray(train_data)
train_labels = np.int32(train_labels)

# LBP 얼굴 인식기 생성 및 훈련 ---⑤
print('Starting LBP Model training...')
model = cv2.face.LBPHFaceRecognizer_create()
model.train(train_data, train_labels)
model.write('./faces/all_face.xml')
print("Model trained successfully!")
```

출력 결과

```
Collecting train data set:
   path:./faces/Daughter(sol)_1, 500files
   path:./faces/LeeSewoo_0, 500files
Starting LBP Model training...
Model trained successfully!
```

[예제 9-18]은 저장된 디렉터리의 이미지로 LBP 얼굴 검출기를 훈련시키는 예제입니다. 코드 ①에 지정한 디렉터리를 코드 ②에서 모두 순회해서 하위 디렉터리 이름으로부터 사용자의 아이디를 얻고 그 안에 저장된 이미지를 모두 읽어서 코드 ③에서 train_data와 train_labels에 추가합니다. 코드 ⑤에서 LBP 얼굴 인식기를 생성하고 훈련시킨 다음 all_face.xml 이름의 파일로 저장합니다.

[예제 9-19] 훈련된 LBP 얼굴 인식기로 얼굴 인식(lbp_face3_recognize.py)

```
import cv2
import numpy as np
import os, glob

# 변수 설정 ---①
base_dir = './faces'
min_accuracy = 85

# LBP 얼굴 인식기 및 캐스케이드 얼굴 검출기 생성 및 훈련 모델 읽기 ---②
```

```python
face_classifier = cv2.CascadeClassifier(\
                './data/haarcascade_frontalface_default.xml')
model = cv2.face.LBPHFaceRecognizer_create()
model.read(os.path.join(base_dir, 'all_face.xml'))

# 디렉터리 이름으로 사용자 이름과 아이디 매핑 정보 생성 ---③
dirs = [d for d in glob.glob(base_dir+"/*") if os.path.isdir(d)]
names = dict([])
for dir in dirs:
    dir = os.path.basename(dir)
    name, id = dir.split('_')
    names[int(id)] = name

# 카메라 캡처 장치 준비
cap = cv2.VideoCapture(0)
while cap.isOpened():
    ret, frame = cap.read()
    if not ret:
        print("no frame")
        break
    gray = cv2.cvtColor(frame, cv2.COLOR_BGR2GRAY)
    # 얼굴 검출 ---④
    faces = face_classifier.detectMultiScale(gray, 1.3, 5)
    for (x,y,w,h) in faces:
        # 얼굴 영역을 표시하고 샘플과 같은 크기로 축소 ---⑤
        cv2.rectangle(frame, (x,y), (x+w,y+h), (0,255,255), 2)
        face = frame[y:y+h, x:x+w]
        face = cv2.resize(face, (200, 200))
        face = cv2.cvtColor(face, cv2.COLOR_BGR2GRAY)
        # LBP 얼굴 인식기로 예측 ---⑥
        label, confidence = model.predict(face)
        if confidence < 400:
            # 정확도 거리를 퍼센트로 변환 ---⑦
            accuracy = int( 100 * (1 -confidence/400))
            if accuracy >= min_accuracy:
                msg = '%s(%.0f%%)'%(names[label], accuracy)
            else:
                msg = 'Unknown'
        # 사용자 이름과 정확도 결과 출력 ---⑧
        txt, base = cv2.getTextSize(msg, cv2.FONT_HERSHEY_PLAIN, 1, 3)
        cv2.rectangle(frame, (x,y-base-txt[1]), (x+txt[0], y+txt[1]), \
                (0,255,255), -1)
        cv2.putText(frame, msg, (x, y), cv2.FONT_HERSHEY_PLAIN, 1, \
                (200,200,200), 2, cv2.LINE_AA)
    cv2.imshow('Face Recognition', frame)
    if cv2.waitKey(1) == 27: #esc
        break
cap.release()
cv2.destroyAllWindows()
```

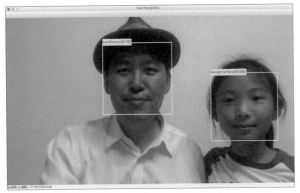

[그림 9-25] [예제 9-19]로 얼굴을 인식한 예

[예제 9-19]의 코드 ②에서 하르 얼굴 검출기와 LBP 얼굴 인식기 객체를 생성하고 미리 훈련된 모델이 저장된 파일에서 모델을 읽어옵니다. 코드 ③에서 디렉터리 이름으로부터 등록된 사용자의 이름과 아이디 매핑 정보를 얻어 딕셔너리 객체인 names에 저장합니다. 코드 ④에서 얼굴을 검출하고 코드 ⑤에서 얼굴 영역만 오려내서 샘플의 크기와 같은 200 × 200 픽셀로 축소합니다. 코드 ⑥에서 미리 훈련된 LBP 얼굴 인식기로 축소한 얼굴 이미지를 전달해서 예측합니다. 예측 결과는 훈련에 사용한 사용자의 아이디를 레이블로 반환하고 그 레이블과의 유사도를 함께 반환합니다. 유사도는 거리로 표현된 값이므로 정확도를 백분율로 바꿔야 합니다. 코드 ⑦에서 정확도를 퍼센트로 표현하기 위한 가장 단순한 방법을 사용합니다. 경험적으로 가장 유사하지 않게 나오는 거리를 대략 400으로 설정해서 백분율로 환산합니다. 코드 ⑧은 인식된 얼굴 영역에 사각형과 사용자의 이름 그리고 백분율로 환산한 정확도를 표시합니다.

9.7 실전 워크숍

앞서 알아본 모자이크 기능과 렌즈 왜곡을 얼굴 인식과 함께 응용하는 워크숍입니다.

9.7.1 얼굴 모자이크

카메라로 찍은 동영상에서 얼굴 부분을 자동으로 모자이크 처리하는 프로그램을 만들어 보세요.

[그림 9-26] 카메라 얼굴 모자이크

[힌트]

하르 캐스케이드 얼굴 검출기로 얼굴 영역을 검출한 다음, 얼굴 전체를 충분히 덮을 수 있게 좌표 영역에 임의의 값을 가감해서 영역을 넓히고 5장의 워크숍에서 다룬 모자이크 처리를 적용하세요.

[풀이]

[예제 9-20] 카메라 얼굴 모자이크

[예제 9-20] 카메라 얼굴 모자이크(workshop_face_mosaic.py)

```
import cv2

rate = 15      # 모자이크에 사용할 축소 비율(1/rate)
# 하르 캐스케이드 검출기 생성
face_cascade = cv2.CascadeClassifier( \
                './data/haarcascade_frontalface_default.xml')

cap = cv2.VideoCapture(0)
while cap.isOpened():
    ret, frame = cap.read()
    gray = cv2.cvtColor(frame, cv2.COLOR_BGR2GRAY)
    faces = face_cascade.detectMultiScale(gray,scaleFactor=1.3, minNeighbors=5, \
                                                minSize=(80,80))
    for (x,y,w,h) in faces:
        x = x - 5
        y = y - 15
        w = w + 10
        h = h + 30
        roi = frame[y:y+h, x:x+w]      # 관심영역 지정
        roi = cv2.resize(roi, (w//rate, h//rate)) # 1/rate 비율로 축소
# 원래 크기로 확대
        roi = cv2.resize(roi, (w,h), interpolation=cv2.INTER_AREA)
        frame[y:y+h, x:x+w] = roi      # 원본 이미지에 적용
```

```
        cv2.imshow('mosaic', frame)
        if cv2.waitKey(1) == 27:
            break
cap.release()
cv2.destroyAllWindows()
```

9.7.2 한니발 마스크 필터 만들기

영화 《양들의 침묵》에서 주인공 한니발이 쓰는 오싹한 마스크가 있는데 카메라에 찍힌 얼굴에 자동으로 이 마스크를 씌우는 필터 프로그램을 만들어 보세요. 한니발 마스크 이미지는 img/mask_hannibal.png로 제공됩니다.

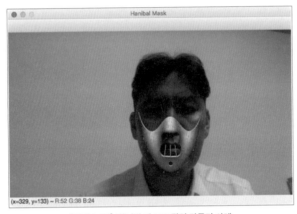

[그림 9-27] 한니발 마스크 필터 만들기 사례

[힌트]

- 배경이 투명한 한니발 마스크를 준비합니다.
- 하르 캐스케이드 얼굴 검출기로 얼굴 영역을 검출한 다음 검출한 영역에 마스크가 위치할 수 있게 위치를 보정하고 한니발 마스크를 얼굴 크기에 맞게 확대 또는 축소하고 나서 합성합니다.

[풀이]

[예제 9-21] 한니발 마스크 필터 만들기

[예제 9-21] 한니발 마스크 필터 만들기(workshop_hannibal_mask.py)

```
import cv2
import numpy as np

# 마스크 이미지 읽기
face_mask = cv2.imread('../img/mask_hannibal.png')
```

```python
h_mask, w_mask = face_mask.shape[:2]
# 얼굴 검출기 생성
face_cascade = cv2.CascadeClassifier('./data/haarcascade_frontalface_alt.xml')


cap = cv2.VideoCapture(0)
while True:
    ret, frame = cap.read()
    gray = cv2.cvtColor(frame, cv2.COLOR_BGR2GRAY)
    # 얼굴 영역 검출
    face_rects = face_cascade.detectMultiScale(gray, 1.3, 5)
    for (x,y,w,h) in face_rects:
        if h > 0 and w > 0:
            # 마스크 위치 보정
            x = int(x + 0.1*w)
            y = int(y + 0.4*h)
            w = int(0.8 * w)
            h = int(0.8 * h)

            frame_roi = frame[y:y+h, x:x+w]
            # 마스크 이미지를 얼굴 크기에 맞게 조정
            face_mask_small = cv2.resize(face_mask, (w, h), \
                                    interpolation=cv2.INTER_AREA)
            # 마스크 이미지 합성
            gray_mask = cv2.cvtColor(face_mask_small, cv2.COLOR_BGR2GRAY)
            ret, mask = cv2.threshold(gray_mask, 50, 255, cv2.THRESH_BINARY)
            mask_inv = cv2.bitwise_not(mask)
            masked_face = cv2.bitwise_and(face_mask_small, face_mask_small,\
                                    mask=mask)
            masked_frame = cv2.bitwise_and(frame_roi, frame_roi, mask=mask_inv)
            frame[y:y+h, x:x+w] = cv2.add(masked_face, masked_frame)

    cv2.imshow('Hanibal Mask', frame)
    if cv2.waitKey(1) == 27:
        break
cap.release()
cv2.destroyAllWindows()
```

9.7.3 얼굴 왜곡 필터 만들기

카메라로 찍은 동영상에서 얼굴 부분을 우스꽝스럽게 만드는 왜곡 필터 프로그램을
만들어 보세요. 3개의 프레임을 한꺼번에 보여주는데, 왼쪽은 원본 영상을 출력하고
가운데에는 얼굴만 오목 렌즈나 볼록 렌즈 효과를 줘서 우스꽝스럽게 출력합니다.
오른쪽은 눈만 볼록 렌즈 효과를 줘서 눈이 크게 보이게 만들어 보세요.

[그림 9-28] 카메라 얼굴 왜곡 필터

[힌트]

- 하르 캐스케이드 얼굴 검출기로 얼굴 영역을 검출한 다음 얼굴 부분을 오목 렌 즈 효과나 볼록 렌즈 효과로 왜곡해서 우스꽝스럽게 만들어 보세요.
- 눈 영역을 검출해서 볼록 렌즈 효과로 눈동자를 크게 만들어 보세요.
- 렌즈 왜곡은 5.3절에서 다룬 렌즈 왜곡을 참고하세요.

[풀이]

[예제 9-22] 카메라 얼굴 왜곡 필터

[예제 9-22] 카메라 얼굴 왜곡 필터(workshop_face_distotion_camera.py)

```python
import cv2
import numpy as np

# 얼굴과 눈동자 검출기 생성
face_cascade = cv2.CascadeClassifier('./data/haarcascade_frontalface_default.xml')
eye_cascade = cv2.CascadeClassifier('./data/haarcascade_eye.xml')

# 렌즈 왜곡 효과 함수
def distortedMap(rows, cols, type=0):
    map_y, map_x = np.indices((rows, cols), dtype=np.float32)
    # 렌즈 효과
    ## 렌즈 효과, 중심점 이동
    map_lenz_x = (2*map_x - cols)/cols
    map_lenz_y = (2*map_y - rows)/rows
    ## 렌즈 효과, 극좌표 변환
    r, theta = cv2.cartToPolar(map_lenz_x, map_lenz_y)
    if type==0:
    ## 볼록 렌즈 효과 매핑 좌표 연산
        r[r< 1] = r[r<1] **3
    else:
    ## 오목 렌즈 효과 매핑 좌표 연산
        r[r< 1] = r[r<1] **0.5
    ## 렌즈 효과, 직교좌표 복원
    mapx, mapy = cv2.polarToCart(r, theta)
    ## 렌즈 효과, 좌상단 좌표 복원
    mapx = ((mapx + 1)*cols)/2
```

```python
        mapy = ((mapy + 1)*rows)/2
        return (mapx, mapy)


# 얼굴 검출 함수
def findFaces(img):
    gray = cv2.cvtColor(img, cv2.COLOR_BGR2GRAY)
    faces = face_cascade.detectMultiScale(gray)
    face_coords = []
    for (x,y,w,h) in faces:
        face_coords.append((x, y, w, h))
    return face_coords
# 눈 검출 함수
def findEyes(img):
    gray = cv2.cvtColor(img, cv2.COLOR_BGR2GRAY)
    faces = face_cascade.detectMultiScale(gray)
    eyes_coords = []
    for (x,y,w,h) in faces:
        roi_gray = gray[y:y+h, x:x+w]
        eyes = eye_cascade.detectMultiScale(roi_gray )
        for(ex,ey,ew,eh) in eyes:
            eyes_coords.append((ex+x,ey+y,ew,eh))
    return eyes_coords


cap = cv2.VideoCapture(0)
cap.set(cv2.CAP_PROP_FRAME_WIDTH, 480)
cap.set(cv2.CAP_PROP_FRAME_HEIGHT, 320)

while True:
    ret, frame = cap.read()
    img1 = frame.copy()
    img2 = frame.copy()
    # 얼굴을 검출해서 오목/볼록 렌즈 효과로 왜곡 적용
    faces = findFaces(frame)
    for face in faces:
        x,y,w,h = face
        mapx, mapy = distortedMap(w,h, 1)
        roi = img1[y:y+h, x:x+w]
        convex = cv2.remap(roi,mapx,mapy,cv2.INTER_LINEAR)
        img1[y:y+h, x:x+w] = convex
    # 눈 영역을 검출해서 볼록 렌즈 효과로 왜곡 적용
    eyes = findEyes(frame)
    for eye in eyes :
        x,y,w,h = eye
        mapx, mapy = distortedMap(w,h)
        roi = img2[y:y+h, x:x+w]
        convex = cv2.remap(roi,mapx,mapy,cv2.INTER_LINEAR)
        img2[y:y+h, x:x+w] = convex
```

```python
    # 하나의 이미지로 병합해서 출력
    merged = np.hstack((frame, img1, img2))
    cv2.imshow('Face Distortion', merged)
    if cv2.waitKey(1) == 27:
        break
cv2.destroyAllWindows()
```

부록

DLIB와 얼굴 랜드마크

부록에서는 DLIB라는 별도의 라이브러리로 OpenCV가 제공하지 않는 얼굴 랜드마크를 검출하는 방법과 OpenCV로 얼굴 랜드마크를 응용하는 방법에 대해 알아봅니다.

A.1 DLIB

얼굴 랜드마크는 영상에서 얼굴 영역을 검출하는 데에 그치지 않고 눈, 코, 입, 눈썹, 턱선 같은 얼굴의 주요 부위의 위치를 검출하는 것을 말합니다. OpenCV에는 3.4 버전의 엑스트라 저장소에 포함된 face 모듈에 몇 가지 얼굴 랜드마크가 추가되어 있지만, 아직 구현과 지원이 미흡하고 무엇보다 파이썬 바인딩을 제공하지 않고 있습니다. 그래서 OpenCV 바깥으로 시선을 돌려야 하는데, 얼굴 랜드마크 검출 분야에 널리 알려져 있는 DLIB 라이브러리를 이용해서 얼굴 랜드마크를 검출하는 내용을 부록으로 다뤄봅니다. 향후 배포될 OpenCV 버전에는 관련 기능이 원활히 지원될 수 있을 거라 충분히 기대할 수 있으니 독자 여러분께서는 DLIB를 사용하기 전에 새로운 OpenCV 배포판의 기능을 확인해 보실 것을 권장합니다.

A.1.1 DLIB 설치

DLIB 라이브러리를 파이썬 언어로 사용하려면 pip 명령어로 간단히 설치할 수 있습니다.

```
>> pip3 install dlib
```

하지만, PyPI 저장소에 있는 dlib 최신 버전은 미리 빌드된 Wheel(*.whl) 형태가 아닌 소스 코드 형태라서 pip 명령을 수행하는 동안 빌드와 설치를 진행하므로 빌드에 필요한 CMake와 적절한 컴파일러가 설치되어 있어야 합니다.

CMake는 아래의 URL에서 다운로드하거나 운영체제에서 사용하는 패키지 관리자로 설치하면 됩니다.

- *https://cmake.org/download/*

컴파일러는 우분투와 맥OS에서는 gcc 또는 Xcode를 설치하면 되고, 윈도우는 Visual Studio를 설치하면 됩니다. 비교적 빌드 환경을 꾸미기 번거로운 윈도우 사용자의 경우 빌드 환경을 따로 꾸며서 설치하고 싶지 않다면 PyPI 저장소에 있는 DLIB 배포 버전 중 오래된 버전의 경우 윈도우에 맞게 미리 빌드된 Wheel 파일이 있으니 이것을 대신 사용할 수 있습니다. 아래 URL을 방문하여 히스토리를 따라가면서 다운로드 파일 중에 자신이 사용하는 윈도우와 파이썬 버전에 알맞는 Wheel 파일이 있는지 찾아서 그 버전을 설치하면 빌드 과정 없이 설치됩니다.

- *https://pypi.org/project/dlib/#history*

예를 들어 윈도우 64와 파이썬 3.6을 사용하는 경우 아래의 명령어로 빌드 과정 없이 설치할 수 있습니다.

```
pip3 install dlib==19.7.0
```

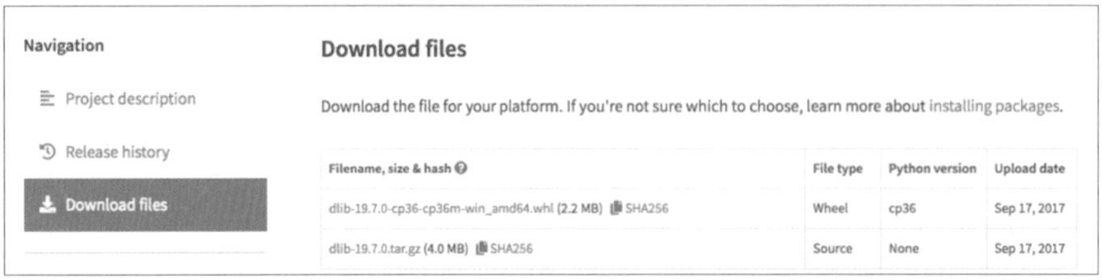

Navigation	Download files			
≡ Project description	Download the file for your platform. If you're not sure which to choose, learn more about installing packages.			
⏱ Release history		File type	Python version	Upload date
⬇ Download files	Filename, size & hash ❷			
	dlib-19.7.0-cp36-cp36m-win_amd64.whl (2.2 MB) 🗎 SHA256	Wheel	cp36	Sep 17, 2017
	dlib-19.7.0.tar.gz (4.0 MB) 🗎 SHA256	Source	None	Sep 17, 2017

[그림 A-1] PyPI 저장소의 dlib 19.7.0 버전 다운로드 파일 페이지

설치가 끝나면 파이썬 콘솔에서 아래의 명령으로 설치 여부를 확인할 수 있습니다. 이 책을 집필하는 시점의 최신 버전은 19.14입니다.

```
>>> import dlib
>>> dlib.__version__
'19.14.0'
```

A.1.2 얼굴 랜드마크 검출

DLIB로 검출하는 얼굴 랜드마크는 0~68까지 고유한 아이디와 각 좌표가 짝지어 구성되어 있습니다. [그림 A-2]처럼 랜드마크 아이디 값으로 얼굴의 어느 부위인지 알수 있습니다. 예를 들면 아이디가 17, 18, 19, 20, 21인 좌표가 왼쪽 눈썹입니다.

[그림 A-2] 얼굴 랜드마크

DLIB로 얼굴 랜드마크를 검출하기 위한 주요 API는 아래와 같습니다.

- detector = dlib.get_frontal_face_detector(): 얼굴 검출기 생성
  - detector: 얼굴 검출기 함수
- predictor = dlib.shape_predictor(file): 랜드마크 검출기 생성
  - file: 랜드마크 훈련 모델 저장 파일
  - predictor: 랜드마크 검출기 함수
- rects = detector(img): 얼굴 검출
  - img: 입력 영상
  - rects: 얼굴 좌표 배열

- rect.left(): 얼굴 영역 x 좌표
- rect.top(): 얼굴 영역 y 좌표
- rect.right(): 얼굴 영역 x2 좌표
- rect.bottom(): 얼굴 영역 y2 좌표
- shape = predictor(img, rect): 랜드마크 검출
  - img: 입력 영상
  - rect: 얼굴 영역
  - shape: 랜드마크 영역
    - mark = shape.part(id): id(0~68)로 좌표 획득
    - mark.x, mark.y: id에 대응하는 좌표

이 API를 사용하기 위해서는 훈련된 랜드마크 검출 모델이 필요한데, 다음의 URL에서 다운로드할 수 있습니다.

- *http://dlib.net/files/shape_predictor_68_face_landmarks.dat.bz2*

위 URL에서 다운로드해 압축을 풀면 'shape_predictor_68_face_landmarks.dat' 파일을 얻을 수 있습니다. 이 파일은 상업적 사용에 제약이 있으니 주의하세요.

[예제 A-1] 얼굴 랜드마크 검출(face_landmark.py)

```python
import cv2
import dlib

# 얼굴 검출기와 랜드마크 검출기 생성 ---①
detector = dlib.get_frontal_face_detector()
predictor = dlib.shape_predictor('./shape_predictor_68_face_landmarks.dat')

img = cv2.imread("../img/man_face.jpg")
gray = cv2.cvtColor(img, cv2.COLOR_BGR2GRAY)
# 얼굴 영역 검출 ---②
faces = detector(gray)
for rect in faces:
    # 얼굴 영역을 좌표로 변환한 후 사각형 표시 ---③
    x,y = rect.left(), rect.top()
    w,h = rect.right()-x, rect.bottom()-y
    cv2.rectangle(img, (x, y), (x + w, y + h), (0, 255, 0), 1)

    # 얼굴 랜드마크 검출 ---④
    shape = predictor(gray, rect)
    for i in range(68):
        # 부위별 좌표 추출 및 표시 ---⑤
```

```
                        part = shape.part(i)
                        cv2.circle(img, (part.x, part.y), 2, (0, 0, 255), -1)
                        cv2.putText(img, str(i), (part.x, part.y), cv2.FONT_HERSHEY_PLAIN, \
                                                 0.5,(255,255,255), 1, cv2.LINE_AA)

cv2.imshow("face landmark", img)
cv2.waitKey(0)
```

[그림 A-3] [예제 A-1]의 실행 결과

[예제 A-1]의 코드 ①에서 DLIB의 얼굴 검출기와 랜드마크 검출기를 각각 생성합니다. 이때 shape_predictor() 함수에는 파일로 저장된 훈련된 모델 객체의 경로를 전달해야 합니다. 코드 ②에서 얼굴 영역을 검출해서 코드 ③에서 좌표 형식으로 변환하여 사각형을 표시하고, 코드 ④에서 랜드마크를 검출합니다. 코드 ⑤에서 각 부위별 좌표를 얻어서 점과 숫자를 표시합니다.

A.2 얼굴 랜드마크 응용

DLIB로 검출한 랜드마크를 이용하면 여러 가지 응용을 할 수 있습니다. 하르 캐스케이드와 다르게 눈동자와 눈썹 입술 등의 좌표를 거의 정확히 얻을 수 있으므로 눈을 뜨고 감은 횟수와 시간, 하품의 횟수 등으로 졸음 운전을 판단해서 경고하거나 얼굴 랜드마크의 좌표를 머신러닝으로 학습시켜서 표정에 따른 감정 상태를 예측하는 등 응용할 수 있는 영역은 무궁무진합니다.

A.2.1 들로네 삼각분할과 얼굴 스와핑

5.2절에서 삼각형 어핀 변환을 다룰 때 들로네 삼각분할(delaunay triangulation)에 대해서 언급한 적이 있습니다. 얼굴 랜드마크를 이용하면 얼굴에 들로네 삼각형을 그릴 수 있습니다. 얼굴에 들로네 삼각형을 표시하면 한 사람의 얼굴이 서서히 다른 사람의 얼굴로 바뀌는 얼굴 모핑(face morphing)이나 두 사람의 얼굴을 바꿔치기 하는 얼굴 스와핑(face swapping)과 같은 효과를 낼 수 있습니다.

OpenCV에는 입력된 점을 이용해서 들로네 삼각 분할을 해주는 API가 있습니다.

- subdiv = cv2.Subdiv2D((x,y,w,h)): 들로네 삼각형 분할 객체 생성
  - (x,y,w,h): 삼각형 분할 계산 대상 영역
  - subdiv: 분할 객체
- subdiv.insert(points): 분할 계산을 위한 좌표 전달
  - points: 들로네 삼각분할 입력 좌표(x, y)의 배열
- triangleList = subdiv.getTriangleList(): 들로네 삼각형 좌표 출력
  - traiangleList: 계산된 삼각형 좌표 6좌표(x1, y1, x2, y2, x3, y3)에 대한 배열

[예제 A-2]는 DLIB로 얻은 얼굴 랜드마크와 OpenCV의 API로 들로네 삼각형을 표시하는 예제입니다.

[예제 A-2] 얼굴 랜드마크로 들로네 삼각형 표시(face_delauney_triangle.py)

```python
import cv2
import numpy as np
import dlib

# 얼굴 검출기와 랜드마크 검출기 생성 --- ①
detector = dlib.get_frontal_face_detector()
predictor = dlib.shape_predictor('./shape_predictor_68_face_landmarks.dat')

img = cv2.imread("../img/man_face.jpg")
h, w = img.shape[:2]
gray = cv2.cvtColor(img, cv2.COLOR_BGR2GRAY)
# 얼굴 영역 검출 --- ②
rects = faces = detector(gray)

points = []
for rect in rects:
    # 랜드마크 검출 --- ③
    shape = predictor(gray, rect)
    for i in range(68):
        part = shape.part(i)
        points.append((part.x, part.y))
```

```
# 들로네 삼각 분할 객체 생성 --- ④
subdiv = cv2.Subdiv2D((0,0,w,h))
# 랜드마크 좌표 추가 --- ⑤
subdiv.insert(points)
# 들로네 삼각형 좌표 계산 --- ⑥
triangleList = subdiv.getTriangleList()

# 들로네 삼각형 그리기 --- ⑦
h, w = img.shape[:2]
for t in triangleList :
    pts = t.reshape(-1,2).astype(np.int32)
    # 좌표 중에 이미지 영역을 벗어나는 것을 제외(음수 등) ---⑧
    if (pts < 0).sum() or (pts[:, 0] > w).sum() or (pts[:, 1] > h).sum():
        continue
    cv2.polylines(img, [pts], True, (255, 255,255), 1, cv2.LINE_AA)

cv2.imshow("Delaunay",img)
cv2.waitKey(0)
```

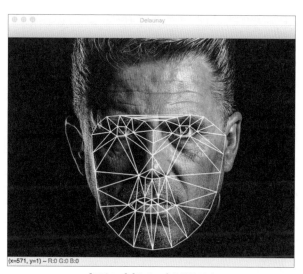

[그림 A-4] [예제 A-2]의 실행 결과

[예제 A-2]의 코드 ④에서 OepnCV에서 들로네 삼각분할을 계산하는 객체를 생성하고, ③에서 검출한 랜드마크 좌표를 코드 ⑤에서 전달합니다. 코드 ⑥에서 삼각분할에 의해 계산된 삼각형의 좌표를 구하고 코드 ⑦에서 그립니다. 이때 삼각형의 좌표는 (x, y)가 3개씩 짝지어 있는 6개의 좌표가 배열에 담겨 있으며, 좌표가 음수이거나 이미지 영역을 넘어 가는 경우가 있으니 제외시켜야 하는데, 코드 ⑧이 그 부분입니다.

5장에서 삼각형 어핀 변환을 이용하면 영상의 리퀴파이(liquify)가 가능한 것을 이미 알아보았습니다. 우리는 얼굴 랜드마크로 들로네 삼각형을 얻을 수 있으므로 마우스로 좌표를 입력하지 않아도 갖가지 변형을 줄 수 있습니다. [예제 A-3]은 이와 같은 내용을 응용해서 두 사람의 얼굴을 뒤바꾸는 얼굴 스와핑을 구현합니다.

[예제 A-3] 얼굴 스와핑(face_swap.py)

```python
import cv2
import numpy as np
import dlib
import sys

# 얼굴 검출기와 랜드마크 검출기 생성 ---①
detector = dlib.get_frontal_face_detector()
predictor = dlib.shape_predictor('./shape_predictor_68_face_landmarks.dat')

# 얼굴 및 랜드마크를 검출해서 좌표를 반환하는 함수 ---②
def getPoints(img):
    gray = cv2.cvtColor(img, cv2.COLOR_BGR2GRAY)
    rects = detector(gray)
    points = []
    for rect in rects:
        shape = predictor(gray, rect)
        for i in range(68):
            part = shape.part(i)
            points.append((part.x, part.y))
    return points
# 랜드마크 좌표로 들로네 삼각형 반환 ---③
def getTriangles(img, points):
    w,h = img2.shape[:2]
    subdiv = cv2.Subdiv2D((0,0,w,h));
    subdiv.insert(points)
    triangleList = subdiv.getTriangleList();
    triangles = []
    for t in triangleList:
        pt = t.reshape(-1,2)
        if not (pt < 0).sum() and not (pt[:, 0] > w).sum() \
                        and not (pt[:, 1] > h).sum():
            indice = []
            for i in range(0, 3):
                for j in range(0, len(points)):
                    if(abs(pt[i][0] - points[j][0]) < 1.0 \
                        and abs(pt[i][1] - points[j][1]) < 1.0):
                        indice.append(j)
            if len(indice) == 3:
                triangles.append(indice)
    return triangles
```

```
# 삼각형 어핀 변환 함수 ---④
def warpTriangle(img1, img2, pts1, pts2):
    x1,y1,w1,h1 = cv2.boundingRect(np.float32([pts1]))
    x2,y2,w2,h2 = cv2.boundingRect(np.float32([pts2]))

    roi1 = img1[y1:y1+h1, x1:x1+w1]
    roi2 = img2[y2:y2+h2, x2:x2+w2]

    offset1 = np.zeros((3,2), dtype=np.float32)
    offset2 = np.zeros((3,2), dtype=np.float32)
    for i in range(3):
        offset1[i][0], offset1[i][1] = pts1[i][0]-x1, pts1[i][1]-y1
        offset2[i][0], offset2[i][1] = pts2[i][0]-x2, pts2[i][1]-y2

    mtrx = cv2.getAffineTransform(offset1, offset2)
    warped = cv2.warpAffine( roi1, mtrx, (w2, h2), None, \
                    cv2.INTER_LINEAR, cv2.BORDER_REFLECT_101 )

    mask = np.zeros((h2, w2), dtype = np.uint8)
    cv2.fillConvexPoly(mask, np.int32(offset2), (255))

    warped_masked = cv2.bitwise_and(warped, warped, mask=mask)
    roi2_masked = cv2.bitwise_and(roi2, roi2, mask=cv2.bitwise_not(mask))
    roi2_masked = roi2_masked + warped_masked
    img2[y2:y2+h2, x2:x2+w2] = roi2_masked

if __name__ == '__main__' :
    # 이미지 읽기 ---⑤
    img1 = cv2.imread('../img/boy_face.jpg')
    img2 = cv2.imread('../img/girl_face.jpg')
    cv2.imshow('img1', img1)
    cv2.imshow('img2', img2)
    img_draw = img2.copy()
    # 각 이미지에서 얼굴 랜드마크 좌표 구하기--- ⑥
    points1 = getPoints(img1)
    points2 = getPoints(img2)
    # 랜드마크 좌표로 볼록 선체 구하기 --- ⑦
    hullIndex = cv2.convexHull(np.array(points2), returnPoints = False)
    hull1 = [points1[int(idx)] for idx in hullIndex]
    hull2 = [points2[int(idx)] for idx in hullIndex]
    # 볼록 선체 안 들로네 삼각형 좌표 구하기 ---⑧
    triangles = getTriangles(img2, hull2)

    # 각 삼각형 좌표로 삼각형 어핀 변환 ---⑨
    for i in range(0, len(triangles)):
        t1 = [hull1[triangles[i][j]] for j in range(3)]
        t2 = [hull2[triangles[i][j]] for j in range(3)]
        warpTriangle(img1, img_draw, t1, t2)
```

```python
# 볼록 선체를 마스크로 써서 얼굴 합성 ---⑩
mask = np.zeros(img2.shape, dtype = img2.dtype)
cv2.fillConvexPoly(mask, np.int32(hull2), (255, 255, 255))
r = cv2.boundingRect(np.float32([hull2]))
center = ((r[0]+int(r[2]/2), r[1]+int(r[3]/2)))
output = cv2.seamlessClone(np.uint8(img_draw), img2, mask, center, \
                           cv2.NORMAL_CLONE)

cv2.imshow("Face Swapped", output)
cv2.waitKey(0)
cv2.destroyAllWindows()
```

[그림 A-5] [예제 A-3]의 실행 결과

[예제 A-3]은 얼굴 랜드마크로 들로네 삼각형을 구하고 그 대응점으로 얼굴 스와핑을 하는 예제입니다. 코드 ⑤에서 두 이미지를 읽고 코드 ⑥에서 랜드마크 좌표를 구한 뒤 코드 ⑦에서 볼록 선체를 구해서 얼굴 영역 좌표를 구합니다. 코드 ⑧에서 해당 영역 내에서 들로네 삼각형 좌표를 구하고, 코드 ⑨에서 각 삼각형에 대응하는 좌표로 삼각형 어핀 변환을 적용합니다. 코드 ④에 구현된 삼각형 어핀 변환 함수의 내용은 5장의 [예제 5-9]와 좌표를 지정하는 것을 제외하고는 완전히 같습니다. 이제 바꾸려는 얼굴의 형태를 같게 변환했으니 코드 ⑩에서 대상 이미지에 합성합니다. [그림 A-5]의 가운데 사진이 왼쪽 사진의 얼굴에 오른쪽 사진의 얼굴로 바꿔치기한 결과입니다.

찾아보기